LAWS AND REGULATIONS, PRACTICAL OPERATION
AND CASES ANALYSIS OF GOVERNMENT PROCUREMENT

吴小明 编著

政府采购法律法规
实务操作与案例解析

中国财经出版传媒集团

经济科学出版社
Economic Science Press

序*

让小明将她用心积攒的政府采购案例集结成书，我是鼓励者之一。

与小明第一次相识，应该是在 2007 年 9 月，财政部条法司在苏州主持召开的政府采购国际研讨会上。当时我还没有分管政府采购工作，而她任江苏省政府采购管理处处长也仅有一年。作为东道主，她给我的印象是考虑问题细致周到，做事认真到位，工作充满活力与激情。分管政府采购工作以后，随着工作接触越来越多，对她的了解也越来越深。而印象最为深刻的还是她对政府采购工作的那一份孜孜不倦的追求和永不消逝的激情。

一个偶然的机会，我读到了她工作之余写就的一组文字。她把在江苏省政府采购监管工作中经历的政府采购质疑投诉案进行了整理，加入了分析和思考，大概有 30 多个案例约 10 万字。我感觉那些案例形式鲜活、内容实用，是对工作体会的记录和经验教训的总结，因此鼓励她继续写，希望能成为采购人必读的专业教材或必备的"活字典"。后来，我发现，其中的部分内容被陆续刊登在《中国政府采购报》她的个人专栏里。应该说，这即是本书的"雏形"。

众所周知，写作是一件劳累活，尤其是在工作之余，更不容易。当她向我讲述，从事政府采购工作以后，经常在办公室工作到深夜 11 点，然后坐末班公交车回家，第二天再精神抖擞、充满激情地开始新的工作，为了这本书的写作，近半年来更是几乎天天如此，仅此一点我就自愧不如。我和她开玩笑说："我是 8 小时服务政府采购，而你是 24 小时。"然而外人看着辛苦，她却乐在其中，这本厚厚的《政府采购实务操作与案例分析》可以说是她从事政府采购工作多年来躬耕的精粹。

我是一口气读完她的这本书的。披览全书，不难发现，作者确实是一位专业知识厚实、颇有见地的专家型管理者。她对政府采购法律、政策有着准确把握和广泛实践。书中涵盖的政府采购实务操作和案例分析等各项内容均有不落窠臼的

---

* 该序为时任财政部政府采购办公室主任王瑛同志为《政府采购实务操作与案例分析》第一版所作——编者注。

表达。一些投诉案的处理经验很实际、很有针对性，值得从业者借鉴。同时，脑海里也时常浮现出，她在万籁俱寂的办公楼里伏案写作、独自一人穿越夜深人静的街道回家时的情景。假如没有内心的强大定力和静气，没有对政府采购的一往情深，是很难做到的，佩服与感动之情油然而生。

因此，当她拿着这本厚厚的书稿请我写序时，我毫不犹豫地答应了。其实我知道，一本好书，读者的评价比我的这篇序言更有说服力。我之所以欣然答应，一是被她的勤耕精神所感动，二是也想借此机会鼓励更多的同行为政府采购事业的发展积极探索与实践。

2012年是政府采购法实施十周年，对一项改革而言，十年很长又很短。对每一位政府采购人来说，十年是一步一个脚印的历程，既艰辛又倍感自豪。我希望借十周年之机，政府采购从业者们能够理论联系实际，在总结经验教训的基础上，勤于笔耕，开展深化改革的大讨论，掀起一股百花齐放的创作高潮，在交流经验和思想碰撞中，勾勒出未来的发展蓝图。

是为序。

王瑛

2011年6月于北京

阳光事业中的理性和激情*
——评《政府采购实务操作与案例分析》一书

赵会平

本书作者吴小明，2006年开始担任江苏省财政厅政府管理处处长，在推进政府采购制度改革、研究政府采购疑难问题方面做出了积极的努力，其独特、生动的案例教学法更是获得全国政府采购同仁的广泛认可和好评。尤为幸运的是，因为与作者的工作隶属关系，我成为本书全面发行前的第一批读者。如饥似渴连夜通读的后果，就是第二天早上几乎每个人见到我的第一反应，都会问大概相同的话："怎么，昨天晚上没睡好？"

究竟是什么样的文字能有如此的磁力？

首先是38个真实生动的政府采购案例！我并没有按部就班地从第一部分开始，而是直接跳到案例分析部分，因为这是最为吸引我的地方。作者将她从事政府采购管理工作多年来用心积攒的案例，全部通过简洁的语言，毫无保留地娓娓道来。这些案例中，既有招标环节操作机构和采购人的情理与法律的碰撞、招标文件中一些重要概念的分歧乃至如幽灵般若隐若现的倾向性，又有投标环节供应商投标文件内容的明显疏漏、评标环节评审专家的一句题外话或者善意迁就、供应商在落标后的无理取闹。这些哪里是什么案例哦！分明就是我们每天都在上演的工作场景，其中闪烁着我们每个人忙碌的身影，诉说着我们政府采购人的种种困惑和心情。都说血浓于水，这些来自政府采购工作一线的真实案例，就像流淌在政府采购人身上的血液一样，马上就把读者的目光吸引过来，把读者与作者的心紧紧地牵连到一起，让你不由自主地读下去，继续读下去。

案例能在第一时间引起读者的情感共鸣，那么透过案例的分析，作者以那些来源于工作实践中鲜活实用的经验，进一步启发着读者的思维、回应着读者的困

---

* 该书评为赵会平同志为《政府采购实务操作与案例分析》第二版所作——编者注。

感。如何判断采购人提出的采购需求是否合法？如何认定技术指标是否具有倾向性、排他性？如何解释招标文件中重要概念的歧义？投标人报价错误应如何进行修正？认定投标文件中的重大负偏离如何把握？评标委员会的评审范围和权限如何界定？对违规供应商的处罚需要考虑哪些情节？等等，这些困扰从业人员的操作性问题，作者通过对案例剥茧抽丝般的分析，一一予以剖析和解答。毋庸置疑，作者对政府采购法律政策的准确把握和广泛实践，成为她对案例分析不落窠臼的基础。特别难能可贵的是，由于多数案例都是作者亲身经历的、亲自处理的，案例的评析更侧重于工作体会的记录和工作经验的总结，有些案例则坦诚而无掩饰地说明作者在事后进一步思考总结出来的不足和教训，所以提出的操作方法都很具体实在、直观易学，完美融合了对法律精神的理解和工作技巧的运用，准确地回应了实务工作者的关切，从而避免了一般理论研究成果的那种高不可攀、华而不实。正如财政部政府采购办公室主任王瑛在《序》中所述："一些投诉案的处理经验很实际、很有针对性，值得从业者借鉴。"也许，这正可谓是作者在繁忙的工作之余挑灯夜战、著成此书的本意吧！

贯穿全书的那种富于激情、阳光向上的心态，注定成为本书的又一特色，并给予读者以深深地感动和激励。记得有一段文字是这样描述政府采购的："政府采购是一项阳光事业，它穿越的是时代，承载的是改革，成就的是未来。"对投入这项阳光事业的我们来说，应该保持怎样一种心态去工作，坚持怎样的胸怀去拥抱阳光？本书作者给出的答案是："以积极的心态、饱满的激情，全身心地投入到这项'阳光事业'中来。"的确，作者从事政府采购监管工作以来，有先后八次当被告、十多次上法庭、数度受到威胁的特殊经历，其中所蕴含的酸甜苦辣和面对的巨大压力，并不是每个人都能担当的。如果没有对政府采购工作的无限热爱和激情，没有对政府采购制度的积极思考和探索，没有对政府采购法律的钻研和精通，没有对财政事业的高度敬业和责任，沉着应对各种错综复杂的利益冲突，显然是不可能的。作者以其细腻、冷静的笔触劝慰我们：政府采购这项阳光事业，需要更多充满激情与活力的阳光人物去耕耘和奉献。

相比之下，本书"政府采购实务操作"部分的内容难免略显平淡，但这并不意味着这部分内容本身的不足，只能说是作者对案例的分析实在太出彩了。事实上，作者紧密结合政府采购实务操作的流程和要点，对实务操作中的一些重难点问题作出了深入浅出的总结和阐述，其中附录的一些具体范文及做法，在为政府采购从业人员提供专业指导方面独具优势，并使得本书别具一番理论联系实际的特质。所以，我的体会是在研读案例分析的同时，通读本书有关实务操作的内容，同样大有裨益，至少不会令人失望。

关于美中不足，其实应该是很主观的东西，不同的受众会有不同的感受。在我看来，作者的现有分析更多地着力于具体案件的解决，而无暇从政府采购法律整体制度层面作深入系统的分析和研判，基于政府采购法规体系尚不完善的现实和政府采购实践对法律法规的迫切期待的双重因素，对于法律科班出身的我而言，读来还不够解渴。同时，随着我国加入 GPA 谈判进程的不断加快，本书对国外政府采购制度和案例的研究留白，不能不说令人略感遗憾。①

如果说，瑕不掩瑜是一种很落俗的客套之语。那么，上述遗憾的存在，恰恰使我们对作者的新作产生了更加强烈的期待。毕竟，罗马城不是一天建起来的。不是吗？

---

① 在本版书中，作者用较大的篇幅对政府采购相关法律法规、制度和办法等进行了全面梳理与解读，便于读者查阅——编者注。

出版说明

在《政府采购实务操作与案例分析》刚出版时，令我没想到的是，这本专业性很强的书，竟会受到读者如此欢迎。第一版6000册刚刚面市20天即售罄。一个多月后出第二版，之后又数次重印。并在当当网、京东网、天猫网等网站热销，获得读者99%好评，时常缺货。读者包括政府采购监管部门、操作机构、评审专家、供应商等，还被一些大学、图书馆收藏。

为适应政府采购制度改革需要，政府采购法规制度不断完善。2015年1月30日，李克强总理签署第658号国务院令，公布《政府采购法实施条例》，自2015年3月1日起施行。之后，财政部又先后出台了一些规章、制度和办法，包括：《政府采购货物和服务招标投标管理办法》（财政部令第87号），自2017年10月1日起施行；《政府采购质疑和投诉办法》（财政部令第94号），自2018年3月1日起施行；以及《关于做好政府采购信息公开工作的通知》（财库〔2015〕135号）、《关于加强政府采购活动内部控制管理的指导意见》（财库〔2016〕99号）、《关于在政府采购活动中查询及使用信用记录有关问题的通知》（财库〔2016〕125号）、《政府采购评审专家管理办法》（财库〔2016〕198号）、《财政部关于进一步加强政府采购需求和履约验收管理的指导意见》（财库〔2016〕205号）、《政务信息系统政府采购管理暂行办法》（财库〔2017〕210号）、《政府采购代理机构管理办法》（财库〔2018〕2号）、《国有金融企业集中采购管理暂行规定》（财金〔2018〕9号）等。

根据实际工作需要，应读者的强烈要求，我对本书进行第三次修订补充。本次修订的重点是突出实用性，希望能成为一本较为实用的工具书，方便查找运用，便于实践操作。一是通过对政府采购法律法规及办法的梳理，按照政府采购操作流程，对各个环节适用的法律法规及办法，包括《政府采购法》《政府采购法实施条例》、财政部部长令以及财政部近几年新出台的制度办法，按级次梳理，编制目录，解析要点，明确规则。二是针对政府采购操作实务中的重点环节，如采购方式选择、招标采购程序及注意事项、非招标采购程序及注意事项、政府采购合同及其法律适用、供应商质疑与投诉处理、内控制度建设等，将实践中行之有效的做法整理归纳，提供实务操作办法。三是以案说法。结合《政府采购法实施条例》《政府采购货物和服务招标投标管理办法》《政府采购质疑和投诉办法》等法规制度对政府采购的典型案例进行分析，主要包括要点提示、案情概述、点评分析、法规链接等。

第一部分，政府采购相关法律法规。共分十章，包括：概述；采购准备；选择采购方式；信息公告；招标、投标；开标、评标；中标和合同；询问、质疑、投诉，行政复议与行政诉讼；监督检查、法律责任以及国有金融企业集中采购管理，等等。

第二部分，政府采购实务操作。共分六章，包括：政府采购方式的选择；招标采购的程序及注意事项；非招标采购的程序及注意事项；政府采购合同及其法律适用；供应商质疑与投诉的处理；内控制度，等等。

第三部分，政府采购案例解析。共分七章，包括：发生在招标、投标、评标、中标等环节的典型案例分析、供应商违法违规案例分析、质疑投诉处理案例分析及其他。结合《政府采购法实施条例》《政府采购货物和服务招标投标管理办法》（财政部令第87号）、《政府采购质疑和投诉办法》（财政部令第94号）以及财政部最新出台的制度办法强调的重点，如采购需求确定、采购合同签订、履约验收、诚信管理、内控制度建设等，补充了一些新的案例，并在案例分析中增加了要点提示、法规链接等，希望能给从业者提供启示和借鉴。

2018年2月

目 录

第一部分　政府采购相关法律法规

第一章　概述／3

一、政府采购／3
　　［立法宗旨］／3
　　［适用范围］／3
　　［政府采购］／3
　　［财政性资金］／3
二、集中采购目录及限额标准／3
　　［集中采购目录］／3
　　［政府采购限额标准］／4
　　［集中采购目录和限额标准］／4
　　［采购项目属性］／4
三、采购、货物、工程和服务／4
　　［采购］／4
　　［货物］／4
　　［工程］／4
　　［服务］／5
四、政府采购工程的法律适用／5
　　［政府采购工程］／5
　　［执行政府采购政策］／5
五、政府采购原则／5
六、政策采购政策功能／5
　　［制定主体和实现措施］／6
　　［政府采购政策落实］／6

七、政府采购应当采购本国货物、工程和服务／6
八、政府采购回避制度／6
九、政府采购监督管理部门／7
十、政府采购当事人／7
　　［政府采购当事人的禁止事项］／7
　　（一）采购人／7
　　［采购人的职责义务和要求］／7
　　（二）采购代理机构／8
　　［对采购代理机构的要求］／8
　　［对采购代理机构及其工作人员的禁止性要求］／8
　　1. 采购代理机构——集中采购机构／8
　　［集中采购机构是非营利性事业法人］／9
　　［对集中采购机构的要求］／9
　　［集中采购机构的设置要求及与行政机关的关系］／9
　　［集中采购机构的内部监督管理］／9
　　［集中采购机构人员的任职要求及培训考核］／9
　　2. 采购代理机构——社会中介机构／9
　　（1）代理机构名录登记／10

［登记管理、信息共享并向社会公开］／10
［做好名录登记工作衔接］／10
［申报信息内容及要求］／10
［及时补充完善登记信息］／11
［进一步规范名录登记管理］／11
［落实信息公开要求］／11
［严格落实政府采购行政处罚结果］／11
（2）代理机构从业管理／11
［代理机构应当具备的条件］／11
［采购人自主选择代理机构］／12
［签订委托代理协议］／12
［依法依规代理，全程录音录像］／12
［代理费用支付］／12
［采购文件保存、电子档案］／12
［加强行业自律］／13
（三）供应商／13
［供应商参加政府采购活动应当具备的条件］／13
［供应商参加政府采购活动应当提供的材料］／13
［供应商重大违法记录］／13
［供应商参加政府采购活动的限制］／14
［相同品牌产品不同投标人参加同一合同项下投标的计算］／14
［联合体］／15
［不得限制供应商自由进入政府采购市场］／15
［采购人可以合理规定供应商条件］／15
［以不合理条件对供应商实行差别待遇或歧视待遇情形］／15
［供应商资格审查］／16
［资格预审］／16
［供应商不得采取不正当手段谋取中标］／17

第二章 采购准备／18
一、编制采购预算／18
［严格按照批准的预算执行］／18
［预算编制和审批］／18
［预算公开］／18
二、报备采购计划／18
三、选择采购模式／18
［集中采购］／18
［分散采购］／19
［通用项目采购］／19
［部门集中采购］／19
［自行采购］／19
［采购人自行招标］／19
四、确定采购需求／19
（一）采购文件编制／19
［采购人负责确定采购需求］／20
（二）采购需求应当合规、完整、明确／20
［内容和具体要求］／20
［加强需求论证和社会参与］／21
［依据采购需求编制采购文件及合同］／21
［可合理设定最高限价，但不得设定最低限价］／21
［政务信息系统采购需求］／21
五、选择代理机构及委托代理／22
［纳入集中采购目录的政府采购项目］／22
［未纳入集中采购目录的政府采购项目］／22
［采购人有权自行选择代理机构］／22
［委托代理］／23

第三章 选择采购方式／24
第一节 政府采购方式／24
［货物服务招标］／24
［非招标采购方式］／24
［国务院财政部门认定的其他采购方式］／24
［电子化］／25
［批量集中采购］／25

目 录

第二节 政府采购方式选择 / 25

一、货物服务招标——公开招标和邀请招标 / 25

1. 公开招标采购方式 / 25
   [公开招标数额标准确定] / 25
   [采购人不得化整为零规避公开招标采购] / 25
   [化整为零的界定] / 26
2. 邀请招标采购方式 / 26
   [邀请招标适用情形] / 26
   [邀请招标操作程序] / 26

二、非招标采购方式——竞争性谈判、单一来源和询价 / 27

（一）非招标采购方式的适用情形 / 27
   [依法不进行招标的政府采购工程采购] / 27

（二）非招标采购方式的一般规定 / 27
1. 采购方式申报 / 27
2. 谈判小组组成、抽取评审专家 / 28
   [谈判小组职责] / 28
   [谈判小组义务] / 28
3. 谈判文件制定 / 29
   [谈判文件应当包括的内容] / 29
4. 供应商邀请 / 29
5. 响应文件编制 / 29
   [响应文件提交及补充、修改或者撤回] / 29
   [澄清、说明或者更正] / 30
6. 保证金 / 30
   [保证金形式、数额] / 30
   [保证金退还] / 30
7. 评审报告编写及内容 / 31
8. 成交结果公告及内容 / 31
9. 合同签订 / 31
10. 重新评审、改变评审结果的禁止性规定 / 32
11. 改变成交结果、拒签合同的处理 / 32
12. 因重大变故采购任务取消情形的处理 / 32
13. 履约验收 / 32
14. 保密要求 / 32
15. 采购文件保存 / 33

（三）竞争性谈判采购方式 / 33
   [适用情形] / 33
   [谈判程序] / 34
   [需求不确定的竞争性谈判程序] / 35
   [关于质量和服务相等的含义] / 35
   [谈判文件发出及澄清修改] / 35
   [评审与谈判] / 35
   [编写评审报告、确定成交供应商] / 36
   [终止情形及处理] / 37

（四）单一来源采购方式 / 37
   [适用情形] / 37
   [操作程序] / 37
   [唯一情形应当公示] / 37
   [公示内容及要求] / 37
   [对公示有异议的处理] / 38
   [商定合理价格，保证项目质量] / 38
   [编写协商记录及内容] / 38
   [终止情形及处理] / 39

（五）询价采购方式 / 39
   [适用情形] / 39
   [询价程序] / 39
   [询价中的合同条款] / 39
   [询价通知书发出及澄清修改] / 40
   [询价中不得改变相关事项] / 40
   [按规定一次报价不得更改] / 40
   [编写评审报告、确定成交供应商] / 40
   [终止情形及处理] / 40

三、国务院财政部门认定的其他采购方式——竞争性磋商 / 41
   [适用情形] / 41
   [磋商程序] / 41
   [供应商邀请] / 41

［磋商公告内容］／42
［磋商文件制定］／42
［磋商文件内容］／43
［磋商文件发出时间］／43
［磋商文件售价］／43
［磋商文件澄清或者修改］／43
［供应商编制响应文件］／43
［保证金形式、金额］／43
［磋商文件送达、补充修改或撤回］／44
［磋商小组组成、评审专家抽取］／44
［评审要求］／44
［澄清、说明或更正］／45
［平等磋商］／45
［磋商中实质性变动采购需求的规定］／45
［报价］／46
［评审方法——采用综合评分法］／46
［评审报告内容］／47
［评审报告确认、成交供应商确定］／47
［成交结果公告］／47
［合同签订］／48
［保证金退还］／48
［重新评审、改变评审结果的禁止性规定］／48
［供应商拒签合同的处理］／49
［终止采购活动情形］／49

四、其他／49
　［电子化］／49
　［批量集中采购］／49
　［关于政务信息系统的采购］／50

第三节　采购方式变更／50
　［采购人选择采购方式和采购程序的法定要求］／50
　［任何单位和个人不得指定供应商进行采购］／50

第四章　信息公告／51
一、政府采购信息公开／51

［采购项目信息应当公开］／51
［采购标准应当公开］／51
［采购结果应当公布］／51

二、政府采购信息公告／51
　［公告原则和总体要求］／51
　［公告确定及指定媒体］／52
　［财政部指定政府采购信息发布媒体］／52
　［预算金额在500万元以上的地方采购项目信息发布］／52
　［违法失信行为信息发布］／52

三、政府采购信息公告范围与内容／53
　［必须公告的政府采购信息］／53
　［省级以上财政部门可根据需要增加公告内容］／53
　［采购项目预算金额］／53
　［中标、成交结果公告时间、内容及要求］／54
　［采购信息更正公告内容］／55
　［不良行为记录公告内容］／56
　［投诉处理决定公告内容］／56
　［监管处罚信息的公开要求］／56
　［采购文件］／57
　［采购合同］／57
　［终止公告］／57
　［政府购买公共服务项目］／57

四、政府采购信息公告管理／57
　［政府采购信息公告要求］／57
　［在不同媒体分别公告同一信息的内容要求］／58
　［在不同媒体分别公告同一信息的时间要求］／58

五、信息公开范围及主体／58
　［法律法规、集采目录、限额标准等信息由财政部门公告］／58
　［对集中采购机构考核结果及不良行为记录等信息由同级财政部门公告］／58

［监管处罚信息由财政部门负责公开］／58
［招标信息由采购人或其委托的代理机构公告］／58
［其他信息由相关主体依法公开］／59
［公告政府采购信息的提供］／59

六、不同采购方式公告时间、内容及要求／59
1. 公开招标／59
   ［公开招标、资格预审公告的内容、期限］／60
   ［招标公告、资格预审公告期限届满后不足3家的，可以顺延提供期限，并予公告］／61
   ［招标公告、资格预审公告应载明是否接受联合体投标］／61
2. 邀请招标／61
3. 竞争性谈判／62
   ［竞争性谈判公告、竞争性磋商公告和询价公告］／62
4. 单一来源采购／63
5. 询价／63
6. 竞争性磋商／64

第五章 招标、投标／65
第一节 招标／65
一、招标文件编制／65
［招标文件标准文本］／65
［招标文件内容］／65
［资格预审文件内容］／66
［招标文件要求］／66
［招标文件售价］／67
［招标文件提供期限］／67
［招标文件的澄清与修改］／67
二、其他／67
［样品——使用情形及处理方式］／67
［投标有效期］／68
［采购人不得擅自终止招标］／68

［投标保证金的提交与退还］／68
［组织现场考察与标前答疑会］／69
［保密规定］／69

第二节 投标／69
一、投标人／69
［同品牌产品不同投标人的确定］／69
二、投标人参加货物和服务招标的要求／70
［按照招标文件要求编制投标文件、作出明确响应］／70
［投标文件提交和接收］／70
［投标文件补充、修改或者撤回的要求］／70
［分包］／70
［联合体投标］／70
［投标无效］／71
［串通投标］／71
［投标保证金的提交与退还］／71

第六章 开标、评标／73
第一节 开标／73
［开标时间、地点］／73
［组织开标］／73
［开标过程记录］／73
［现场录音录像及存档］／73
［投标人不足3家情形的处理］／74
［资格审查］／74

第二节 评标／74
一、评标工作组织及职责／74
［评标现场管理及保密要求］／75
二、评标委员会职责／75
三、评标委员会组成／75
［对评审专家的限制］／76
四、对评标委员会及评审专家的要求／76
1. 对评标委员会等评审组织成员的要求／76

2. 评审专家的条件 / 76
　　3. 对评审专家的一般要求 / 77
　　　[遵守纪律，保守秘密] / 77
　　　[配合答复询问和质疑] / 77
　　　[发现违法行为及时报告] / 77
　　　[受到非法干预及时举报] / 77
　五、评审专家产生 / 77
　　　[库内随机抽取] / 77
　　　[自行选定] / 78
　　　[特殊情况应当依法补足并记录存档] / 78
　　　[抽取时间] / 79
　　　[评审专家名单保密与公告] / 79
　六、评审工作程序 / 79
　　　[采购人或者代理机构宣布评审工作纪律] / 79
　　　[告知评审专家回避情形] / 79
　　　[对投标文件进行符合性审查] / 80
　　　[要求投标人作出必要的澄清、说明与补正] / 80
　　　[按照招标文件规定的评标方法和标准综合比较与评价] / 80
　　　[依法独立评审] / 80
　　　[编写评审报告] / 80
　七、评标方法 / 81
　　　[最低评标价法] / 81
　　　[综合评分法] / 81
　八、评审有关事项处理 / 82
　　　[投标文件报价前后不一致的] / 82
　　　[投标报价明显低于其他投标人的] / 82
　　　[评审事项存在争议的] / 83
　　　[因采购文件存在问题导致评审无法进行的] / 83
　　　[投标无效情形] / 83
　　　[重新组建评标委员会的情形] / 84
　九、评审专家劳务报酬及差旅费 / 84
　　　[劳务报酬支付] / 84

　　　[劳务报酬标准] / 84
　　　[异地评审差旅费] / 84
　　　[不得获取报酬情形] / 85
　十、履职记录、不良行为记录 / 85
　　　[履职记录] / 85
　　　[不良行为记录] / 86
　十一、禁止性规定 / 86
　　　[采购人、采购代理机构的禁止性行为] / 86
　　　[评标委员会及评审专家的禁止性行为] / 86
　　　[重新评审、改变评审结果的禁止性规定] / 87
　　　[国务院财政部门规定的除外情形] / 87
　　　[复核、重新评审的除外情形及程序要求] / 87

第三节　关于废标、中标成交无效、投标无效及评标结果无效 / 88
　一、废标 / 88
　　　[废标情形] / 88
　　　[废标后的处理] / 88
　二、中标、成交无效 / 88
　三、投标无效 / 89
　　　[投标无效情形] / 89
　　　[无效投标] / 90
　四、评标结果无效 / 90
　五、采购人、采购代理机构的违法行为影响中标、成交结果的处理 / 91

第七章　中标和合同 / 93
第一节　中标 / 93
　一、中标、成交供应商确定 / 93
　　　[确定时间及要求] / 93
　　　[采购结果确定] / 93
　二、中标、成交结果公告 / 94
　　　[公告时间及媒体] / 94
　　　[公告内容] / 94

[邀请招标推荐潜在投标人的公告
　　　要求]／94
　　[未通过资格审查的,应当告知原因;
　　　采用综合评分法评审的还应当告知未
　　　中标人的评审得分与排序]／94
三、中标通知书发出／95
　　[中标、成交通知书具有法律效力]／95
第二节　合同／95
　　[政府采购合同适用合同法]／95
　　[合同应当采用书面形式]／95
　　[委托签订合同]／95
　　[合同标准文本]／95
　　[签订合同的要求]／95
　　[合同应当包括的内容]／96
　　[合同备案]／96
　　[分包履行合同]／96
　　[补充合同]／96
　　[不得擅自变更、中止合同]／96
　　[终止合同]／96
　　[履约保证金形式和金额]／96
　　[供应商拒签合同的处理]／97
　　[合同公告]／97
　　[暂停签订或暂停履行合同]／97
第三节　履约验收／97
一、履约验收的组织／97
　　[采购人依法组织履约验收]／97
二、履约验收的基本要求／97
　　[公共服务项目邀请服务对象参与验收
　　　并公告结果]／98
　　[可邀请其他投标人或第三方机构参与
　　　验收]／98
三、加强履约验收管理／98
　　[完整细化编制验收方案]／98
　　[完善验收方式]／98
　　[严格按照采购合同开展履约验收]／98
　　[严格落实履约验收责任]／99
　　[关于政务信息系统采购的验收及
　　　合同]／99

四、资金支付／99
　　[支付采购资金]／99
五、采购文件保存／100
　　[保存主体及保存期限]／100
　　[采购文件构成]／100
　　[采购活动记录内容]／100
　　[电子档案]／100

第八章　询问、质疑、投诉、行政复议与行政诉讼／101

一、询问／101
　　[询问答复的主体、时限及要求]／101
　　[评审专家应当配合]／101
　　[询问事项可能影响中标、成交结果的
　　　处理]／101
二、质疑／102
　1. 质疑提出／102
　　[提出质疑的原则]／102
　　[质疑供应商]／102
　　[潜在供应商]／102
　　[委托代理人质疑]／102
　　[质疑函应当包括的内容]／102
　2. 质疑时效期间的起算／103
　3. 质疑要求／103
　4. 评审专家应当协助配合／103
　5. 质疑答复／103
　　[质疑答复的原则]／103
　　[质疑答复的主体]／104
　　[不得拒收质疑函]／104
　　[质疑答复的内容]／104
　6. 质疑处理／104
　　[可能影响中标、成交结果的处理]／104
　　[对采购文件、采购过程或者采购结果
　　　提出质疑的处理]／104
三、投诉／105
　1. 投诉提起／105
　2. 投诉要求／105
　　[有明确的请求和必要的证明

材料］／105

［投诉书应当包括的内容］／105

3. 投诉条件／106

［委托代理人投诉］／106

［联合体投诉］／106

4. 投诉处理／106

［处理原则］／106

［处理部门］／106

［跨区域联合采购项目的投诉处理］／107

5. 投诉审查／107

6. 投诉调查／107

［书面审查、调查取证或组织质证］／107

［相关当事人应当配合调查］／108

7. 投诉处理决定／108

8. 投诉处理期限计算／108

9. 暂停采购活动／109

10. 投诉处理／109

［驳回投诉］／109

［终止投诉处理］／109

［对采购文件投诉的处理］／109

［对采购过程或采购结果投诉的处理］／110

11. 投诉处理决定书／110

［内容］／110

［送达］／111

12. 投诉处理决定公告／112

13. 因处理投诉发生鉴定等费用的处理原则／112

14. 其他／113

［建立投诉档案管理制度］／113

［质疑函和投诉书范本的制定］／113

［相关期间的计算］／113

［保密责任］／113

四、法律责任／113

1. 采购人、采购代理机构的法律责任／113

2. 投诉人的法律责任／114

3. 财政部门及其工作人员的法律责任／114

五、行政复议与行政诉讼／114

第九章 监督检查、法律责任／115

第一节 监督检查／115

一、政府采购监管部门的监督检查／115

1. 财政部门是政府采购监督管理部门，依法履行监管职责／115

［财政部门的监督检查权］／115

［监督检查的主要内容］／115

2. 对政府采购项目的采购活动进行检查／115

3. 对集中采购机构进行考核／115

4. 对代理机构进行监督管理／116

［加强业务培训］／116

［组织开展综合信用评价］／116

［加强监督检查，建立随机抽查机制］／116

［监督检查的内容］／117

［受到禁止代理处罚的处理］／117

5. 对政府采购评审专家库管理及评审专家履职情况的记录／117

二、相关部门按照职责分工加强监督／118

［审计机关的监督］／118

［监察机关的监督］／118

三、其他监督／118

［社会监督］／118

［采购人与代理机构之间的相互监督］／118

四、政府采购信用信息平台／119

［信用记录查询］／119

［信用记录使用］／119

第二节 法律责任／120

一、采购人、代理机构的法律

责任］／120

　　［采购人、代理机构一般违法行为的法律责任］／120

　　［采购人、采购代理机构违反规定隐匿、销毁应当保存的采购文件或者伪造、变造采购文件的法律责任］／120

　　［采购人、采购代理机构严重违法行为的法律责任］／121

　　［采购人、代理机构未依法公告政府采购信息的法律责任］／122

　　［采购人、采购代理机构提供不合理条件、不真实信息的法律责任］／122

　　［采购人、采购代理机构违反非招标采购管理办法的法律责任］／122

　　［采购人、采购代理机构未依法受理答复质疑、拒绝配合处理投诉的法律责任］／123

二、采购人的法律责任／123

　　［采购人对应当实行集中采购的政府采购项目不委托集中采购机构代理采购的法律责任］／123

　　［采购人未依法公布政府采购项目的采购标准和采购结果的法律责任］／123

　　［采购人违法采购的法律责任］／124

　　［采购人违反非招标采购方式管理办法的法律责任］／124

三、采购代理机构的法律责任／125

　　［在代理政府采购业务中违法的法律责任］／125

　　［集中采购机构的法律责任］／125

　　［集中采购机构在业绩考核中违法的法律责任］／125

四、供应商的法律责任／125

　　［供应商违法的法律责任］／125

　　［供应商以非法手段取证投诉的法律责任］／126

　　［串通行为的法律责任］／126

　　［供应商违反非招标采购方式管理办法的法律责任］／127

　　［供应商虚假、恶意投诉的法律责任］／127

五、政府采购评审专家、评标委员会成员的法律责任／128

　　［评审专家的法律责任］／128

　　［评标委员会成员的法律责任］／128

　　［谈判小组、询价小组成员的法律责任］／128

六、政府采购信息指定发布媒体的法律责任／129

七、政府采购当事人的法律责任／129

　　［阻挠、限制供应商进入政府采购市场的法律责任］／129

　　［采购人员不依法回避的法律责任］／129

　　［非法干预、影响评标过程的法律责任］／129

　　［政府采购当事人违法行为的民事责任］／129

八、政府采购监督管理部门的法律责任／130

　　［财政部门的法律责任］／130

　　［政府采购监管部门对投诉逾期未处理的法律责任］／130

　　［政府采购监管部门在业绩考核中违法的法律责任］／130

　　［政府采购监管部门工作人员的法律责任］／130

　　［财政部门工作人员在投诉处理中违法违纪的法律责任］／131

　　［财政部门工作人员在代理机构管理中

违法违纪的法律责任］／131

 九、违法干预信息公告的法律责任
  及处理／131

 十、违法行为影响中标、成交结果
  的处理／131

第十章 国有金融企业集中采购管理／133

 ［出台背景］／133

 ［适用范围］／133
 ［总体原则］／133
 ［组织管理］／133
 ［制度建设］／134
 ［采购方式］／135
 ［采购管理］／136
 ［监督检查］／137
 ［附则］／137

第二部分 政府采购实务操作

第十一章 政府采购方式的选择／141

 一、公开招标／141

 二、邀请招标／142

 三、竞争性谈判／143

 四、单一来源采购／146

 五、询价／147

 六、竞争性磋商／148

 七、批量集中采购／149

 八、电子化／150

第十二章 招标采购的程序及注意事项／151

 一、确定采购需求／151

 二、签订委托采购协议／152

 三、招标公告与投标邀请书／155

 四、供应商资格审查／157

 五、如何编制招标文件／158

 六、招标文件的澄清与修改／195

 七、联合体投标／197

八、开标程序与开标记录 / 202
　　九、评标委员会与评审专家 / 204
　　十、评标程序与评审中注意的问题 / 208
　　十一、中标人的确认与中标通知书 / 217
　　十二、履约验收 / 219

第十三章　非招标采购的程序及注意事项 / **221**
　　一、竞争性谈判采购 / 221
　　二、询价采购 / 232
　　三、单一来源采购 / 239

第十四章　政府采购合同及其法律适用 / **241**
　　一、政府采购合同适用合同法 / 241
　　二、目前政府采购合同管理存在的问题 / 242
　　三、政府采购合同的性质与法律适用 / 245
　　四、加强政府采购合同管理的措施 / 247
　　五、合同订立、履行应注意的主要问题 / 249

第十五章　供应商质疑与投诉的处理 / **260**
　　一、询问 / 261
　　二、质疑 / 262
　　三、投诉 / 269
　　四、行政复议或行政诉讼 / 293

第十六章　内控制度 / **295**
　　一、总体要求 / 295
　　二、主要任务 / 296
　　三、基本要求 / 297
　　四、主要措施 / 297

第三部分　政府采购案例解析

第十七章　发生在招标环节的案例解析 / 313

案例一　合情与合法——采购需求应当合法 / 313

案例二　概念之争——采购需求应当合规 / 317

案例三　不符合要求的档案盒——采购需求应当完整 / 320

案例四　欧盟认证证书——采购需求应当明确 / 324

案例五　招标文件倾向了谁——不得以不合理条件对供应商实行差别待遇或者歧视待遇 / 327

第十八章　发生在投标环节的案例解析 / 330

案例六　标书内容粘贴错误该如何处理——违法认定 / 330

案例七　补交的检测报告——应当按照招标文件明确响应 / 336

案例八　20 天之差——如何认定投标文件存在重大负偏离 / 339

案例九　合同章与公章的纠结——资格审查 / 343

案例十　无据的投诉——"地方保护" / 347

案例十一　错失的质疑权——质疑时限 / 351

案例十二　多加一句话引来的麻烦——答疑与澄清 / 355

第十九章　发生在评标环节的案例解析 / 358

案例十三　少一个环节　多一场官司——实例性条款 / 358

案例十四　心软的代价——非实质性条款 / 361

案例十五　样品惹的祸——评标、样品、鉴定 / 365

案例十六　技术指标是否实质性响应谁说了算——评标、方法、标准 / 369

案例十七　允许迟到供应商投标引发的麻烦——开标时间、地点 / 372

案例十八　"唯一"的供应商——竞争性谈判的适用 / 376

案例十九　废标权之争——投标无效 / 379

第二十章　发生在中标环节的案例解析 / 383

案例二十　采购人能否自请专家重新审核中标方案——拒签合同处理 / 383

案例二十一　考察中标供应商　采购人为何遭拒——不得通过考察改变中标结果／387

第二十一章　供应商违法违规的案例解析／392

案例二十二　可惜！痛惜——提供虚假材料谋取中标／392

案例二十三　真假合同——调查取证，暂停采购活动、终止投诉程序、依法处理／396

案例二十四　罚还是不罚——供应商提供虚假材料处理／402

案例二十五　"莫须有"的中标产品——确定采购需求、公平竞争、依法评审／404

案例二十六　"告"出一个中标来——重新确定中标人、重新开展采购活动／408

第二十二章　质疑投诉处理的案例解析／414

案例二十七　依法行政——违法违规认定／414

案例二十八　以"法"服人——委托代理、自行采购／417

案例二十九　依法处理——联合体、恶意串通、质疑投诉诉讼／420

案例三十　用证据说话——监督检查、依法处理／429

案例三十一　何为重大——重大违法记录／431

案例三十二　"10%"的艺术——单一来源／434

案例三十三　两难的采购项目——信息公告、同品牌多投标人的处理／437

案例三十四　依法处理　不惧"风波"——依法妥善处理投诉／442

第二十三章　其他／449

案例三十五　拒绝背黑锅——政府采购不再沉默／449

案例三十六　分散采购不是自由采购——关于分散采购和涉密采购／452

案例三十七　"意外"的诉讼——送达／455

案例三十八　评标的"秘密"——信息公开／458

后记／464

第一部分

政府采购相关法律法规

第一章 概　　述

一、政府采购

[立法宗旨]

《中华人民共和国政府采购法》（以下简称《政府采购法》）第一条　为了规范政府采购行为，提高政府采购资金的使用效益，维护国家利益和社会公共利益，保护政府采购当事人的合法权益，促进廉政建设，制定本法。

[适用范围]

《政府采购法》第二条　在中华人民共和国境内进行的政府采购适用本法。

[政府采购]

《政府采购法》第二条　本法所称政府采购，是指各级国家机关、事业单位和团体组织，使用财政性资金采购依法制定的集中采购目录以内的或者采购限额标准以上的货物、工程和服务的行为。

[财政性资金]

《政府采购法实施条例》第二条　政府采购法第二条所称财政性资金是指纳入预算管理的资金。以财政性资金作为还款来源的借贷资金，视同财政性资金。国家机关、事业单位和团体组织的采购项目既使用财政性资金又使用非财政性资金的，使用财政性资金采购的部分，适用政府采购法及本条例；财政性资金与非财政性资金无法分割采购的，统一适用政府采购法及本条例。

二、集中采购目录及限额标准

《政府采购法》第二条　政府集中采购目录和采购限额标准依照本法规定的权限制定。

[集中采购目录]

《政府采购法实施条例》第三条　集中采购目录包括集中采购机构采购项目

和部门集中采购项目。

技术、服务等标准统一，采购人普遍使用的项目，列为集中采购机构采购项目；采购人本部门、本系统基于业务需要有特殊要求，可以统一采购的项目，列为部门集中采购项目。

[政府采购限额标准]

《政府采购法》第八条　政府采购限额标准，属于中央预算的政府采购项目，由国务院确定并公布；属于地方预算的政府采购项目，由省、自治区、直辖市人民政府或者其授权的机构确定并公布。

[集中采购目录和限额标准]

《政府采购法》第七条　集中采购的范围由省级以上人民政府公布的集中采购目录确定。

属于中央预算的政府采购项目，其集中采购目录由国务院确定并公布；属于地方预算的政府采购项目，其集中采购目录由省、自治区、直辖市人民政府或者其授权的机构确定并公布。

《政府采购法实施条例》第五条　省、自治区、直辖市人民政府或者其授权的机构根据实际情况，可以确定分别适用于本行政区域省级、设区的市级、县级的集中采购目录和采购限额标准。

[采购项目属性]

《政府采购货物和服务招标投标管理办法》（财政部令第87号）第七条　采购人应当按照财政部制定的《政府采购品目分类目录》确定采购项目属性。按照《政府采购品目分类目录》无法确定的，按照有利于采购项目实施的原则确定。

三、采购、货物、工程和服务

[采购]

《政府采购法》第二条　本法所称采购，是指以合同方式有偿取得货物、工程和服务的行为，包括购买、租赁、委托、雇用等。

[货物]

《政府采购法》第二条　本法所称货物，是指各种形态和种类的物品，包括原材料、燃料、设备、产品等。

[工程]

《政府采购法》第二条　本法所称工程，是指建设工程，包括建筑物和构筑物的新建、改建、扩建、装修、拆除、修缮等。

[服务]

《政府采购法》第二条 本法所称服务，是指除货物和工程以外的其他政府采购对象。

《政府采购法实施条例》第二条 政府采购法第二条所称服务，包括政府自身需要的服务和政府向社会公众提供的公共服务。

四、政府采购工程的法律适用

《政府采购法》第四条 政府采购工程进行招标投标的，适用招标投标法。

《政府采购法实施条例》第七条 政府采购工程以及与工程建设有关的货物、服务，采用招标方式采购的，适用《中华人民共和国招标投标法》及其实施条例；采用其他方式采购的，适用政府采购法及本条例。

[政府采购工程]

《政府采购法实施条例》第七条 前款所称工程，是指建设工程，包括建筑物和构筑物的新建、改建、扩建及其相关的装修、拆除、修缮等；所称与工程建设有关的货物，是指构成工程不可分割的组成部分，且为实现工程基本功能所必需的设备、材料等；所称与工程建设有关的服务，是指为完成工程所需的勘察、设计、监理等服务。

[执行政府采购政策]

《政府采购法实施条例》第七条 政府采购工程以及与工程建设有关的货物、服务，应当执行政府采购政策。

五、政府采购原则

《政府采购法》第三条 政府采购应当遵循公开透明原则、公平竞争原则、公正原则和诚实信用原则。

六、政策采购政策功能

《政府采购法》第九条 政府采购应当有助于实现国家的经济和社会发展政策目标，包括保护环境，扶持不发达地区和少数民族地区，促进中小企业发展等。

[制定主体和实现措施]

《政府采购法实施条例》第六条 国务院财政部门应当根据国家的经济和社会发展政策，会同国务院有关部门制定政府采购政策，通过制定采购需求标准、预留采购份额、价格评审优惠、优先采购等措施，实现节约能源、保护环境、扶持不发达地区和少数民族地区、促进中小企业发展等目标。

[政府采购政策落实]

《政府采购货物和服务招标投标管理办法》（财政部令第87号）第五条 采购人应当在货物服务招标投标活动中落实节约能源、保护环境、扶持不发达地区和少数民族地区、促进中小企业发展等政府采购政策。

七、政府采购应当采购本国货物、工程和服务

《政府采购法》第十条 政府采购应当采购本国货物、工程和服务。但有下列情形之一的除外：

（一）需要采购的货物、工程或者服务在中国境内无法获取或者无法以合理的商业条件获取的；

（二）为在中国境外使用而进行采购的；

（三）其他法律、行政法规另有规定的。

前款所称本国货物、工程和服务的界定，依照国务院有关规定执行。

八、政府采购回避制度

《政府采购法》第十二条 在政府采购活动中，采购人员及相关人员与供应商有利害关系的，必须回避。供应商认为采购人员及相关人员与其他供应商有利害关系的，可以申请其回避。

前款所称相关人员，包括招标采购中评标委员会的组成人员，竞争性谈判采购中谈判小组的组成人员，询价采购中询价小组的组成人员等。

《政府采购法实施条例》第九条 在政府采购活动中，采购人员及相关人员与供应商有下列利害关系之一的，应当回避：

（一）参加采购活动前3年内与供应商存在劳动关系；

（二）参加采购活动前3年内担任供应商的董事、监事；

（三）参加采购活动前3年内是供应商的控股股东或者实际控制人；

（四）与供应商的法定代表人或者负责人有夫妻、直系血亲、三代以内旁系

血亲或者近姻亲关系；

（五）与供应商有其他可能影响政府采购活动公平、公正进行的关系。

供应商认为采购人员及相关人员与其他供应商有利害关系的，可以向采购人或者采购代理机构书面提出回避申请，并说明理由。采购人或者采购代理机构应当及时询问被申请回避人员，有利害关系的被申请回避人员应当回避。

九、政府采购监督管理部门

《政府采购法》第十三条 各级人民政府财政部门是负责政府采购监督管理的部门，依法履行对政府采购活动的监督管理职责。

各级人民政府其他有关部门依法履行与政府采购活动有关的监督管理职责。

十、政府采购当事人

《政府采购法》第十四条 政府采购当事人是指在政府采购活动中享有权利和承担义务的各类主体，包括采购人、供应商和采购代理机构等。

[政府采购当事人的禁止事项]

《政府采购法》第二十五条 政府采购当事人不得相互串通损害国家利益、社会公共利益和其他当事人的合法权益；不得以任何手段排斥其他供应商参与竞争。

（一）采购人

《政府采购法》第十五条 采购人是指依法进行政府采购的国家机关、事业单位、团体组织。

[采购人的职责义务和要求]

《政府采购法实施条例》第十一条 采购人在政府采购活动中应当维护国家利益和社会公共利益，公正廉洁，诚实守信，执行政府采购政策，建立政府采购内部管理制度，厉行节约，科学合理确定采购需求。

采购人不得向供应商索要或者接受其给予的赠品、回扣或者与采购无关的其他商品、服务。

《政府采购货物和服务招标投标管理办法》（财政部令第87号）第六条 采购人应当按照行政事业单位内部控制规范要求，建立健全本单位政府采购内部控制制度，在编制政府采购预算和实施计划、确定采购需求、组织采购活动、履约验收、答复询问质疑、配合投诉处理及监督检查等重点环节加强内部控制管理。

采购人不得向供应商索要或者接受其给予的赠品、回扣或者与采购无关的其他商品、服务。

(二) 采购代理机构

《政府采购法》第十六条 集中采购机构为采购代理机构。设区的市、自治州以上人民政府根据本级政府采购项目组织集中采购的需要设立集中采购机构。

《政府采购法实施条例》第十二条 政府采购法所称采购代理机构，是指集中采购机构和集中采购机构以外的采购代理机构。

《政府采购代理机构管理暂行办法》（财库〔2018〕2号）第二条 本办法所称政府采购代理机构（以下简称代理机构）是指集中采购机构以外、受采购人委托从事政府采购代理业务的社会中介机构。

[对采购代理机构的要求]

《政府采购法实施条例》第十三条 采购代理机构应当建立完善的政府采购内部监督管理制度，具备开展政府采购业务所需的评审条件和设施。

采购代理机构应当提高确定采购需求，编制招标文件、谈判文件、询价通知书，拟订合同文本和优化采购程序的专业化服务水平，根据采购人委托在规定的时间内及时组织采购人与中标或者成交供应商签订政府采购合同，及时协助采购人对采购项目进行验收。

《政府采购货物和服务招标投标管理办法》（财政部令第87号）第八条 采购人委托采购代理机构代理招标的，采购代理机构应当在采购人委托的范围内依法开展采购活动。

采购代理机构及其分支机构不得在所代理的采购项目中投标或者代理投标，不得为所代理的采购项目的投标人参加本项目提供投标咨询。

[对采购代理机构及其工作人员的禁止性要求]

《政府采购法》第二十五条 采购代理机构不得以向采购人行贿或者采取其他不正当手段谋取非法利益。

《政府采购法实施条例》第十四条 采购代理机构不得以不正当手段获取政府采购代理业务，不得与采购人、供应商恶意串通操纵政府采购活动。

采购代理机构工作人员不得接受采购人或者供应商组织的宴请、旅游、娱乐，不得收受礼品、现金、有价证券等，不得向采购人或者供应商报销应当由个人承担的费用。

1. 采购代理机构——集中采购机构

《政府采购法》第十六条 集中采购机构为采购代理机构。设区的市、自治州以上人民政府根据本级政府采购项目组织集中采购的需要设立集中采购机构。

[**集中采购机构是非营利性事业法人**]

《政府采购法》第十六条　集中采购机构是非营利事业法人，根据采购人的委托办理采购事宜。

《政府采购法实施条例》第十二条　集中采购机构是设区的市级以上人民政府依法设立的非营利事业法人，是代理集中采购项目的执行机构。集中采购机构应当根据采购人委托制定集中采购项目的实施方案，明确采购规程，组织政府采购活动，不得将集中采购项目转委托。

[**对集中采购机构的要求**]

《政府采购法》第十七条　集中采购机构进行政府采购活动，应当符合采购价格低于市场平均价格、采购效率更高、采购质量优良和服务良好的要求。

[**集中采购机构的设置要求及与行政机关的关系**]

《政府采购法》第六十条　政府采购监督管理部门不得设置集中采购机构，不得参与政府采购项目的采购活动。

采购代理机构与行政机关不得存在隶属关系或者其他利益关系。

[**集中采购机构的内部监督管理**]

《政府采购法》第六十一条　集中采购机构应当建立健全内部监督管理制度。采购活动的决策和执行程序应当明确，并相互监督、相互制约。经办采购的人员与负责采购合同审核、验收人员的职责权限应当明确，并相互分离。

[**集中采购机构人员的任职要求及培训考核**]

《政府采购法》第六十二条　集中采购机构的采购人员应当具有相关职业素质和专业技能，符合政府采购监督管理部门规定的专业岗位任职要求。

集中采购机构对其工作人员应当加强教育和培训；对采购人员的专业水平、工作实绩和职业道德状况定期进行考核。采购人员经考核不合格的，不得继续任职。

2. 采购代理机构——社会中介机构

《政府采购法实施条例》第十二条　政府采购法所称采购代理机构，是指集中采购机构和集中采购机构以外的采购代理机构……集中采购机构以外的采购代理机构，是从事采购代理业务的社会中介机构。

《政府采购代理机构管理暂行办法》（财库〔2018〕2号）第二条　本办法所称政府采购代理机构（以下简称代理机构）是指集中采购机构以外、受采购人委托从事政府采购代理业务的社会中介机构。

（1）代理机构名录登记

［登记管理、信息共享并向社会公开］

《政府采购代理机构管理暂行办法》（财库〔2018〕2号）第六条　代理机构实行名录登记管理。省级财政部门依托中国政府采购网省级分网（以下简称省级分网）建立政府采购代理机构名录（以下简称名录）。名录信息全国共享并向社会公开。

［做好名录登记工作衔接］

《关于做好政府采购代理机构名录登记有关工作的通知》（财办库〔2018〕28号）明确：2018年3月1日起，财政部不再办理政府采购代理机构（以下简称代理机构）名录登记事宜，由各省级财政部门按照《办法》要求做好新增代理机构名录登记工作。此前已通过中国政府采购网中央主网（以下简称中央主网）进行网上登记的代理机构，名录管理权限将于3月1日调整至其工商注册地省级财政部门。

［申报信息内容及要求］

《政府采购代理机构管理暂行办法》（财库〔2018〕2号）第七条　代理机构应当通过工商登记注册地（以下简称注册地）省级分网填报以下信息申请进入名录，并承诺对信息真实性负责：

（一）代理机构名称、统一社会信用代码、办公场所地址、联系电话等机构信息；

（二）法定代表人及专职从业人员有效身份证明等个人信息；

（三）内部监督管理制度；

（四）在自有场所组织评审工作的，应当提供评审场所地址、监控设备设施情况；

（五）省级财政部门要求提供的其他材料。

登记信息发生变更的，代理机构应当在信息变更之日起10个工作日内自行更新。

第八条　代理机构登记信息不完整的，财政部门应当及时告知其完善登记资料；代理机构登记信息完整清晰的，财政部门应当及时为其开通相关政府采购管理交易系统信息发布、专家抽取等操作权限。

第九条　代理机构在其注册地省级行政区划以外从业的，应当向从业地财政部门申请开通政府采购管理交易系统相关操作权限，从业地财政部门不得要求其重复提交登记材料，不得强制要求其在从业地设立分支机构。

第十条　代理机构注销时，应当向相关采购人移交档案，并及时向注册地所在省级财政部门办理名录注销手续。

[及时补充完善登记信息]

《关于做好政府采购代理机构名录登记有关工作的通知》(财办库[2018] 28号)要求:财政部将于3月1日前完成名录登记系统升级改造,并以短信、系统提示等方式统一通知此前已完成网上登记的代理机构按照《办法》规定补充完善专职从业人员、自有场所设施情况等登记信息。各省级财政部门应当对相关登记信息的完整性进行审核,并及时告知审核结果。5月1日起,各省级财政部门应当将登记信息不符合《办法》要求的代理机构从名录中暂时移出并暂停其信息发布、专家抽取等操作权限,待其登记信息符合要求后予以恢复。

[进一步规范名录登记管理]

《关于做好政府采购代理机构名录登记有关工作的通知》(财办库[2018] 28号)要求:名录登记系统以统一社会信用代码作为代理机构唯一标识。总公司已完成名录登记的,分公司无需重复登记。各省级财政部门应当对本地区代理机构进行梳理分类,名录中不再单独列示分公司。

[落实信息公开要求]

《关于做好政府采购代理机构名录登记有关工作的通知》(财办库[2018] 28号)要求:根据《办法》第十五条有关要求,财政部已对中国政府采购网采购公告发布系统数据接口规范进行调整,并在中央主网发布。各省级财政部门应当及时更新本地区政府采购中标、成交结果公告模板及数据接口规范,随政府采购项目中标、成交结果一并公告代理费用收费标准及金额。

[严格落实政府采购行政处罚结果]

《关于做好政府采购代理机构名录登记有关工作的通知》(财办库[2018] 28号)要求:名录登记系统将与中央主网"政府采购严重违法失信行为记录名单"进行关联。对被禁止参加政府采购活动的代理机构,各省级财政部门应当及时将其从名录中移除,并停止其信息发布和专家抽取等操作权限;处罚期满后,应当及时恢复。

(2)代理机构从业管理

[代理机构应当具备的条件]

《政府采购代理机构管理暂行办法》(财库[2018]2号)第十一条 代理机构代理政府采购业务应当具备以下条件:

(一)具有独立承担民事责任的能力;

(二)建立完善的政府采购内部监督管理制度;

(三)拥有不少于5名熟悉政府采购法律法规、具备编制采购文件和组织采购活动等相应能力的专职从业人员；

（四）具备独立办公场所和代理政府采购业务所必需的办公条件；

（五）在自有场所组织评审工作的，应当具备必要的评审场地和录音录像等监控设备设施并符合省级人民政府规定的标准。

[采购人自主选择代理机构]

《政府采购代理机构管理暂行办法》（财库〔2018〕2号）第十二条　采购人应当根据项目特点、代理机构专业领域和综合信用评价结果，从名录中自主择优选择代理机构。

任何单位和个人不得以摇号、抽签、遴选等方式干预采购人自行选择代理机构。

[签订委托代理协议]

《政府采购代理机构管理暂行办法》（财库〔2018〕2号）第十三条　代理机构受采购人委托办理采购事宜，应当与采购人签订委托代理协议，明确采购代理范围、权限、期限、档案保存、代理费用收取方式及标准、协议解除及终止、违约责任等具体事项，约定双方权利义务。

[依法依规代理，全程录音录像]

《政府采购代理机构管理暂行办法》（财库〔2018〕2号）第十四条　代理机构应当严格按照委托代理协议的约定依法依规开展政府采购代理业务，相关开标及评审活动应当全程录音录像，录音录像应当清晰可辨，音像资料作为采购文件一并存档。

[代理费用支付]

《政府采购代理机构管理暂行办法》（财库〔2018〕2号）第十五条　代理费用可以由中标、成交供应商支付，也可由采购人支付。由中标、成交供应商支付的，供应商报价应当包含代理费用。代理费用超过分散采购限额标准的，原则上由中标、成交供应商支付。

代理机构应当在采购文件中明示代理费用收取方式及标准，随中标、成交结果一并公开本项目收费情况，包括具体收费标准及收费金额等。

[采购文件保存、电子档案]

《政府采购代理机构管理暂行办法》（财库〔2018〕2号）第十六条　采购人和代理机构在委托代理协议中约定由代理机构负责保存采购文件的，代理机构应当妥善保存采购文件，不得伪造、变造、隐匿或者销毁采购文件。采购文件的保存期限为从采购结束之日起至少十五年。

采购文件可以采用电子档案方式保存。采用电子档案方式保存采购文件的，相关电子档案应当符合《中华人民共和国档案法》《中华人民共和国电子签名法》等法律法规的要求。

［加强行业自律］

《政府采购代理机构管理暂行办法》（财库［2018］2号）第二十五条　政府采购行业协会按照依法制定的章程开展活动，加强代理机构行业自律。

（三）供应商

《政府采购法》第二十一条　供应商是指向采购人提供货物、工程或者服务的法人、其他组织或者自然人。

［供应商参加政府采购活动应当具备的条件］

《政府采购法》第二十二条　供应商参加政府采购活动应当具备下列条件：

（一）具有独立承担民事责任的能力；

（二）具有良好的商业信誉和健全的财务会计制度；

（三）具有履行合同所必需的设备和专业技术能力；

（四）有依法缴纳税收和社会保障资金的良好记录；

（五）参加政府采购活动前三年内，在经营活动中没有重大违法记录；

（六）法律、行政法规规定的其他条件。

［供应商参加政府采购活动应当提供的材料］

《政府采购法实施条例》第十七条　参加政府采购活动的供应商应当具备政府采购法第二十二条第一款规定的条件，提供下列材料：

（一）法人或者其他组织的营业执照等证明文件，自然人的身份证明；

（二）财务状况报告，依法缴纳税收和社会保障资金的相关材料；

（三）具备履行合同所必需的设备和专业技术能力的证明材料；

（四）参加政府采购活动前3年内在经营活动中没有重大违法记录的书面声明；

（五）具备法律、行政法规规定的其他条件的证明材料。

采购项目有特殊要求的，供应商还应当提供其符合特殊要求的证明材料或者情况说明。

［供应商重大违法记录］

《政府采购法实施条例》第十九条　政府采购法第二十二条第一款第五项所称重大违法记录，是指供应商因违法经营受到刑事处罚或者责令停产停业、吊销许可证或者执照、较大数额罚款等行政处罚。

供应商在参加政府采购活动前3年内因违法经营被禁止在一定期限内参加政

府采购活动，期限届满的，可以参加政府采购活动。

[供应商参加政府采购活动的限制]

《政府采购法实施条例》第十八条　单位负责人为同一人或者存在直接控股、管理关系的不同供应商，不得参加同一合同项下的政府采购活动。

除单一来源采购项目外，为采购项目提供整体设计、规范编制或者项目管理、监理、检测等服务的供应商，不得再参加该采购项目的其他采购活动。

注：关于本条第二款的法律适用，财政部办公厅关于《中华人民共和国政府采购法实施条例》第十八条第二款法律适用的函（财办库［2015］295号）明确："其他采购活动"指为采购项目提供整体设计、规范编制和项目管理、监理、检测等服务之外的采购活动。因此，同一供应商可以同时承担项目的整体设计、规范编制和项目管理、监理、检测等服务。

[相同品牌产品不同投标人参加同一合同项下投标的计算]

《政府采购货物和服务招标投标管理办法》（财政部令第87号）第三十一条　采用最低评标价法的采购项目，提供相同品牌产品的不同投标人参加同一合同项下投标的，以其中通过资格审查、符合性审查且报价最低的参加评标；报价相同的，由采购人或者采购人委托评标委员会按照招标文件规定的方式确定一个参加评标的投标人，招标文件未规定的采取随机抽取方式确定，其他投标无效。

使用综合评分法的采购项目，提供相同品牌产品且通过资格审查、符合性审查的不同投标人参加同一合同项下投标的，按一家投标人计算，评审后得分最高的同品牌投标人获得中标人推荐资格；评审得分相同的，由采购人或者采购人委托评标委员会按照招标文件规定的方式确定一个投标人获得中标人推荐资格，招标文件未规定的采取随机抽取方式确定，其他同品牌投标人不作为中标候选人。

非单一产品采购项目，采购人应当根据采购项目技术构成、产品价格比重等合理确定核心产品，并在招标文件中载明。多家投标人提供的核心产品品牌相同的，按前两款规定处理。

《财政部办公厅关于多家代理商代理一家制造商的产品参加投标如何计算供应商家数的复函》（财办库［2003］38号）明确：根据国际惯例以及《政府采购法》的立法精神，公开竞争是政府采购的基石。政府采购的竞争是指符合采购人采购需求的不同品牌或者不同生产制造商之间的竞争，原则上同一品牌同一型号产品只能有一家投标人，但应当在招标文件中对此作出明确规定。如中央单位2002年实行的计算机、打印机和复印机协议供货制度，在招标文件中明确规定，只允许投标产品的生产制造商总部参加投标，或者由生产制造商总部全权委托一家代理商参加。否则，作无效标处理。

《政府采购法》实施后，为了避免同一品牌同一型号产品出现多个投标人的现象，应当在招标文件中明确规定，同一品牌同一型号产品只能由一家供应商参加。如果有多家代理商参加同一品牌同一型号产品投标的，应当作为一个供应商计算。公开招标以外采购方式以及政府采购服务和工程，也按此方法计算供应商数量。

[联合体]

《政府采购法》第二十四条　两个以上的自然人、法人或者其他组织可以组成一个联合体，以一个供应商的身份共同参加政府采购。

以联合体形式进行政府采购的，参加联合体的供应商均应当具备本法第二十二条规定的条件，并应当向采购人提交联合协议，载明联合体各方承担的工作和义务。联合体各方应当共同与采购人签订采购合同，就采购合同约定的事项对采购人承担连带责任。

《政府采购法实施条例》第二十二条　联合体中有同类资质的供应商按照联合体分工承担相同工作的，应当按照资质等级较低的供应商确定资质等级。

以联合体形式参加政府采购活动的，联合体各方不得再单独参加或者与其他供应商另外组成联合体参加同一合同项下的政府采购活动。

《政府采购货物和服务招标投标管理办法》（财政部令第87号）第十九条　采购人或者采购代理机构应当根据采购项目的实施要求，在招标公告、资格预审公告或者投标邀请书中载明是否接受联合体投标。如未载明，不得拒绝联合体投标。

[不得限制供应商自由进入政府采购市场]

《政府采购法》第五条　任何单位和个人不得采用任何方式，阻挠和限制供应商自由进入本地区和本行业的政府采购市场。

[采购人可以合理规定供应商条件]

《政府采购法》第二十二条　采购人可以根据采购项目的特殊要求，规定供应商的特定条件，但不得以不合理的条件对供应商实行差别待遇或者歧视待遇。

[以不合理条件对供应商实行差别待遇或歧视待遇情形]

《政府采购法实施条例》第二十条　采购人或者采购代理机构有下列情形之一的，属于以不合理的条件对供应商实行差别待遇或者歧视待遇：

（一）就同一采购项目向供应商提供有差别的项目信息；

（二）设定的资格、技术、商务条件与采购项目的具体特点和实际需要不相适应或者与合同履行无关；

（三）采购需求中的技术、服务等要求指向特定供应商、特定产品；

（四）以特定行政区域或者特定行业的业绩、奖项作为加分条件或者中标、成交条件；

（五）对供应商采取不同的资格审查或者评审标准；

（六）限定或者指定特定的专利、商标、品牌或者供应商；

（七）非法限定供应商的所有制形式、组织形式或者所在地；

（八）以其他不合理条件限制或者排斥潜在供应商。

《政府采购货物和服务招标投标管理办法》（财政部令第87号）第十七条 采购人、采购代理机构不得将投标人的注册资本、资产总额、营业收入、从业人员、利润、纳税额等规模条件作为资格要求或者评审因素，也不得通过将除进口货物以外的生产厂家授权、承诺、证明、背书等作为资格要求，对投标人实行差别待遇或者歧视待遇。

[供应商资格审查]

《政府采购法》第二十三条 采购人可以要求参加政府采购的供应商提供有关资质证明文件和业绩情况，并根据本法规定的供应商条件和采购项目对供应商的特定要求，对供应商的资格进行审查。

《政府采购货物和服务招标投标管理办法》（财政部令第87号）第四十四条 公开招标采购项目开标结束后，采购人或者采购代理机构应当依法对投标人的资格进行审查。

合格投标人不足3家的，不得评标。

[资格预审]

《政府采购法实施条例》第二十一条 采购人或者采购代理机构对供应商进行资格预审的，资格预审公告应当在省级以上人民政府财政部门指定的媒体上发布。已进行资格预审的，评审阶段可以不再对供应商资格进行审查。资格预审合格的供应商在评审阶段资格发生变化的，应当通知采购人和采购代理机构。

资格预审公告应当包括采购人和采购项目名称、采购需求、对供应商的资格要求以及供应商提交资格预审申请文件的时间和地点。提交资格预审申请文件的时间自公告发布之日起不得少于5个工作日。

《政府采购货物和服务招标投标管理办法》（财政部令第87号）第十五条 资格预审公告应当包括以下主要内容：

（一）本办法第十三条第一至四项、第六项和第八项内容；

（二）获取资格预审文件的时间期限、地点、方式；

（三）提交资格预审申请文件的截止时间、地点及资格预审日期。

《政府采购货物和服务招标投标管理办法》（财政部令第87号）第十六条

招标公告、资格预审公告的公告期限为 5 个工作日。公告内容应当以省级以上财政部门指定媒体发布的公告为准。公告期限自省级以上财政部门指定媒体最先发布公告之日起算。

《政府采购货物和服务招标投标管理办法》（财政部令第 87 号）第二十一条　采购人或者采购代理机构应当根据采购项目的特点和采购需求编制资格预审文件。资格预审文件应当包括以下主要内容：

（一）资格预审邀请；

（二）申请人须知；

（三）申请人的资格要求；

（四）资格审核标准和方法；

（五）申请人应当提供的资格预审申请文件的内容和格式；

（六）提交资格预审申请文件的方式、截止时间、地点及资格审核日期；

（七）申请人信用信息查询渠道及截止时点、信用信息查询记录和证据留存的具体方式、信用信息的使用规则等内容；

（八）省级以上财政部门规定的其他事项。

资格预审文件应当免费提供。

《政府采购货物和服务招标投标管理办法》（财政部令第 87 号）第二十七条　采购人或者采购代理机构可以对已发出的招标文件、资格预审文件、投标邀请书进行必要的澄清或者修改，但不得改变采购标的和资格条件。澄清或者修改应当在原公告发布媒体上发布澄清公告。澄清或者修改的内容为招标文件、资格预审文件、投标邀请书的组成部分。

澄清或者修改的内容可能影响投标文件编制的，采购人或者采购代理机构应当在投标截止时间至少 15 日前，以书面形式通知所有获取招标文件的潜在投标人；不足 15 日的，采购人或者采购代理机构应当顺延提交投标文件的截止时间。

澄清或者修改的内容可能影响资格预审申请文件编制的，采购人或者采购代理机构应当在提交资格预审申请文件截止时间至少 3 日前，以书面形式通知所有获取资格预审文件的潜在投标人；不足 3 日的，采购人或者采购代理机构应当顺延提交资格预审申请文件的截止时间。

[供应商不得采取不正当手段谋取中标]

《政府采购法》第二十五条　供应商不得以向采购人、采购代理机构、评标委员会的组成人员、竞争性谈判小组的组成人员、询价小组的组成人员行贿或者采取其他不正当手段谋取中标或者成交。

第二章　采购准备

一、编制采购预算

[严格按照批准的预算执行]
《政府采购法》第六条　政府采购应当严格按照批准的预算执行。
[预算编制和审批]
《政府采购法》第三十三条　负有编制部门预算职责的部门在编制下一财政年度部门预算时，应当将该财政年度政府采购的项目及资金预算列出，报本级财政部门汇总。部门预算的审批，按预算管理权限和程序进行。
[预算公开]
《政府采购法实施条例》第三十条　采购人或者采购代理机构应当在招标文件、谈判文件、询价通知书中公开采购项目预算金额。

二、报备采购计划

《政府采购法实施条例》第二十九条　采购人应当根据集中采购目录、采购限额标准和已批复的部门预算编制政府采购实施计划，报本级人民政府财政部门备案。

三、选择采购模式

《政府采购法》第七条　政府采购实行集中采购和分散采购相结合。
[集中采购]
《政府采购法》第七条　纳入集中采购目录的政府采购项目，应当实行集中采购。

《政府采购法》第十八条　采购人采购纳入集中采购目录的政府采购项目，必须委托集中采购机构代理采购；采购未纳入集中采购目录的政府采购项目，可以自行采购，也可以委托集中采购机构在委托的范围内代理采购。

《政府采购法实施条例》第四条　政府采购法所称集中采购，是指采购人将列入集中采购目录的项目委托集中采购机构代理采购或者进行部门集中采购的行为。

［分散采购］

《政府采购法实施条例》第四条　政府采购法所称分散采购，是指采购人将采购限额标准以上的未列入集中采购目录的项目自行采购或者委托采购代理机构代理采购的行为。

［通用项目采购］

《政府采购法》第十八条　纳入集中采购目录属于通用的政府采购项目的，应当委托集中采购机构代理采购。

［部门集中采购］

《政府采购法》第十八条　属于本部门、本系统有特殊要求的项目，应当实行部门集中采购。

［自行采购］

《政府采购法》第十八条　属于本单位有特殊要求的项目，经省级以上人民政府批准，可以自行采购。

［采购人自行招标］

《政府采购货物和服务招标投标管理办法》（财政部令第87号）第九条　未纳入集中采购目录的政府采购项目，采购人可以自行招标，也可以委托采购代理机构在委托的范围内代理招标。

采购人自行组织开展招标活动的，应当符合下列条件：

（一）有编制招标文件、组织招标的能力和条件；

（二）有与采购项目专业性相适应的专业人员。

四、确定采购需求

（一）采购文件编制

《政府采购法实施条例》第十五条　采购人、采购代理机构应当根据政府采购政策、采购预算、采购需求编制采购文件。

[采购人负责确定采购需求]

《政府采购货物和服务招标投标管理办法》（财政部令第87号）第十条 采购人应当对采购标的的市场技术或者服务水平、供应、价格等情况进行市场调查，根据调查情况、资产配置标准等科学、合理地确定采购需求，进行价格测算。

《财政部关于进一步加强政府采购需求和履约验收管理的指导意见》（财库［2016］205号）要求：采购人负责组织确定本单位采购项目的采购需求。采购人委托采购代理机构编制采购需求的，应当在采购活动开始前对采购需求进行书面确认。

（二）采购需求应当合规、完整、明确

《政府采购法实施条例》第十五条 采购需求应当符合法律法规以及政府采购政策规定的技术、服务、安全等要求。政府向社会公众提供的公共服务项目，应当就确定采购需求征求社会公众的意见。除因技术复杂或者性质特殊，不能确定详细规格或者具体要求外，采购需求应当完整、明确。必要时，应当就确定采购需求征求相关供应商、专家的意见。

[内容和具体要求]

《政府采购货物和服务招标投标管理办法》（财政部令第87号）第十一条 采购需求应当完整、明确，包括以下内容：

（一）采购标的需实现的功能或者目标，以及为落实政府采购政策需满足的要求；

（二）采购标的需执行的国家相关标准、行业标准、地方标准或者其他标准、规范；

（三）采购标的需满足的质量、安全、技术规格、物理特性等要求；

（四）采购标的的数量、采购项目交付或者实施的时间和地点；

（五）采购标的需满足的服务标准、期限、效率等要求；

（六）采购标的的验收标准；

（七）采购标的的其他技术、服务等要求。

《财政部关于进一步加强政府采购需求和履约验收管理的指导意见》（财库［2016］205号）要求：采购需求应当符合国家法律法规规定，执行国家相关标准、行业标准、地方标准等标准规范，落实政府采购支持节能环保、促进中小企业发展等政策要求。除因技术复杂或者性质特殊，不能确定详细规格或者具体要求外，采购需求应当完整、明确。必要时，应当就确定采购需求征求相关供应

商、专家的意见。采购需求应当包括采购对象需实现的功能或者目标，满足项目需要的所有技术、服务、安全等要求，采购对象的数量、交付或实施的时间和地点，采购对象的验收标准等内容。采购需求描述应当清楚明了、规范表述、含义准确，能够通过客观指标量化的应当量化。

[加强需求论证和社会参与]

《财政部关于进一步加强政府采购需求和履约验收管理的指导意见》（财库〔2016〕205号）要求：采购人可以根据项目特点，结合预算编制、相关可行性论证和需求调研情况对采购需求进行论证。政府向社会公众提供的公共服务项目，采购人应当就确定采购需求征求社会公众的意见。需求复杂的采购项目可引入第三方专业机构和专家，吸纳社会力量参与采购需求编制及论证。

[依据采购需求编制采购文件及合同]

《财政部关于进一步加强政府采购需求和履约验收管理的指导意见》（财库〔2016〕205号）要求：采购文件及合同应当完整反映采购需求的有关内容。采购文件设定的评审因素应当与采购需求对应，采购需求相关指标有区间规定的，评审因素应当量化到相应区间。采购合同的具体条款应当包括项目的验收要求、与履约验收挂钩的资金支付条件及时间、争议处理规定、采购人及供应商各自权利义务等内容。采购需求、项目验收标准和程序应当作为采购合同的附件。

[可合理设定最高限价，但不得设定最低限价]

《政府采购货物和服务招标投标管理办法》（财政部令第87号）第十二条 采购人根据价格测算情况，可以在采购预算额度内合理设定最高限价，但不得设定最低限价。

[政务信息系统采购需求]

《政务信息系统政府采购管理暂行办法》（财库〔2017〕210号）第二条 本办法所称政务信息系统是指由政府投资建设、政府和社会企业联合建设、政府向社会购买服务或需要政府运行维护的，用于支撑政务部门履行管理和服务职能的各类信息系统，包括执行政务信息处理的计算机、软件和外围设备等货物和服务。

第三条 政务信息系统政府采购工作由各相关政务部门（以下简称采购人）负责统一规划和具体实施，各级财政部门依法履行政府采购监管职责。

第四条 采购人应当按照可行性研究报告、初步设计报告、预算审批时核准的内容和实际工作需要确定政务信息系统采购需求（以下简称采购需求）并组织采购。

采购需求应当科学合理、明确细化，包括项目名称、采购人、预算金额、经费渠道、运行维护要求、数据共享要求、安全审查和保密要求、等级保护要求、分级保护要求、需落实的政府采购政策和履约验收方案等内容。

第五条 采购需求应当符合法律法规，满足国家、行业相关标准的要求，鼓励使用市场自主制定的团体标准。

专业性强、技术要求较高的政务信息系统，可以邀请行业专家或者第三方专业机构参与需求制定工作。采购人和实际使用者或受益者分离的项目，在制定需求时，应当征求实际使用者或受益者的意见。

第六条 采购需求应当落实政务信息系统整合共享要求，符合政务信息共享标准体系，确保相关系统能够按照规定接入国家共享数据交换平台。采购需求要与现有系统功能协调一致，避免重复建设。

采购需求应当体现公共数据开放有关要求，推动原始性、可机器读取、可供社会化再利用的数据集向社会开放。

第七条 采购需求应当落实国家支持云计算的政策要求，推动政务服务平台集约化建设管理。不含国家秘密、面向社会主体提供服务的政务信息系统，原则上应当采用云计算模式进行建设。

采购需求应当包括相关设备、系统和服务支持互联网协议第六版（IPv6）的技术要求。

第八条 采购需求应当落实国家密码管理有关法律法规、政策和标准规范的要求，同步规划、同步建设、同步运行密码保障系统并定期进行评估。

五、选择代理机构及委托代理

[纳入集中采购目录的政府采购项目]

《政府采购法》第十八条 采购人采购纳入集中采购目录的政府采购项目，必须委托集中采购机构代理采购。

[未纳入集中采购目录的政府采购项目]

《政府采购法》第十八条 采购未纳入集中采购目录的政府采购项目，可以自行采购，也可以委托集中采购机构在委托的范围内代理采购。

[采购人有权自行选择代理机构]

《政府采购法》第十九条 采购人可以委托集中采购机构以外的采购代理机构，在委托的范围内办理政府采购事宜。

采购人有权自行选择采购代理机构，任何单位和个人不得以任何方式为采购人指定采购代理机构。

[委托代理]

《政府采购法》第二十条　采购人依法委托采购代理机构办理采购事宜的，应当由采购人与采购代理机构签订委托代理协议，依法确定委托代理的事项，约定双方的权利义务。

《政府采购法实施条例》第十六条　政府采购法第二十条规定的委托代理协议，应当明确代理采购的范围、权限和期限等具体事项。

采购人和采购代理机构应当按照委托代理协议履行各自义务，采购代理机构不得超越代理权限。

《政府采购货物和服务招标投标管理办法》（财政部令第87号）第八条　采购人委托采购代理机构代理招标的，采购代理机构应当在采购人委托的范围内依法开展采购活动。

采购代理机构及其分支机构不得在所代理的采购项目中投标或者代理投标，不得为所代理的采购项目的投标人参加本项目提供投标咨询。

第三章 选择采购方式

第一节 政府采购方式

《政府采购法》第二十六条 政府采购采用以下方式：
（一）公开招标；
（二）邀请招标；
（三）竞争性谈判；
（四）单一来源采购；
（五）询价；
（六）国务院政府采购监督管理部门认定的其他采购方式。

[货物服务招标]

《政府采购货物和服务招标投标管理办法》（财政部令第87号）第三条 货物服务招标分为公开招标和邀请招标。

[非招标采购方式]

《政府采购非招标采购方式管理办法》（财政部令第74号）第二条 本办法所称非招标采购方式，是指竞争性谈判、单一来源采购和询价采购方式。

[国务院财政部门认定的其他采购方式]

《政府采购竞争性磋商采购方式管理暂行办法》（财库〔2014〕214号）第一条 为了规范政府采购行为，维护国家利益、社会公共利益和政府采购当事人的合法权益，依据《中华人民共和国政府采购法》（以下简称政府采购法）第二十六条第一款第六项规定，制定本办法。

第二条 本办法所称竞争性磋商采购方式，是指采购人、政府采购代理机构通过组建竞争性磋商小组（以下简称磋商小组）与符合条件的供应商就采购货物、工程和服务事宜进行磋商，供应商按照磋商文件的要求提交响应文件和报价，采购人从磋商小组评审后提出的候选供应商名单中确定成交供应商的采购方式。

［电子化］

《政府采购法实施条例》第十条　国家实行统一的政府采购电子交易平台建设标准，推动利用信息网络进行电子化政府采购活动。

［批量集中采购］

《政府采购法实施条例》第二十四条　列入集中采购目录的项目，适合实行批量集中采购的，应当实行批量集中采购，但紧急的小额零星货物项目和有特殊要求的服务、工程项目除外。

第二节　政府采购方式选择

一、货物服务招标——公开招标和邀请招标

1. 公开招标采购方式

《政府采购货物和服务招标投标管理办法》（财政部令第87号）第三条　公开招标，是指采购人依法以招标公告的方式邀请非特定的供应商参加投标的采购方式。

《政府采购法》第二十六条　公开招标应作为政府采购的主要采购方式。

［公开招标数额标准确定］

《政府采购法》第二十七条　采购人采购货物或者服务应当采用公开招标方式的，其具体数额标准，属于中央预算的政府采购项目，由国务院规定；属于地方预算的政府采购项目，由省、自治区、直辖市人民政府规定；因特殊情况需要采用公开招标以外的采购方式的，应当在采购活动开始前获得设区的市、自治州以上人民政府采购监督管理部门的批准。

《政府采购法实施条例》第五条　省、自治区、直辖市人民政府或者其授权的机构根据实际情况，可以确定分别适用于本行政区域省级、设区的市级、县级的集中采购目录和采购限额标准。

《政府采购货物和服务招标投标管理办法》（财政部令第87号）第四条　属于地方预算的政府采购项目，省、自治区、直辖市人民政府根据实际情况，可以确定分别适用于本行政区域省级、设区的市级、县级公开招标数额标准。

［采购人不得化整为零规避公开招标采购］

《政府采购法》第二十八条　采购人不得将应当以公开招标方式采购的货物或者服务化整为零或者以其他任何方式规避公开招标采购。

[**化整为零的界定**]

《政府采购法实施条例》第二十八条 在一个财政年度内,采购人将一个预算项目下的同一品目或者类别的货物、服务采用公开招标以外的方式多次采购,累计资金数额超过公开招标数额标准的,属于以化整为零方式规避公开招标,但项目预算调整或者经批准采用公开招标以外方式采购除外。

2. 邀请招标采购方式

《政府采购货物和服务招标投标管理办法》(财政部令第87号)第三条 邀请招标,是指采购人依法从符合相应资格条件的供应商中随机抽取3家以上供应商,并以投标邀请书的方式邀请其参加投标的采购方式。

[**邀请招标适用情形**]

《政府采购法》第二十九条 符合下列情形之一的货物或者服务,可以依照本法采用邀请招标方式采购:

(一)具有特殊性,只能从有限范围的供应商处采购的;

(二)采用公开招标方式的费用占政府采购项目总价值的比例过大的。

[**邀请招标操作程序**]

《政府采购法》第三十四条 货物或者服务项目采取邀请招标方式采购的,采购人应当从符合相应资格条件的供应商中,通过随机方式选择三家以上的供应商,并向其发出投标邀请书。

《政府采购货物和服务招标投标管理办法》(财政部令第87号)第十四条 采用邀请招标方式的,采购人或者采购代理机构应当通过以下方式产生符合资格条件的供应商名单,并从中随机抽取3家以上供应商向其发出投标邀请书:

(一)发布资格预审公告征集;

(二)从省级以上人民政府财政部门(以下简称财政部门)建立的供应商库中选取;

(三)采购人书面推荐。

采用前款第一项方式产生符合资格条件供应商名单的,采购人或者采购代理机构应当按照资格预审文件载明的标准和方法,对潜在投标人进行资格预审。

采用第一款第二项或者第三项方式产生符合资格条件供应商名单的,备选的符合资格条件供应商总数不得少于拟随机抽取供应商总数的两倍。

随机抽取是指通过抽签等能够保证所有符合资格条件供应商机会均等的方式选定供应商。随机抽取供应商时,应当有不少于两名采购人工作人员在场监督,并形成书面记录,随采购文件一并存档。

投标邀请书应当同时向所有受邀请的供应商发出。

二、非招标采购方式——竞争性谈判、单一来源和询价

《政府采购非招标采购方式管理办法》（财政部令第74号）第二条　本办法所称非招标采购方式，是指竞争性谈判、单一来源采购和询价采购方式。

（一）非招标采购方式的适用情形

《政府采购非招标采购方式管理办法》（财政部令第74号）第三条　采购人、采购代理机构采购以下货物、工程和服务之一的，可以采用竞争性谈判、单一来源采购方式采购；采购货物的，还可以采用询价采购方式：

（一）依法制定的集中采购目录以内，且未达到公开招标数额标准的货物、服务；

（二）依法制定的集中采购目录以外、采购限额标准以上，且未达到公开招标数额标准的货物、服务；

（三）达到公开招标数额标准、经批准采用非公开招标方式的货物、服务；

（四）按照招标投标法及其实施条例必须进行招标的工程建设项目以外的政府采购工程。

[依法不进行招标的政府采购工程采购]

《政府采购法实施条例》第二十五条　政府采购工程依法不进行招标的，应当依照政府采购法和本条例规定的竞争性谈判或者单一来源采购方式采购。

（二）非招标采购方式的一般规定

1. 采购方式申报

《政府采购非招标采购方式管理办法》（财政部令第74号）第四条　达到公开招标数额标准的货物、服务采购项目，拟采用非招标采购方式的，采购人应当在采购活动开始前，报经主管预算单位同意后，向设区的市、自治州以上人民政府财政部门申请批准。

《政府采购非招标采购方式管理办法》（财政部令第74号）第五条　根据本办法第四条申请采用非招标采购方式采购的，采购人应当向财政部门提交以下材料并对材料的真实性负责：

（一）采购人名称、采购项目名称、项目概况等项目基本情况说明；

（二）项目预算金额、预算批复文件或者资金来源证明；

（三）拟申请采用的采购方式和理由。

第六条　采购人、采购代理机构应当按照政府采购法和本办法的规定组织开展非招标采购活动，并采取必要措施，保证评审在严格保密的情况下进行。

任何单位和个人不得非法干预、影响评审过程和结果。

2. 谈判小组组成、抽取评审专家

《政府采购非招标采购方式管理办法》（财政部令第74号）第七条　竞争性谈判小组或者询价小组由采购人代表和评审专家共3人以上单数组成，其中评审专家人数不得少于竞争性谈判小组或者询价小组成员总数的2/3。采购人不得以评审专家身份参加本部门或本单位采购项目的评审。采购代理机构人员不得参加本机构代理的采购项目的评审。

达到公开招标数额标准的货物或者服务采购项目，或者达到招标规模标准的政府采购工程，竞争性谈判小组或者询价小组应当由5人以上单数组成。

采用竞争性谈判、询价方式采购的政府采购项目，评审专家应当从政府采购评审专家库内相关专业的专家名单中随机抽取。技术复杂、专业性强的竞争性谈判采购项目，通过随机方式难以确定合适的评审专家的，经主管预算单位同意，可以自行选定评审专家。技术复杂、专业性强的竞争性谈判采购项目，评审专家中应当包含1名法律专家。

[谈判小组职责]

《政府采购非招标采购方式管理办法》（财政部令第74号）第八条　竞争性谈判小组或者询价小组在采购活动过程中应当履行下列职责：

（一）确认或者制定谈判文件、询价通知书；

（二）从符合相应资格条件的供应商名单中确定不少于3家的供应商参加谈判或者询价；

（三）审查供应商的响应文件并作出评价；

（四）要求供应商解释或者澄清其响应文件；

（五）编写评审报告；

（六）告知采购人、采购代理机构在评审过程中发现的供应商的违法违规行为。

[谈判小组义务]

《政府采购非招标采购方式管理办法》（财政部令第74号）第九条　竞争性谈判小组或者询价小组成员应当履行下列义务：

（一）遵纪守法，客观、公正、廉洁地履行职责；

（二）根据采购文件的规定独立进行评审，对个人的评审意见承担法律责任；

（三）参与评审报告的起草；

（四）配合采购人、采购代理机构答复供应商提出的质疑；
（五）配合财政部门的投诉处理和监督检查工作。

3. 谈判文件制定

《政府采购非招标采购方式管理办法》（财政部令第74号）第十条 谈判文件、询价通知书应当根据采购项目的特点和采购人的实际需求制定，并经采购人书面同意。采购人应当以满足实际需求为原则，不得擅自提高经费预算和资产配置等采购标准。

谈判文件、询价通知书不得要求或者标明供应商名称或者特定货物的品牌，不得含有指向特定供应商的技术、服务等条件。

[谈判文件应当包括的内容]

《政府采购非招标采购方式管理办法》（财政部令第74号）第十一条 谈判文件、询价通知书应当包括供应商资格条件、采购邀请、采购方式、采购预算、采购需求、采购程序、价格构成或者报价要求、响应文件编制要求、提交响应文件截止时间及地点、保证金交纳数额和形式、评定成交的标准等。

谈判文件除本条第一款规定的内容外，还应当明确谈判小组根据与供应商谈判情况可能实质性变动的内容，包括采购需求中的技术、服务要求以及合同草案条款。

4. 供应商邀请

《政府采购非招标采购方式管理办法》（财政部令第74号）第十二条 采购人、采购代理机构应当通过发布公告、从省级以上财政部门建立的供应商库中随机抽取或者采购人和评审专家分别书面推荐的方式邀请不少于3家符合相应资格条件的供应商参与竞争性谈判或者询价采购活动。

符合政府采购法第二十二条第一款规定条件的供应商可以在采购活动开始前加入供应商库。财政部门不得对供应商申请入库收取任何费用，不得利用供应商库进行地区和行业封锁。

采取采购人和评审专家书面推荐方式选择供应商的，采购人和评审专家应当各自出具书面推荐意见。采购人推荐供应商的比例不得高于推荐供应商总数的50%。

5. 响应文件编制

《政府采购非招标采购方式管理办法》（财政部令第74号）第十三条 供应商应当按照谈判文件、询价通知书的要求编制响应文件，并对其提交的响应文件的真实性、合法性承担法律责任。

[响应文件提交及补充、修改或者撤回]

《政府采购非招标采购方式管理办法》（财政部令第74号）第十五条 供应

商应当在谈判文件、询价通知书要求的截止时间前,将响应文件密封送达指定地点。在截止时间后送达的响应文件为无效文件,采购人、采购代理机构或者谈判小组、询价小组应当拒收。

供应商在提交询价响应文件截止时间前,可以对所提交的响应文件进行补充、修改或者撤回,并书面通知采购人、采购代理机构。补充、修改的内容作为响应文件的组成部分。补充、修改的内容与响应文件不一致的,以补充、修改的内容为准。

[澄清、说明或者更正]

《政府采购非招标采购方式管理办法》(财政部令第74号)第十六条 谈判小组、询价小组在对响应文件的有效性、完整性和响应程度进行审查时,可以要求供应商对响应文件中含义不明确、同类问题表述不一致或者有明显文字和计算错误的内容等作出必要的澄清、说明或者更正。供应商的澄清、说明或者更正不得超出响应文件的范围或者改变响应文件的实质性内容。

谈判小组、询价小组要求供应商澄清、说明或者更正响应文件应当以书面形式作出。供应商的澄清、说明或者更正应当由法定代表人或其授权代表签字或者加盖公章。由授权代表签字的,应当附法定代表人授权书。供应商为自然人的,应当由本人签字并附身份证明。

6. 保证金

[保证金形式、数额]

《政府采购非招标采购方式管理办法》(财政部令第74号)第十四条 采购人、采购代理机构可以要求供应商在提交响应文件截止时间之前交纳保证金。保证金应当采用支票、汇票、本票、网上银行支付或者金融机构、担保机构出具的保函等非现金形式交纳。保证金数额应当不超过采购项目预算的2%。

供应商为联合体的,可以由联合体中的一方或者多方共同交纳保证金,其交纳的保证金对联合体各方均具有约束力。

[保证金退还]

《政府采购非招标采购方式管理办法》(财政部令第74号)第二十条 采购人或者采购代理机构应当在采购活动结束后及时退还供应商的保证金,但因供应商自身原因导致无法及时退还的除外。未成交供应商的保证金应当在成交通知书发出后5个工作日内退还,成交供应商的保证金应当在采购合同签订后5个工作日内退还。

有下列情形之一的,保证金不予退还:

(一)供应商在提交响应文件截止时间后撤回响应文件的;

（二）供应商在响应文件中提供虚假材料的；

（三）除因不可抗力或谈判文件、询价通知书认可的情形以外，成交供应商不与采购人签订合同的；

（四）供应商与采购人、其他供应商或者采购代理机构恶意串通的；

（五）采购文件规定的其他情形。

7. 评审报告编写及内容

《政府采购非招标采购方式管理办法》（财政部令第 74 号）第十七条　谈判小组、询价小组应当根据评审记录和评审结果编写评审报告，其主要内容包括：

（一）邀请供应商参加采购活动的具体方式和相关情况，以及参加采购活动的供应商名单；

（二）评审日期和地点，谈判小组、询价小组成员名单；

（三）评审情况记录和说明，包括对供应商的资格审查情况、供应商响应文件评审情况、谈判情况、报价情况等；

（四）提出的成交候选人的名单及理由。

评审报告应当由谈判小组、询价小组全体人员签字认可。谈判小组、询价小组成员对评审报告有异议的，谈判小组、询价小组按照少数服从多数的原则推荐成交候选人，采购程序继续进行。对评审报告有异议的谈判小组、询价小组成员，应当在报告上签署不同意见并说明理由，由谈判小组、询价小组书面记录相关情况。谈判小组、询价小组成员拒绝在报告上签字又不书面说明其不同意见和理由的，视为同意评审报告。

8. 成交结果公告及内容

《政府采购非招标采购方式管理办法》（财政部令第 74 号）第十八条　采购人或者采购代理机构应当在成交供应商确定后 2 个工作日内，在省级以上财政部门指定的媒体上公告成交结果，同时向成交供应商发出成交通知书，并将竞争性谈判文件、询价通知书随成交结果同时公告。成交结果公告应当包括以下内容：

（一）采购人和采购代理机构的名称、地址和联系方式；

（二）项目名称和项目编号；

（三）成交供应商名称、地址和成交金额；

（四）主要成交标的的名称、规格型号、数量、单价、服务要求；

（五）谈判小组、询价小组成员名单及单一来源采购人员名单。

采用书面推荐供应商参加采购活动的，还应当公告采购人和评审专家的推荐意见。

9. 合同签订

《政府采购非招标采购方式管理办法》（财政部令第 74 号）第十九条　采购

人与成交供应商应当在成交通知书发出之日起 30 日内，按照采购文件确定的合同文本以及采购标的、规格型号、采购金额、采购数量、技术和服务要求等事项签订政府采购合同。

采购人不得向成交供应商提出超出采购文件以外的任何要求作为签订合同的条件，不得与成交供应商订立背离采购文件确定的合同文本以及采购标的、规格型号、采购金额、采购数量、技术和服务要求等实质性内容的协议。

10. 重新评审、改变评审结果的禁止性规定

《政府采购非招标采购方式管理办法》（财政部令第 74 号）第二十一条　除资格性审查认定错误和价格计算错误外，采购人或者采购代理机构不得以任何理由组织重新评审。采购人、采购代理机构发现谈判小组、询价小组未按照采购文件规定的评定成交的标准进行评审的，应当重新开展采购活动，并同时书面报告本级财政部门。

11. 改变成交结果、拒签合同的处理

《政府采购非招标采购方式管理办法》（财政部令第 74 号）第二十二条　除不可抗力等因素外，成交通知书发出后，采购人改变成交结果，或者成交供应商拒绝签订政府采购合同的，应当承担相应的法律责任。

成交供应商拒绝签订政府采购合同的，采购人可以按照本办法第三十六条第二款、第四十九条第二款规定的原则确定其他供应商作为成交供应商并签订政府采购合同，也可以重新开展采购活动。拒绝签订政府采购合同的成交供应商不得参加对该项目重新开展的采购活动。

12. 因重大变故采购任务取消情形的处理

《政府采购非招标采购方式管理办法》（财政部令第 74 号）第二十三条　在采购活动中因重大变故，采购任务取消的，采购人或者采购代理机构应当终止采购活动，通知所有参加采购活动的供应商，并将项目实施情况和采购任务取消原因报送本级财政部门。

13. 履约验收

《政府采购非招标采购方式管理办法》（财政部令第 74 号）第二十四条　采购人或者采购代理机构应当按照采购合同规定的技术、服务等要求组织对供应商履约的验收，并出具验收书。验收书应当包括每一项技术、服务等要求的履约情况。大型或者复杂的项目，应当邀请国家认可的质量检测机构参加验收。验收方成员应当在验收书上签字，并承担相应的法律责任。

14. 保密要求

《政府采购非招标采购方式管理办法》（财政部令第 74 号）第二十五条　谈

判小组、询价小组成员以及与评审工作有关的人员不得泄露评审情况以及评审过程中获悉的国家秘密、商业秘密。

15. 采购文件保存

《政府采购非招标采购方式管理办法》（财政部令第74号）第二十六条　采购人、采购代理机构应当妥善保管每项采购活动的采购文件。采购文件包括采购活动记录、采购预算、谈判文件、询价通知书、响应文件、推荐供应商的意见、评审报告、成交供应商确定文件、单一来源采购协商情况记录、合同文本、验收证明、质疑答复、投诉处理决定以及其他有关文件、资料。采购文件可以电子档案方式保存。

采购活动记录至少应当包括下列内容：

（一）采购项目类别、名称；

（二）采购项目预算、资金构成和合同价格；

（三）采购方式，采用该方式的原因及相关说明材料；

（四）选择参加采购活动的供应商的方式及原因；

（五）评定成交的标准及确定成交供应商的原因；

（六）终止采购活动的，终止的原因。

（三）竞争性谈判采购方式

《政府采购非招标采购方式管理办法》（财政部令第74号）第二条　竞争性谈判是指谈判小组与符合资格条件的供应商就采购货物、工程和服务事宜进行谈判，供应商按照谈判文件的要求提交响应文件和最后报价，采购人从谈判小组提出的成交候选人中确定成交供应商的采购方式。

［适用情形］

《政府采购法》第三十条　符合下列情形之一的货物或者服务，可以依照本法采用竞争性谈判方式采购：

（一）招标后没有供应商投标或者没有合格标的或者重新招标未能成立的；

（二）技术复杂或者性质特殊，不能确定详细规格或者具体要求的；

（三）采用招标所需时间不能满足用户紧急需要的；

（四）不能事先计算出价格总额的。

《政府采购法实施条例》第二十六条　政府采购法第三十条第三项规定的情形，应当是采购人不可预见的或者非因采购人拖延导致的；第四项规定的情形，是指因采购艺术品或者因专利、专有技术或者因服务的时间、数量事先不能确定等导致不能事先计算出价格总额的。

《政府采购非招标采购方式管理办法》（财政部令第 74 号）第二十七条　符合下列情形之一的采购项目，可以采用竞争性谈判方式采购：

（一）招标后没有供应商投标或者没有合格标的，或者重新招标未能成立的；

（二）技术复杂或者性质特殊，不能确定详细规格或者具体要求的；

（三）非采购人所能预见的原因或者非采购人拖延造成采用招标所需时间不能满足用户紧急需要的；

（四）因艺术品采购、专利、专有技术或者服务的时间、数量事先不能确定等原因不能事先计算出价格总额的。

公开招标的货物、服务采购项目，招标过程中提交投标文件或者经评审实质性响应招标文件要求的供应商只有两家时，采购人、采购代理机构按照本办法第四条经本级财政部门批准后可以与该两家供应商进行竞争性谈判采购，采购人、采购代理机构应当根据招标文件中的采购需求编制谈判文件，成立谈判小组，由谈判小组对谈判文件进行确认。符合本款情形的，本办法第三十三条、第三十五条中规定的供应商最低数量可以为两家。

《政府采购非招标采购方式管理办法》（财政部令第 74 号）第二十八条　符合本办法第二十七条第一款第一项情形和第二款情形，申请采用竞争性谈判采购方式时，除提交本办法第五条第一至三项规定的材料外，还应当提交下列申请材料：

（一）在省级以上财政部门指定的媒体上发布招标公告的证明材料；

（二）采购人、采购代理机构出具的对招标文件和招标过程是否有供应商质疑及质疑处理情况的说明；

（三）评标委员会或者 3 名以上评审专家出具的招标文件没有不合理条款的论证意见。

[谈判程序]

《政府采购法》第三十八条　采用竞争性谈判方式采购的，应当遵循下列程序：

（一）成立谈判小组。谈判小组由采购人的代表和有关专家共三人以上的单数组成，其中专家的人数不得少于成员总数的三分之二。

（二）制定谈判文件。谈判文件应当明确谈判程序、谈判内容、合同草案的条款以及评定成交的标准等事项。

（三）确定邀请参加谈判的供应商名单。谈判小组从符合相应资格条件的供应商名单中确定不少于三家的供应商参加谈判，并向其提供谈判文件。

（四）谈判。谈判小组所有成员集中与单一供应商分别进行谈判。在谈判中,谈判的任何一方不得透露与谈判有关的其他供应商的技术资料、价格和其他信息。谈判文件有实质性变动的,谈判小组应当以书面形式通知所有参加谈判的供应商。

(五)确定成交供应商。谈判结束后,谈判小组应当要求所有参加谈判的供应商在规定时间内进行最后报价,采购人从谈判小组提出的成交候选人中根据符合采购需求、质量和服务相等且报价最低的原则确定成交供应商,并将结果通知所有参加谈判的未成交的供应商。

[需求不确定的竞争性谈判程序]

《政府采购法实施条例》第三十五条 谈判文件不能完整、明确列明采购需求,需要由供应商提供最终设计方案或者解决方案的,在谈判结束后,谈判小组应当按照少数服从多数的原则投票推荐3家以上供应商的设计方案或者解决方案,并要求其在规定时间内提交最后报价。

[关于质量和服务相等的含义]

《政府采购法实施条例》第三十七条 政府采购法第三十八条第五项、第四十条第四项所称质量和服务相等,是指供应商提供的产品质量和服务均能满足采购文件规定的实质性要求。

[谈判文件发出及澄清修改]

《政府采购非招标采购方式管理办法》(财政部令第74号)第二十九条 从谈判文件发出之日起至供应商提交首次响应文件截止之日止不得少于3个工作日。

提交首次响应文件截止之日前,采购人、采购代理机构或者谈判小组可以对已发出的谈判文件进行必要的澄清或者修改,澄清或者修改的内容作为谈判文件的组成部分。澄清或者修改的内容可能影响响应文件编制的,采购人、采购代理机构或者谈判小组应当在提交首次响应文件截止之日3个工作日前,以书面形式通知所有接收谈判文件的供应商,不足3个工作日的,应当顺延提交首次响应文件截止之日。

[评审与谈判]

《政府采购非招标采购方式管理办法》(财政部令第74号)第三十条 谈判小组应当对响应文件进行评审,并根据谈判文件规定的程序、评定成交的标准等事项与实质性响应谈判文件要求的供应商进行谈判。未实质性响应谈判文件的响应文件按无效处理,谈判小组应当告知有关供应商。

《政府采购非招标采购方式管理办法》(财政部令第74号)第三十一条 谈判小组所有成员应当集中与单一供应商分别进行谈判,并给予所有参加谈判的供应商平等的谈判机会。

《政府采购非招标采购方式管理办法》（财政部令第 74 号）第三十二条　在谈判过程中，谈判小组可以根据谈判文件和谈判情况实质性变动采购需求中的技术、服务要求以及合同草案条款，但不得变动谈判文件中的其他内容。实质性变动的内容，须经采购人代表确认。

对谈判文件作出的实质性变动是谈判文件的有效组成部分，谈判小组应当及时以书面形式同时通知所有参加谈判的供应商。

供应商应当按照谈判文件的变动情况和谈判小组的要求重新提交响应文件，并由其法定代表人或授权代表签字或者加盖公章。由授权代表签字的，应当附法定代表人授权书。供应商为自然人的，应当由本人签字并附身份证明。

《政府采购非招标采购方式管理办法》（财政部令第 74 号）第三十三条　谈判文件能够详细列明采购标的的技术、服务要求的，谈判结束后，谈判小组应当要求所有继续参加谈判的供应商在规定时间内提交最后报价，提交最后报价的供应商不得少于 3 家。

谈判文件不能详细列明采购标的的技术、服务要求，需经谈判由供应商提供最终设计方案或解决方案的，谈判结束后，谈判小组应当按照少数服从多数的原则投票推荐 3 家以上供应商的设计方案或者解决方案，并要求其在规定时间内提交最后报价。

最后报价是供应商响应文件的有效组成部分。

《政府采购非招标采购方式管理办法》（财政部令第 74 号）第三十四条　已提交响应文件的供应商，在提交最后报价之前，可以根据谈判情况退出谈判。采购人、采购代理机构应当退还退出谈判的供应商的保证金。

[编写评审报告、确定成交供应商]

《政府采购非招标采购方式管理办法》（财政部令第 74 号）第三十五条　谈判小组应当从质量和服务均能满足采购文件实质性响应要求的供应商中，按照最后报价由低到高的顺序提出 3 名以上成交候选人，并编写评审报告。

《政府采购非招标采购方式管理办法》（财政部令第 74 号）第三十六条　采购代理机构应当在评审结束后 2 个工作日内将评审报告送采购人确认。

采购人应当在收到评审报告后 5 个工作日内，从评审报告提出的成交候选人中，根据质量和服务均能满足采购文件实质性响应要求且最后报价最低的原则确定成交供应商，也可以书面授权谈判小组直接确定成交供应商。采购人逾期未确定成交供应商且不提出异议的，视为确定评审报告提出的最后报价最低的供应商为成交供应商。

[**终止情形及处理**]

《政府采购非招标采购方式管理办法》（财政部令第 74 号）第三十七条　出现下列情形之一的，采购人或者采购代理机构应当终止竞争性谈判采购活动，发布项目终止公告并说明原因，重新开展采购活动：

（一）因情况变化，不再符合规定的竞争性谈判采购方式适用情形的；

（二）出现影响采购公正的违法、违规行为的；

（三）在采购过程中符合竞争要求的供应商或者报价未超过采购预算的供应商不足 3 家的，但本办法第二十七条第二款规定的情形除外。

（四）单一来源采购方式

《政府采购非招标采购方式管理办法》（财政部令第 74 号）第二条　单一来源采购是指采购人从某一特定供应商处采购货物、工程和服务的采购方式。

[**适用情形**]

《政府采购法》第三十一条　符合下列情形之一的货物或者服务，可以依照本法采用单一来源方式采购：

（一）只能从唯一供应商处采购的；

（二）发生了不可预见的紧急情况不能从其他供应商处采购的；

（三）必须保证原有采购项目一致性或者服务配套的要求，需要继续从原供应商处添购，且添购资金总额不超过原合同采购金额百分之十的。

《政府采购法实施条例》第二十七条　政府采购法第三十一条第一项规定的情形，是指因货物或者服务使用不可替代的专利、专有技术，或者公共服务项目具有特殊要求，导致只能从某一特定供应商处采购。

[**操作程序**]

《政府采购法》第三十九条　采取单一来源方式采购的，采购人与供应商应当遵循本法规定的原则，在保证采购项目质量和双方商定合理价格的基础上进行采购。

[**唯一情形应当公示**]

《政府采购法实施条例》第三十八条　达到公开招标数额标准，符合政府采购法第三十一条第一项规定情形，只能从唯一供应商处采购的，采购人应当将采购项目信息和唯一供应商名称在省级以上人民政府财政部门指定的媒体上公示，公示期不得少于 5 个工作日。

[**公示内容及要求**]

《政府采购非招标采购方式管理办法》（财政部令第 74 号）第三十八条　属

于政府采购法第三十一条第一项情形,且达到公开招标数额的货物、服务项目,拟采用单一来源采购方式的,采购人、采购代理机构在按照本办法第四条报财政部门批准之前,应当在省级以上财政部门指定媒体上公示,并将公示情况一并报财政部门。公示期不得少于5个工作日,公示内容应当包括:

(一)采购人、采购项目名称和内容;

(二)拟采购的货物或者服务的说明;

(三)采用单一来源采购方式的原因及相关说明;

(四)拟定的唯一供应商名称、地址;

(五)专业人员对相关供应商因专利、专有技术等原因具有唯一性的具体论证意见,以及专业人员的姓名、工作单位和职称;

(六)公示的期限;

(七)采购人、采购代理机构、财政部门的联系地址、联系人和联系电话。

[对公示有异议的处理]

《政府采购非招标采购方式管理办法》(财政部令第74号)第三十九条 任何供应商、单位或者个人对采用单一来源采购方式公示有异议的,可以在公示期内将书面意见反馈给采购人、采购代理机构,并同时抄送相关财政部门。

《政府采购非招标采购方式管理办法》(财政部令第74号)第四十条 采购人、采购代理机构收到对采用单一来源采购方式公示的异议后,应当在公示期满后5个工作日内,组织补充论证,论证后认为异议成立的,应当依法采取其他采购方式;论证后认为异议不成立的,应当将异议意见、论证意见与公示情况一并报相关财政部门。

采购人、采购代理机构应当将补充论证的结论告知提出异议的供应商、单位或者个人。

[商定合理价格,保证项目质量]

《政府采购非招标采购方式管理办法》(财政部令第74号)第四十一条 采用单一来源采购方式采购的,采购人、采购代理机构应当组织具有相关经验的专业人员与供应商商定合理的成交价格并保证采购项目质量。

[编写协商记录及内容]

《政府采购非招标采购方式管理办法》(财政部令第74号)第四十二条 单一来源采购人员应当编写协商情况记录,主要内容包括:

(一)依据本办法第三十八条进行公示的,公示情况说明;

(二)协商日期和地点,采购人员名单;

(三)供应商提供的采购标的成本、同类项目合同价格以及相关专利、专有技术等情况说明；

（四）合同主要条款及价格商定情况。

协商情况记录应当由采购全体人员签字认可。对记录有异议的采购人员，应当签署不同意见并说明理由。采购人员拒绝在记录上签字又不书面说明其不同意见和理由的，视为同意。

[终止情形及处理]

《政府采购非招标采购方式管理办法》（财政部令74号）第四十三条 出现下列情形之一的，采购人或者采购代理机构应当终止采购活动，发布项目终止公告并说明原因，重新开展采购活动：

（一）因情况变化，不再符合规定的单一来源采购方式适用情形的；

（二）出现影响采购公正的违法、违规行为的；

（三）报价超过采购预算的。

（五）询价采购方式

《政府采购非招标采购方式管理办法》（财政部令第74号）第二条 询价是指询价小组向符合资格条件的供应商发出采购货物询价通知书，要求供应商一次报出不得更改的价格，采购人从询价小组提出的成交候选人中确定成交供应商的采购方式。

[适用情形]

《政府采购法》第三十二条 采购的货物规格、标准统一、现货货源充足且价格变化幅度小的政府采购项目，可以依照本法采用询价方式采购。

[询价程序]

《政府采购法》第四十条 采取询价方式采购的，应当遵循下列程序：

（一）成立询价小组。询价小组由采购人的代表和有关专家共三人以上的单数组成，其中专家的人数不得少于成员总数的三分之二。询价小组应当对采购项目的价格构成和评定成交的标准等事项作出规定。

（二）确定被询价的供应商名单。询价小组根据采购需求，从符合相应资格条件的供应商名单中确定不少于三家的供应商，并向其发出询价通知书让其报价。

（三）询价。询价小组要求被询价的供应商一次报出不得更改的价格。

（四）确定成交供应商。采购人根据符合采购需求、质量和服务相等且报价最低的原则确定成交供应商，并将结果通知所有被询价的未成交的供应商。

[询价中的合同条款]

《政府采购法实施条例》第三十六条 询价通知书应当根据采购需求确定政

府采购合同条款。在询价过程中，询价小组不得改变询价通知书所确定的政府采购合同条款。

［询价通知书发出及澄清修改］

《政府采购非招标采购方式管理办法》（财政部令第 74 号）第四十五条　从询价通知书发出之日起至供应商提交响应文件截止之日止不得少于 3 个工作日。

提交响应文件截止之日前，采购人、采购代理机构或者询价小组可以对已发出的询价通知书进行必要的澄清或者修改，澄清或者修改的内容作为询价通知书的组成部分。澄清或者修改的内容可能影响响应文件编制的，采购人、采购代理机构或者询价小组应当在提交响应文件截止之日 3 个工作日前，以书面形式通知所有接收询价通知书的供应商，不足 3 个工作日的，应当顺延提交响应文件截止之日。

［询价中不得改变相关事项］

《政府采购非招标采购方式管理办法》（财政部令 74 号）第四十六条　询价小组在询价过程中，不得改变询价通知书所确定的技术和服务等要求、评审程序、评定成交的标准和合同文本等事项。

［按规定一次报价不得更改］

《政府采购非招标采购方式管理办法》（财政部令 74 号）第四十七条　参加询价采购活动的供应商，应当按照询价通知书的规定一次报出不得更改的价格。

［编写评审报告、确定成交供应商］

《政府采购非招标采购方式管理办法》（财政部令 74 号）第四十八条　询价小组应当从质量和服务均能满足采购文件实质性响应要求的供应商中，按照报价由低到高的顺序提出 3 名以上成交候选人，并编写评审报告。

《政府采购非招标采购方式管理办法》（财政部令 74 号）第四十九条　采购代理机构应当在评审结束后 2 个工作日内将评审报告送采购人确认。

采购人应当在收到评审报告后 5 个工作日内，从评审报告提出的成交候选人中，根据质量和服务均能满足采购文件实质性响应要求且报价最低的原则确定成交供应商，也可以书面授权询价小组直接确定成交供应商。采购人逾期未确定成交供应商且不提出异议的，视为确定评审报告提出的最后报价最低的供应商为成交供应商。

［终止情形及处理］

《政府采购非招标采购方式管理办法》（财政部令 74 号）第五十条　出现下列情形之一的，采购人或者采购代理机构应当终止询价采购活动，发布项目终止公告并说明原因，重新开展采购活动：

（一）因情况变化，不再符合规定的询价采购方式适用情形的；
（二）出现影响采购公正的违法、违规行为的；
（三）在采购过程中符合竞争要求的供应商或者报价未超过采购预算的供应商不足 3 家的。

三、国务院财政部门认定的其他采购方式——竞争性磋商

《政府采购竞争性磋商采购方式管理暂行办法》（财库〔2014〕214 号）第二条　本办法所称竞争性磋商采购方式，是指采购人、政府采购代理机构通过组建竞争性磋商小组（以下简称磋商小组）与符合条件的供应商就采购货物、工程和服务事宜进行磋商，供应商按照磋商文件的要求提交响应文件和报价，采购人从磋商小组评审后提出的候选供应商名单中确定成交供应商的采购方式。

[适用情形]

《政府采购竞争性磋商采购方式管理暂行办法》（财库〔2014〕214 号）第三条　符合下列情形的项目，可以采用竞争性磋商方式开展采购：

（一）政府购买服务项目；
（二）技术复杂或者性质特殊，不能确定详细规格或者具体要求的；
（三）因艺术品采购、专利、专有技术或者服务的时间、数量事先不能确定等原因不能事先计算出价格总额的；
（四）市场竞争不充分的科研项目，以及需要扶持的科技成果转化项目；
（五）按照招标投标法及其实施条例必须进行招标的工程建设项目以外的工程建设项目。

[磋商程序]

《政府采购竞争性磋商采购方式管理暂行办法》（财库〔2014〕214 号）第四条　达到公开招标数额标准的货物、服务采购项目，拟采用竞争性磋商采购方式的，采购人应当在采购活动开始前，报经主管预算单位同意后，依法向设区的市、自治州以上人民政府财政部门申请批准。

第五条　采购人、采购代理机构应当按照政府采购法和本办法的规定组织开展竞争性磋商，并采取必要措施，保证磋商在严格保密的情况下进行。

任何单位和个人不得非法干预、影响磋商过程和结果。

[供应商邀请]

《政府采购竞争性磋商采购方式管理暂行办法》（财库〔2014〕214 号）第

六条　采购人、采购代理机构应当通过发布公告、从省级以上财政部门建立的供应商库中随机抽取或者采购人和评审专家分别书面推荐的方式邀请不少于3家符合相应资格条件的供应商参与竞争性磋商采购活动。

符合政府采购法第二十二条第一款规定条件的供应商可以在采购活动开始前加入供应商库。财政部门不得对供应商申请入库收取任何费用，不得利用供应商库进行地区和行业封锁。

采取采购人和评审专家书面推荐方式选择供应商的，采购人和评审专家应当各自出具书面推荐意见。采购人推荐供应商的比例不得高于推荐供应商总数的50%。

财政部关于政府采购竞争性磋商采购方式管理暂行办法有关问题的补充通知（财库〔2015〕124号）采用竞争性磋商采购方式采购的政府购买服务项目（含政府和社会资本合作项目），在采购过程中符合要求的供应商（社会资本）只有2家的，竞争性磋商采购活动可以继续进行。采购过程中符合要求的供应商（社会资本）只有1家的，采购人（项目实施机构）或者采购代理机构应当终止竞争性磋商采购活动，发布项目终止公告并说明原因，重新开展采购活动。

[磋商公告内容]

《政府采购竞争性磋商采购方式管理暂行办法》（财库〔2014〕214号）第七条　采用公告方式邀请供应商的，采购人、采购代理机构应当在省级以上人民政府财政部门指定的政府采购信息发布媒体发布竞争性磋商公告。竞争性磋商公告应当包括以下主要内容：

（一）采购人、采购代理机构的名称、地点和联系方法；

（二）采购项目的名称、数量、简要规格描述或项目基本概况介绍；

（三）采购项目的预算；

（四）供应商资格条件；

（五）获取磋商文件的时间、地点、方式及磋商文件售价；

（六）响应文件提交的截止时间、开启时间及地点；

（七）采购项目联系人姓名和电话。

[磋商文件制定]

《政府采购竞争性磋商采购方式管理暂行办法》（财库〔2014〕214号）第八条　竞争性磋商文件（以下简称磋商文件）应当根据采购项目的特点和采购人的实际需求制定，并经采购人书面同意。采购人应当以满足实际需求为原则，不得擅自提高经费预算和资产配置等采购标准。

磋商文件不得要求或者标明供应商名称或者特定货物的品牌，不得含有指向特定供应商的技术、服务等条件。

[磋商文件内容]

《政府采购竞争性磋商采购方式管理暂行办法》（财库［2014］214号）第九条　磋商文件应当包括供应商资格条件、采购邀请、采购方式、采购预算、采购需求、政府采购政策要求、评审程序、评审方法、评审标准、价格构成或者报价要求、响应文件编制要求、保证金交纳数额和形式以及不予退还保证金的情形、磋商过程中可能实质性变动的内容、响应文件提交的截止时间、开启时间及地点以及合同草案条款等。

[磋商文件发出时间]

《政府采购竞争性磋商采购方式管理暂行办法》（财库［2014］214号）第十条　从磋商文件发出之日起至供应商提交首次响应文件截止之日止不得少于10日。

[磋商文件售价]

《政府采购竞争性磋商采购方式管理暂行办法》（财库［2014］214号）第十条　磋商文件售价应当按照弥补磋商文件制作成本费用的原则确定，不得以营利为目的，不得以项目预算金额作为确定磋商文件售价依据。磋商文件的发售期限自开始之日起不得少于5个工作日。

[磋商文件澄清或者修改]

《政府采购竞争性磋商采购方式管理暂行办法》（财库［2014］214号）第十条　提交首次响应文件截止之日前，采购人、采购代理机构或者磋商小组可以对已发出的磋商文件进行必要的澄清或者修改，澄清或者修改的内容作为磋商文件的组成部分。澄清或者修改的内容可能影响响应文件编制的，采购人、采购代理机构应当在提交首次响应文件截止时间至少5日前，以书面形式通知所有获取磋商文件的供应商；不足5日的，采购人、采购代理机构应当顺延提交首次响应文件截止时间。

[供应商编制响应文件]

《政府采购竞争性磋商采购方式管理暂行办法》（财库［2014］214号）第十一条　供应商应当按照磋商文件的要求编制响应文件，并对其提交的响应文件的真实性、合法性承担法律责任。

[保证金形式、金额]

《政府采购竞争性磋商采购方式管理暂行办法》（财库［2014］214号）第十二条　采购人、采购代理机构可以要求供应商在提交响应文件截止时间之前交纳磋商保证金。磋商保证金应当采用支票、汇票、本票或者金融机构、担保机构出具的保函等非现金形式交纳。磋商保证金数额应当不超过采购项目预算的2%。供应商未按照磋商文件要求提交磋商保证金的，响应无效。

供应商为联合体的，可以由联合体中的一方或者多方共同交纳磋商保证金，其交纳的保证金对联合体各方均具有约束力。

[磋商文件送达、补充修改或撤回]

《政府采购竞争性磋商采购方式管理暂行办法》（财库〔2014〕214号）第十三条　供应商应当在磋商文件要求的截止时间前，将响应文件密封送达指定地点。在截止时间后送达的响应文件为无效文件，采购人、采购代理机构或者磋商小组应当拒收。

供应商在提交响应文件截止时间前，可以对所提交的响应文件进行补充、修改或者撤回，并书面通知采购人、采购代理机构。补充、修改的内容作为响应文件的组成部分。补充、修改的内容与响应文件不一致的，以补充、修改的内容为准。

[磋商小组组成、评审专家抽取]

《政府采购竞争性磋商采购方式管理暂行办法》（财库〔2014〕214号）第十四条　磋商小组由采购人代表和评审专家共3人以上单数组成，其中评审专家人数不得少于磋商小组成员总数的2/3。采购人代表不得以评审专家身份参加本部门或本单位采购项目的评审。采购代理机构人员不得参加本机构代理的采购项目的评审。

采用竞争性磋商方式的政府采购项目，评审专家应当从政府采购评审专家库内相关专业的专家名单中随机抽取。符合本办法第三条第四项规定情形的项目，以及情况特殊、通过随机方式难以确定合适的评审专家的项目，经主管预算单位同意，可以自行选定评审专家。技术复杂、专业性强的采购项目，评审专家中应当包含1名法律专家。

[评审要求]

《政府采购竞争性磋商采购方式管理暂行办法》（财库〔2014〕214号）第十五条　评审专家应当遵守评审工作纪律，不得泄露评审情况和评审中获悉的商业秘密。

磋商小组在评审过程中发现供应商有行贿、提供虚假材料或者串通等违法行为的，应当及时向财政部门报告。

评审专家在评审过程中受到非法干涉的，应当及时向财政、监察等部门举报。

第十六条　磋商小组成员应当按照客观、公正、审慎的原则，根据磋商文件规定的评审程序、评审方法和评审标准进行独立评审。未实质性响应磋商文件的响应文件按无效响应处理,磋商小组应当告知提交响应文件的供应商。

磋商文件内容违反国家有关强制性规定的,磋商小组应当停止评审并向采购人或者采购代理机构说明情况。

第十七条 采购人、采购代理机构不得向磋商小组中的评审专家作倾向性、误导性的解释或者说明。

采购人、采购代理机构可以视采购项目的具体情况,组织供应商进行现场考察或召开磋商前答疑会,但不得单独或分别组织只有一个供应商参加的现场考察和答疑会。

[澄清、说明或更正]

《政府采购竞争性磋商采购方式管理暂行办法》(财库〔2014〕214号)第十八条 磋商小组在对响应文件的有效性、完整性和响应程度进行审查时,可以要求供应商对响应文件中含义不明确、同类问题表述不一致或者有明显文字和计算错误的内容等作出必要的澄清、说明或者更正。供应商的澄清、说明或者更正不得超出响应文件的范围或者改变响应文件的实质性内容。

磋商小组要求供应商澄清、说明或者更正响应文件应当以书面形式作出。供应商的澄清、说明或者更正应当由法定代表人或其授权代表签字或者加盖公章。由授权代表签字的,应当附法定代表人授权书。供应商为自然人的,应当由本人签字并附身份证明。

[平等磋商]

《政府采购竞争性磋商采购方式管理暂行办法》(财库〔2014〕214号)第十九条 磋商小组所有成员应当集中与单一供应商分别进行磋商,并给予所有参加磋商的供应商平等的磋商机会。

[磋商中实质性变动采购需求的规定]

《政府采购竞争性磋商采购方式管理暂行办法》(财库〔2014〕214号)第二十条 在磋商过程中,磋商小组可以根据磋商文件和磋商情况实质性变动采购需求中的技术、服务要求以及合同草案条款,但不得变动磋商文件中的其他内容。实质性变动的内容,须经采购人代表确认。

对磋商文件作出的实质性变动是磋商文件的有效组成部分,磋商小组应当及时以书面形式同时通知所有参加磋商的供应商。

供应商应当按照磋商文件的变动情况和磋商小组的要求重新提交响应文件,并由其法定代表人或授权代表签字或者加盖公章。由授权代表签字的,应当附法定代表人授权书。供应商为自然人的,应当由本人签字并附身份证明。

[报价]

《政府采购竞争性磋商采购方式管理暂行办法》(财库〔2014〕214号）第二十一条　磋商文件能够详细列明采购标的的技术、服务要求的，磋商结束后，磋商小组应当要求所有实质性响应的供应商在规定时间内提交最后报价，提交最后报价的供应商不得少于3家。

磋商文件不能详细列明采购标的的技术、服务要求，需经磋商由供应商提供最终设计方案或解决方案的，磋商结束后，磋商小组应当按照少数服从多数的原则投票推荐3家以上供应商的设计方案或者解决方案，并要求其在规定时间内提交最后报价。

最后报价是供应商响应文件的有效组成部分。符合本办法第三条第四项情形的，提交最后报价的供应商可以为2家。

第二十二条　已提交响应文件的供应商，在提交最后报价之前，可以根据磋商情况退出磋商。采购人、采购代理机构应当退还退出磋商的供应商的磋商保证金。

[评审方法——采用综合评分法]

《政府采购竞争性磋商采购方式管理暂行办法》(财库〔2014〕214号）第二十三条　经磋商确定最终采购需求和提交最后报价的供应商后，由磋商小组采用综合评分法对提交最后报价的供应商的响应文件和最后报价进行综合评分。

综合评分法，是指响应文件满足磋商文件全部实质性要求且按评审因素的量化指标评审得分最高的供应商为成交候选供应商的评审方法。

第二十四条　综合评分法评审标准中的分值设置应当与评审因素的量化指标相对应。磋商文件中没有规定的评审标准不得作为评审依据。

评审时，磋商小组各成员应当独立对每个有效响应的文件进行评价、打分，然后汇总每个供应商每项评分因素的得分。

综合评分法货物项目的价格分值占总分值的比重（即权值）为30%至60%，服务项目的价格分值占总分值的比重（即权值）为10%至30%。采购项目中含不同采购对象的，以占项目资金比例最高的采购对象确定其项目属性。符合本办法第三条第三项的规定和执行统一价格标准的项目，其价格不列为评分因素。有特殊情况需要在上述规定范围外设定价格分权重的，应当经本级人民政府财政部门审核同意。

综合评分法中的价格分统一采用低价优先法计算，即满足磋商文件要求且最后报价最低的供应商的价格为磋商基准价，其价格分为满分。其他供应商的价格分统一按照下列公式计算：

磋商报价得分 =（磋商基准价/最后磋商报价）×价格权值×100

项目评审过程中，不得去掉最后报价中的最高报价和最低报价。

第二十五条　磋商小组应当根据综合评分情况，按照评审得分由高到低顺序推荐3名以上成交候选供应商，并编写评审报告。符合本办法第二十一条第三款情形的，可以推荐2家成交候选供应商。评审得分相同的，按照最后报价由低到高的顺序推荐。评审得分且最后报价相同的，按照技术指标优劣顺序推荐。

[评审报告内容]

《政府采购竞争性磋商采购方式管理暂行办法》（财库［2014］214号）第二十六条　评审报告应当包括以下主要内容：

（一）邀请供应商参加采购活动的具体方式和相关情况；

（二）响应文件开启日期和地点；

（三）获取磋商文件的供应商名单和磋商小组成员名单；

（四）评审情况记录和说明，包括对供应商的资格审查情况、供应商响应文件评审情况、磋商情况、报价情况等；

（五）提出的成交候选供应商的排序名单及理由。

第二十七条　评审报告应当由磋商小组全体人员签字认可。磋商小组成员对评审报告有异议的，磋商小组按照少数服从多数的原则推荐成交候选供应商，采购程序继续进行。对评审报告有异议的磋商小组成员，应当在报告上签署不同意见并说明理由，由磋商小组书面记录相关情况。磋商小组成员拒绝在报告上签字又不书面说明其不同意见和理由的，视为同意评审报告。

[评审报告确认、成交供应商确定]

《政府采购竞争性磋商采购方式管理暂行办法》（财库［2014］214号）第二十八条　采购代理机构应当在评审结束后2个工作日内将评审报告送采购人确认。

采购人应当在收到评审报告后5个工作日内，从评审报告提出的成交候选供应商中，按照排序由高到低的原则确定成交供应商，也可以书面授权磋商小组直接确定成交供应商。采购人逾期未确定成交供应商且不提出异议的，视为确定评审报告提出的排序第一的供应商为成交供应商。

[成交结果公告]

《政府采购竞争性磋商采购方式管理暂行办法》（财库［2014］214号）第二十九条　采购人或者采购代理机构应当在成交供应商确定后2个工作日内，在省级以上财政部门指定的政府采购信息发布媒体上公告成交结果，同时向成交供应商发出成交通知书，并将磋商文件随成交结果同时公告。成交结果公告应当包括以下内容：

（一）采购人和采购代理机构的名称、地址和联系方式；

（二）项目名称和项目编号；

（三）成交供应商名称、地址和成交金额；

（四）主要成交标的的名称、规格型号、数量、单价、服务要求；

（五）磋商小组成员名单。

采用书面推荐供应商参加采购活动的，还应当公告采购人和评审专家的推荐意见。

[合同签订]

《政府采购竞争性磋商采购方式管理暂行办法》（财库〔2014〕214号）第三十条　采购人与成交供应商应当在成交通知书发出之日起30日内，按照磋商文件确定的合同文本以及采购标的、规格型号、采购金额、采购数量、技术和服务要求等事项签订政府采购合同。

采购人不得向成交供应商提出超出磋商文件以外的任何要求作为签订合同的条件，不得与成交供应商订立背离磋商文件确定的合同文本以及采购标的、规格型号、采购金额、采购数量、技术和服务要求等实质性内容的协议。

[保证金退还]

《政府采购竞争性磋商采购方式管理暂行办法》（财库〔2014〕214号）第三十一条　采购人或者采购代理机构应当在采购活动结束后及时退还供应商的磋商保证金，但因供应商自身原因导致无法及时退还的除外。未成交供应商的磋商保证金应当在成交通知书发出后5个工作日内退还，成交供应商的磋商保证金应当在采购合同签订后5个工作日内退还。

有下列情形之一的，磋商保证金不予退还：

（一）供应商在提交响应文件截止时间后撤回响应文件的；

（二）供应商在响应文件中提供虚假材料的；

（三）除因不可抗力或磋商文件认可的情形以外，成交供应商不与采购人签订合同的；

（四）供应商与采购人、其他供应商或者采购代理机构恶意串通的；

（五）磋商文件规定的其他情形。

[重新评审、改变评审结果的禁止性规定]

《政府采购竞争性磋商采购方式管理暂行办法》（财库〔2014〕214号）第三十二条　除资格性检查认定错误、分值汇总计算错误、分项评分超出评分标准范围、客观分评分不一致、经磋商小组一致认定评分畸高、畸低的情形外，采购人或者采购代理机构不得以任何理由组织重新评审。采购人、采购代理机构发现磋商小组未按照磋商文件规定的评审标准进行评审的，应当重新开展采购活动，并同时书面报告本级财政部门。

采购人或者采购代理机构不得通过对样品进行检测、对供应商进行考察等方式改变评审结果。

[供应商拒签合同的处理]

《政府采购竞争性磋商采购方式管理暂行办法》（财库〔2014〕214号）第三十三条　成交供应商拒绝签订政府采购合同的，采购人可以按照本办法第二十八条第二款规定的原则确定其他供应商作为成交供应商并签订政府采购合同，也可以重新开展采购活动。拒绝签订政府采购合同的成交供应商不得参加对该项目重新开展的采购活动。

[终止采购活动情形]

《政府采购竞争性磋商采购方式管理暂行办法》（财库〔2014〕214号）第三十四条　出现下列情形之一的，采购人或者采购代理机构应当终止竞争性磋商采购活动，发布项目终止公告并说明原因，重新开展采购活动：

（一）因情况变化，不再符合规定的竞争性磋商采购方式适用情形的；

（二）出现影响采购公正的违法、违规行为的；

（三）除本办法第二十一条第三款规定的情形外，在采购过程中符合要求的供应商或者报价未超过采购预算的供应商不足3家的。

第三十五条　在采购活动中因重大变故，采购任务取消的，采购人或者采购代理机构应当终止采购活动，通知所有参加采购活动的供应商，并将项目实施情况和采购任务取消原因报送本级财政部门。

四、其他

[电子化]

《政府采购法实施条例》第十条　国家实行统一的政府采购电子交易平台建设标准，推动利用信息网络进行电子化政府采购活动。

[批量集中采购]

《党政机关厉行节约反对浪费条例》（中发〔2013〕13号）第十二条第三款　列入政府集中采购目录范围的项目，应当委托集中采购机构代理采购，并逐步实行批量集中采购。

《政府采购法实施条例》第二十四条　列入集中采购目录的项目，适合实行批量集中采购的，应当实行批量集中采购，但紧急的小额零星货物项目和有特殊要求的服务、工程项目除外。

[关于政务信息系统的采购]

《政务信息系统政府采购管理暂行办法》（财库〔2017〕210号）第九条 政务信息系统采用招标方式采购的，应当采用综合评分法；采用非招标方式采购的，应当采用竞争性磋商或单一来源采购方式。

除单一来源采购方式外，政务信息系统采购货物的，价格分值占总分值比重应当为30%；采购服务的，价格分值占总分值比重应当为10%。无法确定项目属于货物或服务的，由采购人按照有利于采购项目实施的原则确定项目属性。

第十条 采购人应当指派熟悉情况的工作人员作为采购人代表参加评标委员会或者竞争性磋商小组，参与政务信息系统采购活动的评审。

第十一条 政务信息系统采购评审中，评标委员会或者竞争性磋商小组认为供应商报价明显低于其他合格供应商的报价，有可能影响产品质量或者不能诚信履约的，应当要求其在评审现场合理时间内提供书面说明，必要时提供相关证明材料；供应商不能证明其报价合理性的，评标委员会或竞争性磋商小组应当将其作为无效投标或者无效响应处理。

第三节　采购方式变更

《政府采购法》第二十七条 采购人采购货物或者服务应当采用公开招标方式的，其具体数额标准，属于中央预算的政府采购项目，由国务院规定；属于地方预算的政府采购项目，由省、自治区、直辖市人民政府规定；因特殊情况需要采用公开招标以外的采购方式的，应当在采购活动开始前获得设区的市、自治州以上人民政府政府采购监督管理部门的批准。

《政府采购法实施条例》第二十三条 采购人采购公开招标数额标准以上的货物或者服务，符合政府采购法第二十九条、第三十条、第三十一条、第三十二条规定情形或者有需要执行政府采购政策等特殊情况的，经设区的市级以上人民政府财政部门批准，可以依法采用公开招标以外的采购方式。

[采购人选择采购方式和采购程序的法定要求]

《政府采购法》第六十四条 采购人必须按照本法规定的采购方式和采购程序进行采购。

[任何单位和个人不得指定供应商进行采购]

《政府采购法》第六十四条 任何单位和个人不得违反本法规定，要求采购人或者采购工作人员向其指定的供应商进行采购。

第四章 信息公告

一、政府采购信息公开

《政府采购法》第十一条 政府采购的信息应当在政府采购监督管理部门指定的媒体上及时向社会公开发布,但涉及商业秘密的除外。

[采购项目信息应当公开]

《政府采购法实施条例》第八条 政府采购项目信息应当在省级以上人民政府财政部门指定的媒体上发布。采购项目预算金额达到国务院财政部门规定标准的,政府采购项目信息应当在国务院财政部门指定的媒体上发布。

[采购标准应当公开]

《政府采购法》第六十三条 政府采购项目的采购标准应当公开。

《政府采购法实施条例》第五十九条 政府采购法第六十三条所称政府采购项目的采购标准,是指项目采购所依据的经费预算标准、资产配置标准和技术、服务标准等。

[采购结果应当公布]

《政府采购法》第六十三条 采用本法规定的采购方式的,采购人在采购活动完成后,应当将采购结果予以公布。

二、政府采购信息公告

[公告原则和总体要求]

《政府采购信息公告管理办法》(财政部令第19号)第四条 政府采购信息公告应当遵循信息发布及时、内容规范统一、渠道相对集中,便于获得查找的原则。

《财政部关于做好政府采购信息公开工作的通知》(财库〔2015〕135号)

要求：建立健全责任明确的工作机制、简便顺畅的操作流程和集中统一的发布渠道，确保政府采购信息发布的及时、完整、准确，实现政府采购信息的全流程公开透明。

[公告确定及指定媒体]

《政府采购信息公告管理办法》（财政部令第19号）第六条　财政部负责确定政府采购信息公告的基本范围和内容，指定全国政府采购信息发布媒体。

省级（含计划单列市，下同）财政部门负责确定本地区政府采购信息公告的范围和内容，可以指定本地区政府采购信息发布媒体。

除财政部和省级财政部门以外，其他任何单位和个人不得指定政府采购信息的发布媒体。

《政府采购信息公告管理办法》（财政部令第19号）第七条　政府采购信息应当首先在财政部指定的政府采购信息发布媒体上公告。

地方的政府采购信息可以同时在其省级财政部门指定的政府采购信息发布媒体上公告。

《财政部关于做好政府采购信息公开工作的通知》（财库〔2015〕135号）要求：中央预算单位的政府采购信息应当在财政部指定的媒体上公开，地方预算单位的政府采购信息应当在省级（含计划单列市，下同）财政部门指定的媒体上公开。

[财政部指定政府采购信息发布媒体]

《财政部关于做好政府采购信息公开工作的通知》（财库〔2015〕135号）要求：财政部指定的政府采购信息发布媒体包括中国政府采购网（www.ccgp.gov.cn）、《中国财经报》（《中国政府采购报》）、《中国政府采购》杂志、《中国财政》杂志等。省级财政部门应当将中国政府采购网地方分网作为本地区指定的政府采购信息发布媒体之一。

[预算金额在500万元以上的地方采购项目信息发布]

《财政部关于做好政府采购信息公开工作的通知》（财库〔2015〕135号）要求：为了便于政府采购当事人获取信息，在其他政府采购信息发布媒体公开的政府采购信息应当同时在中国政府采购网发布。对于预算金额在500万元以上的地方采购项目信息，中国政府采购网各地方分网应当通过数据接口同时推送至中央主网发布（相关标准规范和说明详见中国政府采购网）。

[违法失信行为信息发布]

《财政部关于做好政府采购信息公开工作的通知》（财库〔2015〕135号）要求：政府采购违法失信行为信息记录应当在中国政府采购网中央主网发布。

三、政府采购信息公告范围与内容

[必须公告的政府采购信息]

《政府采购信息公告管理办法》(财政部令第 19 号) 第八条 除涉及国家秘密、供应商的商业秘密,以及法律、行政法规规定应予保密的政府采购信息以外,下列政府采购信息必须公告:

(一)有关政府采购的法律、法规、规章和其他规范性文件;

(二)省级以上人民政府公布的集中采购目录、政府采购限额标准和公开招标数额标准;

(三)政府采购招标业务代理机构名录;

(四)招标投标信息,包括公开招标公告、邀请招标资格预审公告、中标公告、成交结果及其更正事项等;

(五)财政部门受理政府采购投诉的联系方式及投诉处理决定;

(六)财政部门对集中采购机构的考核结果;

(七)采购代理机构、供应商不良行为记录名单;

(八)法律、法规和规章规定应当公告的其他政府采购信息。

[省级以上财政部门可根据需要增加公告内容]

《政府采购信息公告管理办法》(财政部令第 19 号) 第九条 除本办法第八条规定内容外,省级以上财政部门可以根据管理需要,增加需要公告的政府采购信息内容。

[采购项目预算金额]

《财政部关于做好政府采购信息公开工作的通知》(财库 [2015] 135 号)明确:政府采购项目信息的公开要求。

采购项目预算金额应当在招标公告、资格预审公告、竞争性谈判公告、竞争性磋商公告和询价公告等采购公告,以及招标文件、谈判文件、磋商文件、询价通知书等采购文件中公开。采购项目的预算金额以财政部门批复的部门预算中的政府采购预算为依据;对于部门预算批复前进行采购的项目,以预算"二上数"中的政府采购预算为依据。对于部门预算已列明具体采购项目的,按照部门预算中具体采购项目的预算金额公开;部门预算未列明采购项目的,应当根据工作实际对部门预算进行分解,按照分解后的具体采购项目预算金额公开。对于部门预算分年度安排但不宜按年度拆分的采购项目,应当公开采购项目的采购年限、概算总金额和当年安排数。

[中标、成交结果公告时间、内容及要求]

《政府采购法实施条例》第四十三条　采购人或者采购代理机构应当自中标、成交供应商确定之日起 2 个工作日内，发出中标、成交通知书，并在省级以上人民政府财政部门指定的媒体上公告中标、成交结果，招标文件、竞争性谈判文件、询价通知书随中标、成交结果同时公告。

中标、成交结果公告内容应当包括采购人和采购代理机构的名称、地址、联系方式，项目名称和项目编号，中标或者成交供应商名称、地址和中标或者成交金额，主要中标或者成交标的的名称、规格型号、数量、单价、服务要求以及评审专家名单。

《政府采购货物和服务招标投标管理办法》（财政部令第 87 号）第六十九条　采购人或者采购代理机构应当自中标人确定之日起 2 个工作日内，在省级以上财政部门指定的媒体上公告中标结果，招标文件应当随中标结果同时公告。

中标结果公告内容应当包括采购人及其委托的采购代理机构的名称、地址、联系方式，项目名称和项目编号，中标人名称、地址和中标金额，主要中标标的的名称、规格型号、数量、单价、服务要求，中标公告期限以及评审专家名单。

中标公告期限为 1 个工作日。

邀请招标采购人采用书面推荐方式产生符合资格条件的潜在投标人的，还应当将所有被推荐供应商名单和推荐理由随中标结果同时公告。

在公告中标结果的同时，采购人或者采购代理机构应当向中标人发出中标通知书；对未通过资格审查的投标人，应当告知其未通过的原因；采用综合评分法评审的，还应当告知未中标人本人的评审得分与排序。

《政府采购非招标采购方式管理办法》（财政部令第 74 号）第十八条　采购人或者采购代理机构应当在成交供应商确定后 2 个工作日内，在省级以上财政部门指定的媒体上公告成交结果，同时向成交供应商发出成交通知书，并将竞争性谈判文件、询价通知书随成交结果同时公告。成交结果公告应当包括以下内容：

（一）采购人和采购代理机构的名称、地址和联系方式；

（二）项目名称和项目编号；

（三）成交供应商名称、地址和成交金额；

（四）主要成交标的的名称、规格型号、数量、单价、服务要求；

（五）谈判小组、询价小组成员名单及单一来源采购人员名单。

采用书面推荐供应商参加采购活动的，还应当公告采购人和评审专家的推荐意见。

《政府采购竞争性磋商采购方式管理暂行办法》(财库〔2014〕214号)第二十九条　采购人或者采购代理机构应当在成交供应商确定后2个工作日内,在省级以上财政部门指定的政府采购信息发布媒体上公告成交结果,同时向成交供应商发出成交通知书,并将磋商文件随成交结果同时公告。成交结果公告应当包括以下内容:

(一)采购人和采购代理机构的名称、地址和联系方式;
(二)项目名称和项目编号;
(三)成交供应商名称、地址和成交金额;
(四)主要成交标的的名称、规格型号、数量、单价、服务要求;
(五)磋商小组成员名单。

采用书面推荐供应商参加采购活动的,还应当公告采购人和评审专家的推荐意见。

《财政部关于做好政府采购信息公开工作的通知》(财库〔2015〕135号)明确:政府采购项目信息的公开要求。

中标、成交结果公告的内容应当包括采购人和采购代理机构名称、地址、联系方式;项目名称和项目编号;中标或者成交供应商名称、地址和中标或者成交金额;主要中标或者成交标的的名称、规格型号、数量、单价、服务要求或者标的的基本概况;评审专家名单。协议供货、定点采购项目还应当公告入围价格、价格调整规则和优惠条件。采用书面推荐供应商参加采购活动的,还应当公告采购人和评审专家的推荐意见。

中标、成交结果应当自中标、成交供应商确定之日起2个工作日内公告,公告期限为1个工作日。

[采购信息更正公告内容]

《政府采购信息公告管理办法》(财政部令第19号)第十三条　采购信息更正公告应当包括下列内容:

(一)采购人、采购代理机构名称、地址和联系方式;
(二)原公告的采购项目名称及首次公告日期;
(三)更正事项、内容及日期;
(四)采购项目联系人和电话。

《财政部关于做好政府采购信息公开工作的通知》(财库〔2015〕135号)明确:采购人或者采购代理机构对已发出的招标文件、资格预审文件,以及采用公告方式邀请供应商参与的竞争性谈判文件、竞争性磋商文件进行必要的澄清或者修改的，应当在原公告发布媒体上发布更正公告，并以书面形式通知所有获取采购文件的潜在供应商。采购信息更正公告的内容应当包括采购人和采购代理机构名称、地址、联系方式，原公告的采购项目名称及首次公告日期，更正事项、内容及日期，采购项目联系人和电话。

澄清或者修改的内容可能影响投标文件、资格预审申请文件、响应文件编制的，采购人或者采购代理机构发布澄清公告并以书面形式通知潜在供应商的时间，应当在投标截止时间至少15日前、提交资格预审申请文件截止时间至少3日前，或者提交首次响应文件截止之日3个工作日前；不足上述时间的，应当顺延提交投标文件、资格预审申请文件或响应文件的截止时间。

[**不良行为记录公告内容**]

《政府采购信息公告管理办法》（财政部令第19号）第十四条　采购代理机构、供应商不良行为记录名单公告，应当包括当事人名称、事由、处理机关和处理结果等内容。

[**投诉处理决定公告内容**]

《政府采购信息公告管理办法》（财政部令第19号）第十五条　投诉处理决定公告应当包括下列内容：

（一）采购人、采购代理机构名称；

（二）采购项目名称及采购日期；

（三）投诉人名称及投诉事项；

（四）投诉处理机关名称；

（五）处理决定的主要内容。

[**监管处罚信息的公开要求**]

财政部门作出的投诉、监督检查等处理决定公告的内容应当包括相关当事人名称及地址、投诉涉及采购项目名称及采购日期、投诉事项或监督检查主要事项、处理依据、处理结果、执法机关名称、公告日期等。投诉或监督检查处理决定应当自完成并履行有关报审程序后5个工作日内公告。

财政部门对集中采购机构的考核结果公告的内容应当包括集中采购机构名称、考核内容、考核方法、考核结果、存在问题、考核单位等。考核结果应当自完成并履行有关报审程序后5个工作日内公告。

供应商、采购代理机构和评审专家的违法失信行为记录公告的内容应当包括当事人名称、违法失信行为的具体情形、处理依据、处理结果、处理日期、执法机关名称等。供应商、采购代理机构和评审专家的违法失信行为信息月度记录应当不晚于次月10日前公告。

[采购文件]

《财政部关于做好政府采购信息公开工作的通知》（财库［2015］135号）明确：招标文件、竞争性谈判文件、竞争性磋商文件和询价通知书应当随中标、成交结果同时公告。中标、成交结果公告前采购文件已公告的，不再重复公告。

[采购合同]

《财政部关于做好政府采购信息公开工作的通知》（财库［2015］135号）要求：政府采购项目信息的公开要求政府采购合同应当自合同签订之日起2个工作日内公告。批量集中采购项目应当公告框架协议。政府采购合同中涉及国家秘密、商业秘密的部分可以不公告，但其他内容应当公告。政府采购合同涉及国家秘密的内容，由采购人依据《保守国家秘密法》等法律制度规定确定。采购合同中涉及商业秘密的内容，由采购人依据《反不正当竞争法》《最高人民法院关于适用〈中华人民共和国民事诉讼法〉若干问题的意见》（法发［1992］22号）等法律制度的规定，与供应商在合同中约定。其中，合同标的名称、规格型号、单价及合同金额等内容不得作为商业秘密。合同中涉及个人隐私的姓名、联系方式等内容，除征得权利人同意外，不得对外公告。

2015年3月1日以后签订的政府采购合同，未按要求公告的，应当于2015年10月31日以前补充公告。

[终止公告]

《财政部关于做好政府采购信息公开工作的通知》（财库［2015］135号）要求：政府采购项目信息的公开要求依法需要终止招标、竞争性谈判、竞争性磋商、询价、单一来源采购活动的，采购人或者采购代理机构应当发布项目终止公告并说明原因。

[政府购买公共服务项目]

对于政府向社会公众提供的公共服务项目，除按有关规定公开相关采购信息外，采购人还应当就确定采购需求在指定媒体上征求社会公众的意见，并将验收结果于验收结束之日起2个工作日内向社会公告。

四、政府采购信息公告管理

[政府采购信息公告要求]

《政府采购信息公告管理办法》（财政部令第19号）第十六条　公告政府采购信息必须做到内容真实、准确可靠，不得有虚假和误导性陈述，不得遗漏依法必须公告的事项。

[在不同媒体分别公告同一信息的内容要求]

《政府采购信息公告管理办法》（财政部令第19号）第十七条　在各政府采购信息指定发布媒体上分别公告同一政府采购信息的，内容必须保持一致。内容不一致的，以在财政部指定的政府采购信息发布媒体上公告的信息为准，但法律、行政法规另有规定的除外。

[在不同媒体分别公告同一信息的时间要求]

《政府采购信息公告管理办法》（财政部令第19号）第十八条　在各政府采购信息指定发布媒体上公告同一政府采购信息的时间不一致的，以在财政部指定的政府采购信息发布媒体上最早公告信息的时间为公告时间和政府采购当事人对有关事项应当知道的时间。

五、信息公开范围及主体

[法律法规、集采目录、限额标准等信息由财政部门公告]

《政府采购信息公告管理办法》（财政部令第19号）第十九条　政府采购法律、法规、规章和其他规范性文件，集中采购目录、政府采购限额标准，公开招标限额标准等信息，由省级以上人民政府财政部门负责在政府采购信息指定发布媒体上公告。

[对集中采购机构考核结果及不良行为记录等信息由同级财政部门公告]

《政府采购信息公告管理办法》（财政部令第19号）第二十一条　对集中采购机构的考核结果以及采购代理机构、供应商不良行为记录名单等信息，由同级人民政府财政部门按照有关规定在政府采购信息指定媒体上公告。

[监管处罚信息由财政部门负责公开]

《财政部关于做好政府采购信息公开工作的通知》（财库［2015］135号）要求：监管处罚信息，包括财政部门作出的投诉、监督检查等处理决定，对集中采购机构的考核结果，以及违法失信行为记录等信息，由财政部门负责公开。

[招标信息由采购人或其委托的代理机构公告]

《政府采购信息公告管理办法》（财政部令第19号）第二十条　招标投标信息由采购人或者其委托的采购代理机构负责在政府采购信息指定发布媒体上公告。

《财政部关于做好政府采购信息公开工作的通知》（财库［2015］135号）

要求：采购项目信息，包括采购项目公告、采购文件、采购项目预算金额、采购结果等信息，由采购人或者其委托的采购代理机构负责公开。

[其他信息由相关主体依法公开]

《政府采购信息公告管理办法》（财政部令第 20 号）第二十二条 本办法第十九条、第二十条和第二十一条规定以外的其他信息，属于政府采购监督管理方面的，由同级人民政府财政部门进行公告；属于采购业务方面的，由采购人或者其委托的采购代理机构进行公告。

《财政部关于做好政府采购信息公开工作的通知》（财库〔2015〕135 号）要求：法律、法规和规章规定应当公开的其他政府采购信息，由相关主体依法公开。

[公告政府采购信息的提供]

《政府采购信息公告管理办法》（财政部令第 19 号）第二十三条 采购人、采购代理机构需要公告政府采购信息的，应当以传真、电子邮件等快捷方式将信息提供给政府采购信息指定发布媒体，也可经同级人民政府财政部门提供给政府采购信息指定发布媒体。

六、不同采购方式公告时间、内容及要求

1. 公开招标

《政府采购法》第三十五条 货物和服务项目实行招标方式采购的，自招标文件开始发出之日起至投标人提交投标文件截止之日止，不得少于二十日。

《政府采购货物和服务招标投标管理办法》（财政部令第 87 号）第十三条 公开招标公告应当包括以下主要内容：

（一）采购人及其委托的采购代理机构的名称、地址和联系方法；
（二）采购项目的名称、预算金额，设定最高限价的，还应当公开最高限价；
（三）采购人的采购需求；
（四）投标人的资格要求；
（五）获取招标文件的时间期限、地点、方式及招标文件售价；
（六）公告期限；
（七）投标截止时间、开标时间及地点；
（八）采购项目联系人姓名和电话。

《政府采购货物和服务招标投标管理办法》（财政部令第 87 号）第十六条 招标公告、资格预审公告的公告期限为 5 个工作日。公告内容应当以省级以上财

政部门指定媒体发布的公告为准。公告期限自省级以上财政部门指定媒体最先发布公告之日起算。

《政府采购信息公告管理办法》（财政部令第 19 号）第十条 公开招标公告应当包括下列内容：

（一）采购人、采购代理机构的名称、地址和联系方式；

（二）招标项目的名称、用途、数量、简要技术要求或者招标项目的性质；

（三）供应商资格要求；

（四）获取招标文件的时间、地点、方式及招标文件售价；

（五）投标截止时间、开标时间及地点；

（六）采购项目联系人姓名和电话。

[公开招标、资格预审公告的内容、期限]

《政府采购货物和服务招标投标管理办法》（财政部令第 87 号）第十三条 公开招标公告应当包括以下主要内容：

（一）采购人及其委托的采购代理机构的名称、地址和联系方法；

（二）采购项目的名称、预算金额，设定最高限价的，还应当公开最高限价；

（三）采购人的采购需求；

（四）投标人的资格要求；

（五）获取招标文件的时间期限、地点、方式及招标文件售价；

（六）公告期限；

（七）投标截止时间、开标时间及地点；

（八）采购项目联系人姓名和电话。

《政府采购货物和服务招标投标管理办法》（财政部令第 87 号）第十五条 资格预审公告应当包括以下主要内容：

（一）本办法第十三条第一至四项、第六项和第八项内容；

（二）获取资格预审文件的时间期限、地点、方式；

（三）提交资格预审申请文件的截止时间、地点及资格预审日期。

第十六条 招标公告、资格预审公告的公告期限为 5 个工作日。公告内容应当以省级以上财政部门指定媒体发布的公告为准。公告期限自省级以上财政部门指定媒体最先发布公告之日起算。

《财政部关于做好政府采购信息公开工作的通知》（财库［2015］135 号）明确：招标公告的内容应当包括采购人和采购代理机构的名称、地址和联系方法，采购项目的名称、数量、简要规格描述或项目基本概况介绍，采购项目预算金额，采购项目需要落实的政府采购政策，投标人的资格要求，获取招标文件的时间、地点、方式及招标文件售价，投标截止时间、开标时间及地点，采购项目联系人姓名和电话。

资格预审公告的内容应当包括采购人和采购代理机构的名称、地址和联系方法；采购项目名称、数量、简要规格描述或项目基本概况介绍；采购项目预算金额；采购项目需要落实的政府采购政策；投标人的资格要求，以及审查标准、方法；获取资格预审文件的时间、地点、方式；投标人应当提供的资格预审申请文件的组成和格式；提交资格预审申请文件的截止时间及资格审查日期、地点；采购项目联系人姓名和电话。

招标公告、资格预审公告的公告期限为5个工作日。

[招标公告、资格预审公告期限届满后不足3家的，可以顺延提供期限，并予公告]

《政府采购货物和服务招标投标管理办法》（财政部令第87号）第十八条 采购人或者采购代理机构应当按照招标公告、资格预审公告或者投标邀请书规定的时间、地点提供招标文件或者资格预审文件，提供期限自招标公告、资格预审公告发布之日起计算不得少于5个工作日。提供期限届满后，获取招标文件或者资格预审文件的潜在投标人不足3家的，可以顺延提供期限，并予公告。

公开招标进行资格预审的，招标公告和资格预审公告可以合并发布，招标文件应当向所有通过资格预审的供应商提供。

[招标公告、资格预审公告应载明是否接受联合体投标]

《政府采购货物和服务招标投标管理办法》（财政部令第87号）第十九条 采购人或者采购代理机构应当根据采购项目的实施要求，在招标公告、资格预审公告或者投标邀请书中载明是否接受联合体投标。如未载明，不得拒绝联合体投标。

2. 邀请招标

《政府采购货物和服务招标投标管理办法》（财政部令第87号）第十四条 采用邀请招标方式的，采购人或者采购代理机构应当通过以下方式产生符合资格条件的供应商名单，并从中随机抽取3家以上供应商向其发出投标邀请书：

（一）发布资格预审公告征集；

（二）从省级以上人民政府财政部门（以下简称财政部门）建立的供应商库中选取；

（三）采购人书面推荐。

采用前款第一项方式产生符合资格条件供应商名单的，采购人或者采购代理机构应当按照资格预审文件载明的标准和方法，对潜在投标人进行资格预审。

采用第一款第二项或者第三项方式产生符合资格条件供应商名单的，备选的符合资格条件供应商总数不得少于拟随机抽取供应商总数的两倍。

随机抽取是指通过抽签等能够保证所有符合资格条件供应商机会均等的方式选定供应商。随机抽取供应商时，应当有不少于两名采购人工作人员在场监督，并形成书面记录，随采购文件一并存档。

投标邀请书应当同时向所有受邀请的供应商发出。

《政府采购信息公告管理办法》（财政部令第19号）第十一条　邀请招标资格预审公告应当包括下列内容：

（一）采购人、采购代理机构的名称、地址和联系方式；

（二）招标项目的名称、用途、数量、简要技术要求或招标项目的性质；

（三）供应商资格要求；

（四）提交资格申请及证明材料的截止时间及资格审查日期；

（五）采购项目联系人姓名和电话。

3. 竞争性谈判

《政府采购非招标采购方式管理办法》（财政部令第74号）第二十九条　从谈判文件发出之日起至供应商提交首次响应文件截止之日止不得少于3个工作日。

提交首次响应文件截止之日前，采购人、采购代理机构或者谈判小组可以对已发出的谈判文件进行必要的澄清或者修改，澄清或者修改的内容作为谈判文件的组成部分。澄清或者修改的内容可能影响响应文件编制的，采购人、采购代理机构或者谈判小组应当在提交首次响应文件截止之日3个工作日前，以书面形式通知所有接收谈判文件的供应商，不足3个工作日的，应当顺延提交首次响应文件截止之日。

[竞争性谈判公告、竞争性磋商公告和询价公告]

《财政部关于做好政府采购信息公开工作的通知》（财库〔2015〕135号）明确：竞争性谈判公告、竞争性磋商公告和询价公告的内容应当包括采购人和采购代理机构的名称、地址和联系方法，采购项目的名称、数量、简要规格描述或项目基本概况介绍，采购项目预算金额，采购项目需要落实的政府采购政策，对供应商的资格要求，获取谈判、磋商、询价文件的时间、地点、方式及文件售价，响应文件提交的截止时间、开启时间及地点，采购项目联系人姓名和电话。

竞争性谈判公告、竞争性磋商公告和询价公告的公告期限为3个工作日。

4. 单一来源采购

《政府采购法实施条例》第三十八条　达到公开招标数额标准，符合政府采购法第三十一条第一项规定情形，只能从唯一供应商处采购的，采购人应当将采购项目信息和唯一供应商名称在省级以上人民政府财政部门指定的媒体上公示，公示期不得少于5个工作日。

《政府采购非招标采购方式管理办法》（财政部令第74号）第三十八条　属于政府采购法第三十一条第一项情形，且达到公开招标数额的货物、服务项目，拟采用单一来源采购方式的，采购人、采购代理机构在按照本办法第四条报财政部门批准之前，应当在省级以上财政部门指定媒体上公示，并将公示情况一并报财政部门。公示期不得少于5个工作日，公示内容应当包括：

（一）采购人、采购项目名称和内容；

（二）拟采购的货物或者服务的说明；

（三）采用单一来源采购方式的原因及相关说明；

（四）拟定的唯一供应商名称、地址；

（五）专业人员对相关供应商因专利、专有技术等原因具有唯一性的具体论证意见，以及专业人员的姓名、工作单位和职称；

（六）公示的期限；

（七）采购人、采购代理机构、财政部门的联系地址、联系人和联系电话。

《财政部关于做好政府采购信息公开工作的通知》（财库〔2015〕135号）明确：达到公开招标数额标准，符合《中华人民共和国政府采购法》第三十一条第一项规定情形，只能从唯一供应商处采购的，采购人、采购代理机构应当在省级以上财政部门指定媒体上进行公示。公示内容应当包括采购人、采购项目名称；拟采购的货物或者服务的说明、拟采购的货物或者服务的预算金额；采用单一来源方式的原因及相关说明；拟定的唯一供应商名称、地址；专业人员对相关供应商因专利、专有技术等原因具有唯一性的具体论证意见，以及专业人员的姓名、工作单位和职称；公示的期限；采购人、采购代理机构、财政部门的联系地址、联系人和联系电话。公示期限不得少于5个工作日。

5. 询价

《政府采购非招标采购方式管理办法》（财政部令第74号）第四十五条　从询价通知书发出之日起至供应商提交响应文件截止之日止不得少于3个工作日。

提交响应文件截止之日前，采购人、采购代理机构或者询价小组可以对已发出的询价通知书进行必要的澄清或者修改，澄清或者修改的内容作为询价通知书的组成部分。澄清或者修改的内容可能影响响应文件编制的，采购人、采购代理机构或者询价小组应当在提交响应文件截止之日 3 个工作日前,以书面形式通知所有接收询价通知书的供应商,不足 3 个工作日的,应当顺延提交响应文件截止之日。

6. 竞争性磋商

《政府采购竞争性磋商采购方式管理暂行办法》(财库〔2014〕214 号)第十条　从磋商文件发出之日起至供应商提交首次响应文件截止之日止不得少于 10 日。

提交首次响应文件截止之日前,采购人、采购代理机构或者磋商小组可以对已发出的磋商文件进行必要的澄清或者修改,澄清或者修改的内容作为磋商文件的组成部分。澄清或者修改的内容可能影响响应文件编制的,采购人、采购代理机构应当在提交首次响应文件截止时间至少 5 日前,以书面形式通知所有获取磋商文件的供应商;不足 5 日的,采购人、采购代理机构应当顺延提交首次响应文件截止时间。

《政府采购竞争性磋商采购方式管理暂行办法》(财库〔2014〕214 号)第七条　采用公告方式邀请供应商的,采购人、采购代理机构应当在省级以上人民政府财政部门指定的政府采购信息发布媒体发布竞争性磋商公告。竞争性磋商公告应当包括以下主要内容:

（一）采购人、采购代理机构的名称、地点和联系方法;

（二）采购项目的名称、数量、简要规格描述或项目基本概况介绍;

（三）采购项目的预算;

（四）供应商资格条件;

（五）获取磋商文件的时间、地点、方式及磋商文件售价;

（六）响应文件提交的截止时间、开启时间及地点;

（七）采购项目联系人姓名和电话。

第五章 招标、投标

第一节 招 标

一、招标文件编制

[招标文件标准文本]

《政府采购法实施条例》第三十二条 采购人或者采购代理机构应当按照国务院财政部门制定的招标文件标准文本编制招标文件。

招标文件应当包括采购项目的商务条件、采购需求、投标人的资格条件、投标报价要求、评标方法、评标标准以及拟签订的合同文本等。

[招标文件内容]

《政府采购货物和服务招标投标管理办法》(财政部令第87号)第二十条 采购人或者采购代理机构应当根据采购项目的特点和采购需求编制招标文件。招标文件应当包括以下主要内容:

(一)投标邀请;

(二)投标人须知(包括投标文件的密封、签署、盖章要求等);

(三)投标人应当提交的资格、资信证明文件;

(四)为落实政府采购政策,采购标的需满足的要求,以及投标人须提供的证明材料;

(五)投标文件编制要求、投标报价要求和投标保证金交纳、退还方式以及不予退还投标保证金的情形;

(六)采购项目预算金额,设定最高限价的,还应当公开最高限价;

(七)采购项目的技术规格、数量、服务标准、验收等要求,包括附件、图纸等;

(八)拟签订的合同文本;

（九）货物、服务提供的时间、地点、方式；

（十）采购资金的支付方式、时间、条件；

（十一）评标方法、评标标准和投标无效情形；

（十二）投标有效期；

（十三）投标截止时间、开标时间及地点；

（十四）采购代理机构代理费用的收取标准和方式；

（十五）投标人信用信息查询渠道及截止时点、信用信息查询记录和证据留存的具体方式、信用信息的使用规则等；

（十六）省级以上财政部门规定的其他事项。

对于不允许偏离的实质性要求和条件，采购人或者采购代理机构应当在招标文件中规定，并以醒目的方式标明。

[资格预审文件内容]

《政府采购货物和服务招标投标管理办法》（财政部令第87号）第二十一条　采购人或者采购代理机构应当根据采购项目的特点和采购需求编制资格预审文件。资格预审文件应当包括以下主要内容：

（一）资格预审邀请；

（二）申请人须知；

（三）申请人的资格要求；

（四）资格审核标准和方法；

（五）申请人应当提供的资格预审申请文件的内容和格式；

（六）提交资格预审申请文件的方式、截止时间、地点及资格审核日期；

（七）申请人信用信息查询渠道及截止时点、信用信息查询记录和证据留存的具体方式、信用信息的使用规则等内容；

（八）省级以上财政部门规定的其他事项。

资格预审文件应当免费提供。

[招标文件要求]

《政府采购货物和服务招标投标管理办法》（财政部令第87号）第十七条　采购人、采购代理机构不得将投标人的注册资本、资产总额、营业收入、从业人员、利润、纳税额等规模条件作为资格要求或者评审因素，也不得通过将除进口货物以外的生产厂家授权、承诺、证明、背书等作为资格要求，对投标人实行差别待遇或者歧视待遇。

《政府采购货物和服务招标投标管理办法》（财政部令第87号）第二十五条　招标文件、资格预审文件的内容不得违反法律、行政法规、强制性标准、政府采购政策，或者违反公开透明、公平竞争、公正和诚实信用原则。

有前款规定情形，影响潜在投标人投标或者资格预审结果的，采购人或者采购代理机构应当修改招标文件或者资格预审文件后重新招标。

[招标文件售价]

《政府采购货物和服务招标投标管理办法》（财政部令第87号）第二十四条　招标文件售价应当按照弥补制作、邮寄成本的原则确定，不得以营利为目的，不得以招标采购金额作为确定招标文件售价的依据。

[招标文件提供期限]

《政府采购法实施条例》第三十一条　招标文件的提供期限自招标文件开始发出之日起不得少于5个工作日。

[招标文件的澄清与修改]

《政府采购法实施条例》第三十一条　采购人或者采购代理机构可以对已发出的招标文件进行必要的澄清或者修改。澄清或者修改的内容可能影响投标文件编制的，采购人或者采购代理机构应当在投标截止时间至少15日前，以书面形式通知所有获取招标文件的潜在投标人；不足15日的，采购人或者采购代理机构应当顺延提交投标文件的截止时间。

《政府采购货物和服务招标投标管理办法》（财政部令第87号）第二十七条　采购人或者采购代理机构可以对已发出的招标文件、资格预审文件、投标邀请书进行必要的澄清或者修改，但不得改变采购标的和资格条件。澄清或者修改应当在原公告发布媒体上发布澄清公告。澄清或者修改的内容为招标文件、资格预审文件、投标邀请书的组成部分。

澄清或者修改的内容可能影响投标文件编制的，采购人或者采购代理机构应当在投标截止时间至少15日前，以书面形式通知所有获取招标文件的潜在投标人；不足15日的，采购人或者采购代理机构应当顺延提交投标文件的截止时间。

澄清或者修改的内容可能影响资格预审申请文件编制的，采购人或者采购代理机构应当在提交资格预审申请文件截止时间至少3日前，以书面形式通知所有获取资格预审文件的潜在投标人；不足3日的，采购人或者采购代理机构应当顺延提交资格预审申请文件的截止时间。

二、其他

[样品——使用情形及处理方式]

《政府采购货物和服务招标投标管理办法》（财政部令第87号）第二十二

条　采购人、采购代理机构一般不得要求投标人提供样品，仅凭书面方式不能准确描述采购需求或者需要对样品进行主观判断以确认是否满足采购需求等特殊情况除外。

要求投标人提供样品的，应当在招标文件中明确规定样品制作的标准和要求、是否需要随样品提交相关检测报告、样品的评审方法以及评审标准。需要随样品提交检测报告的，还应当规定检测机构的要求、检测内容等。

采购活动结束后，对于未中标人提供的样品，应当及时退还或者经未中标人同意后自行处理；对于中标人提供的样品，应当按照招标文件的规定进行保管、封存，并作为履约验收的参考。

[投标有效期]

《政府采购货物和服务招标投标管理办法》（财政部令第87号）第二十三条　投标有效期从提交投标文件的截止之日起算。投标文件中承诺的投标有效期应当不少于招标文件中载明的投标有效期。投标有效期内投标人撤销投标文件的，采购人或者采购代理机构可以不退还投标保证金。

[采购人不得擅自终止招标]

《政府采购货物和服务招标投标管理办法》（财政部令第87号）第二十九条　采购人、采购代理机构在发布招标公告、资格预审公告或者发出投标邀请书后，除因重大变故采购任务取消情况外，不得擅自终止招标活动。

终止招标的，采购人或者采购代理机构应当及时在原公告发布媒体上发布终止公告，以书面形式通知已经获取招标文件、资格预审文件或者被邀请的潜在投标人，并将项目实施情况和采购任务取消原因报告本级财政部门。已经收取招标文件费用或者投标保证金的，采购人或者采购代理机构应当在终止采购活动后5个工作日内，退还所收取的招标文件费用和所收取的投标保证金及其在银行产生的孳息。

[投标保证金的提交与退还]

《政府采购法实施条例》第三十三条　招标文件要求投标人提交投标保证金的，投标保证金不得超过采购项目预算金额的2%。投标保证金应当以支票、汇票、本票或者金融机构、担保机构出具的保函等非现金形式提交。投标人未按照招标文件要求提交投标保证金的，投标无效。

采购人或者采购代理机构应当自中标通知书发出之日起5个工作日内退还未中标供应商的投标保证金，自政府采购合同签订之日起5个工作日内退还中标供应商的投标保证金。

竞争性谈判或者询价采购中要求参加谈判或者询价的供应商提交保证金的，

参照前两款的规定执行。

[**组织现场考察与标前答疑会**]

《政府采购货物和服务招标投标管理办法》(财政部令第87号)第二十六条 采购人或者采购代理机构可以在招标文件提供期限截止后,组织已获取招标文件的潜在投标人现场考察或者召开开标前答疑会。

组织现场考察或者召开答疑会的,应当在招标文件中载明,或者在招标文件提供期限截止后以书面形式通知所有获取招标文件的潜在投标人。

[**保密规定**]

《政府采购货物和服务招标投标管理办法》(财政部令第87号)第二十八条 投标截止时间前,采购人、采购代理机构和有关人员不得向他人透露已获取招标文件的潜在投标人的名称、数量以及可能影响公平竞争的有关招标投标的其他情况。

第二节 投 标

一、投标人

《政府采购货物和服务招标投标管理办法》(财政部令第87号)第三十条 投标人,是指响应招标、参加投标竞争的法人、其他组织或者自然人。

[**同品牌产品不同投标人的确定**]

《政府采购货物和服务招标投标管理办法》(财政部令第87号)第三十一条 采用最低评标价法的采购项目,提供相同品牌产品的不同投标人参加同一合同项下投标的,以其中通过资格审查、符合性审查且报价最低的参加评标;报价相同的,由采购人或者采购人委托评标委员会按照招标文件规定的方式确定一个参加评标的投标人,招标文件未规定的采取随机抽取方式确定,其他投标无效。

使用综合评分法的采购项目,提供相同品牌产品且通过资格审查、符合性审查的不同投标人参加同一合同项下投标的,按一家投标人计算,评审后得分最高的同品牌投标人获得中标人推荐资格;评审得分相同的,由采购人或者采购人委托评标委员会按照招标文件规定的方式确定一个投标人获得中标人推荐资格,招标文件未规定的采取随机抽取方式确定,其他同品牌投标人不作为中标候选人。

非单一产品采购项目,采购人应当根据采购项目技术构成、产品价格比重等合理确定核心产品,并在招标文件中载明。多家投标人提供的核心产品品牌相同的,按前两款规定处理。

二、投标人参加货物和服务招标的要求

[按照招标文件要求编制投标文件、作出明确响应]

《政府采购货物和服务招标投标管理办法》（财政部令第 87 号）第三十二条　投标人应当按照招标文件的要求编制投标文件。投标文件应当对招标文件提出的要求和条件作出明确响应。

[投标文件提交和接收]

《政府采购货物和服务招标投标管理办法》（财政部令第 87 号）第三十三条　投标人应当在招标文件要求提交投标文件的截止时间前，将投标文件密封送达投标地点。采购人或者采购代理机构收到投标文件后，应当如实记载投标文件的送达时间和密封情况，签收保存，并向投标人出具签收回执。任何单位和个人不得在开标前开启投标文件。

逾期送达或者未按照招标文件要求密封的投标文件，采购人、采购代理机构应当拒收。

[投标文件补充、修改或者撤回的要求]

《政府采购货物和服务招标投标管理办法》（财政部令第 87 号）第三十四条　投标人在投标截止时间前，可以对所递交的投标文件进行补充、修改或者撤回，并书面通知采购人或者采购代理机构。补充、修改的内容应当按照招标文件要求签署、盖章、密封后，作为投标文件的组成部分。

[分包]

《政府采购货物和服务招标投标管理办法》（财政部令第 87 号）第三十五条　投标人根据招标文件的规定和采购项目的实际情况，拟在中标后将中标项目的非主体、非关键性工作分包的，应当在投标文件中载明分包承担主体，分包承担主体应当具备相应资质条件且不得再次分包。

[联合体投标]

《政府采购法》第二十四条　两个以上的自然人、法人或者其他组织可以组成一个联合体，以一个供应商的身份共同参加政府采购。

以联合体形式进行政府采购的，参加联合体的供应商均应当具备本法第二十二条规定的条件，并应当向采购人提交联合协议，载明联合体各方承担的工作和义务。联合体各方应当共同与采购人签订采购合同，就采购合同约定的事项对采购人承担连带责任。

《政府采购法实施条例》第二十二条　联合体中有同类资质的供应商按照联

合体分工承担相同工作的,应当按照资质等级较低的供应商确定资质等级。

以联合体形式参加政府采购活动的,联合体各方不得再单独参加或者与其他供应商另外组成联合体参加同一合同项下的政府采购活动。

《政府采购货物和服务招标投标管理办法》(财政部令第87号)第十九条　采购人或者采购代理机构应当根据采购项目的实施要求,在招标公告、资格预审公告或者投标邀请书中载明是否接受联合体投标。如未载明,不得拒绝联合体投标。

[投标无效]

《政府采购货物和服务招标投标管理办法》(财政部令第87号)第三十六条　投标人应当遵循公平竞争的原则,不得恶意串通,不得妨碍其他投标人的竞争行为,不得损害采购人或者其他投标人的合法权益。

在评标过程中发现投标人有上述情形的,评标委员会应当认定其投标无效,并书面报告本级财政部门。

[串通投标]

《政府采购货物和服务招标投标管理办法》(财政部令第87号)第三十七条　有下列情形之一的,视为投标人串通投标,其投标无效:

(一)不同投标人的投标文件由同一单位或者个人编制;

(二)不同投标人委托同一单位或者个人办理投标事宜;

(三)不同投标人的投标文件载明的项目管理成员或者联系人员为同一人;

(四)不同投标人的投标文件异常一致或者投标报价呈规律性差异;

(五)不同投标人的投标文件相互混装;

(六)不同投标人的投标保证金从同一单位或者个人的账户转出。

[投标保证金的提交与退还]

《政府采购法实施条例》第三十三条　招标文件要求投标人提交投标保证金的,投标保证金不得超过采购项目预算金额的2%。投标保证金应当以支票、汇票、本票或者金融机构、担保机构出具的保函等非现金形式提交。投标人未按照招标文件要求提交投标保证金的,投标无效。

采购人或者采购代理机构应当自中标通知书发出之日起5个工作日内退还未中标供应商的投标保证金,自政府采购合同签订之日起5个工作日内退还中标供应商的投标保证金。

竞争性谈判或者询价采购中要求参加谈判或者询价的供应商提交保证金的,参照前两款的规定执行。

《政府采购货物和服务招标投标管理办法》(财政部令第87号)第三十八

条　投标人在投标截止时间前撤回已提交的投标文件的，采购人或者采购代理机构应当自收到投标人书面撤回通知之日起 5 个工作日内，退还已收取的投标保证金，但因投标人自身原因导致无法及时退还的除外。

采购人或者采购代理机构应当自中标通知书发出之日起 5 个工作日内退还未中标人的投标保证金，自采购合同签订之日起 5 个工作日内退还中标人的投标保证金或者转为中标人的履约保证金。

采购人或者采购代理机构逾期退还投标保证金的，除应当退还投标保证金本金外，还应当按中国人民银行同期贷款基准利率上浮 20% 后的利率支付超期资金占用费，但因投标人自身原因导致无法及时退还的除外。

第六章 开标、评标

第一节 开 标

[开标时间、地点]

《政府采购货物和服务招标投标管理办法》(财政部令第87号)第三十九条 开标应当在招标文件确定的提交投标文件截止时间的同一时间进行。开标地点应当为招标文件中预先确定的地点。

[组织开标]

《政府采购货物和服务招标投标管理办法》(财政部令第87号)第四十条 开标由采购人或者采购代理机构主持,邀请投标人参加。评标委员会成员不得参加开标活动。

《政府采购货物和服务招标投标管理办法》(财政部令第87号)第四十一条 开标时,应当由投标人或者其推选的代表检查投标文件的密封情况;经确认无误后,由采购人或者采购代理机构工作人员当众拆封,宣布投标人名称、投标价格和招标文件规定的需要宣布的其他内容。

投标人不足3家的,不得开标。

[开标过程记录]

《政府采购货物和服务招标投标管理办法》(财政部令第87号)第四十二条 开标过程应当由采购人或者采购代理机构负责记录,由参加开标的各投标人代表和相关工作人员签字确认后随采购文件一并存档。

投标人代表对开标过程和开标记录有疑义,以及认为采购人、采购代理机构相关工作人员有需要回避的情形的,应当场提出询问或者回避申请。采购人、采购代理机构对投标人代表提出的询问或者回避申请应当及时处理。

投标人未参加开标的,视同认可开标结果。

[现场录音录像及存档]

《政府采购货物和服务招标投标管理办法》(财政部令第87号)第三十九

条　采购人或者采购代理机构应当对开标、评标现场活动进行全程录音录像。录音录像应当清晰可辨，音像资料作为采购文件一并存档。

[投标人不足3家情形的处理]

《政府采购货物和服务招标投标管理办法》（财政部令第87号）第四十三条　公开招标数额标准以上的采购项目，投标截止后投标人不足3家或者通过资格审查或符合性审查的投标人不足3家的，除采购任务取消情形外，按照以下方式处理：

（一）招标文件存在不合理条款或者招标程序不符合规定的，采购人、采购代理机构改正后依法重新招标；

（二）招标文件没有不合理条款、招标程序符合规定，需要采用其他采购方式采购的，采购人应当依法报财政部门批准。

[资格审查]

《政府采购法》第二十三条　采购人可以要求参加政府采购的供应商提供有关资质证明文件和业绩情况，并根据本法规定的供应商条件和采购项目对供应商的特定要求，对供应商进行资格审查。

《政府采购货物和服务招标投标管理办法》（财政部令第87号）第四十四条　公开招标采购项目开标结束后，采购人或者采购代理机构应当依法对投标人的资格进行审查。

合格投标人不足3家的，不得评标。

第二节　评　　标

一、评标工作组织及职责

《政府采购货物和服务招标投标管理办法》（财政部令第87号）第四十五条　采购人或者采购代理机构负责组织评标工作，并履行下列职责：

（一）核对评审专家身份和采购人代表授权函，对评审专家在政府采购活动中的职责履行情况予以记录，并及时将有关违法违规行为向财政部门报告；

（二）宣布评标纪律；

（三）公布投标人名单，告知评审专家应当回避的情形；

（四）组织评标委员会推选评标组长，采购人代表不得担任组长；

（五）在评标期间采取必要的通讯管理措施，保证评标活动不受外界干扰；

（六）根据评标委员会的要求介绍政府采购相关政策法规、招标文件；

（七）维护评标秩序，监督评标委员会依照招标文件规定的评标程序、方法和标准进行独立评审，及时制止和纠正采购人代表、评审专家的倾向性言论或者违法违规行为；

（八）核对评标结果，有本办法第六十四条规定情形的，要求评标委员会复核或者书面说明理由，评标委员会拒绝的，应予记录并向本级财政部门报告；

（九）评审工作完成后，按照规定向评审专家支付劳务报酬和异地评审差旅费，不得向评审专家以外的其他人员支付评审劳务报酬；

（十）处理与评标有关的其他事项。

采购人可以在评标前说明项目背景和采购需求，说明内容不得含有歧视性、倾向性意见，不得超出招标文件所述范围。说明应当提交书面材料，并随采购文件一并存档。

[评标现场管理及保密要求]

《政府采购货物和服务招标投标管理办法》（财政部令第87号）第六十六条　采购人、采购代理机构应当采取必要措施，保证评标在严格保密的情况下进行。除采购人代表、评标现场组织人员外，采购人的其他工作人员以及与评标工作无关的人员不得进入评标现场。

二、评标委员会职责

《政府采购货物和服务招标投标管理办法》（财政部令第87号）第四十六条　评标委员会负责具体评标事务，并独立履行下列职责：

（一）审查、评价投标文件是否符合招标文件的商务、技术等实质性要求；

（二）要求投标人对投标文件有关事项作出澄清或者说明；

（三）对投标文件进行比较和评价；

（四）确定中标候选人名单，以及根据采购人委托直接确定中标人；

（五）向采购人、采购代理机构或者有关部门报告评标中发现的违法行为。

三、评标委员会组成

《政府采购货物和服务招标投标管理办法》（财政部令第87号）第四十七条　评标委员会由采购人代表和评审专家组成，成员人数应当为5人以上单数，其中评审专家不得少于成员总数的三分之二。

采购项目符合下列情形之一的，评标委员会成员人数应当为7人以上单数：

（一）采购预算金额在 1000 万元以上；

（二）技术复杂；

（三）社会影响较大。

[对评审专家的限制]

《政府采购货物和服务招标投标管理办法》（财政部令第 87 号）第四十七条　评审专家对本单位的采购项目只能作为采购人代表参与评标，本办法第四十八条第二款规定情形除外。采购代理机构工作人员不得参加由本机构代理的政府采购项目的评标。

四、对评标委员会及评审专家的要求

1. 对评标委员会等评审组织成员的要求

《政府采购法实施条例》第四十一条　评标委员会、竞争性谈判小组或者询价小组成员应当按照客观、公正、审慎的原则，根据采购文件规定的评审程序、评审方法和评审标准进行独立评审。采购文件内容违反国家有关强制性规定的，评标委员会、竞争性谈判小组或者询价小组应当停止评审并向采购人或者采购代理机构说明情况。

评标委员会、竞争性谈判小组或者询价小组成员应当在评审报告上签字，对自己的评审意见承担法律责任。对评审报告有异议的，应当在评审报告上签署不同意见，并说明理由，否则视为同意评审报告。

2. 评审专家的条件

《政府采购评审专家管理办法》（财库〔2016〕198 号）第六条　评审专家应当具备以下条件：

（一）具有良好的职业道德，廉洁自律，遵纪守法，无行贿、受贿、欺诈等不良信用记录；

（二）具有中级专业技术职称或同等专业水平且从事相关领域工作满 8 年，或者具有高级专业技术职称或同等专业水平；

（三）熟悉政府采购相关政策法规；

（四）承诺以独立身份参加评审工作，依法履行评审专家工作职责并承担相应法律责任的中国公民；

（五）不满 70 周岁，身体健康，能够承担评审工作；

（六）申请成为评审专家前三年内，无本办法第二十九条规定的不良行为记录。

对评审专家数量较少的专业，前款第（二）项、第（五）项所列条件可以适当放宽。

3. 对评审专家的一般要求

[遵守纪律，保守秘密]

《政府采购法实施条例》第四十条　政府采购评审专家应当遵守评审工作纪律，不得泄露评审文件、评审情况和评审中获悉的商业秘密。

《政府采购货物和服务招标投标管理办法》（财政部令第87号）第六十六条　……有关人员对评标情况以及在评标过程中获悉的国家秘密、商业秘密负有保密责任。

《政府采购评审专家管理办法》（财库〔2016〕198号）第十八条　……不得泄露评审文件、评审情况和在评审过程中获悉的商业秘密。

[配合答复询问和质疑]

《政府采购法实施条例》第五十二条　政府采购评审专家应当配合采购人或者采购代理机构答复供应商的询问和质疑。

《政府采购评审专家管理办法》（财库〔2016〕198号）第十八条　评审专家应当配合答复供应商的询问、质疑和投诉等事项……。

[发现违法行为及时报告]

《政府采购法实施条例》第四十条　评标委员会、竞争性谈判小组或者询价小组在评审过程中发现供应商有行贿、提供虚假材料或者串通等违法行为的，应当及时向财政部门报告。

《政府采购评审专家管理办法》（财库〔2016〕198号）第十八条　评审专家发现供应商具有行贿、提供虚假材料或者串通等违法行为的，应当及时向财政部门报告。

[受到非法干预及时举报]

《政府采购法实施条例》第四十条　政府采购评审专家在评审过程中受到非法干预的，应当及时向财政、监察等部门举报。

《政府采购评审专家管理办法》（财库〔2016〕198号）第十八条　评审专家在评审过程中受到非法干预的，应当及时向财政、监察等部门举报。

五、评审专家产生

[库内随机抽取]

《政府采购法实施条例》第三十九条　除国务院财政部门规定的情形外，采购人或者采购代理机构应当从政府采购评审专家库中随机抽取评审专家。

《政府采购货物和服务招标投标管理办法》（财政部令第87号）第四十八条　采购人或者采购代理机构应当从省级以上财政部门设立的政府采购评审专家库中，通过随机方式抽取评审专家。

《政府采购评审专家管理办法》（财库〔2016〕198号）第十二条　采购人或者采购代理机构应当从省级以上人民政府财政部门设立的评审专家库中随机抽取评审专家。

评审专家库中相关专家数量不能保证随机抽取需要的，采购人或者采购代理机构可以推荐符合条件的人员，经审核选聘入库后再随机抽取使用。

[自行选定]

《政府采购货物和服务招标投标管理办法》（财政部令第87号）第四十八条　对技术复杂、专业性强的采购项目，通过随机方式难以确定合适评审专家的，经主管预算单位同意，采购人可以自行选定相应专业领域的评审专家。

《政府采购评审专家管理办法》（财库〔2016〕198号）第十三条　技术复杂、专业性强的采购项目，通过随机方式难以确定合适评审专家的，经主管预算单位同意，采购人可以自行选定相应专业领域的评审专家。

自行选定评审专家的，应当优先选择本单位以外的评审专家。

[特殊情况应当依法补足并记录存档]

《政府采购货物和服务招标投标管理办法》（财政部令第87号）第四十九条　评标中因评标委员会成员缺席、回避或者健康等特殊原因导致评标委员会组成不符合本办法规定的，采购人或者采购代理机构应当依法补足后继续评标。被更换的评标委员会成员所作出的评标意见无效。

无法及时补足评标委员会成员的，采购人或者采购代理机构应当停止评标活动，封存所有投标文件和开标、评标资料，依法重新组建评标委员会进行评标。原评标委员会所作出的评标意见无效。

采购人或者采购代理机构应当将变更、重新组建评标委员会的情况予以记录，并随采购文件一并存档。

《政府采购评审专家管理办法》（财库〔2016〕198号）第十七条　出现评审专家缺席、回避等情形导致评审现场专家数量不符合规定的，采购人或者采购代理机构应当及时补抽评审专家，或者经采购人主管预算单位同意自行选定补足评审专家。无法及时补足评审专家的，采购人或者采购代理机构应当立即停止评审工作，妥善保存采购文件，依法重新组建评标委员会、谈判小组、询价小组、磋商小组进行评审。

[抽取时间]

《政府采购评审专家管理办法》（财库〔2016〕198号）第十四条　除采用竞争性谈判、竞争性磋商方式采购，以及异地评审的项目外，采购人或者采购代理机构抽取评审专家的开始时间原则上不得早于评审活动开始前2个工作日。

[评审专家名单保密与公告]

《政府采购货物和服务招标投标管理办法》（财政部令第87号）第四十七条　评标委员会成员名单在评标结果公告前应当保密。

《政府采购评审专家管理办法》（财库〔2016〕198号）第二十条　评审专家名单在评审结果公告前应当保密。评审活动完成后，采购人或者采购代理机构应当随中标、成交结果一并公告评审专家名单，并对自行选定的评审专家做出标注。

各级财政部门、采购人和采购代理机构有关工作人员不得泄露评审专家的个人情况。

六、评审工作程序

[采购人或者代理机构宣布评审工作纪律]

《政府采购评审专家管理办法》（财库〔2016〕198号）第十五条　采购人或者采购代理机构应当在评审活动开始前宣布评审工作纪律，并将记载评审工作纪律的书面文件作为采购文件一并存档。

[告知评审专家回避情形]

《政府采购评审专家管理办法》（财库〔2016〕198号）第十六条　评审专家与参加采购活动的供应商存在下列利害关系之一的，应当回避：

（一）参加采购活动前三年内，与供应商存在劳动关系，或者担任过供应商的董事、监事，或者是供应商的控股股东或实际控制人；

（二）与供应商的法定代表人或者负责人有夫妻、直系血亲、三代以内旁系血亲或者近姻亲关系；

（三）与供应商有其他可能影响政府采购活动公平、公正进行的关系。

评审专家发现本人与参加采购活动的供应商有利害关系的，应当主动提出回避。采购人或者采购代理机构发现评审专家与参加采购活动的供应商有利害关系的，应当要求其回避。

除本办法第十三条规定的情形外，评审专家对本单位的政府采购项目只能作为采购人代表参与评审活动。

各级财政部门政府采购监督管理工作人员,不得作为评审专家参与政府采购项目的评审活动。

[对投标文件进行符合性审查]

《政府采购货物和服务招标投标管理办法》(财政部令第87号)第五十条　评标委员会应当对符合资格的投标人的投标文件进行符合性审查,以确定其是否满足招标文件的实质性要求。

[要求投标人作出必要的澄清、说明与补正]

《政府采购货物和服务招标投标管理办法》(财政部令第87号)第五十一条　对于投标文件中含义不明确、同类问题表述不一致或者有明显文字和计算错误的内容,评标委员会应当以书面形式要求投标人作出必要的澄清、说明或者补正。

投标人的澄清、说明或者补正应当采用书面形式,并加盖公章,或者由法定代表人或其授权的代表签字。投标人的澄清、说明或者补正不得超出投标文件的范围或者改变投标文件的实质性内容。

[按照招标文件规定的评标方法和标准综合比较与评价]

《政府采购货物和服务招标投标管理办法》(财政部令第87号)第五十二条　评标委员会应当按照招标文件中规定的评标方法和标准,对符合性审查合格的投标文件进行商务和技术评估,综合比较与评价。

[依法独立评审]

《政府采购评审专家管理办法》(财库〔2016〕198号)第十八条　评审专家应当严格遵守评审工作纪律,按照客观、公正、审慎的原则,根据采购文件规定的评审程序、评审方法和评审标准进行独立评审。

[编写评审报告]

《政府采购货物和服务招标投标管理办法》(财政部令第87号)第五十八条　评标委员会根据全体评标成员签字的原始评标记录和评标结果编写评标报告。评标报告应当包括以下内容:

(一)招标公告刊登的媒体名称、开标日期和地点;

(二)投标人名单和评标委员会成员名单;

(三)评标方法和标准;

(四)开标记录和评标情况及说明,包括无效投标人名单及原因;

(五)评标结果,确定的中标候选人名单或者经采购人委托直接确定的中标人;

(六)其他需要说明的情况,包括评标过程中投标人根据评标委员会要求进行的澄清、说明或者补正，评标委员会成员的更换等。

七、评标方法

《政府采购货物和服务招标投标管理办法》（财政部令第 87 号）第五十三条　评标方法分为最低评标价法和综合评分法。

[**最低评标价法**]

《政府采购货物和服务招标投标管理办法》（财政部令第 87 号）第五十四条　最低评标价法，是指投标文件满足招标文件全部实质性要求，且投标报价最低的投标人为中标候选人的评标方法。

技术、服务等标准统一的货物服务项目，应当采用最低评标价法。

采用最低评标价法评标时，除了算术修正和落实政府采购政策需进行的价格扣除外，不能对投标人的投标价格进行任何调整。

《政府采购货物和服务招标投标管理办法》（财政部令第 87 号）第五十六条　采用最低评标价法的，评标结果按投标报价由低到高顺序排列。投标报价相同的并列。投标文件满足招标文件全部实质性要求且投标报价最低的投标人为排名第一的中标候选人。

[**综合评分法**]

《政府采购货物和服务招标投标管理办法》（财政部令第 87 号）第五十五条　综合评分法，是指投标文件满足招标文件全部实质性要求，且按照评审因素的量化指标评审得分最高的投标人为中标候选人的评标方法。

评审因素的设定应当与投标人所提供货物服务的质量相关，包括投标报价、技术或者服务水平、履约能力、售后服务等。资格条件不得作为评审因素。评审因素应当在招标文件中规定。

评审因素应当细化和量化，且与相应的商务条件和采购需求对应。商务条件和采购需求指标有区间规定的，评审因素应当量化到相应区间，并设置各区间对应的不同分值。

评标时，评标委员会各成员应当独立对每个投标人的投标文件进行评价，并汇总每个投标人的得分。

货物项目的价格分值占总分值的比重不得低于 30%；服务项目的价格分值占总分值的比重不得低于 10%。执行国家统一定价标准和采用固定价格采购的项目，其价格不列为评审因素。

价格分应当采用低价优先法计算，即满足招标文件要求且投标价格最低的投标报价为评标基准价，其价格分为满分。其他投标人的价格分统一按照下列公式计算：

投标报价得分 =（评标基准价/投标报价）×100

评标总得分 = F1 × A1 + F2 × A2 + … + Fn × An

F1，F2，…，Fn 分别为各项评审因素的得分；

A1，A2，…，An 分别为各项评审因素所占的权重（A1 + A2 + … + An = 1）。

评标过程中，不得去掉报价中的最高报价和最低报价。

因落实政府采购政策进行价格调整的，以调整后的价格计算评标基准价和投标报价。

《政府采购货物和服务招标投标管理办法》（财政部令第87号）第五十七条　采用综合评分法的，评标结果按评审后得分由高到低顺序排列。得分相同的，按投标报价由低到高顺序排列。得分且投标报价相同的并列。投标文件满足招标文件全部实质性要求，且按照评审因素的量化指标评审得分最高的投标人为排名第一的中标候选人。

八、评审有关事项处理

[投标文件报价前后不一致的]

《政府采购货物和服务招标投标管理办法》（财政部令第87号）第五十九条　投标文件报价出现前后不一致的，除招标文件另有规定外，按照下列规定修正：

（一）投标文件中开标一览表（报价表）内容与投标文件中相应内容不一致的，以开标一览表（报价表）为准；

（二）大写金额和小写金额不一致的，以大写金额为准；

（三）单价金额小数点或者百分比有明显错位的，以开标一览表的总价为准，并修改单价；

（四）总价金额与按单价汇总金额不一致的，以单价金额计算结果为准。

同时出现两种以上不一致的，按照前款规定的顺序修正。修正后的报价按照本办法第五十一条第二款的规定经投标人确认后产生约束力，投标人不确认的，其投标无效。

[投标报价明显低于其他投标人的]

《政府采购货物和服务招标投标管理办法》（财政部令第87号）第六十条　评标委员会认为投标人的报价明显低于其他通过符合性审查投标人的报价，有可能影响产品质量或者不能诚信履约的,应当要求其在评标现场合理的时间内提供书面说明,必要时提交相关证明材料;投标人不能证明其报价合理性的,评标委员会应当将其作为无效投标处理。

[**评审事项存在争议的**]

《政府采购法实施条例》第四十一条　评标委员会、竞争性谈判小组或者询价小组成员应当在评审报告上签字,对自己的评审意见承担法律责任。对评审报告有异议的,应当在评审报告上签署不同意见,并说明理由,否则视为同意评审报告。

《政府采购货物和服务招标投标管理办法》(财政部令第 87 号)第六十一条　评标委员会成员对需要共同认定的事项存在争议的,应当按照少数服从多数的原则作出结论。持不同意见的评标委员会成员应当在评审报告上签署不同意见及理由,否则视为同意评标报告。

《政府采购评审专家管理办法》(财库〔2016〕198 号)第十九条　评审专家应当在评审报告上签字,对自己的评审意见承担法律责任。对需要共同认定的事项存在争议的,按照少数服从多数的原则做出结论。对评审报告有异议的,应当在评审报告上签署不同意见并说明理由,否则视为同意评审报告。

[**因采购文件存在问题导致评审无法进行的**]

《政府采购法实施条例》第四十一条　……采购文件内容违反国家有关强制性规定的,评标委员会、竞争性谈判小组或者询价小组应当停止评审并向采购人或者采购代理机构说明情况。

《政府采购货物和服务招标投标管理办法》(财政部令第 87 号)第六十五条　评标委员会发现招标文件存在歧义、重大缺陷导致评标工作无法进行,或者招标文件内容违反国家有关强制性规定的,应当停止评标工作,与采购人或者采购代理机构沟通并作书面记录。采购人或者采购代理机构确认后,应当修改招标文件,重新组织采购活动。

《政府采购评审专家管理办法》(财库〔2016〕198 号)第十八条　评审专家发现采购文件内容违反国家有关强制性规定或者采购文件存在歧义、重大缺陷导致评审工作无法进行时,应当停止评审并向采购人或者采购代理机构书面说明情况。

[**投标无效情形**]

《政府采购货物和服务招标投标管理办法》(财政部令第 87 号)第六十三条　投标人存在下列情况之一的,投标无效:

（一）未按照招标文件的规定提交投标保证金的；
（二）投标文件未按招标文件要求签署、盖章的；
（三）不具备招标文件中规定的资格要求的；
（四）报价超过招标文件中规定的预算金额或者最高限价的；
（五）投标文件含有采购人不能接受的附加条件的；
（六）法律、法规和招标文件规定的其他无效情形。

[重新组建评标委员会的情形]

《政府采购货物和服务招标投标管理办法》（财政部令第87号）第六十七条　评标委员会或者其成员存在下列情形导致评标结果无效的，采购人、采购代理机构可以重新组建评标委员会进行评标，并书面报告本级财政部门，但采购合同已经履行的除外：

（一）评标委员会组成不符合本办法规定的；
（二）有本办法第六十二条第一至五项情形的；
（三）评标委员会及其成员独立评标受到非法干预的；
（四）有政府采购法实施条例第七十五条规定的违法行为的。

有违法违规行为的原评标委员会成员不得参加重新组建的评标委员会。

九、评审专家劳务报酬及差旅费

《政府采购货物和服务招标投标管理办法》（财政部令第87号）第四十五条　采购人或者采购代理机构负责组织评标工作，并履行下列职责：

……

（九）评审工作完成后，按照规定向评审专家支付劳务报酬和异地评审差旅费，不得向评审专家以外的其他人员支付评审劳务报酬。

[劳务报酬支付]

《政府采购评审专家管理办法》（财库〔2016〕198号）第二十三条　集中采购目录内的项目，由集中采购机构支付评审专家劳务报酬；集中采购目录外的项目，由采购人支付评审专家劳务报酬。

[劳务报酬标准]

《政府采购评审专家管理办法》（财库〔2016〕198号）第二十四条　省级人民政府财政部门应当根据实际情况，制定本地区评审专家劳务报酬标准。中央预算单位参照本单位所在地或评审活动所在地标准支付评审专家劳务报酬。

[异地评审差旅费]

《政府采购评审专家管理办法》（财库〔2016〕198号）第二十五条　评审

专家参加异地评审的,其往返的城市间交通费、住宿费等实际发生的费用,可参照采购人执行的差旅费管理办法相应标准向采购人或集中采购机构凭据报销。

[**不得获取报酬情形**]

《政府采购货物和服务招标投标管理办法》(财政部令第87号)第四十五条 采购人或者采购代理机构负责组织评标工作,并履行下列职责:

......

(9)评审工作完成后,按照规定向评审专家支付劳务报酬和异地评审差旅费,不得向评审专家以外的其他人员支付评审劳务报酬。

《政府采购货物和服务招标投标管理办法》(财政部令第87号)第六十二条 评标委员会及其成员不得有下列行为:

(一)确定参与评标至评标结束前私自接触投标人;

(二)接受投标人提出的与投标文件不一致的澄清或者说明,本办法第五十一条规定的情形除外;

(三)违反评标纪律发表倾向性意见或者征询采购人的倾向性意见;

(四)对需要专业判断的主观评审因素协商评分;

(五)在评标过程中擅离职守,影响评标程序正常进行的;

(六)记录、复制或者带走任何评标资料;

(七)其他不遵守评标纪律的行为。

评标委员会成员有前款第一至五项行为之一的,其评审意见无效,并不得获取评审劳务报酬和报销异地评审差旅费。

《政府采购评审专家管理办法》(财库〔2016〕198号)第二十六条 评审专家未完成评审工作擅自离开评审现场,或者在评审活动中有违法违规行为的,不得获取劳务报酬和报销异地评审差旅费。评审专家以外的其他人员不得获取评审劳务报酬。

十、履职记录、不良行为记录

[**履职记录**]

《政府采购法实施条例》第六十二条 采购人或者采购代理机构应当对评审专家在政府采购活动中的职责履行情况予以记录,并及时向财政部门报告。

《政府采购评审专家管理办法》(财库〔2016〕198号)第二十一条 采购人或者采购代理机构应当于评审活动结束后5个工作日内,在政府采购信用评价系统中记录评审专家的职责履行情况。

评审专家可以在政府采购信用评价系统中查询本人职责履行情况记录，并就有关情况作出说明。

省级以上人民政府财政部门可根据评审专家履职情况等因素设置阶梯抽取概率。

《政府采购评审专家管理办法》（财库〔2016〕198号）第二十二条　评审专家应当于评审活动结束后5个工作日内，在政府采购信用评价系统中记录采购人或者采购代理机构的职责履行情况。

[不良行为记录]

《政府采购货物和服务招标投标管理办法》（财政部令第87号）第八十一条　评标委员会成员有本办法第六十二条所列行为之一的，由财政部门责令限期改正；情节严重的，给予警告，并对其不良行为予以记录。

《政府采购评审专家管理办法》（财库〔2016〕198号）第二十八条　采购人、采购代理机构发现评审专家有违法违规行为的，应当及时向采购人本级财政部门报告。

第二十九条　申请人或评审专家有下列情形的，列入不良行为记录：

（一）未按照采购文件规定的评审程序、评审方法和评审标准进行独立评审；

（二）泄露评审文件、评审情况；

（三）与供应商存在利害关系未回避；

（四）收受采购人、采购代理机构、供应商贿赂或者获取其他不正当利益；

（五）提供虚假申请材料；

（六）拒不履行配合答复供应商询问、质疑、投诉等法定义务；

（七）以评审专家身份从事有损政府采购公信力的活动。

十一、禁止性规定

[采购人、采购代理机构的禁止性行为]

《政府采购法实施条例》第四十二条　采购人、采购代理机构不得向评标委员会、竞争性谈判小组或者询价小组的评审专家作倾向性、误导性的解释或者说明。

[评标委员会及评审专家的禁止性行为]

《政府采购法实施条例》第四十条　政府采购评审专家应当遵守评审工作纪律，不得泄露评审文件、评审情况和评审中获悉的商业秘密。

《政府采购货物和服务招标投标管理办法》（财政部令第87号）第六十六条　……有关人员对评标情况以及在评标过程中获悉的国家秘密、商业秘密负有保密责任。

《政府采购评审专家管理办法》（财库〔2016〕198号）第十八条 ……不得泄露评审文件、评审情况和在评审过程中获悉的商业秘密。

《政府采购货物和服务招标投标管理办法》（财政部令第87号）第六十二条　评标委员会及其成员不得有下列行为：

（一）确定参与评标至评标结束前私自接触投标人；

（二）接受投标人提出的与投标文件不一致的澄清或者说明，本办法第五十一条规定的情形除外；

（三）违反评标纪律发表倾向性意见或者征询采购人的倾向性意见；

（四）对需要专业判断的主观评审因素协商评分；

（五）在评标过程中擅离职守，影响评标程序正常进行的；

（六）记录、复制或者带走任何评标资料；

（七）其他不遵守评标纪律的行为。

评标委员会成员有前款第一至五项行为之一的，其评审意见无效，并不得获取评审劳务报酬和报销异地评审差旅费。

[重新评审、改变评审结果的禁止性规定]

《政府采购法实施条例》第四十四条　除国务院财政部门规定的情形外，采购人、采购代理机构不得以任何理由组织重新评审。采购人、采购代理机构按照国务院财政部门的规定组织重新评审的，应当书面报告本级人民政府财政部门。

采购人或者采购代理机构不得通过对样品进行检测、对供应商进行考察等方式改变评审结果。

[国务院财政部门规定的除外情形]

《财政部关于进一步规范政府采购评审工作有关问题的通知》（财库〔2012〕69号）要求：严肃政府采购评审工作纪律……。评审结果汇总完成后，采购人、采购代理机构和评审委员会均不得修改评审结果或者要求重新评审，但资格性检查认定错误、分值汇总计算错误、分项评分超出评分标准范围、客观分评分不一致、经评审委员会一致认定评分畸高、畸低的情形除外。出现上述除外情形的，评审委员会应当现场修改评审结果，并在评审报告中明确记载。

[复核、重新评审的除外情形及程序要求]

《政府采购货物和服务招标投标管理办法》（财政部令第87号）第六十四条　评标结果汇总完成后，除下列情形外，任何人不得修改评标结果：

（一）分值汇总计算错误的；

（二）分项评分超出评分标准范围的；

（三）评标委员会成员对客观评审因素评分不一致的；

（四）经评标委员会认定评分畸高、畸低的。

评标报告签署前，经复核发现存在以上情形之一的，评标委员会应当当场修改评标结果，并在评标报告中记载；评标报告签署后，采购人或者采购代理机构发现存在以上情形之一的，应当组织原评标委员会进行重新评审，重新评审改变评标结果的，书面报告本级财政部门。

投标人对本条第一款情形提出质疑的，采购人或者采购代理机构可以组织原评标委员会进行重新评审，重新评审改变评标结果的，应当书面报告本级财政部门。

第三节 关于废标、中标成交无效、投标无效及评标结果无效

一、废标

[废标情形]

《政府采购法》第三十六条 在招标采购中，出现下列情形之一的，应予废标：

（一）符合专业条件的供应商或者对招标文件作实质响应的供应商不足三家的；

（二）出现影响采购公正的违法、违规行为的；

（三）投标人的报价均超过了采购预算，采购人不能支付的；

（四）因重大变故，采购任务取消的。

废标后，采购人应当将废标理由通知所有投标人。

[废标后的处理]

《政府采购法》第三十七条 废标后，除采购任务取消情形外，应当重新组织招标；需要采取其他方式采购的，应当在采购活动开始前获得设区的市、自治州以上人民政府采购监督管理部门或者政府有关部门批准。

二、中标、成交无效

《政府采购法》第七十七条 供应商有下列情形之一的，处以采购金额千分之五以上千分之十以下的罚款，列入不良行为记录名单，在一至三年内禁止参加

政府采购活动,有违法所得的,并处没收违法所得,情节严重的,由工商行政管理机关吊销营业执照;构成犯罪的,依法追究刑事责任:

(一) 提供虚假材料谋取中标、成交的;

(二) 采取不正当手段诋毁、排挤其他供应商的;

(三) 与采购人、其他供应商或者采购代理机构恶意串通的;

(四) 向采购人、采购代理机构行贿或者提供其他不正当利益的;

(五) 在招标采购过程中与采购人进行协商谈判的;

(六) 拒绝有关部门监督检查或者提供虚假情况的。

供应商有前款第(一)至(五)项情形之一的,中标、成交无效。

《政府采购法实施条例》第七十二条 供应商有下列情形之一的,依照政府采购法第七十七条第一款的规定追究法律责任:

(一) 向评标委员会、竞争性谈判小组或者询价小组成员行贿或者提供其他不正当利益;

(二) 中标或者成交后无正当理由拒不与采购人签订政府采购合同;

(三) 未按照采购文件确定的事项签订政府采购合同;

(四) 将政府采购合同转包;

(五) 提供假冒伪劣产品;

(六) 擅自变更、中止或者终止政府采购合同。

供应商有前款第一项规定情形的,中标、成交无效。评审阶段资格发生变化,供应商未依照本条例第二十一条的规定通知采购人和采购代理机构的,处以采购金额5‰的罚款,列入不良行为记录名单,中标、成交无效。

三、投标无效

[投标无效情形]

《政府采购货物和服务招标投标管理办法》(财政部令第87号)第六十三条 投标人存在下列情况之一的,投标无效:

(一) 未按照招标文件的规定提交投标保证金的;

(二) 投标文件未按招标文件要求签署、盖章的;

(三) 不具备招标文件中规定的资格要求的;

(四) 报价超过招标文件中规定的预算金额或者最高限价的;

(五) 投标文件含有采购人不能接受的附加条件的;

(六) 法律、法规和招标文件规定的其他无效情形。

《政府采购货物和服务招标投标管理办法》（财政部令第87号）第三十六条 投标人应当遵循公平竞争的原则，不得恶意串通，不得妨碍其他投标人的竞争行为，不得损害采购人或者其他投标人的合法权益。

在评标过程中发现投标人有上述情形的，评标委员会应当认定其投标无效，并书面报告本级财政部门。

《政府采购货物和服务招标投标管理办法》（财政部令第87号）第三十七条 有下列情形之一的，视为投标人串通投标，其投标无效：

（一）不同投标人的投标文件由同一单位或者个人编制；

（二）不同投标人委托同一单位或者个人办理投标事宜；

（三）不同投标人的投标文件载明的项目管理成员或者联系人员为同一人；

（四）不同投标人的投标文件异常一致或者投标报价呈规律性差异；

（五）不同投标人的投标文件相互混装；

（六）不同投标人的投标保证金从同一单位或者个人的账户转出。

《政府采购货物和服务招标投标管理办法》（财政部令第87号）第五十九条 投标文件报价出现前后不一致的，除招标文件另有规定外，按照下列规定修正：

（一）投标文件中开标一览表（报价表）内容与投标文件中相应内容不一致的，以开标一览表（报价表）为准；

（二）大写金额和小写金额不一致的，以大写金额为准；

（三）单价金额小数点或者百分比有明显错位的，以开标一览表的总价为准，并修改单价；

（四）总价金额与按单价汇总金额不一致的，以单价金额计算结果为准。

同时出现两种以上不一致的，按照前款规定的顺序修正。修正后的报价按照本办法第五十一条第二款的规定经投标人确认后产生约束力，投标人不确认的，其投标无效。

[无效投标]

《政府采购货物和服务招标投标管理办法》（财政部令第87号）第六十条 评标委员会认为投标人的报价明显低于其他通过符合性审查投标人的报价，有可能影响产品质量或者不能诚信履约的，应当要求其在评标现场合理的时间内提供书面说明，必要时提交相关证明材料；投标人不能证明其报价合理性的，评标委员会应当将其作为无效投标处理。

四、评标结果无效

《政府采购货物和服务招标投标管理办法》（财政部令第87号）第六十七

条 评标委员会或者其成员存在下列情形导致评标结果无效的,采购人、采购代理机构可以重新组建评标委员会进行评标,并书面报告本级财政部门,但采购合同已经履行的除外:

(一) 评标委员会组成不符合本办法规定的;

(二) 有本办法第六十二条第一至五项情形的;

(三) 评标委员会及其成员独立评标受到非法干预的;

(四) 有政府采购法实施条例第七十五条规定的违法行为的。

有违法违规行为的原评标委员会成员不得参加重新组建的评标委员会。

五、采购人、采购代理机构的违法行为影响中标、成交结果的处理

《政府采购法》第七十三条 有前两条违法行为之一影响中标、成交结果或者可能影响中标、成交结果的,按下列情况分别处理:

(一) 未确定中标、成交供应商的,终止采购活动;

(二) 中标、成交供应商已经确定但采购合同尚未履行的,撤销合同,从合格的中标、成交候选人中另行确定中标、成交供应商;

(三) 采购合同已经履行的,给采购人、供应商造成损失的,由责任人承担赔偿责任。

《政府采购法实施条例》第七十一条 有政府采购法第七十一条、第七十二条规定的违法行为之一,影响或者可能影响中标、成交结果的,依照下列规定处理:

(一) 未确定中标或者成交供应商的,终止本次政府采购活动,重新开展政府采购活动。

(二) 已确定中标或者成交供应商但尚未签订政府采购合同的,中标或者成交结果无效,从合格的中标或者成交候选人中另行确定中标或者成交供应商;没有合格的中标或者成交候选人的,重新开展政府采购活动。

(三) 政府采购合同已签订但尚未履行的,撤销合同,从合格的中标或者成交候选人中另行确定中标或者成交供应商;没有合格的中标或者成交候选人的,重新开展政府采购活动。

(四) 政府采购合同已经履行,给采购人、供应商造成损失的,由责任人承担赔偿责任。

政府采购当事人有其他违反政府采购法或者本条例规定的行为,经改正后仍然影响或者可能影响中标、成交结果或者依法被认定为中标、成交无效的,依照

前款规定处理。

《政府采购货物和服务招标投标管理办法》（财政部令第87号）第七十七条　采购人有下列情形之一的，由财政部门责令限期改正；情节严重的，给予警告，对直接负责的主管人员和其他直接责任人员由其行政主管部门或者有关机关依法给予处分，并予以通报；涉嫌犯罪的，移送司法机关处理：

（一）未按照本办法的规定编制采购需求的；

（二）违反本办法第六条第二款规定的；

（三）未在规定时间内确定中标人的；

（四）向中标人提出不合理要求作为签订合同条件的。

《政府采购货物和服务招标投标管理办法》（财政部令第87号）第七十八条　采购人、采购代理机构有下列情形之一的，由财政部门责令限期改正，情节严重的，给予警告，对直接负责的主管人员和其他直接责任人员，由其行政主管部门或者有关机关给予处分，并予通报；采购代理机构有违法所得的，没收违法所得，并可以处以不超过违法所得3倍、最高不超过3万元的罚款，没有违法所得的，可以处以1万元以下的罚款：

（一）违反本办法第八条第二款规定的；

（二）设定最低限价的；

（三）未按照规定进行资格预审或者资格审查的；

（四）违反本办法规定确定招标文件售价的；

（五）未按规定对开标、评标活动进行全程录音录像的；

（六）擅自终止招标活动的；

（七）未按照规定进行开标和组织评标的；

（八）未按照规定退还投标保证金的；

（九）违反本办法规定进行重新评审或者重新组建评标委员会进行评标的；

（十）开标前泄露已获取招标文件的潜在投标人的名称、数量或者其他可能影响公平竞争的有关招标投标情况的；

（十一）未妥善保存采购文件的；

（十二）其他违反本办法规定的情形。

《政府采购货物和服务招标投标管理办法》（财政部令第87号）第七十九条　有本办法第七十七条、第七十八条规定的违法行为之一，经改正后仍然影响或者可能影响中标结果的，依照政府采购法实施条例第七十一条规定处理。

第七章　中标和合同

第一节　中　标

一、中标、成交供应商确定

[确定时间及要求]

《政府采购法实施条例》第四十三条　采购代理机构应当自评审结束之日起2个工作日内将评审报告送交采购人。采购人应当自收到评审报告之日起5个工作日内在评审报告推荐的中标或者成交候选人中按顺序确定中标或者成交供应商。

《政府采购货物和服务招标投标管理办法》（财政部令第87号）第六十八条　采购代理机构应当在评标结束后2个工作日内将评标报告送采购人。

采购人自行组织招标的，应当在评标结束后5个工作日内确定中标人。

[采购结果确定]

《政府采购货物和服务招标投标管理办法》（财政部令第87号）第六十八条　采购人应当自收到评标报告之日起5个工作日内，在评标报告确定的中标候选人名单中按顺序确定中标人。中标候选人并列的，由采购人或者采购人委托评标委员会按照招标文件规定的方式确定中标人；招标文件未规定的，采取随机抽取的方式确定。

《政府采购货物和服务招标投标管理办法》（财政部令第87号）第六十八条　采购人在收到评标报告5个工作日内未按评标报告推荐的中标候选人顺序确定中标人，又不能说明合法理由的，视同按评标报告推荐的顺序确定排名第一的中标候选人为中标人。

二、中标、成交结果公告

[公告时间及媒体]

《政府采购法实施条例》第四十三条　采购人或者采购代理机构应当自中标、成交供应商确定之日起2个工作日内，发出中标、成交通知书，并在省级以上人民政府财政部门指定的媒体上公告中标、成交结果，招标文件、竞争性谈判文件、询价通知书随中标、成交结果同时公告。

《政府采购货物和服务招标投标管理办法》（财政部令第87号）第六十九条　采购人或者采购代理机构应当自中标人确定之日起2个工作日内，在省级以上财政部门指定的媒体上公告中标结果，招标文件应当随中标结果同时公告。

中标公告期限为1个工作日。

[公告内容]

《政府采购法实施条例》第四十三条　中标、成交结果公告内容应当包括采购人和采购代理机构的名称、地址、联系方式，项目名称和项目编号，中标或者成交供应商名称、地址和中标或者成交金额，主要中标或者成交标的的名称、规格型号、数量、单价、服务要求以及评审专家名单。

《政府采购货物和服务招标投标管理办法》（财政部令第87号）第六十九条　中标结果公告内容应当包括采购人及其委托的采购代理机构的名称、地址、联系方式，项目名称和项目编号，中标人名称、地址和中标金额，主要中标标的的名称、规格型号、数量、单价、服务要求，中标公告期限以及评审专家名单。

[邀请招标推荐潜在投标人的公告要求]

《政府采购货物和服务招标投标管理办法》（财政部令第87号）第六十九条　邀请招标采购人采用书面推荐方式产生符合资格条件的潜在投标人的，还应当将所有被推荐供应商名单和推荐理由随中标结果同时公告。

[未通过资格审查的，应当告知原因；采用综合评分法评审的还应当告知未中标人的评审得分与排序]

《政府采购货物和服务招标投标管理办法》（财政部令第87号）第六十九条　在公告中标结果的同时，采购人或者采购代理机构应当向中标人发出中标通知书；对未通过资格审查的投标人，应当告知其未通过的原因；采用综合评分法评审的，还应当告知未中标人本人的评审得分与排序。

三、中标通知书发出

[中标、成交通知书具有法律效力]

《政府采购法》第四十六条　中标、成交通知书对采购人和中标、成交供应商均具有法律效力。中标、成交通知书发出后，采购人改变中标、成交结果的，或者中标、成交供应商放弃中标、成交项目的，应当依法承担法律责任。

《政府采购货物和服务招标投标管理办法》（财政部令第87号）第七十条　中标通知书发出后，采购人不得违法改变中标结果，中标人无正当理由不得放弃中标。

第二节　合　同

[政府采购合同适用合同法]

《政府采购法》第四十三条　政府采购合同适用合同法。采购人和供应商之间的权利和义务，应当按照平等、自愿的原则以合同方式约定。

《政府采购货物和服务招标投标管理办法》（财政部令第87号）第七十三条　采购人与中标人应当根据合同的约定依法履行合同义务。

政府采购合同的履行、违约责任和解决争议的方法等适用《中华人民共和国合同法》。

[合同应当采用书面形式]

《政府采购法》第四十四条　政府采购合同应当采用书面形式。

[委托签订合同]

《政府采购法》第四十三条　采购人可以委托采购代理机构代表其与供应商签订政府采购合同。由采购代理机构以采购人名义签订合同的，应当提交采购人的授权委托书，作为合同附件。

[合同标准文本]

《政府采购法》第四十五条　国务院政府采购监督管理部门应当会同国务院有关部门，规定政府采购合同必须具备的条款。

《政府采购法实施条例》第四十七条　国务院财政部门应当会同国务院有关部门制定政府采购合同标准文本。

[签订合同的要求]

《政府采购法》第四十六条　采购人与中标、成交供应商应当在中标、成交通知书发出之日起三十日内，按照采购文件确定的事项签订政府采购合同。

《政府采购货物和服务招标投标管理办法》（财政部令第87号）第七十一条　采购人应当自中标通知书发出之日起30日内，按照招标文件和中标人投标文件的规定，与中标人签订书面合同。所签订的合同不得对招标文件确定的事项和中标人投标文件作实质性修改。

采购人不得向中标人提出任何不合理的要求作为签订合同的条件。

[合同应当包括的内容]

《政府采购货物和服务招标投标管理办法》（财政部令第87号）第七十二条　政府采购合同应当包括采购人与中标人的名称和住所、标的、数量、质量、价款或者报酬、履行期限及地点和方式、验收要求、违约责任、解决争议的方法等内容。

[合同备案]

《政府采购法》第四十七条　政府采购项目的采购合同自签订之日起七个工作日内，采购人应当将合同副本报同级政府采购监督管理部门和有关部门备案。

[分包履行合同]

《政府采购法》第四十八条　经采购人同意，中标、成交供应商可以依法采取分包方式履行合同。

政府采购合同分包履行的，中标、成交供应商就采购项目和分包项目向采购人负责，分包供应商就分包项目承担责任。

[补充合同]

《政府采购法》第四十九条　政府采购合同履行中，采购人需追加与合同标的相同的货物、工程或者服务的，在不改变合同其他条款的前提下，可以与供应商协商签订补充合同，但所有补充合同的采购金额不得超过原合同采购金额的百分之十。

[不得擅自变更、中止合同]

《政府采购法》第五十条　政府采购合同的双方当事人不得擅自变更、中止或者终止合同。

[终止合同]

《政府采购法》第五十条　政府采购合同继续履行将损害国家利益和社会公共利益的，双方当事人应当变更、中止或者终止合同。有过错的一方应当承担赔偿责任，双方都有过错的，各自承担相应的责任。

[履约保证金形式和金额]

《政府采购法实施条例》第四十八条　采购文件要求中标或者成交供应商提

交履约保证金的,供应商应当以支票、汇票、本票或者金融机构、担保机构出具的保函等非现金形式提交。履约保证金的数额不得超过政府采购合同金额的 10%。

[供应商拒签合同的处理]

《政府采购法实施条例》第四十九条 中标或者成交供应商拒绝与采购人签订合同的,采购人可以按照评审报告推荐的中标或者成交候选人名单排序,确定下一候选人为中标或者成交供应商,也可以重新开展政府采购活动。

[合同公告]

《政府采购法实施条例》第五十条 采购人应当自政府采购合同签订之日起 2 个工作日内,将政府采购合同在省级以上人民政府财政部门指定的媒体上公告,但政府采购合同中涉及国家秘密、商业秘密的内容除外。

[暂停签订或暂停履行合同]

《政府采购法实施条例》第五十四条 询问或者质疑事项可能影响中标、成交结果的,采购人应当暂停签订合同,已经签订合同的,应当中止履行合同。

第三节 履约验收

一、履约验收的组织

《政府采购法》第四十一条 采购人或者其委托的采购代理机构应当组织对供应商履约的验收。大型或者复杂的政府采购项目,应当邀请国家认可的质量检测机构参加验收工作。验收方成员应当在验收书上签字,并承担相应的法律责任。

[采购人依法组织履约验收]

《财政部关于进一步加强政府采购需求和履约验收管理的指导意见》(财库 [2016] 205 号)要求:采购人应当根据采购项目的具体情况,自行组织项目验收或者委托采购代理机构验收。采购人委托采购代理机构进行履约验收的,应当对验收结果进行书面确认。

二、履约验收的基本要求

《政府采购法实施条例》第四十五条 采购人或者采购代理机构应当按照政府采购合同规定的技术、服务、安全标准组织对供应商履约情况进行验收,并出具验收书。验收书应当包括每一项技术、服务、安全标准的履约情况。

[公共服务项目邀请服务对象参与验收并公告结果]

《政府采购法实施条例》第四十五条 政府向社会公众提供的公共服务项目，验收时应当邀请服务对象参与并出具意见，验收结果应当向社会公告。

[可邀请其他投标人或第三方机构参与验收]

《政府采购货物和服务招标投标管理办法》（财政部令第 87 号）第七十四条 采购人应当及时对采购项目进行验收。采购人可以邀请参加本项目的其他投标人或者第三方机构参与验收。参与验收的投标人或者第三方机构的意见作为验收书的参考资料一并存档。

三、加强履约验收管理

[完整细化编制验收方案]

《财政部关于进一步加强政府采购需求和履约验收管理的指导意见》（财库〔2016〕205 号）要求：采购人或其委托的采购代理机构应当根据项目特点制定验收方案，明确履约验收的时间、方式、程序等内容。技术复杂、社会影响较大的货物类项目，可以根据需要设置出厂检验、到货检验、安装调试检验、配套服务检验等多重验收环节；服务类项目，可根据项目特点对服务期内的服务实施情况进行分期考核，结合考核情况和服务效果进行验收；工程类项目应当按照行业管理部门规定的标准、方法和内容进行验收。

[完善验收方式]

《财政部关于进一步加强政府采购需求和履约验收管理的指导意见》（财库〔2016〕205 号）要求：对于采购人和使用人分离的采购项目，应当邀请实际使用人参与验收。采购人、采购代理机构可以邀请参加本项目的其他供应商或第三方专业机构及专家参与验收，相关验收意见作为验收书的参考资料。政府向社会公众提供的公共服务项目，验收时应当邀请服务对象参与并出具意见，验收结果应当向社会公告。

[严格按照采购合同开展履约验收]

《财政部关于进一步加强政府采购需求和履约验收管理的指导意见》（财库〔2016〕205 号）要求：采购人或者采购代理机构应当成立验收小组，按照采购合同的约定对供应商履约情况进行验收。验收时，应当按照采购合同的约定对每一项技术、服务、安全标准的履约情况进行确认。验收结束后，应当出具验收书，列明各项标准的验收情况及项目总体评价，由验收双方共同签署。验收结应当与采购合同约定的资金支付及履约保证金返还条件挂钩。履约验收的各项资料应当存档备查。

[严格落实履约验收责任]

《财政部关于进一步加强政府采购需求和履约验收管理的指导意见》（财库〔2016〕205号）要求：验收合格的项目，采购人应当根据采购合同的约定及时向供应商支付采购资金、退还履约保证金。验收不合格的项目，采购人应当依法及时处理。采购合同的履行、违约责任和解决争议的方式等适用《中华人民共和国合同法》。供应商在履约过程中有政府采购法律法规规定的违法违规情形的，采购人应当及时报告本级财政部门。

[关于政务信息系统采购的验收及合同]

《政务信息系统政府采购管理暂行办法》（财库〔2017〕210号）第十二条　采购人应当按照国家有关规定组织政务信息系统项目验收，根据项目特点制定完整的项目验收方案。验收方案应当包括项目所有功能的实现情况、密码应用和安全审查情况、信息系统共享情况、维保服务等采购文件和采购合同规定的内容，必要时可以邀请行业专家、第三方机构或相关主管部门参与验收。

第十三条　采购人可以聘请第三方专业机构制定针对政务信息系统的质量保障方案，对相关供应商的进度计划、阶段成果和服务质量进行监督，形成项目整改报告和绩效评估报告，必要时邀请行业专家或相关主管部门评审论证。质量保障相关情况应当作为项目验收的依据。

第十四条　具有多个服务期的政务信息系统，可以根据每期工作目标进行分期验收。为社会公众服务的政务信息系统，应当将公众意见或者使用反馈情况作为验收的重要参考依据。采购人和实际使用者或受益者分离的政务信息系统，履约验收时应当征求实际使用者或受益者的意见。

第十五条　政务信息系统的项目验收结果应当作为选择本项目后续运行维护供应商的重要参考。

第十六条　在年度预算能够保障的前提下，采购人可以与政务信息系统运行维护供应商签订不超过三年履行期限的政府采购合同。

四、资金支付

[支付采购资金]

《政府采购法实施条例》第五十一条　采购人应当按照政府采购合同规定，

及时向中标或者成交供应商支付采购资金。

《政府采购法实施条例》第五十一条　政府采购项目资金支付程序，按照国家有关财政资金支付管理的规定执行。

《政府采购货物和服务招标投标管理办法》（财政部令第 87 号）第七十五条　采购人应当加强对中标人的履约管理，并按照采购合同约定，及时向中标人支付采购资金。对于中标人违反采购合同约定的行为，采购人应当及时处理，依法追究其违约责任。

五、采购文件保存

[保存主体及保存期限]

《政府采购法》第四十二条　采购人、采购代理机构对政府采购项目每项采购活动的采购文件应当妥善保存，不得伪造、变造、隐匿或者销毁。采购文件的保存期限为从采购结束之日起至少保存十五年。

《政府采购货物和服务招标投标管理办法》（财政部令第 87 号）第七十六条　采购人、采购代理机构应当建立真实完整的招标采购档案，妥善保存每项采购活动的采购文件。

[采购文件构成]

《政府采购法》第四十二条　采购文件包括采购活动记录、采购预算、招标文件、投标文件、评标标准、评估报告、定标文件、合同文本、验收证明、质疑答复、投诉处理决定及其他有关文件、资料。

[采购活动记录内容]

《政府采购法》第四十二条　采购活动记录至少应当包括下列内容：

（一）采购项目类别、名称；
（二）采购项目预算、资金构成和合同价格；
（三）采购方式，采用公开招标以外的采购方式的，应当载明原因；
（四）邀请和选择供应商的条件及原因；
（五）评标标准及确定中标人的原因；
（六）废标的原因；
（七）采用招标以外采购方式的相应记载。

[电子档案]

《政府采购法实施条例》第四十六条　政府采购法第四十二条规定的采购文件，可以用电子档案方式保存。

第八章　询问、质疑、投诉、行政复议与行政诉讼

一、询问

《政府采购法》第五十一条　供应商对政府采购活动事项有疑问的，可以向采购人提出询问，采购人应当及时作出答复，但答复的内容不得涉及商业秘密。

[询问答复的主体、时限及要求]

《政府采购法实施条例》第五十二条　采购人或者采购代理机构应当在3个工作日内对供应商依法提出的询问作出答复。

供应商提出的询问或者质疑超出采购人对采购代理机构委托授权范围的，采购代理机构应当告知供应商向采购人提出。

[评审专家应当配合]

《政府采购法实施条例》第五十二条　政府采购评审专家应当配合采购人或者采购代理机构答复供应商的询问和质疑。

《政府采购评审专家管理办法》（财库〔2016〕198号）第十八条　评审专家应当配合答复供应商的询问、质疑和投诉等事项……。

[询问事项可能影响中标、成交结果的处理]

《政府采购法实施条例》第五十四条　询问或者质疑事项可能影响中标、成交结果的，采购人应当暂停签订合同，已经签订合同的，应当中止履行合同。

二、质疑

1. 质疑提出

《政府采购法》第五十二条 供应商认为采购文件、采购过程和中标、成交结果使自己的权益受到损害的,可以在知道或者应知其权益受到损害之日起七个工作日内,以书面形式向采购人提出质疑。

《政府采购质疑和投诉办法》(财政部令第94号)第十条 供应商认为采购文件、采购过程、中标或者成交结果使自己的权益受到损害的,可以在知道或者应知其权益受到损害之日起7个工作日内,以书面形式向采购人、采购代理机构提出质疑。

采购文件可以要求供应商在法定质疑期内一次性提出针对同一采购程序环节的质疑。

[提出质疑的原则]

《政府采购质疑和投诉办法》(财政部令第94号)第三条 政府采购供应商(以下简称供应商)提出质疑和投诉应当坚持依法依规、诚实信用原则。

[质疑供应商]

《政府采购质疑和投诉办法》(财政部令第94号)第十一条 提出质疑的供应商(以下简称质疑供应商)应当是参与所质疑项目采购活动的供应商。

[潜在供应商]

《政府采购质疑和投诉办法》(财政部令第94号)第十一条 潜在供应商已依法获取其可质疑的采购文件的,可以对该文件提出质疑。对采购文件提出质疑的,应当在获取采购文件或者采购文件公告期限届满之日起7个工作日内提出。

[委托代理人质疑]

《政府采购质疑和投诉办法》(财政部令第94号)第八条 供应商可以委托代理人进行质疑和投诉。其授权委托书应当载明代理人的姓名或者名称、代理事项、具体权限、期限和相关事项。供应商为自然人的,应当由本人签字;供应商为法人或者其他组织的,应当由法定代表人、主要负责人签字或者盖章,并加盖公章。

代理人提出质疑和投诉,应当提交供应商签署的授权委托书。

[质疑函应当包括的内容]

《政府采购质疑和投诉办法》(财政部令第94号)第十二条 供应商提出质

疑应当提交质疑函和必要的证明材料。质疑函应当包括下列内容：

（一）供应商的姓名或者名称、地址、邮编、联系人及联系电话；

（二）质疑项目的名称、编号；

（三）具体、明确的质疑事项和与质疑事项相关的请求；

（四）事实依据；

（五）必要的法律依据；

（六）提出质疑的日期。

供应商为自然人的，应当由本人签字；供应商为法人或者其他组织的，应当由法定代表人、主要负责人，或者其授权代表签字或者盖章，并加盖公章。

2. 质疑时效期间的起算

《政府采购法实施条例》第五十三条 政府采购法第五十二条规定的供应商应知其权益受到损害之日，是指：

（一）对可以质疑的采购文件提出质疑的，为收到采购文件之日或者采购文件公告期限届满之日；

（二）对采购过程提出质疑的，为各采购程序环节结束之日；

（三）对中标或者成交结果提出质疑的，为中标或者成交结果公告期限届满之日。

3. 质疑要求

《政府采购法实施条例》第五十五条 供应商质疑、投诉应当有明确的请求和必要的证明材料。

4. 评审专家应当协助配合

《政府采购法实施条例》第五十二条 政府采购评审专家应当配合采购人或者采购代理机构答复供应商的询问和质疑。

《政府采购质疑和投诉办法》（财政部令第94号）第十四条 供应商对评审过程、中标或者成交结果提出质疑的，采购人、采购代理机构可以组织原评标委员会、竞争性谈判小组、询价小组或者竞争性磋商小组协助答复质疑。

《政府采购评审专家管理办法》（财库〔2016〕198号）第十八条 评审专家应当配合答复供应商的询问、质疑和投诉等事项……。

5. 质疑答复

《政府采购法》第五十三条 采购人应当在收到供应商的书面质疑后七个工作日内作出答复，并以书面形式通知质疑供应商和其他有关供应商，但答复的内容不得涉及商业秘密。

[质疑答复的原则]

《政府采购质疑和投诉办法》（财政部令第94号）第四条 政府采购质疑答

复和投诉处理应当坚持依法依规、权责对等、公平公正、简便高效原则。

[质疑答复的主体]

《政府采购法》第五十四条 采购人委托采购代理机构采购的，供应商可以向采购代理机构提出询问或者质疑，采购代理机构应当依照本法第五十一条、第五十三条的规定就采购人委托授权范围内的事项作出答复。

《政府采购法实施条例》第五十二条 ……供应商提出的询问或者质疑超出采购人对采购代理机构委托授权范围的，采购代理机构应当告知供应商向采购人提出。

《政府采购质疑和投诉办法》（财政部令第94号）第五条 采购人负责供应商质疑答复。采购人委托采购代理机构采购的，采购代理机构在委托授权范围内作出答复。

《政府采购质疑和投诉办法》（财政部令第94号）第七条 采购人、采购代理机构应当在采购文件中载明接收质疑函的方式、联系部门、联系电话和通讯地址等信息。

[不得拒收质疑函]

《政府采购质疑和投诉办法》（财政部令第94号）第十三条 采购人、采购代理机构不得拒收质疑供应商在法定质疑期内发出的质疑函，应当在收到质疑函后7个工作日内作出答复，并以书面形式通知质疑供应商和其他有关供应商。

[质疑答复的内容]

《政府采购质疑和投诉办法》（财政部令第94号）第十五条 质疑答复应当包括下列内容：

（一）质疑供应商的姓名或者名称；

（二）收到质疑函的日期、质疑项目名称及编号；

（三）质疑事项、质疑答复的具体内容、事实依据和法律依据；

（四）告知质疑供应商依法投诉的权利；

（五）质疑答复人名称；

（六）答复质疑的日期。

质疑答复的内容不得涉及商业秘密。

6. 质疑处理

[可能影响中标、成交结果的处理]

《政府采购法实施条例》第五十四条 询问或者质疑事项可能影响中标、成交结果的，采购人应当暂停签订合同，已经签订合同的，应当中止履行合同。

[对采购文件、采购过程或者采购结果提出质疑的处理]

《政府采购质疑和投诉办法》（财政部令第94号）第十六条 采购人、采购代理机构认为供应商质疑不成立,或者成立但未对中标、成交结果构成影响的,继续开展采购活动;认为供应商质疑成立且影响或者可能影响中标、成交结果的,按照下列情况处理:

(一)对采购文件提出的质疑,依法通过澄清或者修改可以继续开展采购活动的,澄清或者修改采购文件后继续开展采购活动;否则应当修改采购文件后重新开展采购活动。

(二)对采购过程、中标或者成交结果提出的质疑,合格供应商符合法定数量时,可以从合格的中标或者成交候选人中另行确定中标、成交供应商的,应当依法另行确定中标、成交供应商;否则应当重新开展采购活动。

质疑答复导致中标、成交结果改变的,采购人或者采购代理机构应当将有关情况书面报告本级财政部门。

三、投诉

1. 投诉提起

《政府采购法》第五十五条 质疑供应商对采购人、采购代理机构的答复不满意或者采购人、采购代理机构未在规定的时间内作出答复的,可以在答复期满后十五个工作日内向同级政府采购监督管理部门投诉。

《政府采购质疑和投诉办法》(财政部令第94号)第十七条 质疑供应商对采购人、采购代理机构的答复不满意,或者采购人、采购代理机构未在规定时间内作出答复的,可以在答复期满后15个工作日内向本办法第六条规定的财政部门提起投诉。

2. 投诉要求

[有明确的请求和必要的证明材料]

《政府采购法实施条例》第五十五条 供应商质疑、投诉应当有明确的请求和必要的证明材料。供应商投诉的事项不得超出已质疑事项的范围。

[投诉书应当包括的内容]

《政府采购质疑和投诉办法》(财政部令第94号)第十八条 投诉人投诉时,应当提交投诉书和必要的证明材料,并按照被投诉采购人、采购代理机构(以下简称被投诉人)和与投诉事项有关的供应商数量提供投诉书的副本。投诉书应当包括下列内容:

(一)投诉人和被投诉人的姓名或者名称、通讯地址、邮编、联系人及联系电话;

（二）质疑和质疑答复情况说明及相关证明材料；

（三）具体、明确的投诉事项和与投诉事项相关的投诉请求；

（四）事实依据；

（五）法律依据；

（六）提起投诉的日期。

投诉人为自然人的，应当由本人签字；投诉人为法人或者其他组织的，应当由法定代表人、主要负责人，或者其授权代表签字或者盖章，并加盖公章。

3. 投诉条件

《政府采购质疑和投诉办法》（财政部令第94号）第十九条　投诉人应当根据本办法第七条第二款规定的信息内容，并按照其规定的方式提起投诉。

投诉人提起投诉应当符合下列条件：

（一）提起投诉前已依法进行质疑；

（二）投诉书内容符合本办法的规定；

（三）在投诉有效期限内提起投诉；

（四）同一投诉事项未经财政部门投诉处理；

（五）财政部规定的其他条件。

《政府采购质疑和投诉办法》（财政部令第94号）第二十条　供应商投诉的事项不得超出已质疑事项的范围，但基于质疑答复内容提出的投诉事项除外。

［委托代理人投诉］

《政府采购质疑和投诉办法》（财政部令第94号）第八条　供应商可以委托代理人进行质疑和投诉。其授权委托书应当载明代理人的姓名或者名称、代理事项、具体权限、期限和相关事项。供应商为自然人的，应当由本人签字；供应商为法人或者其他组织的，应当由法定代表人、主要负责人签字或者盖章，并加盖公章。

代理人提出质疑和投诉，应当提交供应商签署的授权委托书。

［联合体投诉］

《政府采购质疑和投诉办法》（财政部令第94号）第九条　以联合体形式参加政府采购活动的，其投诉应当由组成联合体的所有供应商共同提出。

4. 投诉处理

［处理原则］

《政府采购质疑和投诉办法》（财政部令第94号）第四条　政府采购质疑答复和投诉处理应当坚持依法依规、权责对等、公平公正、简便高效原则。

［处理部门］

《政府采购质疑和投诉办法》（财政部令第94号）第五条　县级以上各级人

民政府财政部门(以下简称财政部门)负责依法处理供应商投诉。

《政府采购质疑和投诉办法》(财政部令第94号)第六条 供应商投诉按照采购人所属预算级次,由本级财政部门处理。

《政府采购质疑和投诉办法》(财政部令第94号)第七条 县级以上财政部门应当在省级以上财政部门指定的政府采购信息发布媒体公布受理投诉的方式、联系部门、联系电话和通讯地址等信息。

[跨区域联合采购项目的投诉处理]

《政府采购质疑和投诉办法》(财政部令第94号)第六条 跨区域联合采购项目的投诉,采购人所属预算级次相同的,由采购文件事先约定的财政部门负责处理,事先未约定的,由最先收到投诉的财政部门负责处理;采购人所属预算级次不同的,由预算级次最高的财政部门负责处理。

5. 投诉审查

《政府采购质疑和投诉办法》(财政部令第94号)第二十一条 财政部门收到投诉书后,应当在5个工作日内进行审查,审查后按照下列情况处理:

(一)投诉书内容不符合本办法第十八条规定的,应当在收到投诉书5个工作日内一次性书面通知投诉人补正。补正通知应当载明需要补正的事项和合理的补正期限。未按照补正期限进行补正或者补正后仍不符合规定的,不予受理。

(二)投诉不符合本办法第十九条规定条件的,应当在3个工作日内书面告知投诉人不予受理,并说明理由。

(三)投诉不属于本部门管辖的,应当在3个工作日内书面告知投诉人向有管辖权的部门提起投诉。

(四)投诉符合本办法第十八条、第十九条规定的,自收到投诉书之日起即为受理,并在收到投诉后8个工作日内向被投诉人和其他与投诉事项有关的当事人发出投诉答复通知书及投诉书副本。

《政府采购质疑和投诉办法》(财政部令第94号)第二十二条 被投诉人和其他与投诉事项有关的当事人应当在收到投诉答复通知书及投诉书副本之日起5个工作日内,以书面形式向财政部门作出说明,并提交相关证据、依据和其他有关材料。

6. 投诉调查

[书面审查、调查取证或组织质证]

《政府采购法实施条例》第五十六条 财政部门处理投诉事项采用书面审查的方式,必要时可以进行调查取证或者组织质证。

《政府采购质疑和投诉办法》(财政部令第94号)第二十三条 财政部门处

理投诉事项原则上采用书面审查的方式。财政部门认为有必要时，可以进行调查取证或者组织质证。

财政部门可以根据法律、法规规定或者职责权限，委托相关单位或者第三方开展调查取证、检验、检测、鉴定。

质证应当通知相关当事人到场，并制作质证笔录。质证笔录应当由当事人签字确认。

[相关当事人应当配合调查]

《政府采购法实施条例》第五十六条　对财政部门依法进行的调查取证，投诉人和与投诉事项有关的当事人应当如实反映情况，并提供相关材料。

《政府采购质疑和投诉办法》（财政部令第94号）第二十四条　财政部门依法进行调查取证时，投诉人、被投诉人以及与投诉事项有关的单位及人员应当如实反映情况，并提供财政部门所需要的相关材料。

《政府采购质疑和投诉办法》（财政部令第94号）第二十五条　应当由投诉人承担举证责任的投诉事项，投诉人未提供相关证据、依据和其他有关材料的，视为该投诉事项不成立；被投诉人未按照投诉答复通知书要求提交相关证据、依据和其他有关材料的，视同其放弃说明权利，依法承担不利后果。

7. 投诉处理决定

《政府采购法》第五十六条　政府采购监督管理部门应当在收到投诉后三十个工作日内，对投诉事项作出处理决定，并以书面形式通知投诉人和与投诉事项有关的当事人。

《政府采购质疑和投诉办法》（财政部令第94号）第二十六条　财政部门应当自收到投诉之日起30个工作日内，对投诉事项作出处理决定。

8. 投诉处理期限计算

《政府采购法实施条例》第五十八条　财政部门处理投诉事项，需要检验、检测、鉴定、专家评审以及需要投诉人补正材料的，所需时间不计算在投诉处理期限内。

《政府采购质疑和投诉办法》（财政部令第94号）第二十七条　财政部门处理投诉事项，需要检验、检测、鉴定、专家评审以及需要投诉人补正材料的，所需时间不计算在投诉处理期限内。

《政府采购质疑和投诉办法》（财政部令第94号）第二十七条　前款所称所需时间，是指财政部门向相关单位、第三方、投诉人发出相关文书、补正通知之日至收到相关反馈文书或材料之日。

财政部门向相关单位、第三方开展检验、检测、鉴定、专家评审的，应当将所需时间告知投诉人。

9. 暂停采购活动

《政府采购法》第五十七条　政府采购监督管理部门在处理投诉事项期间，可以视具体情况书面通知采购人暂停采购活动，但暂停时间最长不得超过三十日。

《政府采购质疑和投诉办法》（财政部令第94号）第二十八条　财政部门在处理投诉事项期间，可以视具体情况书面通知采购人和采购代理机构暂停采购活动，暂停采购活动时间最长不得超过30日。

采购人和采购代理机构收到暂停采购活动通知后应当立即中止采购活动，在法定的暂停期限结束前或者财政部门发出恢复采购活动通知前，不得进行该项采购活动。

10. 投诉处理

[驳回投诉]

《政府采购法实施条例》第五十七条　投诉人捏造事实、提供虚假材料或者以非法手段取得证明材料进行投诉的，财政部门应当予以驳回。

《政府采购质疑和投诉办法》（财政部令第94号）第二十九条　投诉处理过程中，有下列情形之一的，财政部门应当驳回投诉：

（一）受理后发现投诉不符合法定受理条件；

（二）投诉事项缺乏事实依据，投诉事项不成立；

（三）投诉人捏造事实或者提供虚假材料；

（四）投诉人以非法手段取得证明材料。证据来源的合法性存在明显疑问，投诉人无法证明其取得方式合法的，视为以非法手段取得证明材料。

[终止投诉处理]

《政府采购法实施条例》第五十七条　财政部门受理投诉后，投诉人书面申请撤回投诉的，财政部门应当终止投诉处理程序。

《政府采购质疑和投诉办法》（财政部令第94号）第三十条　财政部门受理投诉后，投诉人书面申请撤回投诉的，财政部门应当终止投诉处理程序，并书面告知相关当事人。

[对采购文件投诉的处理]

《政府采购质疑和投诉办法》（财政部令第94号）第三十一条　投诉人对采购文件提起的投诉事项，财政部门经查证属实的，应当认定投诉事项成立。经认定成立的投诉事项不影响采购结果的，继续开展采购活动；影响或者可能影响采购结果的，财政部门按照下列情况处理：

（一）未确定中标或者成交供应商的，责令重新开展采购活动。

（二）已确定中标或者成交供应商但尚未签订政府采购合同的，认定中标或者成交结果无效，责令重新开展采购活动。

（三）政府采购合同已经签订但尚未履行的，撤销合同，责令重新开展采购活动。

（四）政府采购合同已经履行，给他人造成损失的，相关当事人可依法提起诉讼，由责任人承担赔偿责任。

[对采购过程或采购结果投诉的处理]

《政府采购质疑和投诉办法》（财政部令第94号）第三十二条　投诉人对采购过程或者采购结果提起的投诉事项，财政部门经查证属实的，应当认定投诉事项成立。经认定成立的投诉事项不影响采购结果的，继续开展采购活动；影响或者可能影响采购结果的，财政部门按照下列情况处理：

（一）未确定中标或者成交供应商的，责令重新开展采购活动。

（二）已确定中标或者成交供应商但尚未签订政府采购合同的，认定中标或者成交结果无效。合格供应商符合法定数量时，可以从合格的中标或者成交候选人中另行确定中标或者成交供应商的，应当要求采购人依法另行确定中标、成交供应商；否则责令重新开展采购活动。

（三）政府采购合同已经签订但尚未履行的，撤销合同。合格供应商符合法定数量时，可以从合格的中标或者成交候选人中另行确定中标或者成交供应商的，应当要求采购人依法另行确定中标、成交供应商；否则责令重新开展采购活动。

（四）政府采购合同已经履行，给他人造成损失的，相关当事人可依法提起诉讼，由责任人承担赔偿责任。

投诉人对废标行为提起的投诉事项成立的，财政部门应当认定废标行为无效。

11. 投诉处理决定书

[内容]

《政府采购质疑和投诉办法》（财政部令第94号）第三十三条　财政部门作出处理决定，应当制作投诉处理决定书，并加盖公章。投诉处理决定书应当包括下列内容：

（一）投诉人和被投诉人的姓名或者名称、通讯地址等；

（二）处理决定查明的事实和相关依据，具体处理决定和法律依据；

（三）告知相关当事人申请行政复议的权利、行政复议机关和行政复议申请

第八章 询问、质疑、投诉、行政复议与行政诉讼

期限,以及提起行政诉讼的权利和起诉期限;

(四)作出处理决定的日期。

[送达]

《政府采购质疑和投诉办法》(财政部令第94号)第三十四条 财政部门应当将投诉处理决定书送达投诉人和与投诉事项有关的当事人,并及时将投诉处理结果在省级以上财政部门指定的政府采购信息发布媒体上公告。投诉处理决定书的送达,参照《中华人民共和国民事诉讼法》关于送达的规定执行。

附:《中华人民共和国民事诉讼法》规定的送达方式。(一)直接送达,又称交付送达,是指派专人将诉讼文书直接交付给受送达人签收的送达方式。直接送达是送达方式中最基本的方式。(二)留置送达,是指受送达人无理拒收诉讼文书时,送达人依法将诉讼文书放置在受送达人的住所并产生送达的法律效力的送达方式。(三)电子送达,经受送达人同意,人民法院可以采用传真、电子邮件等能够确认其收悉的方式送达诉讼文书,但判决书、裁定书、调解书除外。采用前款方式送达的,以传真、电子邮件等到达受送达人特定系统的日期为送达日期。(四)委托送达,是指负责审理该民事案件的人民法院直接送达诉讼文书有困难时,依法委托其他人民法院代为送达。委托送达与直接送达具有同等法律效力。(五)邮寄送达,是指人民法院将所送达的文书通过邮局并用挂号信寄给受送达人的方式。邮寄送达,应当附有送达回证。挂号信回执上注明的收件日期与送达回证上注明的收件日期不一致的,或者送达回证没有寄回的,以挂号信回执上注明的收件日期为送达日期。(六)转交送达,是指人民法院将诉讼文书送交受送达人所在单位代收,然后转交给受送达人的送达方式。转交送达有三种情况:1.受送人是军人,通过其所在部队团以上单位的政治机关转交;2.受送达人被监禁的,通过其所在监所和劳动改造单位转交;3.受送达人正在被劳动教养的,通过其劳动教养单位转交。代为转交的机关、单位收到诉讼文书后,必须立即交受送达人签收,并以其在送达回证上签收的时间为送达日期。(七)公告送达,是指法院以张贴公告、登报等办法将诉讼文书公之于众,经过一定时间,法律上即视为送达的送达方式。采用公告送达必须是受送达人下落不明,或者用前五种方式无法送达时,才能适用的送达方式。公告送达,自发出公告之日起,经过60日,即为公告期满,视为送达。新修订后的民诉法第八十六条、第八十七条规定了新的送达方式:一是采用拍照、录像等方式记录送达过程,即视为送达;二是经受送达人同意,人民法院可以采用传真、电子邮件等能够确认其收悉的方式送达诉讼文书。

《中华人民共和国民事诉讼法》第八十四条 送达诉讼文书必须有送达回

证,由受送达人在送达回证上记明收到日期,签名或者盖章。受送达人在送达回证上的签收日期为送达日期。第八十五条 送达诉讼文书,应当直接送交受送达人。受送达人是公民的,本人不在交他的同住成年家属签收;受送达人是法人或者其他组织的,应当由法人的法定代表人、其他组织的主要负责人或者该法人、组织负责收件的人签收;受送达人有诉讼代理人的,可以送交其代理人签收;受送达人已向人民法院指定代收人的,送交代收人签收。受送达人的同住成年家属,法人或者其他组织的负责收件的人,诉讼代理人或者代收人在送达回证上签收的日期为送达日期。第八十六条 受送达人或者他的同住成年家属拒绝接收诉讼文书的,送达人可以邀请有关基层组织或者所在单位的代表到场,说明情况,在送达回证上记明拒收事由和日期,由送达人、见证人签名或者盖章,把诉讼文书留在受送达人的住所;也可以把诉讼文书留在受送达人的住所,并采用拍照、录像等方式记录送达过程,即视为送达。第八十七条 经受送达人同意,人民法院可以采用传真、电子邮件等能够确认其收悉的方式送达诉讼文书,但判决书、裁定书、调解书除外。采用前款方式送达的,以传真、电子邮件等到达受送达人特定系统的日期为送达日期。第八十八条 直接送达诉讼文书有困难的,可以委托其他人民法院代为送达,或者邮寄送达。邮寄送达的,以回执上注明的收件日期为送达日期。第八十九条 受送达人是军人的,通过其所在部队团以上单位的政治机关转交。第九十条 受送达人被监禁的,通过其所在监所转交。受送达人被采取强制性教育措施的,通过其所在强制性教育机构转交。第九十一条 代为转交的机关、单位收到诉讼文书后,必须立即交受送达人签收,以在送达回证上的签收日期,为送达日期。第九十二条 受送达人下落不明,或者用本节规定的其他方式无法送达的,公告送达。自发出公告之日起,经过六十日,即视为送达。公告送达,应当在案卷中记明原因和经过。

12. 投诉处理决定公告

《政府采购法实施条例》第五十八条 财政部门对投诉事项作出的处理决定,应当在省级以上人民政府财政部门指定的媒体上公告。

《政府采购质疑和投诉办法》(财政部令第94号)第三十四条 财政部门应当将投诉处理决定书送达投诉人和与投诉事项有关的当事人,并及时将投诉处理结果在省级以上财政部门指定的政府采购信息发布媒体上公告。

13. 因处理投诉发生鉴定等费用的处理原则

《政府采购质疑和投诉办法》(财政部令第94号)第四十一条 财政部门处理投诉不得向投诉人和被投诉人收取任何费用。但因处理投诉发生的第三方检验、检测、鉴定等费用,由提出申请的供应商先行垫付。投诉处理决定明确双方责任后，按照"谁过错谁负担"的原则由承担责任的一方负担；双方都有责任的，由双方合理分担。

14. 其他

[建立投诉档案管理制度]

《政府采购质疑和投诉办法》（财政部令第94号）第三十五条　财政部门应当建立投诉处理档案管理制度，并配合有关部门依法进行的监督检查。

[质疑函和投诉书范本的制定]

《政府采购质疑和投诉办法》（财政部令第94号）第三十九条　质疑函和投诉书应当使用中文。质疑函和投诉书的范本，由财政部制定。

《政府采购质疑和投诉办法》（财政部令第94号）第四十条　相关当事人提供外文书证或者外国语视听资料的，应当附有中文译本，由翻译机构盖章或者翻译人员签名。

相关当事人向财政部门提供的在中华人民共和国领域外形成的证据，应当说明来源，经所在国公证机关证明，并经中华人民共和国驻该国使领馆认证，或者履行中华人民共和国与证据所在国订立的有关条约中规定的证明手续。

相关当事人提供的在香港特别行政区、澳门特别行政区和台湾地区内形成的证据，应当履行相关的证明手续。

[相关期间的计算]

《政府采购质疑和投诉办法》（财政部令第94号）第四十二条　本办法规定的期间开始之日，不计算在期间内。期间届满的最后一日是节假日的，以节假日后的第一日为期间届满的日期。期间不包括在途时间，质疑和投诉文书在期满前交邮的，不算过期。

本办法规定的"以上""以下"均含本数。

[保密责任]

《政府采购质疑和投诉办法》（财政部令第94号）第四十三条　对在质疑答复和投诉处理过程中知悉的国家秘密、商业秘密、个人隐私和依法不予公开的信息，财政部门、采购人、采购代理机构等相关知情人应当保密。

四、法律责任

1. 采购人、采购代理机构的法律责任

《政府采购质疑和投诉办法》（财政部令第94号）第三十六条　采购人、采购代理机构有下列情形之一的，由财政部门责令限期改正；情节严重的，给予警告，对直接负责的主管人员和其他直接责任人员，由其行政主管部门或者有关机关给予处分，并予通报：

（一）拒收质疑供应商在法定质疑期内发出的质疑函；

（二）对质疑不予答复或者答复与事实明显不符，并不能作出合理说明；

（三）拒绝配合财政部门处理投诉事宜。

2. 投诉人的法律责任

《政府采购质疑和投诉办法》（财政部令第94号）第三十七条 投诉人在全国范围12个月内三次以上投诉查无实据的，由财政部门列入不良行为记录名单。

投诉人有下列行为之一的，属于虚假、恶意投诉，由财政部门列入不良行为记录名单，禁止其1至3年内参加政府采购活动：

（一）捏造事实；

（二）提供虚假材料；

（三）以非法手段取得证明材料。证据来源的合法性存在明显疑问，投诉人无法证明其取得方式合法的，视为以非法手段取得证明材料。

3. 财政部门及其工作人员的法律责任

《政府采购质疑和投诉办法》（财政部令第94号）第三十八条 财政部门及其工作人员在履行投诉处理职责中违反本办法规定及存在其他滥用职权、玩忽职守、徇私舞弊等违法违纪行为的，依照《中华人民共和国政府采购法》《中华人民共和国公务员法》《中华人民共和国行政监察法》《中华人民共和国政府采购法实施条例》等国家有关规定追究相应责任；涉嫌犯罪的，依法移送司法机关处理。

五、行政复议与行政诉讼

《政府采购法》第五十八条 投诉人对政府采购监督管理部门的投诉处理决定不服或者政府采购监督管理部门逾期未作处理的，可以依法申请行政复议或者向人民法院提起行政诉讼。

第九章 监督检查、法律责任

第一节 监督检查

一、政府采购监管部门的监督检查

1. 财政部门是政府采购监督管理部门,依法履行监管职责

《政府采购法》第十三条 各级人民政府财政部门是负责政府采购监督管理的部门,依法履行对政府采购活动的监督管理职责。

《政府采购法》第五十九条 政府采购监督管理部门应当加强对政府采购活动及集中采购机构的监督检查。

[财政部门的监督检查权]

《政府采购法实施条例》第六十四条 各级人民政府财政部门对政府采购活动进行监督检查,有权查阅、复制有关文件、资料,相关单位和人员应当予以配合。

[监督检查的主要内容]

《政府采购法》第五十九条 监督检查的主要内容是:

(一)有关政府采购的法律、行政法规和规章的执行情况;

(二)采购范围、采购方式和采购程序的执行情况;

(三)政府采购人员的职业素质和专业技能。

2. 对政府采购项目的采购活动进行检查

《政府采购法》第六十五条 政府采购监督管理部门应当对政府采购项目的采购活动进行检查,政府采购当事人应当如实反映情况,提供有关材料。

3. 对集中采购机构进行考核

《政府采购法》第六十六条 政府采购监督管理部门应当对集中采购机构的采购价格、节约资金效果、服务质量、信誉状况、有无违法行为等事项进行考

核，并定期如实公布考核结果。

《政府采购法实施条例》第六十条 除政府采购法第六十六条规定的考核事项外，财政部门对集中采购机构的考核事项还包括：

（一）政府采购政策的执行情况；

（二）采购文件编制水平；

（三）采购方式和采购程序的执行情况；

（四）询问、质疑答复情况；

（五）内部监督管理制度建设及执行情况；

（六）省级以上人民政府财政部门规定的其他事项。

财政部门应当制定考核计划，定期对集中采购机构进行考核，考核结果有重要情况的，应当向本级人民政府报告。

4. 对代理机构进行监督管理

《政府采购代理机构管理暂行办法》（财库〔2018〕2号）第四条 各级人民政府财政部门（以下简称财政部门）依法对代理机构从事政府采购代理业务进行监督管理。

[加强业务培训]

《政府采购代理机构管理暂行办法》（财库〔2018〕2号）第五条 财政部门应当加强对代理机构的政府采购业务培训，不断提高代理机构专业化水平。鼓励社会力量开展培训，增强代理机构业务能力。

[组织开展综合信用评价]

《政府采购代理机构管理暂行办法》（财库〔2018〕2号）第十七条 财政部门负责组织开展代理机构综合信用评价工作。采购人、供应商和评审专家根据代理机构的从业情况对代理机构的代理活动进行综合信用评价。综合信用评价结果应当全国共享。

第十八条 采购人、评审专家应当在采购活动或评审活动结束后5个工作日内，在政府采购信用评价系统中记录代理机构的职责履行情况。

供应商可以在采购活动结束后5个工作日内，在政府采购信用评价系统中记录代理机构的职责履行情况。

代理机构可以在政府采购信用评价系统中查询本机构的职责履行情况，并就有关情况作出说明。

[加强监督检查，建立随机抽查机制]

《政府采购代理机构管理暂行办法》（财库〔2018〕2号）第十九条 财政部门应当建立健全定向抽查和不定向抽查相结合的随机抽查机制。对存在违法违规线索的政府采购项目开展定向检查；对日常监管事项，通过随机抽取检查对象、随机选派执法检查人员等方式开展不定向检查。

财政部门可以根据综合信用评价结果合理优化对代理机构的监督检查频次。

[监督检查的内容]

《政府采购代理机构管理暂行办法》（财库〔2018〕2号）第二十条　财政部门应当依法加强对代理机构的监督检查，监督检查包括以下内容：

（一）代理机构名录信息的真实性；

（二）委托代理协议的签订和执行情况；

（三）采购文件编制与发售、评审组织、信息公告发布、评审专家抽取及评价情况；

（四）保证金收取及退还情况，中标或者成交供应商的通知情况；

（五）受托签订政府采购合同、协助采购人组织验收情况；

（六）答复供应商质疑、配合财政部门处理投诉情况；

（七）档案管理情况；

（八）其他政府采购从业情况。

第二十一条　对代理机构的监督检查结果应当在省级以上财政部门指定的政府采购信息发布媒体向社会公开。

[受到禁止代理处罚的处理]

《政府采购代理机构管理暂行办法》（财库〔2018〕2号）第二十二条　受到财政部门禁止代理政府采购业务处罚的代理机构，应当及时停止代理业务，已经签订委托代理协议的项目，按下列情况分别处理：

（一）尚未开始执行的项目，应当及时终止委托代理协议；

（二）已经开始执行的项目，可以终止的应当及时终止，确因客观原因无法终止的应当妥善做好善后工作。

第二十三条　代理机构及其工作人员违反政府采购法律法规的行为，依照政府采购法律法规进行处理；涉嫌犯罪的，依法移送司法机关处理。

代理机构的违法行为给他人造成损失的，依法承担民事责任。

5. 对政府采购评审专家库管理及评审专家履职情况的记录

《政府采购法实施条例》第六十二条　省级以上人民政府财政部门应当对政府采购评审专家库实行动态管理，具体管理办法由国务院财政部门制定。

采购人或者采购代理机构应当对评审专家在政府采购活动中的职责履行情况予以记录，并及时向财政部门报告。

二、相关部门按照职责分工加强监督

《政府采购法》第六十七条　依照法律、行政法规的规定对政府采购负有行政监督职责的政府有关部门，应当按照其职责分工，加强对政府采购活动的监督。

《政府采购法实施条例》第六十五条　审计机关、监察机关以及其他有关部门依法对政府采购活动实施监督，发现采购当事人有违法行为的，应当及时通报财政部门。

[审计机关的监督]

《政府采购法》第六十八条　审计机关应当对政府采购进行审计监督。政府采购监督管理部门、政府采购各当事人有关政府采购活动，应当接受审计机关的审计监督。

[监察机关的监督]

《政府采购法》第六十九条　监察机关应当加强对参与政府采购活动的国家机关、国家公务员和国家行政机关任命的其他人员实施监察。

三、其他监督

[社会监督]

《政府采购法》第七十条　任何单位和个人对政府采购活动中的违法行为，有权控告和检举，有关部门、机关应当依照各自职责及时处理。

[采购人与代理机构之间的相互监督]

《政府采购法实施条例》第六十一条　采购人发现采购代理机构有违法行为的，应当要求其改正。采购代理机构拒不改正的，采购人应当向本级人民政府财政部门报告，财政部门应当依法处理。

采购代理机构发现采购人的采购需求存在以不合理条件对供应商实行差别待遇、歧视待遇或者其他不符合法律、法规和政府采购政策规定内容，或者发现采购人有其他违法行为的，应当建议其改正。采购人拒不改正的，采购代理机构应当向采购人的本级人民政府财政部门报告，财政部门应当依法处理。

四、政府采购信用信息平台

《政府采购法实施条例》第六十三条　各级人民政府财政部门和其他有关部门应当加强对参加政府采购活动的供应商、采购代理机构、评审专家的监督管理，对其不良行为予以记录，并纳入统一的信用信息平台。

[信用记录查询]

《财政部关于在政府采购活动中查询及使用信用记录有关问题的通知》（财库〔2016〕125号）明确：各级财政部门、采购人、采购代理机构应当通过"信用中国"网站（www.creditchina.gov.cn）、中国政府采购网（www.ccgp.gov.cn）等渠道查询相关主体信用记录，并采取必要方式做好信用信息查询记录和证据留存，信用信息查询记录及相关证据应当与其他采购文件一并保存。

[信用记录使用]

《财政部关于在政府采购活动中查询及使用信用记录有关问题的通知》（财库〔2016〕125号）要求如下：

（1）采购人或者采购代理机构应当在采购文件中明确信用信息查询的查询渠道及截止时点、信用信息查询记录和证据留存的具体方式、信用信息的使用规则等内容。采购人或者采购代理机构应当对供应商信用记录进行甄别，对列入失信被执行人、重大税收违法案件当事人名单、政府采购严重违法失信行为记录名单及其他不符合《政府采购法》第二十二条规定条件的供应商，应当拒绝其参与政府采购活动。

两个以上的自然人、法人或者其他组织组成一个联合体，以一个供应商的身份共同参加政府采购活动的，应当对所有联合体成员进行信用记录查询，联合体成员存在不良信用记录的，视同联合体存在不良信用记录。

（2）各级财政部门应当在评审专家选聘及日常管理中查询有关信用记录，对具有行贿、受贿、欺诈等不良信用记录的人员不得聘用为评审专家，已聘用的应当及时解聘。

依法自行选定评审专家的，采购人或者采购代理机构应当查询有关信用记录，不得选定具有行贿、受贿、欺诈等不良信用记录的人员。

（3）采购人委托采购代理机构办理政府采购事宜的，应当查询其信用记录，优先选择无不良信用记录的采购代理机构。

（4）采购人及采购代理机构应当妥善保管相关主体信用信息，不得用于政府采购以外事项。

第二节 法律责任

一、采购人、代理机构的法律责任

[采购人、代理机构一般违法行为的法律责任]

《政府采购法》第七十一条 采购人、采购代理机构有下列情形之一的,责令限期改正,给予警告,可以并处罚款,对直接负责的主管人员和其他直接责任人员,由其行政主管部门或者有关机关给予处分,并予通报:

(一) 应当采用公开招标方式而擅自采用其他方式采购的;
(二) 擅自提高采购标准的;
(三) 以不合理的条件对供应商实行差别待遇或者歧视待遇的;
(四) 在招标采购过程中与投标人进行协商谈判的;
(五) 中标、成交通知书发出后不与中标、成交供应商签订采购合同的;
(六) 拒绝有关部门依法实施监督检查的。

《政府采购法实施条例》第六十六条 政府采购法第七十一条规定的罚款,数额为10万元以下。

《政府采购法实施条例》第六十八条 采购人、采购代理机构有下列情形之一的,依照政府采购法第七十一条、第七十八条的规定追究法律责任:

(一) 未依照政府采购法和本条例规定的方式实施采购的;
(二) 未依法在指定的媒体上发布政府采购项目信息的;
(三) 未按照规定执行政府采购政策的;
(四) 违反本条例第十五条的规定导致无法组织对供应商履约情况进行验收或者国家财产遭受损失的;
(五) 未依法从政府采购评审专家库中抽取评审专家的;
(六) 非法干预采购评审活动的;
(七) 采用综合评分法时评审标准中的分值设置未与评审因素的量化指标相对应的;
(八) 对供应商的询问、质疑逾期未作处理的;
(九) 通过对样品进行检测、对供应商进行考察等方式改变评审结果的;
(十) 未按照规定组织对供应商履约情况进行验收。

[采购人、采购代理机构违反规定隐匿、销毁应当保存的采购文件或者伪造、变造采购文件的法律责任]

《政府采购法》第七十六条 采购人、采购代理机构违反本法规定隐匿、销毁应当保存的采购文件或者伪造、变造采购文件的，由政府采购监督管理部门处以二万元以上十万元以下的罚款，对其直接负责的主管人员和其他直接责任人员依法给予处分；构成犯罪的，依法追究刑事责任。

《政府采购货物和服务招标投标管理办法》（财政部令第 87 号）第七十八条　采购人、采购代理机构有下列情形之一的，由财政部门责令限期改正，情节严重的，给予警告，对直接负责的主管人员和其他直接责任人员，由其行政主管部门或者有关机关给予处分，并予通报；采购代理机构有违法所得的，没收违法所得，并可以处以不超过违法所得 3 倍、最高不超过 3 万元的罚款，没有违法所得的，可以处以 1 万元以下的罚款：

（一）违反本办法第八条第二款规定的；

（二）设定最低限价的；

（三）未按照规定进行资格预审或者资格审查的；

（四）违反本办法规定确定招标文件售价的；

（五）未按规定对开标、评标活动进行全程录音录像的；

（六）擅自终止招标活动的；

（七）未按照规定进行开标和组织评标的；

（八）未按照规定退还投标保证金的；

（九）违反本办法规定进行重新评审或者重新组建评标委员会进行评标的；

（十）开标前泄露已获取招标文件的潜在投标人的名称、数量或者其他可能影响公平竞争的有关招标投标情况的；

（十一）未妥善保存采购文件的；

（十二）其他违反本办法规定的情形。

《政府采购货物和服务招标投标管理办法》（财政部令第 87 号）第七十九条　有本办法第七十七条、第七十八条规定的违法行为之一，经改正后仍然影响或者可能影响中标结果的，依照政府采购法实施条例第七十一条规定处理。

《政府采购货物和服务招标投标管理办法》（财政部令第 87 号）第八十条　政府采购当事人违反本办法规定，给他人造成损失的，依法承担民事责任。

[采购人、采购代理机构严重违法行为的法律责任]

《政府采购法》第七十二条　采购人、采购代理机构及其工作人员有下列情形之一，构成犯罪的，依法追究刑事责任；尚不构成犯罪的，处以罚款，有违法所得的，并处没收违法所得，属于国家机关工作人员的，依法给予行政处分：

（一）与供应商或者采购代理机构恶意串通的；

（二）在采购过程中接受贿赂或者获取其他不正当利益的；

（三）在有关部门依法实施的监督检查中提供虚假情况的；

（四）开标前泄露标底的。

《政府采购法实施条例》第六十六条　政府采购法第七十二条规定的罚款，数额为 5 万元以上 25 万元以下。

[采购人、代理机构未依法公告政府采购信息的法律责任]

《政府采购信息公告管理办法》（财政部令第 19 号）第三十条　采购人或者采购代理机构有下列情形之一的，由县级人民政府财政部门责令限期改正，给予警告；对直接负责的主管人员和其他直接责任人员，由其行政主管部门或者有关机关给予处分，并予通报：

（一）应当公告政府采购信息而未公告的；

（二）不首先在财政部指定的政府采购信息发布媒体上公告信息，或者不在财政部门指定的政府采购信息发布媒体上公告信息的；

（三）政府采购信息内容明显违反本办法规定的；

（四）在 2 个以上政府采购信息指定发布媒体上公告同一信息的实质内容明显不一致的；

（五）未按规定期限公告信息的。

[采购人、采购代理机构提供不合理条件、不真实信息的法律责任]

《政府采购信息公告管理办法》（财政部令第 19 号）第三十一条　采购人或者采购代理机构有下列情形之一的，采购无效，并由县级人民政府财政部门给予警告或者通报批评；属于政府采购代理机构责任且情节严重的，依法取消其进行相关业务资格：

（一）招标投标信息中以不合理条件限制或者排斥潜在投标人的；

（二）公告的信息不真实，有虚假或者欺诈内容的。

[采购人、采购代理机构违反非招标采购管理办法的法律责任]

《政府采购非招标采购方式管理办法》（财政部令第 74 号）第五十一条　采购人、采购代理机构有下列情形之一的，责令限期改正，给予警告；有关法律、行政法规规定处以罚款的，并处罚款；涉嫌犯罪的，依法移送司法机关处理：

（一）未按照本办法规定在指定媒体上发布政府采购信息的；

（二）未按照本办法规定组成谈判小组、询价小组的；

（三）在询价采购过程中与供应商进行协商谈判的；

（四）未按照政府采购法和本办法规定的程序和要求确定成交候选人的；

（五）泄露评审情况以及评审过程中获悉的国家秘密、商业秘密的。

采购代理机构有前款情形之一，情节严重的，暂停其政府采购代理机构资格

3 至 6 个月；情节特别严重或者逾期不改正的，取消其政府采购代理机构资格。

《政府采购非招标采购方式管理办法》（财政部令第 74 号）第五十二条　采购人有下列情形之一的，责令限期改正，给予警告；有关法律、行政法规规定处以罚款的，并处罚款：

（一）未按照政府采购法和本办法的规定采用非招标采购方式的；

（二）未按照政府采购法和本办法的规定确定成交供应商的；

（三）未按照采购文件确定的事项签订政府采购合同，或者与成交供应商另行订立背离合同实质性内容的协议的；

（四）未按规定将政府采购合同副本报本级财政部门备案的。

第五十三条　采购人、采购代理机构有本办法第五十一条、第五十二条规定情形之一，且情节严重或者拒不改正的，其直接负责的主管人员和其他直接责任人员属于国家机关工作人员的，由任免机关或者监察机关依法给予处分，并予通报。

[采购人、采购代理机构未依法受理答复质疑、拒绝配合处理投诉的法律责任]

《政府采购质疑和投诉办法》（财政部令第 94 号）第三十六条　采购人、采购代理机构有下列情形之一的，由财政部门责令限期改正；情节严重的，给予警告，对直接负责的主管人员和其他直接责任人员，由其行政主管部门或者有关机关给予处分，并予通报：

（一）拒收质疑供应商在法定质疑期内发出的质疑函；

（二）对质疑不予答复或者答复与事实明显不符，并不能作出合理说明；

（三）拒绝配合财政部门处理投诉事宜。

二、采购人的法律责任

[采购人对应当实行集中采购的政府采购项目不委托集中采购机构代理采购的法律责任]

《政府采购法》第七十四条　采购人对应当实行集中采购的政府采购项目，不委托集中采购机构实行集中采购的，由政府采购监督管理部门责令改正；拒不改正的，停止按预算向其支付资金，由其上级行政主管部门或者有关机关依法给予其直接负责的主管人员和其他直接责任人员处分。

[采购人未依法公布政府采购项目的采购标准和采购结果的法律责任]

《政府采购法》第七十五条　采购人未依法公布政府采购项目的采购标准和

采购结果的,责令改正,对直接负责的主管人员依法给予处分。

[采购人违法采购的法律责任]

《政府采购法实施条例》第六十七条　采购人有下列情形之一的,由财政部门责令限期改正,给予警告,对直接负责的主管人员和其他直接责任人员依法给予处分,并予以通报:

(一)未按照规定编制政府采购实施计划或者未按照规定将政府采购实施计划报本级人民政府财政部门备案;

(二)将应当进行公开招标的项目化整为零或者以其他任何方式规避公开招标;

(三)未按照规定在评标委员会、竞争性谈判小组或者询价小组推荐的中标或者成交候选人中确定中标或者成交供应商;

(四)未按照采购文件确定的事项签订政府采购合同;

(五)政府采购合同履行中追加与合同标的相同的货物、工程或者服务的采购金额超过原合同采购金额10%;

(六)擅自变更、中止或者终止政府采购合同;

(七)未按照规定公告政府采购合同;

(八)未按照规定时间将政府采购合同副本报本级人民政府财政部门和有关部门备案。

《政府采购货物和服务招标投标管理办法》(财政部令第87号)第七十七条　采购人有下列情形之一的,由财政部门责令限期改正;情节严重的,给予警告,对直接负责的主管人员和其他直接责任人员由其行政主管部门或者有关机关依法给予处分,并予以通报;涉嫌犯罪的,移送司法机关处理:

(一)未按照本办法的规定编制采购需求的;

(二)违反本办法第六条第二款规定的;

(三)未在规定时间内确定中标人的;

(四)向中标人提出不合理要求作为签订合同条件的。

[采购人违反非招标采购方式管理办法的法律责任]

《政府采购非招标采购方式管理办法》(财政部令第74号)第五十二条　采购人有下列情形之一的,责令限期改正,给予警告;有关法律、行政法规规定处以罚款的,并处罚款:

(一)未按照政府采购法和本办法的规定采用非招标采购方式的;

(二)未按照政府采购法和本办法的规定确定成交供应商的;

(三)未按照采购文件确定的事项签订政府采购合同,或者与成交供应商另行订立背离合同实质性内容的协议的；

（四）未按规定将政府采购合同副本报本级财政部门备案的。

第五十三条　采购人、采购代理机构有本办法第五十一条、第五十二条规定情形之一，且情节严重或者拒不改正的，其直接负责的主管人员和其他直接责任人员属于国家机关工作人员的，由任免机关或者监察机关依法给予处分，并予通报。

三、采购代理机构的法律责任

[在代理政府采购业务中违法的法律责任]

《政府采购法》第七十八条　采购代理机构在代理政府采购业务中有违法行为的，按照有关法律规定处以罚款，可以在一至三年内禁止其代理政府采购业务，构成犯罪的，依法追究刑事责任。

[集中采购机构的法律责任]

《政府采购法实施条例》第六十九条　集中采购机构有下列情形之一的，由财政部门责令限期改正，给予警告，有违法所得的，并处没收违法所得，对直接负责的主管人员和其他直接责任人员依法给予处分，并予以通报：

（一）内部监督管理制度不健全，对依法应当分设、分离的岗位、人员未分设、分离；

（二）将集中采购项目委托其他采购代理机构采购；

（三）从事营利活动。

[集中采购机构在业绩考核中违法的法律责任]

《政府采购法》第八十二条　集中采购机构在政府采购监督管理部门考核中，虚报业绩，隐瞒真实情况的，处以二万元以上二十万元以下的罚款，并予以通报；情节严重的，取消其代理采购的资格。

四、供应商的法律责任

[供应商违法的法律责任]

《政府采购法》第七十七条　供应商有下列情形之一的，处以采购金额千分之五以上千分之十以下的罚款，列入不良行为记录名单，在一至三年内禁止参加政府采购活动，有违法所得的，并处没收违法所得，情节严重的，由工商行政管理机关吊销营业执照；构成犯罪的，依法追究刑事责任：

（一）提供虚假材料谋取中标、成交的；

（二）采取不正当手段诋毁、排挤其他供应商的；

（三）与采购人、其他供应商或者采购代理机构恶意串通的；

（四）向采购人、采购代理机构行贿或者提供其他不正当利益的；

（五）在招标采购过程中与采购人进行协商谈判的；

（六）拒绝有关部门监督检查或者提供虚假情况的。

供应商有前款第（一）至（五）项情形之一的，中标、成交无效。

《政府采购法实施条例》第七十二条　供应商有下列情形之一的，依照政府采购法第七十七条第一款的规定追究法律责任：

（一）向评标委员会、竞争性谈判小组或者询价小组成员行贿或者提供其他不正当利益；

（二）中标或者成交后无正当理由拒不与采购人签订政府采购合同；

（三）未按照采购文件确定的事项签订政府采购合同；

（四）将政府采购合同转包；

（五）提供假冒伪劣产品；

（六）擅自变更、中止或者终止政府采购合同。

供应商有前款第一项规定情形的，中标、成交无效。评审阶段资格发生变化，供应商未依照本条例第二十一条的规定通知采购人和采购代理机构的，处以采购金额5‰的罚款，列入不良行为记录名单，中标、成交无效。

[供应商以非法手段取证投诉的法律责任]

《政府采购法实施条例》第七十三条　供应商捏造事实、提供虚假材料或者以非法手段取得证明材料进行投诉的，由财政部门列入不良行为记录名单，禁止其1至3年内参加政府采购活动。

[串通行为的法律责任]

《政府采购法实施条例》第七十四条　有下列情形之一的，属于恶意串通，对供应商依照政府采购法第七十七条第一款的规定追究法律责任，对采购人、采购代理机构及其工作人员依照政府采购法第七十二条的规定追究法律责任：

（一）供应商直接或者间接从采购人或者采购代理机构处获得其他供应商的相关情况并修改其投标文件或者响应文件；

（二）供应商按照采购人或者采购代理机构的授意撤换、修改投标文件或者响应文件；

（三）供应商之间协商报价、技术方案等投标文件或者响应文件的实质性内容；

（四）属于同一集团、协会、商会等组织成员的供应商按照该组织要求协同参加政府采购活动；

（五）供应商之间事先约定由某一特定供应商中标、成交；

（六）供应商之间商定部分供应商放弃参加政府采购活动或者放弃中标、成交；

（七）供应商与采购人或者采购代理机构之间、供应商相互之间，为谋求特定供应商中标、成交或者排斥其他供应商的其他串通行为。

《政府采购货物和服务招标投标管理办法》（财政部令第87号）第三十七条　有下列情形之一的，视为投标人串通投标，其投标无效：

（一）不同投标人的投标文件由同一单位或者个人编制；

（二）不同投标人委托同一单位或者个人办理投标事宜；

（三）不同投标人的投标文件载明的项目管理成员或者联系人员为同一人；

（四）不同投标人的投标文件异常一致或者投标报价呈规律性差异；

（五）不同投标人的投标文件相互混装；

（六）不同投标人的投标保证金从同一单位或者个人的账户转出。

[供应商违反非招标采购方式管理办法的法律责任]

《政府采购非招标采购方式管理办法》（财政部令第74号）第五十四条　成交供应商有下列情形之一的，责令限期改正，情节严重的，列入不良行为记录名单，在1至3年内禁止参加政府采购活动，并予以通报：

（一）未按照采购文件确定的事项签订政府采购合同，或者与采购人另行订立背离合同实质性内容的协议的；

（二）成交后无正当理由不与采购人签订合同的；

（三）拒绝履行合同义务的。

[供应商虚假、恶意投诉的法律责任]

《政府采购质疑和投诉办法》（财政部令第94号）第三十七条　投诉人在全国范围12个月内三次以上投诉查无实据的，由财政部门列入不良行为记录名单。

投诉人有下列行为之一的，属于虚假、恶意投诉，由财政部门列入不良行为记录名单，禁止其1至3年内参加政府采购活动：

（一）捏造事实；

（二）提供虚假材料；

（三）以非法手段取得证明材料。证据来源的合法性存在明显疑问，投诉人无法证明其取得方式合法的，视为以非法手段取得证明材料。

五、政府采购评审专家、评标委员会成员的法律责任

[评审专家的法律责任]

《政府采购法实施条例》第七十五条　政府采购评审专家未按照采购文件规定的评审程序、评审方法和评审标准进行独立评审或者泄露评审文件、评审情况的，由财政部门给予警告，并处2000元以上2万元以下的罚款；影响中标、成交结果的，处2万元以上5万元以下的罚款，禁止其参加政府采购评审活动。

政府采购评审专家与供应商存在利害关系未回避的，处2万元以上5万元以下的罚款，禁止其参加政府采购评审活动。

政府采购评审专家收受采购人、采购代理机构、供应商贿赂或者获取其他不正当利益，构成犯罪的，依法追究刑事责任；尚不构成犯罪的，处2万元以上5万元以下的罚款，禁止其参加政府采购评审活动。

政府采购评审专家有上述违法行为的，其评审意见无效，不得获取评审费；有违法所得的，没收违法所得；给他人造成损失的，依法承担民事责任。

[评标委员会成员的法律责任]

《政府采购货物和服务招标投标管理办法》（财政部令第87号）第八十一条　评标委员会成员有本办法第六十二条所列行为之一的，由财政部门责令限期改正；情节严重的，给予警告，并对其不良行为予以记录。

[谈判小组、询价小组成员的法律责任]

《政府采购非招标采购方式管理办法》（财政部令第74号）第五十五条　谈判小组、询价小组成员有下列行为之一的，责令改正，给予警告；有关法律、行政法规规定处以罚款的，并处罚款；涉嫌犯罪的，依法移送司法机关处理：

（一）收受采购人、采购代理机构、供应商、其他利害关系人的财物或者其他不正当利益的；

（二）泄露评审情况以及评审过程中获悉的国家秘密、商业秘密的；

（三）明知与供应商有利害关系而不依法回避的；

（四）在评审过程中擅离职守，影响评审程序正常进行的；

（五）在评审过程中有明显不合理或者不正当倾向性的；

（六）未按照采购文件规定的评定成交的标准进行评审的。

评审专家有前款情形之一，情节严重的，取消其政府采购评审专家资格，不得再参加任何政府采购项目的评审，并在财政部门指定的政府采购信息发布媒体上予以公告。

六、政府采购信息指定发布媒体的法律责任

《政府采购信息公告管理办法》(财政部令第 19 号)第三十二条　政府采购信息指定发布媒体有下列情形之一的,由省级以上人民政府财政部门给予警告;情节严重的,依法取消其政府采购信息指定发布媒体资格;造成经济损失的,依法承担相应的赔偿责任:

(一)违反事先约定收取或者变相收取信息发布费用的;
(二)无正当理由拒绝发布信息提供者提供信息的;
(三)无正当理由延误政府采购信息发布时间的;
(四)发布政府采购信息改变信息提供者提供信息实质性内容的;
(五)其他违反政府采购信息管理的行为。

七、政府采购当事人的法律责任

《政府采购法》第七十九条　政府采购当事人有本法第七十一条、第七十二条、第七十七条违法行为之一,给他人造成损失的,并应依照有关民事法律规定承担民事责任。

《政府采购货物和服务招标投标管理办法》(财政部令第 87 号)第八十条　政府采购当事人违反本办法规定,给他人造成损失的,依法承担民事责任。

[阻挠、限制供应商进入政府采购市场的法律责任]

《政府采购法》第八十三条　任何单位或者个人阻挠和限制供应商进入本地区或者本行业政府采购市场的,责令限期改正;拒不改正的,由该单位、个人的上级行政主管部门或者有关机关给予单位责任人或者个人处分。

[采购人员不依法回避的法律责任]

《政府采购法实施条例》第七十条　采购人员与供应商有利害关系而不依法回避的,由财政部门给予警告,并处 2000 元以上 2 万元以下的罚款。

[非法干预、影响评标过程的法律责任]

《政府采购非招标采购方式管理办法》(财政部令第 74 号)第五十八条　任何单位或者个人非法干预、影响评审过程或者结果的,责令改正;该单位责任人或者个人属于国家机关工作人员的,由任免机关或者监察机关依法给予处分。

[政府采购当事人违法行为的民事责任]

《政府采购法实施条例》第七十六条　政府采购当事人违反政府采购法和本

条例规定,给他人造成损失的,依法承担民事责任。

《政府采购货物和服务招标投标管理办法》(财政部令第87号)第八十条 政府采购当事人违反本办法规定,给他人造成损失的,依法承担民事责任。

《政府采购非招标采购方式管理办法》(财政部令第74号)第五十七条 政府采购当事人违反政府采购法和本办法规定,给他人造成损失的,应当依照有关民事法律规定承担民事责任。

八、政府采购监督管理部门的法律责任

[财政部门的法律责任]

《政府采购法实施条例》第七十七条 财政部门在履行政府采购监督管理职责中违反政府采购法和本条例规定,滥用职权、玩忽职守、徇私舞弊的,对直接负责的主管人员和其他直接责任人员依法给予处分;直接负责的主管人员和其他直接责任人员构成犯罪的,依法追究刑事责任。

《政府采购货物和服务招标投标管理办法》(财政部令第87号)第八十二条 财政部门应当依法履行政府采购监督管理职责。财政部门及其工作人员在履行监督管理职责中存在懒政怠政、滥用职权、玩忽职守、徇私舞弊等违法违纪行为的,依照《政府采购法》《中华人民共和国公务员法》《中华人民共和国行政监察法》《政府采购法实施条例》等国家有关规定追究相应责任;涉嫌犯罪的,移送司法机关处理。

[政府采购监管部门对投诉逾期未处理的法律责任]

《政府采购法》第八十一条 政府采购监督管理部门对供应商的投诉逾期未作处理的,给予直接负责的主管人员和其他直接责任人员行政处分。

[政府采购监管部门在业绩考核中违法的法律责任]

《政府采购法》第八十二条 政府采购监督管理部门对集中采购机构业绩的考核,有虚假陈述,隐瞒真实情况的,或者不作定期考核和公布考核结果的,应当及时纠正,由其上级机关或者监察机关对其负责人进行通报,并对直接负责的人员依法给予行政处分。

[政府采购监管部门工作人员的法律责任]

《政府采购法》第八十条 政府采购监督管理部门的工作人员在实施监督检查中违反本法规定滥用职权,玩忽职守,徇私舞弊的,依法给予行政处分;构成犯罪的,依法追究刑事责任。

《政府采购非招标采购方式管理办法》(财政部令第74号)第五十九条 财

政部门工作人员在实施监督管理过程中违法干预采购活动或者滥用职权、玩忽职守、徇私舞弊的,依法给予处分;涉嫌犯罪的,依法移送司法机关处理。

[财政部门工作人员在投诉处理中违法违纪的法律责任]

《政府采购质疑和投诉办法》(财政部令第94号)第三十八条　财政部门及其工作人员在履行投诉处理职责中违反本办法规定及存在其他滥用职权、玩忽职守、徇私舞弊等违法违纪行为的,依照《中华人民共和国政府采购法》《中华人民共和国公务员法》《中华人民共和国行政监察法》《中华人民共和国政府采购法实施条例》等国家有关规定追究相应责任;涉嫌犯罪的,依法移送司法机关处理。

[财政部门工作人员在代理机构管理中违法违纪的法律责任]

《政府采购代理机构管理暂行办法》(财库〔2018〕2号)第二十四条　财政部门工作人员在代理机构管理中存在滥用职权、玩忽职守、徇私舞弊等违法违纪行为的,依照《中华人民共和国政府采购法》《中华人民共和国公务员法》《中华人民共和国行政监察法》《中华人民共和国政府采购法实施条例》等国家有关规定追究相关责任;涉嫌犯罪的,依法移送司法机关处理。

九、违法干预信息公告的法律责任及处理

《政府采购信息公告管理办法》(财政部令第19号)第三十三条　任何单位和个人非法干预政府采购信息公告活动的,由省级以上人民政府财政部门责令限期改正,给予警告;拒不改正的,转送有关机关依法处理。

《政府采购信息公告管理办法》(财政部令第19号)第三十四条　任何单位或者个人发现政府采购信息发布活动不符合本办法规定的,有权向同级人民政府财政部门控告和检举,有关财政部门应当依法予以处理。

十、违法行为影响中标、成交结果的处理

《政府采购法》第七十三条　有前两条违法行为之一影响中标、成交结果或者可能影响中标、成交结果的,按下列情况分别处理:

(一) 未确定中标、成交供应商的,终止采购活动;

(二) 中标、成交供应商已经确定但采购合同尚未履行的,撤销合同,从合格的中标、成交候选人中另行确定中标、成交供应商;

(三) 采购合同已经履行的,给采购人、供应商造成损失的,由责任人承担

赔偿责任。

《政府采购法实施条例》第七十一条　有政府采购法第七十一条、第七十二条规定的违法行为之一，影响或者可能影响中标、成交结果的，依照下列规定处理：

（一）未确定中标或者成交供应商的，终止本次政府采购活动，重新开展政府采购活动。

（二）已确定中标或者成交供应商但尚未签订政府采购合同的，中标或者成交结果无效，从合格的中标或者成交候选人中另行确定中标或者成交供应商；没有合格的中标或者成交候选人的，重新开展政府采购活动。

（三）政府采购合同已签订但尚未履行的，撤销合同，从合格的中标或者成交候选人中另行确定中标或者成交供应商；没有合格的中标或者成交候选人的，重新开展政府采购活动。

（四）政府采购合同已经履行，给采购人、供应商造成损失的，由责任人承担赔偿责任。

政府采购当事人有其他违反政府采购法或者本条例规定的行为，经改正后仍然影响或者可能影响中标、成交结果或者依法被认定为中标、成交无效的，依照前款规定处理。

《政府采购非招标采购方式管理办法》（财政部令第74号）第五十六条　有本办法第五十一条、第五十二条、第五十五条违法行为之一，并且影响或者可能影响成交结果的，应当按照下列情形分别处理：

（一）未确定成交供应商的，终止本次采购活动，依法重新开展采购活动；

（二）已确定成交供应商但采购合同尚未履行的，撤销合同，从合格的成交候选人中另行确定成交供应商，没有合格的成交候选人的，重新开展采购活动；

（三）采购合同已经履行的，给采购人、供应商造成损失的，由责任人依法承担赔偿责任。

第十章　国有金融企业集中采购管理

[出台背景]

《国有金融企业集中采购管理暂行规定》（财金〔2018〕9号）第一条　为规范国有金融企业集中采购行为，加强对采购支出的管理，提高采购资金的使用效益，根据国家有关法律、行政法规和部门规章，制定本规定。

[适用范围]

《国有金融企业集中采购管理暂行规定》（财金〔2018〕9号）第二条　国有金融企业实施集中采购适用本规定。

本规定所称国有金融企业，包括所有获得金融业务许可证的国有企业，以及国有金融控股公司、国有担保公司和其他金融类国有企业。按现行法律法规实行会员制的金融交易场所参照本规定执行。

本规定所称集中采购，是指国有金融企业以合同方式有偿取得纳入集中采购范围的货物、工程和服务的行为。

[总体原则]

《国有金融企业集中采购管理暂行规定》（财金〔2018〕9号）第三条　国有金融企业集中采购应当遵循公开、公平、公正、诚实信用和效益原则。

第四条　国有金融企业开展集中采购活动应符合国家有关规定，建立统一管理、分级授权、相互制约的内部管理体制，切实维护企业和国家整体利益。

第五条　国有金融企业集中采购应优先采购节能环保产品。

[组织管理]

《国有金融企业集中采购管理暂行规定》（财金〔2018〕9号）第六条　国有金融企业应建立健全集中采购决策管理职能与操作执行职能相分离的管理体制。

第七条　国有金融企业应成立集中采购管理委员会，成员由企业相关负责人以及财务、法律等相关业务部门负责人组成，负责对公司集中采购活动进行决策管理。国有金融企业纪检、监察、审计等部门人员可列席集中采购管理委员会会议。

国有金融企业集中采购管理委员会的主要职责包括：

（一）审定企业内部集中采购管理办法等制度规定；

（二）确定企业集中采购目录及限额标准；

（三）审定采购计划并审查采购计划的执行情况；

（四）审议对业务活动和发展有较大影响的采购事项；

（五）采购活动中涉及的其他重要管理和监督事宜。

第八条 国有金融企业可指定具体业务部门或根据实际设立集中采购日常管理机构，具体实施集中采购活动。根据集中采购项目具体情况，国有金融企业可自行采购或委托外部代理机构办理采购事宜。

第九条 国有金融企业采用公开招标、邀请招标方式采购的，应依法组建评标委员会负责采购项目评审。采用竞争性谈判、竞争性磋商、询价等非招标方式采购的，应参照政府采购的相关要求并结合本单位实际，成立谈判、磋商或询价小组。

第十条 国有金融企业总部可建立或联合建立集中采购项目评审专家库。评审专家成员由国有金融企业财务、技术等内部专业人员，以及相关技术、经济等方面的外部专家组成。如不具备上述建库条件的企业，应合理使用招标代理机构等外部的评审专家库。

第十一条 一般采购项目从评审专家库中随机抽取选定评审专家，对技术复杂、专业性强或者有特殊要求的采购项目，通过随机抽取方式难以确定合适评审专家的，可由国有金融企业按程序自行选定。

[制度建设]

《国有金融企业集中采购管理暂行规定》（财金〔2018〕9号）第十二条 国有金融企业可参考省级以上人民政府定期发布的集中采购目录及标准，结合企业实际情况，制定本企业的集中采购目录及限额标准。

第十三条 国有金融企业应依据国家有关法律法规和本规定，制定企业内部集中采购管理办法。

第十四条 国有金融企业内部集中采购管理办法，应至少包括以下内容：

（一）明确公司集中采购范围，以及不同采购方式的具体适用情形；

（二）实施集中采购的具体程序，包括编制采购计划、采购项目立项、编制采购需求、实施采购、签订合同、采购验收、资金结算、档案管理等；

（三）明确集中采购活动的内部监督检查主体及职责；

（四）对违法违规和违反职业道德等人员和单位的处理处罚措施等。

第十五条　国有金融企业应当建立健全内部监督管理制度，加强对集中采购的内部控制和监督检查，切实防范采购过程中的差错和舞弊行为。

第十六条　国有金融企业应建立相互监督、相互制约的采购活动决策和执行程序，并明确具体采购项目经办人员与负责采购合同审核、验收人员的职责权限，做到相互分离。

第十七条　国有金融企业应对分支机构的集中采购行为做好业务指导和管理。

[采购方式]

《国有金融企业集中采购管理暂行规定》（财金[2018]9号）第十八条　国有金融企业集中采购可以采用公开招标、邀请招标、竞争性谈判、竞争性磋商、单一来源采购、询价，以及有关管理部门认定的其他采购方式。

第十九条　对纳入集中采购范围的采购项目，国有金融企业原则上应优先采用公开招标或邀请招标的方式。需要采用非招标采购方式的，应符合本规定要求，并在采购活动开始前，按企业内部集中采购管理规定报批。

第二十条　符合下列情形之一的集中采购项目，可以采用邀请招标方式采购：

（一）具有特殊性，只能从有限范围的供应商处采购的；

（二）采用公开招标方式的费用占该采购项目总价值的比例过大的；

（三）企业内部集中采购管理办法列明的其他适用情形。

第二十一条　符合下列情形之一的集中采购项目，可以采用竞争性谈判方式采购：

（一）招标后没有供应商投标或者没有合格标的或者重新招标未能成立的；

（二）技术复杂或者性质特殊，不能确定详细规格或者具体要求的；

（三）采用招标所需时间不能满足用户紧急需要的；

（四）不能事先计算出价格总额的；

（五）企业内部集中采购管理办法列明的其他适用情形。

第二十二条　符合下列情形之一的集中采购项目，可以采用竞争性磋商方式采购：

（一）购买服务项目；

（二）技术复杂或者性质特殊，不能确定详细规格或者具体要求的；

（三）因专利、专有技术或者服务的时间、数量事先不能确定等原因不能事先计算出价格总额的；

（四）市场竞争不充分的科研项目；

（五）按照招标投标法及其实施条例必须进行招标的工程建设项目以外的工程建设项目；

（六）企业内部集中采购管理办法列明的其他适用情形。

第二十三条　符合下列情形之一的集中采购项目，可以采用单一来源方式采购：

（一）只能从唯一供应商处采购的；

（二）发生了不可预见的紧急情况不能从其他供应商处采购的；

（三）必须保证原有采购项目一致性或者服务配套的要求，需要再次向原供应商采购的；

（四）企业内部集中采购管理办法列明的其他适用情形。

第二十四条　集中采购项目符合货物规格、标准统一，现货货源充足且价格变化幅度小等条件的，经企业内部集中采购管理办法列明，可以采用询价方式采购。

[采购管理]

《国有金融企业集中采购管理暂行规定》（财金〔2018〕9号）第二十五条　国有金融企业应按采购计划实施集中采购，并纳入年度预算管理。计划外的集中采购事项，应按企业内部相关规定报批。采购计划的重大调整，应按程序报集中采购管理委员会审议。

第二十六条　国有金融企业不得将应当以公开招标方式采购的项目化整为零或者以其他任何方式规避公开招标采购。

第二十七条　国有金融企业根据中标或成交结果签订采购合同，采购合同应经内部法律部门或法律中介机构审核。

第二十八条　国有金融企业要做好集中采购信息公开工作，通过企业网站、招标代理机构网站或省级以上人民政府财政部门指定的政府采购信息公开媒体等公开渠道，向社会披露公开招标和非公开招标的采购项目信息，涉及国家秘密、商业秘密的内容除外。

采用公开招标方式的，应当按规定发布招标公告、资格预审公告，公示中标候选人、中标结果等全流程信息。中标结果公示内容包括但不限于招标项目名称、招标人、招标代理机构、招标公告日期、中标人、中标内容及价格等基本要素。招标公告及中标结果应在同一渠道公开。

采用非公开招标方式的，应在采购合同签订之日起3个工作日内，公告成交结果，包括但不限于采购内容、采购方式、候选供应商、中选供应商、合同确定的采购数量、采购价格等基本要素。

[监督检查]

《国有金融企业集中采购管理暂行规定》（财金〔2018〕9号）第二十九条　国有金融企业应认真执行本规定，在年度财务报告中披露对企业成本、费用影响重大的集中采购事项，自觉接受财政、审计等相关部门的监督检查。

第三十条　对国有金融企业实施的招标等集中采购活动，投标商及相关方认为有任何违法违规问题的，可按规定向国有金融企业的主管财政机关以及国家有关部门投诉。

第三十一条　企业采购当事人不得互相串通损害企业利益、国家利益、社会公共利益和其他当事人的合法权益。

第三十二条　对采购当事人泄露标底等应当保密的与采购活动有关的情况和资料以及其他违反有关法律、行政法规和本规定的行为，依法追究责任。

[附则]

《国有金融企业集中采购管理暂行规定》（财金〔2018〕9号）第三十三条　国有金融企业使用国际组织、外国政府、外国法人以及其他组织和个人的贷款或者赠款进行采购，贷款或赠款人对采购方式有约定的，可从其约定，但不得损害国家利益和社会公共利益。

第三十四条　本规定自2018年3月1日起施行。《关于加强国有金融企业集中采购管理的若干规定》（财金〔2001〕209号）同时废止。

第二部分

政府采购实务操作

第十一章 政府采购方式的选择

采购方式和程序的法定性是政府采购的重要特征之一,因此采购方式和程序是各国政府采购立法规制的重点内容。我国《政府采购法》第二十六条规定了政府采购的方式有公开招标、邀请招标、竞争性谈判、单一来源采购、询价、国务院政府采购监督管理部门认定的其他采购方式;《政府采购法实施条例》第二十四条规定了批量集中采购;《政府采购非招标采购方式管理办法》(财政部令第74号)规定了非招标采购方式;《政府采购竞争性磋商采购方式管理暂行办法》(财库2014〔214号〕)规定了竞争性磋商采购方式;《政府采购法实施条例》第十条还提出了电子化采购。我国政府采购的方式多样,在实务中应根据不同的采购项目选择不同的采购方式。

一、公开招标

公开招标,是指采购人依法以招标公告的方式,邀请非特定的供应商参加投标的采购方式。

1. 公开招标的特点。一是公开透明。公开招标公开发布招标公告和招标文件、公开开标、公布评标结果、评标方法和标准事先公布等。二是公平竞争。公开招标邀请所有感兴趣的不特定的供应商参加投标,可以最大限度地吸引潜在的供应商,扩大竞争范围,实行充分竞争。供应商之间地位平等,采购人不得限制和歧视供应商,在中标供应商确定之前,采购人不得与供应商进行谈判。三是程序规范。公开招标程序较为复杂,公开招标的招标文件的公告、开标、评标、中标等主要环节都必须依法定程序进行。基于上述特征,公开招标成为各国政府采购的主要方式。我国《政府采购法》第二十六条第二款规定,公开招标应作为政府采购的主要方式。

2. 公开招标数额标准。《政府采购法》第二十七条明确规定,省级以上人民政府制定采用公开招标的具体数额标准,凡数额标准以上的政府采购项目均应采用公开招标方式采购。因特殊情况需要采用公开招标以外的采购方式的,应当在采购活动开始前获得设区的市、自治州以上人民政府采购监督管理部门的批准。《政府采购法实施条例》第五条规定,省、自治区、直辖市人民政府或者其授权的机构根据实际情况,可以确定分别适用于本行政区域省级、设区的市级、县级的集中采购目录和采购限额标准。《政府采购货物和服务招标投标管理办法》(财政部令第87号)第四条规定,属于地方预算的政府采购项目,省、自治区、直辖市人民政府根据实际情况,可以确定分别适用于本行政区域省级、设区的市级、县级公开招标数额标准。

3. 不得化整为零规避公开招标。为禁止采购人规避公开招标,《政府采购法》第二十八条规定,采购人不得将应当以公开招标方式采购的货物或者服务化整为零或者以其他任何方式规避公开招标采购。关于化整为零的界定,《政府采购法实施条例》第二十八条明确规定,在一个财政年度内,采购人将一个预算项目下的同一品目或者类别的货物、服务采用公开招标以外的方式多次采购,累计资金数额超过公开招标数额标准的,属于以化整为零方式规避公开招标,但项目预算调整或者经批准采用公开招标以外方式采购除外。

二、邀请招标

邀请招标,是指采购人依法从符合相应资格条件的供应商中随机抽取3家以上供应商,并以投标邀请书的方式邀请其参加投标的采购方式。邀请招标是除公开招标之外又一种招标方式,也是国际上仅次于公开招标的比较通行的竞争采购方式。邀请招标与GPA中的选择性招标(selective tendering)相类似。

1. 邀请招标的适用情形。《政府采购法》第二十九条规定,符合下列情形之一的货物或者服务,可以依照本法采用邀请招标方式采购:一是具有特殊性,只能从有限范围的供应商处采购的;二是采用公开招标方式的费用占政府采购项目总价值的比例过大的。这里主要是指采购的货物或者服务的标的较小,如采用公开招标所需时间和费用与拟采购项目的价值不成比例,即采用公开招标方式的费用占政府采购项目总价值的比例过大的情况,采购人只能通过限制投标人数来达到经济和效益目的。由此可见,采用邀请招标方式采购的适用条件,其一为符合专业条件的供应商数量有限;其二为考虑到采购的经济有效目标。对于公开招标数额标准以上的项目,如因上述情形采用邀请招标的,根据《政府采购法》第二十六条规定,应当在采购活动开始前获得政府采购监督管理部门的批准。

2. 邀请招标的操作程序。《政府采购法》第三十四条规定,货物或者服务项目采取邀请招标方式采购的，采购人应当从符合相应资格条件的供应商中，通过随机方式选择三家以上的供应商，并向其发出投标邀请书。《政府采购货物和服务招标投标管理办法》（财政部令第 87 号）激活了邀请招标采购方式。第十四条规定，采用邀请招标方式的，采购人或者采购代理机构应当通过以下方式产生符合资格条件的供应商名单，并从中随机抽取 3 家以上供应商向其发出投标邀请书：一是发布资格预审公告征集；二是从省级以上人民政府财政部门（以下简称财政部门）建立的供应商库中选取；三是采购人书面推荐。采用前款第一项方式产生符合资格条件供应商名单的，采购人或者采购代理机构应当按照资格预审文件载明的标准和方法，对潜在投标人进行资格预审。采用第一款第二项或者第三项方式产生符合资格条件供应商名单的，备选的符合资格条件供应商总数不得少于拟随机抽取供应商总数的两倍。随机抽取是指通过抽签等能够保证所有符合资格条件供应商机会均等的方式选定供应商。随机抽取供应商时，应当有不少于两名采购人工作人员在场监督，并形成书面记录，随采购文件一并存档。投标邀请书应当同时向所有受邀请的供应商发出。

公开招标在其公开程度、竞争的广泛性等方面比其他采购方式具有较大的优势，但邀请所有潜在的不特定的供应商参加投标可能导致较大的采购成本。对于采购标的较小的采购项目而言，采用公开招标方式往往得不偿失，而且对于有些专业性较强的项目，具备资格的潜在供应商较少，或者需要在较短的时间内完成采购任务的项目，也不宜采用公开招标的采购方式，邀请招标采购方式则在一定程度上弥补上述缺陷，同时又能够较充分发挥招标的优势。邀请招标采购方式一般具有以下特征：一是采购人在符合资格条件的供应商中邀请特定的供应商参加投标；二是邀请招标无需发布招标公告，采购人只需向特定的供应商发出投标邀请书即可；三是竞争范围有限，采购人的选择余地较小；四是招标的成本相对较低。应当指出，邀请招标虽然在潜在供应商的选择上和通知形式上与公开招标有所不同，但其所适用的原则和程序与公开招标是相同的，其在开标、评标标准等方面都是公开的，因此，邀请招标仍不失其公开性。

三、竞争性谈判

根据《政府采购法》《政府采购非招标采购方式管理办法》（财政部令第 74 号）规定，政府采购非招标采购方式，是指竞争性谈判、单一来源采购和询价采购方式。

采购方式选择的一般原则是，公开招标数额标准以上的采购项目应当选适用公开招标。公开招标限额以上的采购项目如选择非招标采购方式的，应当在采购活动开始前经政府采购监督管理部门审批。公开招标数额标准以下的采购项目可以根据不同采购方式的法定情形选择适用相应的采购方式。

1. 竞争性谈判的特点。 竞争性谈判，是指谈判小组与符合资格条件的供应商就采购货物、工程和服务事宜进行谈判，供应商按照谈判文件的要求提交响应文件和最后报价，采购人从谈判小组提出的成交候选人中确定成交供应商的采购方式。通过与三家以上供应商进行直接谈判，根据符合采购需求、质量和服务相等（指供应商提供的产品质量和服务均能满足采购文件规定的实质性要求）且报价最低的原则最终确定成交供应商。

竞争性谈判采购方式与招标采购方式相比其程序的灵活性具有明显的优势。谈判小组可以按照竞争性谈判文件所确定的谈判程序和要求，与参加谈判的供应商就报价、商务条件和技术需求进行一轮或者多轮直接面对面谈判。对于技术复杂或者性质特殊，不能确定详细规格或者具体要求的，经过谈判，能够进一步明确采购需求。对于不能事先计算出价格总额的，经过谈判可以进行价格比较，从而选择最低报价的供应商为成交供应商。由于法律对竞争性谈判的时限和程序没有严格的要求，对于紧急采购项目且技术要求复杂的，采取竞争性谈判采购方式应是最适合的。

2. 竞争性谈判的适用情形。《政府采购法》第三十条规定：一是招标后没有供应商投标或者没有合格标的或者重新招标未能成立的；二是技术复杂或者性质特殊，不能确定详细规格或者具体要求的；三是采用招标所需时间不能满足用户紧急需要的；四是不能事先计算出价格总额的。

《政府采购法实施条例》第二十六条作了细化规定。政府采购法第三十条第三项规定的情形，应当是采购人不可预见的或者非因采购人拖延导致的；第四项规定的情形，是指因采购艺术品或者因专利、专有技术或者因服务的时间、数量事先不能确定等导致不能事先计算出价格总额。

《政府采购非招标采购方式管理办法》（财政部令第74号）第二十七条进一步明确，符合下列情形之一的采购项目，可以采用竞争性谈判方式采购：一是招标后没有供应商投标或者没有合格标的，或者重新招标未能成立的；二是技术复杂或者性质特殊，不能确定详细规格或者具体要求的；三是非采购人所能预见的原因或者非采购人拖延造成采用招标所需时间不能满足用户紧急需要的；四是因艺术品采购、专利、专有技术或者服务的时间、数量事先不能确定等原因不能事先计算出价格总额的。

竞争性谈判需三家以上供应商参加，特殊情况经批准可两家。《政府采购非招标采购方式管理办法》（财政部令第74号）第二十七条规定：公开招标的货物、服务采购项目，招标过程中提交投标文件或者经评审实质性响应招标文件要求的供应商只有两家时，采购人、采购代理机构按照本办法第四条经本级财政部门批准后可以与该两家供应商进行竞争性谈判采购，采购人、采购代理机构应当根据招标文件中的采购需求编制谈判文件，成立谈判小组，由谈判小组对谈判文件进行确认。符合本款情形的，本办法第三十三条、第三十五条中规定的供应商最低数量可以为两家。

3. 申请采用竞争性谈判采购方式需要提交的材料。按照《政府采购非招标采购方式管理办法》（财政部令第74号）第二十八条规定，符合本办法第二十七条第一款第一项情形和第二款情形，申请采用竞争性谈判采购方式时，除提交本办法第五条第一至三项规定的材料外，还应当提交下列申请材料：一是在省级以上财政部门指定的媒体上发布招标公告的证明材料；二是采购人、采购代理机构出具的对招标文件和招标过程是否有供应商质疑及质疑处理情况的说明；三是评标委员会或者3名以上评审专家出具的招标文件没有不合理条款的论证意见。

4. 竞争性谈判程序。根据《政府采购法》第三十八条规定：采用竞争性谈判方式采购的，应当遵循下列程序：（1）成立谈判小组。谈判小组由采购人的代表和有关专家共三人以上的单数组成，其中专家的人数不得少于成员总数的三分之二。（2）制定谈判文件。谈判文件应当明确谈判程序、谈判内容、合同草案的条款以及评定成交的标准等事项。（3）确定邀请参加谈判的供应商名单。谈判小组从符合相应资格条件的供应商名单中确定不少于三家的供应商参加谈判，并向其提供谈判文件。（4）谈判。谈判小组所有成员集中与单一供应商分别进行谈判。在谈判中，谈判的任何一方不得透露与谈判有关的其他供应商的技术资料、价格和其他信息。谈判文件有实质性变动的，谈判小组应当以书面形式通知所有参加谈判的供应商。（5）确定成交供应商。谈判结束后，谈判小组应当要求所有参加谈判的供应商在规定时间内进行最后报价，采购人从谈判小组提出的成交候选人中根据符合采购需求、质量和服务相等且报价最低的原则确定成交供应商，并将结果通知所有参加谈判的未成交的供应商。

5. 需求不确定的竞争性谈判程序。《政府采购法实施条例》第三十五条明确：谈判文件不能完整、明确列明采购需求，需要由供应商提供最终设计方案或者解决方案的，在谈判结束后，谈判小组应当按照少数服从多数的原则投票推荐3家以上供应商的设计方案或者解决方案，并要求其在规定时间内提交最后报价。

选择竞争性谈判在实务中存在的主要问题是，应采用公开招标方式的采购项目，在招标失败后是否可以直接转为竞争性谈判。本书认为，应采用公开招标方式的采购项目，在招标失败后直接转为竞争性谈判是不符合法律规定的。在公开招标失败后，应当发布公开招标失败公告，如需采取竞争性谈判的，应当报政府采购监督管理部门审批。

竞争性谈判在实务中的应用较为广泛，但竞争性谈判较询价采购方式，其程序更为复杂，且谈判是由谈判小组面对面与供应商谈判，对采购人和评审专家的谈判能力都有较高的要求。所以，对于通用产品的采购，可以选择使用询价采购方式。

四、单一来源采购

单一来源采购，是指采购人从某一特定供应商处采购货物、工程和服务的采购方式。

1. 单一来源采购的适用情形。根据《政府采购法》第三十一条规定，符合下列情形之一的货物或者服务，可以依照本法采用单一来源方式采购：（1）只能从唯一供应商处采购的；（2）发生了不可预见的紧急情况不能从其他供应商处采购的；（3）必须保证原有采购项目一致性或者服务配套的要求，需要继续从原供应商处添购，且添购资金总额不超过原合同采购金额百分之十的。所以，采用单一来源采购存在三种法定情形。第一种情形是"唯一"，即只能从唯一供应商处采购的。在这种情形下选择适用的关键是如何确定"只能从唯一供应商处采购"。一般情况而言，招标后没有供应商或者只有一家供应商投标的，经专家认证，招标文件没有不合理条款，招标程序合法，报经政府采购监督管理部门审批后，可以采用单一来源采购方式。或者通过竞争性谈判公告和询价公告，只有一家供应商响应或者报价的，可以采用单一来源采购方式，但唯一情形应当公示。如无供应商提出异议，经政府采购监督管理审批，采用单一来源采购方式。第二种情形是"紧急"，发生了不可预见的紧急情况不能从其他供应商处采购的，不可预见的紧急情况应属于不可抗力事件。所谓的不可抗力是指不能预见、不能避免并不能克服的客观情况和社会事件。为应对紧急情况，采购人可以采取单一来源采购，但采购结果应在政府采购媒体上公告，且在紧急情况消除后，不得再行单一来源采购方式。第三种情形是"添购"。为保证与原有采购项目一致性或者服务配套的要求，需要继续从原供应商处添购，且添购资金总额不超过原合同采购金额百分之十。一般情况下，配套设施或提供的服务的项目具有连续性的，采购金额在原合同金额百分之十以内可以采取添购。

2. 单一来源采购的操作程序。根据《政府采购法》第三十九条规定，采取单一来源方式采购的，采购人与供应商应当遵循本法规定的原则，在保证采购项目质量和双方商定合理价格的基础上进行采购。

3. 唯一情形应当公示。根据《政府采购法实施条例》第三十八条规定，达到公开招标数额标准，符合政府采购法第三十一条第一项规定情形，只能从唯一供应商处采购的，采购人应当将采购项目信息和唯一供应商名称在省级以上人民政府财政部门指定的媒体上公示，公示期不得少于5个工作日。公示内容及要求。按照《政府采购非招标采购方式管理办法》（财政部令第74号）第三十八条规定，属于政府采购法第三十一条第一项情形，且达到公开招标数额的货物、服务项目，拟采用单一来源采购方式的，采购人、采购代理机构在按照本办法第四条报财政部门批准之前，应当在省级以上财政部门指定媒体上公示，并将公示情况一并报财政部门。公示期不得少于5个工作日，公示内容应当包括：（1）采购人、采购项目名称和内容；（2）拟采购的货物或者服务的说明；（3）采用单一来源采购方式的原因及相关说明；（4）拟定的唯一供应商名称、地址；（5）专业人员对相关供应商因专利、专有技术等原因具有唯一性的具体论证意见，以及专业人员的姓名、工作单位和职称；（6）公示的期限；（7）采购人、采购代理机构、财政部门的联系地址、联系人和联系电话。

4. 对公示有异议的处理。《政府采购非招标采购方式管理办法》（财政部令第74号）第三十九条规定，任何供应商、单位或者个人对采用单一来源采购方式公示有异议的，可以在公示期内将书面意见反馈给采购人、采购代理机构，并同时抄送相关财政部门。第四十条规定，采购人、采购代理机构收到对采用单一来源采购方式公示的异议后，应当在公示期满后5个工作日内，组织补充论证，论证后认为异议成立的，应当依法采取其他采购方式；论证后认为异议不成立的，应当将异议意见、论证意见与公示情况一并报相关财政部门。采购人、采购代理机构应当将补充论证的结论告知提出异议的供应商、单位或者个人。

五、询价

询价，是指询价小组向符合资格条件的供应商发出采购货物询价通知书，要求供应商一次报出不得更改的价格，采购人从询价小组提出的成交候选人中确定成交供应商的采购方式。

1. 询价采购的特点。与其他采购方式相比较，询价采购方式具有以下特征：一是要求不少于3家供应商报价；二是只允许供应商一次性报价；三是根据符合采购需求、质量和服务相等且报价最低的原则确定成交供应商。根据《政府采购非招标采购方式管理办法》（财政部令第 74 号）第四十六条规定，询价小组在询价过程中，不得改变询价通知书所确定的技术和服务等要求、评审程序、评定成交的标准和合同文本等事项。

2. 询价采购适用情形。《政府采购法》第三十二条规定，采购的货物规格、标准统一、现货货源充足且价格变化幅度小的政府采购项目，可以采用询价方式采购。可见询价采购方式只适用于货物采购，且该货物应属于通用产品，如果技术需求复杂的采购项目不适用询价采购方式。

3. 询价采购操作程序。根据《政府采购法》第四十条规定，采取询价方式采购的，应当遵循下列程序：（1）成立询价小组。询价小组由采购人的代表和有关专家共三人以上的单数组成，其中专家的人数不得少于成员总数的三分之二。询价小组应当对采购项目的价格构成和评定成交的标准等事项作出规定。（2）确定被询价的供应商名单。询价小组根据采购需求，从符合相应资格条件的供应商名单中确定不少于三家的供应商，并向其发出询价通知书让其报价。（3）询价。询价小组要求被询价的供应商一次报出不得更改的价格。（4）确定成交供应商。采购人根据符合采购需求、质量和服务相等且报价最低的原则确定成交供应商，并将结果通知所有被询价的未成交的供应商。

六、竞争性磋商

竞争性磋商，是国务院财政部门认定的其他采购方式。是指采购人、政府采购代理机构通过组建竞争性磋商小组（以下简称磋商小组）与符合条件的供应商就采购货物、工程和服务事宜进行磋商，供应商按照磋商文件的要求提交响应文件和报价，采购人从磋商小组评审后提出的候选供应商名单中确定成交供应商的采购方式。

1. 竞争性磋商的适用情形。根据《政府采购竞争性磋商采购方式管理暂行办法》（财库〔2014〕214 号）第三条规定，符合下列情形的项目，可以采用竞争性磋商方式开展采购：（1）政府购买服务项目；（2）技术复杂或者性质特殊，不能确定详细规格或者具体要求的；（3）因艺术品采购、专利、专有技术或者服务的时间、数量事先不能确定等原因不能事先计算出价格总额的；（4）市场竞争不充分的科研项目，以及需要扶持的科技成果转化项目；（5）按照招标投标法及其实施条例必须进行招标的工程建设项目以外的工程建设项目。

2. 竞争性磋商程序。根据《政府采购竞争性磋商采购方式管理暂行办法》（财库〔2014〕214 号）第四条规定，达到公开招标数额标准的货物、服务采购项目，拟采用竞争性磋商采购方式的，采购人应当在采购活动开始前，报经主管预算单位同意后，依法向设区的市、自治州以上人民政府财政部门申请批准。

3. 供应商邀请：发布公告、随机抽取或书面推荐。采购人、采购代理机构应当通过发布公告、从省级以上财政部门建立的供应商库中随机抽取或者采购人和评审专家分别书面推荐的方式邀请不少于 3 家符合相应资格条件的供应商参与竞争性磋商采购活动。符合政府采购法第二十二条第一款规定条件的供应商可以在采购活动开始前加入供应商库。财政部门不得对供应商申请入库收取任何费用，不得利用供应商库进行地区和行业封锁。采取采购人和评审专家书面推荐方式选择供应商的，采购人和评审专家应当各自出具书面推荐意见。采购人推荐供应商的比例不得高于推荐供应商总数的 50%。

采购过程中，如果只有两家供应商，竞争性磋商可否继续进行？《财政部关于政府采购竞争性磋商采购方式管理暂行办法有关问题的补充通知》（财库〔2015〕124 号）明确，为提高采购效率，采用竞争性磋商采购方式采购的政府购买服务项目（含政府和社会资本合作项目），在采购过程中符合要求的供应商（社会资本）只有两家的，竞争性磋商采购活动可以继续进行。采购过程中符合要求的供应商（社会资本）只有 1 家的，采购人（项目实施机构）或者采购代理机构应当终止竞争性磋商采购活动，发布项目终止公告并说明原因，重新开展采购活动。

4. 磋商方法：平等磋商。磋商小组所有成员应当集中与单一供应商分别进行磋商，并给予所有参加磋商的供应商平等的磋商机会。在磋商过程中，磋商小组可以根据磋商文件和磋商情况实质性变动采购需求中的技术、服务要求以及合同草案条款，但不得变动磋商文件中的其他内容。实质性变动的内容，须经采购人代表确认。

5. 评审方法：采用综合评分法。经磋商确定最终采购需求和提交最后报价的供应商后，由磋商小组采用综合评分法对提交最后报价的供应商的响应文件和最后报价进行综合评分。

七、批量集中采购

根据《政府采购法实施条例》第二十四条规定，列入集中采购目录的项目，适合实行批量集中采购的，应当实行批量集中采购，但紧急的小额零星货物项目和有特殊要求的服务、工程项目除外。《党政机关厉行节约反对浪费条例》（中发〔2013〕13 号）第十二条第三款规定，列入政府集中采购目录范围的项目，应当委托集中采购机构代理采购,并逐步实行批量集中采购。

八、电子化

根据《政府采购法实施条例》第十条规定,国家实行统一的政府采购电子交易平台建设标准,推动利用信息网络进行电子化政府采购活动。《政府采购货物和服务招标投标管理办法》(财政部令第 87 号)第八十三条明确,政府采购货物服务电子招标投标、政府采购货物中的进口机电产品招标投标有关特殊事宜,由财政部另行规定。

第十二章　招标采购的程序及注意事项

一、确定采购需求

1. 采购人负责确定采购需求。 采购人委托代理机构编制采购需求的，应当在采购活动开始前对采购需求进行书面确认。

2. 确定采购需求的方法：市场调研、价格测算。 根据《政府采购货物和服务招标投标管理办法》（财政部令第 87 号）第十条规定，采购人应当对采购标的的市场技术或者服务水平、供应、价格等情况进行市场调查，根据调查情况、资产配置标准等科学、合理地确定采购需求，进行价格测算。

3. 确定采购需求的要求：合规、完整、明确。《政府采购法实施条例》第十五条规定，采购需求应当符合法律法规以及政府采购政策规定的技术、服务、安全等要求。政府向社会公众提供的公共服务项目，应当就确定采购需求征求社会公众的意见。除因技术复杂或者性质特殊，不能确定详细规格或者具体要求外，采购需求应当完整、明确。必要时，应当就确定采购需求征求相关供应商、专家的意见。

4. 采购需求完整、明确的内容和具体要求。 根据《政府采购货物和服务招标投标管理办法》（财政部令第 87 号）第十一条明确，采购需求应当完整、明确，包括以下内容：（1）采购标的需实现的功能或者目标，以及为落实政府采购政策需满足的要求；（2）采购标的需执行的国家相关标准、行业标准、地方标准或者其他标准、规范；（3）采购标的需满足的质量、安全、技术规格、物理特性等要求；（4）采购标的的数量、采购项目交付或者实施的时间和地点；（5）采购标的需满足的服务标准、期限、效率等要求；（6）采购标的的验收标准；（7）采购标的的其他技术、服务等要求。

5. 采购人应当根据政府采购政策、采购预算、采购需求编制采购文件。 采购文件及合同应当完整反映采购需求的有关内容。采购文件设定的评审因素应当与采购需求对应，采购需求相关指标有区间规定的，评审因素应当量化到相应区间。采购合同的具体条款应当包括项目的验收要求、与履约验收挂钩的资金支付条件及时间、争议处理规定、采购人及供应商各自权利义务等内容。采购需求、项目验收标准和程序应当作为采购合同的附件。

6. 可合理设定最高限价，但不得设定最低限价。采购人根据价格测算情况，可以在采购预算额度内合理设定最高限价，但不得设定最低限价。

二、签订委托采购协议

1. 集中采购与分散采购。我国《政府采购法》规定了采购的组织形式为集中采购和分散采购。《政府采购法实施条例》第四条规定，政府采购法所称集中采购，是指采购人将列入集中采购目录的项目委托集中采购机构代理采购或者进行部门集中采购的行为。所称分散采购，是指采购人将采购限额标准以上的未列入集中采购目录的项目自行采购或者委托采购代理机构代理采购的行为。

采购人采购纳入集中采购目录的政府采购项目，必须委托集中采购机构代理采购；采购未纳入集中采购目录的政府采购项目，可以自行采购，也可以委托集中采购机构在委托的范围内代理采购。

2. 签订委托代理协议，在委托的范围内依法开展采购活动。根据《政府采购法》第二十条规定，采购人依法委托采购代理机构办理采购事宜的，应当由采购人与采购代理机构签订委托代理协议，依法确定委托代理的事项，约定双方的权利义务。《政府采购法实施条例》第十六条明确，政府采购法第二十条规定的委托代理协议，应当明确代理采购的范围、权限和期限等具体事项。采购人和采购代理机构应当按照委托代理协议履行各自义务，采购代理机构不得超越代理权限。《政府采购货物和服务招标投标管理办法》（财政部令第87号）第八条规定，采购人委托采购代理机构代理招标的，采购代理机构应当在采购人委托的范围内依法开展采购活动。

3. 采购人与采购代理机构属于委托代理关系。根据我国《民法通则》规定的代理一般原理，采购代理机构受采购人委托，在采购代理范围内，以采购人的名义组织采购工作，采购人为委托人，采购代理机构为受托人，采购人对采购代理机构的代理行为承担民事责任。采购人委托采购代理机构从事采购工作的，应当与采购代理机构签订书面委托协议，明确规定采购代理机构的代理权限，以分清责任，避免越权代理和不必要的纠纷，保证采购代理机构工作的顺利进行。

采购人与集中采购机构的委托代理协议和与采购代理机构的委托代理协议有一定的区别，集中采购机构为非营利性事业单位，不得收取采购代理费用。与采购代理机构的委托代理协议应当明确采购代理机构费用。

附：《政府采购委托代理协议书》参考格式

政府采购委托代理协议书

编号：

委托人（甲方）：_____
受托人（乙方）：_____

根据我国《政府采购法》《合同法》及有关规定，甲方委托乙方对下述项目组织实施政府采购，双方就委托事宜达成如下协议：

第一条　采购项目描述
（一）采购项目名称：_____
（二）政府采购编号：_____
（三）财政预算资金：_____元

第二条　采购需求
采购项目具体要求见《政府采购需求表》及其附件。

第三条　委托期限
本项目委托期限自____年____月____日起至中标或成交通知书发出为止。

第四条　代理费用（适用于采购代理机构）
（一）代理费用：
（二）支付方式：

第五条　甲方的权利、义务和职责
（一）甲方向乙方提供本采购项目的详细技术规格和采购要求，并对本采购项目的技术规格和采购要求负责。

（二）甲方保证采购项目的前期准备工作已经完成，将为采购项目的实施提供必要的条件，并进行配合。

（三）甲方对乙方制作的采购文件可以进行审核，提出合理的修改意见，并对采购文件进行最终确认。

（四）甲方不得要求乙方违背《政府采购法》及相关规定，采购其指定的货物和服务或确定其指定的供应商为中标、成交供应商。

（五）甲方应协助乙方完成本委托项目的有关采购事项，应配合和参加乙方组织的现场踏勘、采购答疑、开标、谈判等有关采购活动。如果乙方收到供应商有关采购事项的质疑，甲方应配合乙方在规定的时间内进行答复。

（六）甲方可按照相关规定授权委托一名本单位工作人员作为本采购项目

的评标委员会或评审小组成员。

甲方委托人员应准时参加评标或评审会，对评审内容负有保密责任。如果甲方不参加评标或评审会，或者放弃评标或评审成员资格的，应提前通知乙方。

（七）甲方应根据规定确认采购结果，并及时与中标或成交供应商签订政府采购合同。因延迟或者拒绝确认采购结果、延迟或者拒绝与中标或成交供应商签订政府采购合同的，由甲方承担相应的法律责任。

（八）如果采购项目有需要，甲方应及时办妥按国家规定必须办理的有关手续或证件。

（九）甲方负责组织对采购项目的验收（如合同有特别规定的按照合同的规定办理）。

（十）甲方在采购过程中提出项目变更或项目终止的，由此可能产生的法律责任，由甲方自行承担。

第六条　乙方的职责和权利、义务

（一）乙方根据甲方提供的具体的采购项目要求编制采购文件并经甲方确认后，在____个工作日内根据《政府采购法》规定的方式开始组织采购。

（二）乙方应根据政府采购有关法律和政策组织实施采购活动，及时向甲方沟通采购执行情况。如需要甲方配合的，乙方应提前通知甲方。

（三）根据采购项目的需要，由乙方负责向政府采购监督管理部门设立的政府采购评审专家库中依法抽取政府采购评审专家。

（四）如果乙方收到供应商有关采购事项的质疑，乙方应负责答复。

（五）乙方负责组织采购项目的评标或评审会，但不作为评标委员会或评审小组的成员。

（六）乙方应将评标委员会或评审小组确定的中标或成交结果及时书面通知甲方，并根据规定向供应商发出中标或成交通知，组织甲方与中标或成交供应商签订合同。

（七）甲方的委托违反政府采购法有关规定的，乙方应要求甲方纠正，拒不纠正的，乙方可以拒绝接受委托。

（八）乙方超越代理权限进行采购，或乙方未依法进行采购，致使采购结果无效的，乙方应承担法律责任。

（九）乙方不得将采购项目委托给第三方实施采购，否则乙方应承担相应的法律责任。

> **第七条　协议的解除**
> （一）因采购任务取消，甲方有权解除本协议。
> （二）经双方协商解除委托代理协议。
> **第八条　争议解决**
> 甲乙双方应本着相互理解、相互支持的原则，积极配合共同做好本采购项目政府采购工作。若发生争议，双方应通过友好协商，妥善解决；协商不成的，可提请政府采购监督管理部门调解。调解不成的，可以根据仲裁条款向仲裁机构申请仲裁或者向法院提起诉讼。
> **第九条　其他**
> 本协议书自甲乙双方加盖单位公章后生效。协议书中未尽事宜，由双方另行协商确定。
> 本协议书一式三份，甲乙双方各执一份，另一份由甲方送政府采购监督管理部门备案。
>
> 委托人（公章）：　　　　　　　　受托人（公章）：
> 住所：　　　　　　　　　　　　　住所：
> 法定代表人：　　　　　　　　　　法定代表人：
> 联系人：　　　　　　　　　　　　联系人：
> 日期：　　　　　　　　　　　　　日期：

三、招标公告与投标邀请书

1. 公开招标公告。《政府采购货物和服务招标投标管理办法》（财政部令第87号）第十三条规定，公开招标公告应当包括以下主要内容：（1）采购人及其委托的采购代理机构的名称、地址和联系方法；（2）采购项目的名称、预算金额，设定最高限价的，还应当公开最高限价；（3）采购人的采购需求；（4）投标人的资格要求；（5）获取招标文件的时间期限、地点、方式及招标文件售价；（6）公告期限；（7）投标截止时间、开标时间及地点；（8）采购项目联系人姓名和电话。

2. 招标公告的内容。《财政部关于做好政府采购信息公开工作的通知》（财库〔2015〕135号）明确了政府采购项目信息的公开要求。招标公告的内容应当包括采购人和采购代理机构的名称、地址和联系方法，采购项目的名称、数量、简要规格描述或项目基本概况介绍，采购项目预算金额，采购项目需要落实的政府采购政策，投标人的资格要求，获取招标文件的时间、地点、方式及招标文件售价，投标截止时间、开标时间及地点，采购项目联系人姓名和电话。

3. 资格预审公告。《政府采购货物和服务招标投标管理办法》（财政部令第87号）第十五条规定，资格预审公告应当包括以下主要内容：（1）本办法第十三条第一至四项、第六项和第八项内容；（2）获取资格预审文件的时间期限、地点、方式；（3）提交资格预审申请文件的截止时间、地点及资格预审日期。

4. 招标公告、资格预审公告的期限。《政府采购货物和服务招标投标管理办法》（财政部令第87号）第十六条明确，招标公告、资格预审公告的公告期限为5个工作日。公告内容应当以省级以上财政部门指定媒体发布的公告为准。公告期限自省级以上财政部门指定媒体最先发布公告之日起算。

5. 公告期满后不足3家的，可以顺延提供期限，并予公告。《政府采购货物和服务招标投标管理办法》（财政部令第87号）第十八条规定，采购人或者采购代理机构应当按照招标公告、资格预审公告或者投标邀请书规定的时间、地点提供招标文件或者资格预审文件，提供期限自招标公告、资格预审公告发布之日起计算不得少于5个工作日。提供期限届满后，获取招标文件或者资格预审文件的潜在投标人不足3家的，可以顺延提供期限，并予公告。公开招标进行资格预审的，招标公告和资格预审公告可以合并发布，招标文件应当向所有通过资格预审的供应商提供。

6. 招标公告、资格预审公告应载明是否接受联合体投标。《政府采购货物和服务招标投标管理办法》（财政部令第87号）第十九条明确，采购人或者采购代理机构应当根据采购项目的实施要求，在招标公告、资格预审公告或者投标邀请书中载明是否接受联合体投标。如未载明，不得拒绝联合体投标。

7. 邀请招标。《政府采购货物和服务招标投标管理办法》（财政部令第87号）第十四条规定，采用邀请招标方式的，采购人或者采购代理机构应当通过以下方式产生符合资格条件的供应商名单，并从中随机抽取3家以上供应商向其发出投标邀请书：（1）发布资格预审公告征集；（2）从省级以上人民政府财政部门（以下简称财政部门）建立的供应商库中选取；（3）采购人书面推荐。采用前款第一项方式产生符合资格条件供应商名单的，采购人或者采购代理机构应当按照资格预审文件载明的标准和方法，对潜在投标人进行资格预审。采用第一款第二项或者第三项方式产生符合资格条件供应商名单的，备选的符合资格条件供应商总数不得少于拟随机抽取供应商总数的两倍。随机抽取是指通过抽签等能够保证所有符合资格条件供应商机会均等的方式选定供应商。随机抽取供应商时，应当有不少于两名采购人工作人员在场监督，并形成书面记录，随采购文件一并存档。投标邀请书应当同时向所有受邀请的供应商发出。

四、供应商资格审查

供应商应当符合招标文件对合格供应商的要求，这是保证供应商中标后能够实际履行合同，完成采购的前提，是招标成功与否的关键所在。故而，采购人应对供应商进行资格审查。

1. 资格审查由采购人或者代理机构依法进行。《政府采购法》第二十三条规定，采购人可以要求参加政府采购的供应商提供有关资质证明文件和业绩情况，并根据本法规定的供应商条件和采购项目对供应商的特定要求，对供应商进行资格审查。《政府采购货物和服务招标投标管理办法》（财政部令第87号）第四十四条明确，公开招标采购项目开标结束后，采购人或者采购代理机构应当依法对投标人的资格进行审查。

2. 资格审查内容。主要包括两方面：一是对投标人投标合法性进行审查，二是对投标人投标能力的审查。包括《政府采购法》第二十二条规定供应商参加政府采购活动应当具备的条件，和《政府采购法实施条例》第十七条细化规定。

审查供应商参加政府采购活动应当具备的六项条件：（1）是否具有独立承担民事责任的能力；（2）是否具有良好的商业信誉和健全的财务会计制度；（3）是否具有履行合同所必需的设备和专业技术能力；（4）是否有依法缴纳税收和社会保障资金的良好记录；（5）参加政府采购活动前三年内，在经营活动中有无重大违法记录。所谓重大违法记录，是指供应商因违法经营受到刑事处罚或者责令停产停业、吊销许可证或者执照、较大数额罚款等行政处罚（供应商在参加政府采购活动前3年内因违法经营被禁止在一定期限内参加政府采购活动，期限届满的，可以参加政府采购活动）；（6）法律、法规规定的其他条件。

《政府采购法实施条例》第十七条对政府采购法第二十二条的细化规定，要求提供的相关材料：（1）法人或者其他组织的营业执照等证明文件，自然人的身份证明；（2）财务状况报告，依法缴纳税收和社会保障资金的相关材料。（3）具备履行合同所必需的设备和专业技术能力的证明材料等；（4）参加政府采购活动前3年内在经营活动中没有重大违法记录的书面声明；（5）法律、法规规定的其他条件的证明材料。采购项目有特殊要求的，供应商还应当提供其符合特殊要求的证明材料或者情况说明。

3. 不得限制供应商自由进入，不得以不合理条件对供应商实行差别待遇或者歧视待遇。 根据《政府采购法》第五条规定，任何单位和个人不得采用任何方式，阻挠和限制供应商自由进入本地区和本行业的政府采购市场。《政府采购法》第二十二条规定，采购人可以根据采购项目的特殊要求，规定供应商的特定条件，但不得以不合理的条件对供应商实行差别待遇或者歧视待遇。《政府采购法实施条例》第二十条明确，采购人或者采购代理机构有下列情形之一的，属于以不合理的条件对供应商实行差别待遇或者歧视待遇：就同一采购项目向供应商提供有差别的项目信息；设定的资格、技术、商务条件与采购项目的具体特点和实际需要不相适应或者与合同履行无关；采购需求中的技术、服务等要求指向特定供应商、特定产品；以特定行政区域或者特定行业的业绩、奖项作为加分条件或者中标、成交条件；对供应商采取不同的资格审查或者评审标准；限定或者指定特定的专利、商标、品牌或者供应商；非法限定供应商的所有制形式、组织形式或者所在地；以其他不合理条件限制或者排斥潜在供应商。《政府采购货物和服务招标投标管理办法》（财政部令第 87 号）第十七条规定，采购人、采购代理机构不得将投标人的注册资本、资产总额、营业收入、从业人员、利润、纳税额等规模条件作为资格要求或者评审因素，也不得通过将除进口货物以外的生产厂家授权、承诺、证明、背书等作为资格要求，对投标人实行差别待遇或者歧视待遇。

在实务中对投标人的限制性或者排斥性条款主要表现在：一是地域限制，即要求投标人必须是注册在本行政区域的，外地供应商不得投标，或者规定本地供应商有优先中标的权利，从而对外地供应商构成歧视待遇；二是设置的条件与履约服务无关联性，超过招标项目的自身要求，故意抬高项目的商务要求，或者技术指标，排斥其他潜在投标人，而让某一特定的投标人中标等。采购人在资格审查过程中应严格坚持公开、公平、公正的原则，避免对供应商构成限制或者排斥。

五、如何编制招标文件

（一）招标文件的性质与法律效力

根据合同订立的一般原理，合同的订立一般经过要约与承诺的过程。要约是希望和他人订立合同的意思表示，该意思表示应当符合下列规定：（1）内容具体确定；（2）表明经受要约人承诺，要约人即受该意思表示约束。承诺是受要约人同意要约的意思表示。如果是希望他人向自己发出要约的意思表示的，为要约邀请，如寄送的价目表、拍卖公告、招标公告、招股说明书、商业广告等为要约邀请。

招标文件就其法律性质而言，属于要约邀请，但招标文件在整个招标过程中对招标人和投标人都具有法律约束力，除采购任务取消外，招标人不得随意撤销招标文件。招标文件是招标过程最重要的法律文件，是招标活动的章程。招标文件包括投标报价的要求、采购项目的技术需求、评标标准以及合同主要条款等主要内容，专业性强、内容复杂，对招标人的招标能力有较高的要求，能否编制出完整、严谨的招标文件，直接影响招标的质量，也是招标成败的关键。

（二）招标文件的主要内容

1. 招标文件标准文本。《政府采购法实施条例》第三十二条明确，采购人或者采购代理机构应当按照国务院财政部门制定的招标文件标准文本编制招标文件。招标文件应当包括采购项目的商务条件、采购需求、投标人的资格条件、投标报价要求、评标方法、评标标准以及拟签订的合同文本等。

2. 招标文件的主要内容。《政府采购货物和服务招标投标管理办法》（财政部令第87号）第二十条明确，采购人或者采购代理机构应当根据采购项目的特点和采购需求编制招标文件。招标文件应当包括以下主要内容：投标邀请；投标人须知（包括投标文件的密封、签署、盖章要求等）；投标人应当提交的资格、资信证明文件；为落实政府采购政策，采购标的需满足的要求，以及投标人须提供的证明材料；投标文件编制要求、投标报价要求和投标保证金交纳、退还方式以及不予退还投标保证金的情形；采购项目预算金额，设定最高限价的，还应当公开最高限价；采购项目的技术规格、数量、服务标准、验收等要求，包括附件、图纸等；拟签订的合同文本；货物、服务提供的时间、地点、方式；采购资金的支付方式、时间、条件；评标方法、评标标准和投标无效情形；投标有效期；投标截止时间、开标时间及地点；采购代理机构代理费用的收取标准和方式；投标人信用信息查询渠道及截止时点、信用信息查询记录和证据留存的具体方式、信用信息的使用规则等；省级以上财政部门规定的其他事项。对于不允许偏离的实质性要求和条件，采购人或者采购代理机构应当在招标文件中规定，并以醒目的方式标明。

3. 资格预审文件内容。《政府采购货物和服务招标投标管理办法》（财政部令第87号）第二十一条明确，采购人或者采购代理机构应当根据采购项目的特点和采购需求编制资格预审文件。资格预审文件应当包括以下主要内容：资格预审邀请；申请人须知；申请人的资格要求；资格审核标准和方法；申请人应当提供的资格预审申请文件的内容和格式；提交资格预审申请文件的方式、截止时间、地点及资格审核日期；申请人信用信息查询渠道及截止时点、信用信息查询记录和证据留存的具体方式、信用信息的使用规则等内容；省级以上财政部门规定的其他事项。资格预审文件应当免费提供。

4. 招标文件要求。《政府采购货物和服务招标投标管理办法》（财政部令第87号）第十七条明确规定，采购人、采购代理机构不得将投标人的注册资本、资产总额、营业收入、从业人员、利润、纳税额等规模条件作为资格要求或者评审因素，也不得通过将除进口货物以外的生产厂家授权、承诺、证明、背书等作为资格要求，对投标人实行差别待遇或者歧视待遇。

《政府采购货物和服务招标投标管理办法》（财政部令第87号）第二十五条规定，招标文件、资格预审文件的内容不得违反法律、行政法规、强制性标准、政府采购政策，或者违反公开透明、公平竞争、公正和诚实信用原则。有前款规定情形，影响潜在投标人投标或者资格预审结果的，采购人或者采购代理机构应当修改招标文件或者资格预审文件后重新招标。

5. 招标文件售价。根据《政府采购货物和服务招标投标管理办法》（财政部令第87号）第二十四条规定，招标文件售价应当按照弥补制作、邮寄成本的原则确定，不得以营利为目的，不得以招标采购金额作为确定招标文件售价的依据。

6. 招标文件提供期限。根据《政府采购法实施条例》第三十一条规定，招标文件的提供期限自招标文件开始发出之日起不得少于5个工作日。

7. 招标文件的澄清与修改。根据《政府采购法实施条例》第三十一条规定，采购人或者采购代理机构可以对已发出的招标文件进行必要的澄清或者修改。澄清或者修改的内容可能影响投标文件编制的，采购人或者采购代理机构应当在投标截止时间至少15日前，以书面形式通知所有获取招标文件的潜在投标人；不足15日的，采购人或者采购代理机构应当顺延提交投标文件的截止时间。《政府采购货物和服务招标投标管理办法》（财政部令第87号令）第二十七条规定，采购人或者采购代理机构可以对已发出的招标文件、资格预审文件、投标邀请书进行必要的澄清或者修改，但不得改变采购标的和资格条件。澄清或者修改应当在原公告发布媒体上发布澄清公告。澄清或者修改的内容为招标文件、资格预审文件、投标邀请书的组成部分。澄清或者修改的内容可能影响投标文件编制的，采购人或者采购代理机构应当在投标截止时间至少15日前，以书面形式通知所有获取招标文件的潜在投标人；不足15日的，采购人或者采购代理机构应当顺延提交投标文件的截止时间。澄清或者修改的内容可能影响资格预审申请文件编制的，采购人或者采购代理机构应当在提交资格预审申请文件截止时间至少 3 日前，以书面形式通知所有获取资格预审文件的潜在投标人；不足 3 日的，采购人或者采购代理机构应当顺延提交资格预审申请文件的截止时间。

8. 制定招标文件需注意的事项。招标文件应当明确规定招标人对投标人的实质性要求。在投标人须知中应当明确，对投标人的资格要求和审查标准、招标文件和投标文件澄清的程序和要求、投标报价的要求、投标保证金的规定、投标截止和开标的时间、开标的地点、投标有效期、评标的方法和评审标准、投标文件的内容与投标程序等。

9. 招标文件应当包括政府采购合同文本。合同文本可以分为通用条款和专用条款。通用条款是指合同的基本条款，包括合同的质量标准与要求、合同当事人的权利与义务、违约责任、争议解决等内容。合同专用条款是指实际履行合同的条款，包括合同标的、数量、价款、履约的时间、地点和方式等具体条款。虽然，招标文件所列明的合同条款对投标人而言只是要约邀请，但实际上已构成投标人提出要求的全部合同基础。因此，招标文件中的合同条款必须详细、准确。

世界银行标准招标文件堪称招标文件的范本，其招标文件的主要包括：招标邀请书、投标人须知、合同通用条款、合同专用条款及履约保证金格式、货物需求一览表、技术规格（附图纸）、投标函格式和投标保证金格式、投标报价表、资格证明文件等。

招标文件的任何内容不得载有倾向某一特定投标人，排斥其他潜在投标人的内容。招标的目的是通过公开发布招标信息，广泛邀请潜在供应商参与竞争，以择优确定中标人。在实务中，招标文件的倾向性主要表现以下几个方面：一是招标文件要求或者标明特定的供应商，或者标明特定的品牌。招标采购项目的技术规格除国家强制性标准外，一般应当采用国际或者国家规定的技术标准，各项技术规定均不得要求或者标明某一特定的生产厂家、供货商、施工单位或者注明某一特定的商标、名称、专利、设计及原产地。二是招标文件的技术需求以某一特定产品的技术指标作为技术需求。上述倾向性的内容在招标文件中应予禁止。

附：招标文件参考格式

招标编号：_____

_____（项目名称）

招 标 文 件

招标人：_____（盖单位章）

采购代理机构：_____（盖单位章）

_____年_____月_____日

使用说明

一、本招标文件适用于政府采购货物和服务招标。

二、招标文件用相同序号标示的章、节、条、款、项、目,供招标人和投标人选择使用;以空格标示的由招标人填写的内容,招标人应根据招标项目具体特点和实际需要具体化,确实没有需要填写的,在空格中用"/"标示。

三、招标人按照招标文件第一章的格式发布招标公告或发出投标邀请书后,将实际发布的招标公告或实际发出的投标邀请书编入招标文件中,作为投标邀请。

四、招标文件第三章"评标办法"为综合评审法和最低价评标法,在综合评审法中,招标人自行确定各评审因素的评审标准、分值和权重等。财政部对各评审因素的评审标准、分值和权重等有规定的,从其规定。

五、招标文件第四章"技术标准和要求"由招标人根据招标项目具体特点和实际需要编制。"技术标准和要求"中的各项技术标准应符合国家强制性标准,不得要求或标明某一特定的供应商、商品名称和原产地,不得含有倾向或者排斥潜在投标人的其他内容。

六、在招标文件中应当体现政府采购政策,优先采购节能、环境标志,优先采购中小企业的产品和服务。

七、本招标文件将根据实际执行过程中出现的问题及时进行修改。各使用单位关于招标文件的修改意见和建议,可向财政部门反映。

目 录

第一章　招标邀请
　　第一节　招标公告
　　第二节　招标邀请书
第二章　投标人须知
第三章　评标方法
第四章　投标文件格式
第五章　技术标准和要求
第六章　合同通用条款及专用条款
　　第一节　合同通用条款
　　第二节　合同专用条款

第一章 招标邀请

第一节 招标公告

根据《中华人民共和国政府采购法》之规定，(采购代理机构) 受(采购人)委托，对＿＿(采购项目名称)＿＿采购项目＿(采购编号)＿进行国内公开招标，特邀请合格的投标人前来投标。

一、项目概况

1. 招标项目：
2. 采购编号：
3. 项目内容、数量及要求：
4. 货物交付时间、地点和方式：

二、合格的投标人必须具备以下条件

1. 符合《中华人民共和国政府采购法》第二十二条规定的供应商。
2. 按照《政府采购法实施条例》第十七条提供有关材料。
3. 其他要求。

三、招标文件的获取

凡愿参加投标的合格投标人可于＿＿＿＿年＿＿＿＿月＿＿＿＿日前登录政府采购网下载招标文件，或于＿＿＿＿年＿＿＿＿月＿＿＿＿日至＿＿＿＿年＿＿＿＿月＿＿＿＿日（法定公休日、法定节假日除外），每日上午＿＿＿＿时至＿＿＿＿时，下午＿＿＿＿时至＿＿＿＿时（北京时间）前往＿＿(采购代理机构地址)＿＿购买招标文件。招标文件售价＿＿＿＿元/本。

四、投标截止时间和地点

投标截止时间为：＿＿＿＿年＿＿＿＿月＿＿＿＿日＿＿＿＿时＿＿＿＿分

投标地点为：＿＿(采购代理机构地址)＿＿

五、开标时间与地点

开标时间同投标截止时间为同一时间，开标在政府采购网开标大厅或招标文件规定的其他地址进行。

六、发布公告的媒介

本次招标公告同时在＿＿＿(发布公告的媒介名称)＿＿＿上发布。

七、联系方式

招 标 人：＿＿＿＿＿＿＿＿＿＿　　采购代理机构：＿＿＿＿＿＿＿＿

地　　址：_____		地　　址：_____	
邮　　编：_____		邮　　编：_____	
联 系 人：_____		联 系 人：_____	
电　　话：_____		电　　话：_____	
传　　真：_____		传　　真：_____	
电子邮件：_____		电子邮件：_____	
网　　址：_____		网　　址：_____	

_____年_____月_____日

第二节　招标邀请书

根据《中华人民共和国政府采购法》之规定，(采购代理机构)　受(采购人)委托，对(采购项目名称)　采购项目　(采购编号)进行国内邀请招标采购，经资格预审，你单位符合本项目合格投标人的要求，现特邀请你单位前来投标。

一、项目概况

1. 招标项目：
2. 采购编号：
3. 项目内容、数量及要求：
4. 货物交付时间、地点和方式：

二、合格的投标人必须具备以下条件

1. 符合《中华人民共和国政府采购法》第二十二条规定的供应商。
2. 按照《政府采购法实施条例》第十七条提供有关材料。
3. 其他要求。

三、招标文件的获取

请于_____年_____月_____日前登录政府采购网下载招标文件，或于_____年_____月_____日至_____年_____月_____日（法定公休日、法定节假日除外），每日上午_____时至_____时，下午_____时至_____时（北京时间）前往　(采购代理机构地址)　购买招标文件。招标文件售价_____元/本。

四、投标截止时间和地点

投标截止时间为：_____年_____月_____日_____时_____分

投标地点为：____（采购代理机构地址）____

五、开标时间与方式

开标时间同投标截止时间为同一时间，开标在政府采购网开标大厅或招标文件规定的其他地址进行。

六、确认

你单位收到本投标邀请书后，请于____（具体时间）____前以传真或电子邮件予以确认。

七、联系方式

招 标 人：_____	采购代理机构：_____
地　　址：_____	地　　址：_____
邮　　编：_____	邮　　编：_____
联 系 人：_____	联 系 人：_____
电　　话：_____	电　　话：_____
传　　真：_____	传　　真：_____
电子邮件：_____	电子邮件：_____
网　　址：_____	网　　址：_____

_____年_____月_____日

第二章　投标人须知

投标人须知前附表

条款号	条款名称	编列内容
1.1.2	采购人	名称： 地址： 联系人： 电话： 传真： 电子邮箱：
1.1.3	采购代理机构	名称： 地址： 联系人： 电话： 传真： 电子邮箱：
1.1.4	项目名称 项目编号	
1.2	预算资金	
1.3.1	项目内容（货物名称、规格型号、数量）	
1.3.2	履约期限和地点	
1.3.3	质量要求	
1.4.1	合格投标人	资质要求： 财务要求： 诚信要求： 其他要求：
1.4.2	是否接受联合体投标	□不接受 □接受，应满足下列要求：
1.7.1	招标澄清会	□不召开 □召开，召开时间： 地点：
1.7.2	投标人提出问题的截止时间	
1.7.3	招标人书面澄清的时间	
2.1	构成招标文件的其他材料	
3.2	投标截止时间和地点	_____年_____月_____日_____时_____分 地点：
3.4.1	投标有效期	_____天
3.5.1	投标保证金	投标保证金的形式： 投标保证金的金额：

续表

条款号	条款名称	编列内容
3.7.4	投标文件副本份数	正本_____份， 副本_____份
3.11	踏勘	□不组织 □组织，组织时间： 地点：
4.2.2	递交投标文件方式和地点	
5.1	开标时间和地点	开标时间：同投标截止时间 开标地点：
6.1	评标委员会的组建	评标委员会构成：_____人， 其中采购人代表_____人， 评审专家_____人
6.2.1	评标方法	
7.3.1	履约保证金	
8	需要补充的其他内容	

1. 总则

1.1 招标概况

1.1.1 根据《中华人民共和国政府采购法》《政府采购法实施条例》等有关法律、法规和规章的规定，本招标项目已具备招标条件，现对本项目进行国内公开（或邀请）招标。

1.1.2 本招标项目采购人：见投标人须知前附表。

1.1.3 本招标项目采购代理机构：见投标人须知前附表。

1.1.4 本招标项目名称和项目编号：见投标人须知前附表。

1.2 资金来源

本招标项目的预算资金：见投标人须知前附表。

1.3 项目内容、履约期限和质量要求

1.3.1 本招标项目内容（货物名称、规格型号和数量）：见投标人须知前附表。

1.3.2 本招标项目履约期限和地点：见投标人须知前附表。

1.3.3 本招标项目质量要求：见投标人须知前附表。

1.4 合格的投标人

1.4.1 合格投标人应具备的资质条件、能力和信誉。

（1）资质条件：见投标人须知前附表；

(2) 财务要求：见投标人须知前附表；

(3) 诚信要求：见投标人须知前附表；

(4) 其他要求：见投标人须知前附表。

1.4.2 投标人须知前附表规定接受联合体投标的，除应符合本章第1.4.1项和投标人须知前附表的要求外，还应遵守以下规定：

(1) 联合体各方应按招标文件提供的格式签订《共同投标协议》，明确主办方和各方的分工与职责，明确中标后联合体各方将向招标人承担连带责任。

(2) 由同一专业的单位组成的联合体，按照资质等级较低的单位确定联合体资质等级。

(3) 采购人根据采购项目的特殊要求规定投标人特定条件的，联合体各方中至少应当有一方符合采购规定的特定条件。

(4) 联合体各方不得再以自己名义单独或参加其他联合体在同一标段中投标。

1.4.3 投标人不得存在下列情形之一：

(1) 为本项目前期准备提供设计或咨询服务的；

(2) 参加政府采购活动前3年内有重大违法记录的；

(3) 投标人之间或投标人与招标人之间相互串通的。

1.5 合格的货物和相关服务

1.5.1 投标人投标的货物应当说明货物的来源地。

1.5.2 同一品牌同一型号产品只能有一家供应商参加，如果有多家代理商参加同一品牌同一型号产品投标的，应当作为一个供应商计算。

1.6 保密

参与招标投标活动的各方应对招标文件和投标文件中的商业和技术等秘密保密，违者应对由此造成的后果承担法律责任。

1.7 招标澄清会

1.7.1 招标澄清会召开：见投标人须知前附表。

1.7.2 投标人提出问题的截止时间：见投标人须知前附表。

1.7.3 招标人书面澄清的时间：见投标人须知前附表。

2. 招标文件

2.1 招标文件的组成

本招标文件包括：

(1) 招标公告或邀请；

（2）投标人须知及投标人须知前附表；
（3）评标办法；
（4）投标文件格式；
（5）技术标准和要求；
（6）合同条款及格式；
（7）其他。

根据本章第1.7款、第2.2款和第2.3款对招标文件所作的澄清、修改，构成招标文件的组成部分。

2.2 招标文件的澄清

2.2.1 投标人对招标文件如有疑问，应在投标人须知前附表规定的时间前以书面形式向招标人询问，要求招标人对招标文件予以澄清。

2.2.2 招标文件的澄清将在投标人须知前附表规定的投标截止时间15天前以书面形式发给所有购买招标文件的投标人，但不指明澄清问题的来源。投标人在收到答复后应尽快以书面形式予以确认。投标人未在招标文件规定时间内提出疑问的，则视为对招标文件的澄清无异议。如果澄清发出的时间距投标截止时间不足15天，相应延长投标截止时间。

2.3 招标文件的修改

2.3.1 在投标截止时间15天前，招标人可以书面形式修改招标文件，并通知所有已获取招标文件的投标人。如果修改招标文件的时间距投标截止时间不足15天，相应延长投标截止时间。

2.3.2 此类修改文件将构成招标文件的一部分，对投标人有约束力。

2.3.3 当后发的修改文件与原招标文件或此前发出的修改文件之间存在不一致时，应以后发的修改文件为准。

3. 投标文件

3.1 投标文件的组成

投标文件应包括下列内容：
（1）投标函；
（2）开标一览表；
（3）报价明细表；
（4）技术偏离表；
（5）投标保证金；
（6）共同投标协议；

(7) 法定代表人身份证明；

(8) 法定代表人授权委托书；

(9) 其他。

3.2 投标截止时间和地点

投标截止时间和地点：见投标人须知前附表。

3.3 投标报价

3.3.1 投标人应按照第四章投标文件格式完整地填写投标报价表和开标一览表，说明其拟提供货物的名称、简介（包括主要技术参数）、货物原产地、数量、价格、交付时间、质量保证期等。

3.3.2 除《投标人须知前附表》中说明并允许外，每种货物只允许有一个报价，任何有选择的报价将不予接受。

3.3.3 投标人所报的投标价应是固定不变的，在其承诺的投标有效期内不得以任何理由予以变更。否则投标人以可选择的价格提交的投标文件将被作为非响应性投标而予以拒绝。

3.3.4 开标一览表是为了便于招标人开标，开标一览表内容在开标时将当众唱出。开标一览表的内容应与投标报价表内容一致，不一致时以开标一览表内容为准。

3.4 投标有效期

3.4.1 投标有效期见投标人须知前附表。

3.4.2 在投标有效期内，投标人不得要求撤销或修改其投标文件。

3.4.3 出现特殊情况需要延长投标有效期的，招标人以书面形式通知所有投标人延长投标有效期。投标人同意延长的，应相应延长其投标保证金的有效期，但不得要求或被允许修改其投标文件；投标人拒绝延长的，其投标失效，但投标人有权收回其投标保证金。

3.5 投标保证金

3.5.1 投标保证金金额和形式见投标人须知前附表。

3.5.2 投标人在递交投标文件的同时，应按投标人须知前附表规定的金额、担保形式和第五章"投标文件格式"规定的投标保证金格式递交投标保证金，并作为其投标文件的组成部分。联合体投标的，其投标保证金可以由联合体中的一方或者共同提交投标保证金，以一方名义提交投标保证金的，对联合体各方均具有约束力。

3.5.3 投标人不按本章第3.5.1项要求提交投标保证金的，其投标文件作无效投标处理。

3.5.4 招标人在中标通知发出后五个工作日内退还未中标人的投标保证金，在签订合同后5个工作日内，向中标人退还投标保证金。

3.5.5 有下列情形之一的，投标保证金将不予退还：

（1）投标人在规定的投标有效期内撤销其投标文件；

（2）中标人在收到中标通知书后，无正当理由拒签合同。

3.6 资格审查资料

3.6.1 "投标人基本情况表"应附投标人营业执照副本及其年检合格的证明材料、资质证书副本等材料的复印件。

3.6.2 "近年财务状况表"应附经会计师事务所或审计机构审计的财务会计报表，包括资产负债表、现金流量表、利润表和财务情况说明书的复印件，具体年份要求见投标人须知前附表（注：有"具体年份要求"应无须指明"上一年度"）。

3.6.3 投标人须知前附表规定接受联合体投标的，本章第3.7.1项至第3.7.3项规定的表格和资料应包括联合体各方相关情况。

3.7 投标文件的编制

3.7.1 投标文件应按第四章"投标文件格式"进行编写。

3.7.2 投标文件应当对招标文件有关交付时间、投标有效期、质量要求、技术标准和要求等实质性内容作出响应。

3.7.3 投标文件应用不褪色的材料书写或打印，并由投标人的法定代表人或其委托代理人签字或盖单位公章。委托代理人签字的，投标文件应附法定代表人签署的授权委托书。投标文件应尽量避免涂改、行间插字或删除。如果出现上述情况，改动之处应加盖单位公章或由投标人的法定代表人或其授权的代理人签字确认。

3.7.4 投标文件正本一份，副本份数见投标人须知前附表。正本和副本的封面上应清楚地标明"正本"或"副本"的字样。当副本和正本不一致时，以正本为准。

3.8 语言文字

除专用术语外，与招标投标有关的语言均使用中文。必要时专用术语应附有中文注释。

3.9 计量单位

所有计量均采用中华人民共和国法定计量单位。

3.10 踏勘现场

3.10.1 投标人须知前附表规定组织踏勘现场的,招标人按投标人须知前附表规定的时间、地点组织投标人踏勘项目现场。

3.10.2 投标人踏勘现场发生的费用自理。

3.10.3 招标人在踏勘现场中介绍的情况,供投标人在编制投标文件时参考,招标人不对投标人据此作出的判断和决策负责。

3.11 投标澄清会

3.11.1 投标人须知前附表规定召开投标澄清会的,招标人按投标人须知前附表规定的时间和地点召开投标澄清会,澄清投标人提出的问题。

3.11.2 投标人应在投标人须知前附表规定的时间前,以书面形式将提出的问题送达招标人,以便招标人在会议期间澄清。

3.11.3 投标澄清会后,招标人在投标人须知前附表规定的时间内,将对投标人所提问题的澄清内容,以书面方式通知所有购买招标文件的投标人。该澄清内容为招标文件的组成部分。

3.12 费用承担

投标人准备和参加投标活动发生的费用自理。

4. 投标

4.1 投标文件的密封(加密)和标记

4.1.1 投标文件的正本与副本应分开包装,加贴封条,并在封套的封口处加盖投标人单位公章。

4.1.2 投标文件的封套上应清楚地标记"正本"或"副本"字样,标明招标文件编号、项目名称、包件名称、投标人名称、投标人地址。

4.1.3 网上投标的投标人应当用密钥加密,并保证在开标时能够解密。

4.1.4 未按本章第4.1.1项或第4.1.3项要求密封和加写标记的投标文件,招标人不予接受。

4.1.5 每一密封信封上注明"于_____之前(指招标公告或邀请中规定的投标截止日期及时间)不准启封"的字样。

4.2 投标文件的递交或上传

4.2.1 投标人应在本章第3.2.1项规定的投标截止时间前递交或上传投标文件。

4.2.2 投标人递交投标文件的地点和方式:见投标人须知前附表。

4.2.3 投标人所递交的投标文件不予退还。

4.2.4 招标人收到投标文件后，向投标人出具签收凭证。

4.2.5 逾期送达的或者未送达指定地点或系统的投标文件，招标人不予受理。

4.3 投标文件的修改与撤回

4.3.1 在本章第3.2.1项规定的投标截止时间前，投标人可以对所递交的投标文件进行补充、修改或者撤回，并书面通知采购人或者采购代理机构。

4.3.2 补充、修改的内容应当按照招标文件要求签署、盖章、密封后，作为投标文件的组成部分。

4.3.3 投标截止时间以后不得修改投标文件。

5. 开标

5.1 开标时间、地点和方式

招标人在本章投标人须知前附表规定的投标截止时间（开标时间）在政府采购网开标大厅或招标文件规定的地点开标。开标由采购人或者采购代理机构主持，邀请投标人参加。

5.2 开标程序

主持人按下列程序进行开标：

（1）公布在投标截止时间前递交投标文件的投标人名称；

（2）公布开标人、唱标人、记录人、监标人等有关人员姓名；

（3）询问投标人是否申请回避；

（4）打开电子投标文件；

（5）唱出投标人名称、货物的名称（品牌）、规格型号、数量、单价、投标总价、报价折扣（变更）声明、履约期限，并记录在案；

（6）投标人代表、开标人、唱标人、监标人、记录人等有关人员在开标记录上签字确认；投标人不足3家的，不得开标；投标人未参加开标的，视同认可开标结果；

（7）开标结束。

6. 评标

6.1 评标委员会

评标工作由依法组建的评标委员会负责。评标委员会由采购人代表和评审专家组成，其中评审专家不得少于成员总数的三分之二。评标委员会成员人数以及专家的确定方式见投标人须知前附表。

6.2 评标方法和标准

6.2.1 评标方法见投标人须知前附表。

6.2.2 评标委员会按照本章 6.2.1 规定评标方法和第三章"评标办法"规定的评标因素、标准和程序对投标文件进行评审。第三章"评标办法"没有规定的评审因素和标准，不作为评标依据。

7. 合同授予

7.1 中标人的确定

采购人依据评标委员会推荐的中标候选人确定中标人。

7.2 中标通知

在本章第 3.4 款规定的投标有效期内，采购人在××政府采购网公告中标结果，并以书面形式向中标人发出中标通知书，同时将中标结果通知未中标的投标人。

7.3 履约担保

7.3.1 在签订合同前，中标人应按投标人须知前附表规定的金额、担保形式和招标文件第六章"合同条款及格式"规定的履约担保格式向招标人提交履约担保。

7.3.2 中标人不能按本章第 7.3.1 项要求提交履约担保的，视为放弃中标，其投标保证金不予退还，给采购人造成的损失超过投标保证金数额的，中标人还应当对超过部分予以赔偿。

7.4 签订合同

7.4.1 采购人和中标人应当自中标通知书发出之日起 30 天内，根据招标文件和中标人的投标文件订立书面合同。中标人无正当理由拒签合同的，招标人取消其中标资格，其投标保证金不予退还。

7.4.2 发出中标通知书后，采购人无正当理由拒签合同的，向中标人退还投标保证金；给中标人造成损失的，应当赔偿损失；依据政府采购相关法律法规进行处理。

8. 需要补充的其他内容

需要补充的其他内容：见投标人须知前附表。

附表一：开标记录表

_____（项目名称）（项目编号）开标记录表

开标时间：_____年_____月_____日_____时_____分

序号	投标人	货物名称（品牌）	规格型号	数量	单价	总价	履约期限	备注	投标人签名
投标总价（小写）：									
投标总价（大写）：									

开标人：_____ 唱标人：_____ 记录人：_____ 监标人：_____

_____年_____月_____日

附表二：中标通知书

中标通知书

＿＿＿＿＿＿＿（中标人名称）：

　　你方于＿＿＿＿（投标日期）所递交的＿＿＿＿（项目名称）（项目编号）投标文件，经评标委员会评审推荐为中标候选人，经采购人确认，被确定为中标人。

　　中标价：＿＿＿＿元。

　　本项目评标委员会组成人员名单：

＿＿＿＿＿＿＿＿＿＿＿＿＿＿＿＿＿＿＿＿＿＿＿＿＿＿＿＿＿＿＿

　　你方对中标结果如有异议，请于收到本通知之日起向＿＿＿＿提出书面质疑。

　　特此通知。

采购代理机构：＿＿＿＿（盖单位章）

＿＿＿＿年＿＿＿＿月＿＿＿＿日

第三章　评标方法

一、最低价评标法

1. 评标准则和评标方法

1.1　按照客观、公正、审慎的原则，根据采购文件规定的评审程序、评审方法和评审标准进行独立评审。

1.2　评标将严格按照招标文件的要求和条件进行。

1.3　本次评标采用最低评标价法。最低评标价法是指投标文件满足招标文件全部实质性要求，且投标报价最低的投标人为中标候选人的评标方法。评标结果按投标报价由低到高顺序排列。投标报价相同的并列。投标文件满足招标文件全部实质性要求且投标报价最低的投标人为排名第一的中标候选人。

2. 最低评标价法评审标准

2.1　初步评审标准

条款号		评审因素	评审标准
2.1	符合性评审标准	投标内容	符合第二章"投标人须知"第1.3.1项规定
		交货期	符合第二章"投标人须知"第1.3.2项规定
		货物质量	符合第二章"投标人须知"第1.3.3项规定
		投标有效期	符合第二章"投标人须知"第3.4.1项规定
		投标保证金	符合第二章"投标人须知"第3.5.1项规定
		技术标准和要求	符合第四章"技术标准和要求"规定

2.2　评审标准

条款号		评审因素	评审标准
2.2.1	技术评审标准		……
			……
			……
			……
			……
			……
			……

续表

条款号		评审因素	评审标准
2.2.2	商务评审标准	……	……
		……	……
		……	……
		……	……
		……	……
2.2.3	其他因素评审标准	……	……

3. 评标程序

3.1 初步评审

3.1.1 投标人有以下情形之一的，其投标作无效投标处理：

（1）第二章"投标人须知"第1.4.3项规定的任何一种情形的；

（2）串通投标、弄虚作假或有其他违法行为的；

（3）不按评标委员会要求澄清、说明或补正的；

（4）招标文件中加注星号（"*"）的重要商务条款和重要技术条款（参数）必须满足，若不满足任何一条带星号（"*"）的条款（参数）将导致投标无效；

（5）对带星号（"*"）的重要技术条款（参数）应提供技术支持资料，否则其投标将被拒绝。上述技术支持资料以权威机构出具的认证证书（如通过3C认证的证书）或第三方检测机构出具的检测报告为准，若权威机构出具的认证证书或第三方检测机构出具的检测报告与投标文件不一致，以权威机构出具的认证证书或第三方检测机构出具的检测报告为准。对于非标准和非通用的设备，投标人也可提供此前完成的类似项目的合同技术规格及最终的性能检验报告（应有用户代表签名）作为技术支持资料。

3.1.2 投标文件报价出现前后不一致的，除招标文件另有规定外，按照下列规定修正：

（1）投标文件中开标一览表（报价表）内容与投标文件中相应内容不一致的，以开标一览表（报价表）为准；

（2）大写金额和小写金额不一致的，以大写金额为准；

（3）单价金额小数点或者百分比有明显错位的，以开标一览表的总价为准，并修改单价；

（4）总价金额与按单价汇总金额不一致的，以单价金额计算结果为准。

同时出现两种以上不一致的,按照前款规定的顺序修正。修正后的报价按照《政府采购货物和服务招标投标管理办法》(财政部令第87号)第五十一条第二款的规定经投标人确认后产生约束力,投标人不确认的,其投标无效。

3.2 详细评审

3.2.1 评标委员会按本章第2.2款规定的评标因素进行评审,评标结果按投标报价由低到高顺序排列。投标报价相同的并列。投标文件满足招标文件全部实质性要求且投标报价最低的投标人为排名第一的中标候选人。

3.2.2 评标委员会认为投标人的报价明显低于其他通过符合性审查投标人的报价,有可能影响产品质量或者不能诚信履约的,应当要求其在评标现场合理的时间内提供书面说明,必要时提交相关证明材料;投标人不能证明其报价合理性的,评标委员会应当将其作为无效投标处理。

3.3 投标文件的澄清和补正

3.3.1 对于投标文件中含义不明确、同类问题表述不一致或者有明显文字和计算错误的内容,评标委员会应当以书面形式要求投标人作出必要的澄清、说明或者补正。

3.3.2 投标人的澄清、说明或者补正应当采用书面形式,并加盖公章,或者由法定代表人或其授权的代表签字。投标人的澄清、说明或者补正不得超出投标文件的范围或者改变投标文件的实质性内容。

3.4 评标结果

3.4.1 评标结果按投标报价由低到高顺序排列。投标报价相同的并列。投标文件满足招标文件全部实质性要求且投标报价最低的投标人为排名第一的中标候选人。

3.4.2 评标委员会完成评标后,应当向招标人提交书面评标报告。

二、综合评分法

1. 评审标准和评标方法

1.1 按照客观、公正、审慎的原则,根据采购文件规定的评审程序、评审方法和评审标准进行独立评审。

1.2 评标将严格按照招标文件的要求和条件进行。

1.3 本次评标采用综合评审法。综合评分法是指投标文件满足招标文件全部实质性要求,且按照评审因素的量化指标评审得分最高的投标人为中标候选人的评标方法。

2. 评审标准
2.1 初步评审标准

条款号		评审因素	评审标准
2.1	符合性评审标准	投标内容	符合第二章"投标人须知"第1.3.1项规定
		交货期	符合第二章"投标人须知"第1.3.2项规定
		货物质量	符合第二章"投标人须知"第1.3.3项规定
		投标有效期	符合第二章"投标人须知"第3.4.1项规定
		投标保证金	符合第二章"投标人须知"第3.5.1项规定
		技术标准和要求	符合第四章"技术标准和要求"规定

2.2 分值构成

条款号	条款内容	分值构成
2.2.1	分值构成 （总分100分）	投标报价：_____分 技术评分因素：_____分 商务评分因素：_____分 其他评分因素：_____分
2.2.2	投标报价得分计算方法	投标报价得分＝（评标基准价/投标报价）×价格权值×100

2.3 评分因素与标准

条款号		评分因素	评分标准
2.3.1	技术评分标准		……
			……
			……
			……
			……
			……
			……

续表

条款号		评分因素	评分标准
2.3.2	商务评分标准		……
			……
			……
		……	……
		……	……
2.3.3	其他因素评分标准	……	……

3. 评标程序

3.1 初步评审

3.1.1 评标委员会依据本章第2.1款规定的标准对投标文件进行初步评审。有一项不符合评审标准的，作无效投标处理。

3.1.2 投标人有以下情形之一的，其投标作无效投标处理：

（1）第二章"投标人须知"第1.4.3项规定的任何一种情形的；

（2）串通投标、弄虚作假或有其他违法行为的；

（3）不按评标委员会要求澄清、说明或补正的。

3.1.3 投标文件报价出现前后不一致的，除招标文件另有规定外，按照下列规定修正：

（1）投标文件中开标一览表（报价表）内容与投标文件中相应内容不一致的，以开标一览表（报价表）为准；

（2）大写金额和小写金额不一致的，以大写金额为准；

（3）单价金额小数点或者百分比有明显错位的，以开标一览表的总价为准，并修改单价；

（4）总价金额与按单价汇总金额不一致的，以单价金额计算结果为准。

同时出现两种以上不一致的，按照前款规定的顺序修正。修正后的报价按照本办法第五十一条第二款的规定经投标人确认后产生约束力，投标人不确认的，其投标无效。

3.2 详细评审

3.2.1 评标委员会按本章第2.3款规定的量化因素和分值进行打分，并计算出综合评审得分。价格分应当采用低价优先法计算，即满足招标文件要求且投标价格最低的投标报价为评标基准价，其价格分为满分。其他投标人的价格分统一按照下列公式计算：

投标报价得分 =（评标基准价/投标报价）×100

  评标总得分 = $F1 \times A1 + F2 \times A2 + \cdots + Fn \times An$

$F1, F2, \cdots, Fn$ 分别为各项评审因素的得分；

$A1, A2, \cdots, An$ 分别为各项评审因素所占的权重（$A1 + A2 + \cdots + An = 1$）。

  评标过程中，不得去掉报价中的最高报价和最低报价。

  因落实政府采购政策进行价格调整的，以调整后的价格计算评标基准价和投标报价。

  3.2.2　评标委员会认为投标人的报价明显低于其他通过符合性审查投标人的报价，有可能影响产品质量或者不能诚信履约的，应当要求其在评标现场合理的时间内提供书面说明，必要时提交相关证明材料；投标人不能证明其报价合理性的，评标委员会应当将其作为无效投标处理。

3.3　投标文件的澄清和补正

  3.3.1　对于投标文件中含义不明确、同类问题表述不一致或者有明显文字和计算错误的内容，评标委员会应当以书面形式要求投标人作出必要的澄清、说明或者补正。

  3.3.2　投标人的澄清、说明或者补正应当采用书面形式，并加盖公章，或者由法定代表人或其授权的代表签字。投标人的澄清、说明或者补正不得超出投标文件的范围或者改变投标文件的实质性内容。

3.4　评标结果

  3.4.1　评标结果按评审后得分由高到低顺序排列。得分相同的，按投标报价由低到高顺序排列。得分且投标报价相同的并列。投标文件满足招标文件全部实质性要求，且按照评审因素的量化指标评审得分最高的投标人为排名第一的中标候选人。

  3.4.2　评标委员会完成评标后，应当向招标人提交书面评标报告。

第四章　投标文件格式

＿＿＿＿＿＿（项目名称）
＿＿＿＿＿＿（项目编号）
＿＿＿＿＿＿（包件号）

投 标 文 件

投标人：＿＿＿＿＿＿＿＿＿＿＿＿＿（盖单位章）

法定代表人或其委托代理人：＿＿＿＿＿＿（签字）

＿＿＿＿＿年＿＿＿＿＿月＿＿＿＿＿日

目　　录

一、投标函格式

二、开标一览表格式

三、报价明细表格式

四、技术偏离表格式

五、投标保证金（银行保函）格式

六、共同投标协议书

七、法定代表人身份证明（略）

八、法定代表人授权委托书（略）

九、资格审查资料

一、投标函格式

_____（招标人名称）：

根据贵方_____（项目名称、招标编号）招标文件之投标邀请，_____（姓名和职务）被正式授权代表投标人_____（投标人名称、地址），向贵方提交下述文件正本 1 份，副本_____份。

1. 开标一览表；
2. 投标报价表；
3. 货物投标说明一览表；
4. 投标保证金，金额为_____元人民币，形式为_____。

《投标人须知》第 3 条要求投标人提交的全部文件。

据此函，投标人兹宣布同意如下：

1. 我方已审阅全部招标文件，包括招标文件的澄清和修改书（如果有的话）及有关附件，我方已完全理解招标文件并对招标文件不存在任何异议。
2. 我方的投标总价为_____（大写）元人民币。
3. 我方承诺在投标有效期内不得修改、撤销投标文件。如果在投标有效期内撤销投标文件，我方的投标保证金可被贵方没收。
4. 我方承诺所递交的投标文件及有关资料真实有效。
5. 如我方中标，依中标通知规定的时间与采购人签订政府采购合同，并依合同规定履行合同义务。
6. 我方完全理解贵方不一定要接受最低报价的投标或其他任何投标。

投标人确认的地址为：

地址：

电话、传真：

邮政编码：

开户银行：

账号：

投标人授权代表签名：

投标人名称（公章）：

日期：　　　年　月　日

二、开标一览表格式

_____（项目名称）（项目编号）

_____（包件号）

序号	投标人	货物名称（品牌）	规格型号	数量	单价	总价	履约期限	备注	投标人签名
投标总价（小写）：										
投标总价（大写）：										

说明：(1) 所有价格均系用人民币表示，单位为元，精确到个数位；(2) 开标一览表内容与投标报价表内容不一致时以开标一览表内容为准。

投标人授权代表签字：

投标人（公章）：

日期：_____年_____月_____日

三、报价明细表格式

1	2	3	4	5	6	7	8	9	10	11	12	13
包号	序号	货物名称	原产地	规格型号	配置	数量	单价	备件费	服务费	总价[(7×8)+9+10]	交货期	质量保证期
投标总价：												

说明：(1) 所有价格均系用人民币表示，单位为元，精确到个数位；(2) 第8项的单价应包括必不可少的部件、标准备件等（如有）费用；(3) 如果单价与总价不符时，以单价为准，并修正总价；(4) 价格应按照《投标人须知》第3.3条的要求报价。

投标人授权代表签字：

投标人（公章）：

日期：_____年_____月_____日

四、技术规格偏离表格式

序号	货物名称	规格型号	数量	招标文件技术规格要求	投标货物实际技术规格	偏差	偏差说明

说明：如投标货物的规格、技术参数和性能与招标文件的要求不完全一致，则投标人必须填写此表。

投标人授权代表签字：

投标人（公章）：

日期：_____年_____月_____日

五、投标保证金（银行保函）格式

致：_____

本保函作为_____（投标人名称、地址）（以下简称投标人）对贵方第_____号（招标编号）投标邀请书，关于提供_____（货物名称）的投标保证金。

_____（银行名称）不可撤销地保证并约束本行及其继承人和受让人，一旦收到贵方提出下列任何一种情况的书面通知后，不管投标人如何反对，立即无条件、无追索权地向贵方支付总额为_____元人民币：

（1）投标人在开标后至投标有效期期满前撤回投标；

（2）投标人在收到中标通知书后三十天内，未能和贵方签订合同或提交可接受的履约保证金。

除贵方提前终止或解除本保函外，本保函自开标之日起到投标有效期期满后三十天有效，以及贵方和投标人同意延长并通知本行的有效期内继续有效。

出证行名称：_____

出证行地址：_____

经正式授权代表本行的代表的姓名和职务（打印和签字）：

银行公章：_____

出证日期：_____

说明：（1）本保函应由商业银行的总行或者分行出具，分行以下机构出具的保函恕不接受（目前实际操作中一般控制在支行也可以）。

（2）投标人如采用其他非现金形式，则不需再提交本保函。

六、共同投标协议书

（见联合投标章节）

七、法定代表人身份证明（略）

八、法定代表人授权委托书（略）

九、资格审查资料

附件1：

投标人基本情况表

投标人名称				
注册地址（经常营业地）			邮政编码	
联系方式	联系人		电话	
	传真		网址	
营业执照号				
资质证书名称、等级和编号				
质量体系认证				
法定代表人	姓名		职务		电话	
注册资金			成立时间	
开户银行			账号	
经营范围				
备注				

附件2：近三年财务状况表（略）

第五章　技术标准和要求

1. 货物需求一览表

货物名称	规格型号	数量		

2. 技术标准和要求（略）
3. 技术偏离表（略）

第六章　合同通用条款及专用条款

第一节　合同通用条款（见合同章节）
第二节　合同专用条款（见合同章节）

(三) 等标期与投标有效期

1. 等标期。在实务中，从招标文件开始发出之日起至招标文件规定投标人提交投标文件截止之日止的期间称为等标期。等标期的作用在于，一是通过招标公告发布的信息，广泛邀请潜在的供应商参加投标；二是为编写投标文件留有合理的时间。等标期应当根据法律的规定和招标项目的实际情况而设定。

《政府采购法》第三十五条规定，货物和服务项目实行招标方式采购的，自招标文件开始发出之日起至投标人提交投标文件截止之日止，不得少于二十日。可见，政府采购项目法定的等标期为二十日。等标期的起算是从第一份招标文件开始发出之日起，而不是指向每一个投标人发出招标文件之日起。法定的等标期可以延长，但不可以缩短。《政府采购法》规定等标期不得少于二十日，但如果招标项目重大、复杂，为能广泛邀请潜在供应商，并留给供应商足够的编制投标文件的时间，等标期可以适当延长，但不宜太长，否则，拖延招标的时间，有损采购人的利益。

随着电子技术的广泛应用，电子招标已成趋势。目前，招标文件通过网上下载已较普遍，同时，采购人或采购代理机构也普遍要求缩短等标期。曾有某采购代理机构要求投标人承诺缩短等标期，事后却导致供应商质疑和投诉。所以，我们认为，不得以任何理由缩短法定的等标期，否则，将损害供应商的合法权益。

2. 投标有效期。《政府采购货物和服务招标投标管理办法》(财政部令第87号)第二十三条明确，投标有效期从提交投标文件的截止之日起算。投标文件中承诺的投标有效期应当不少于招标文件中载明的投标有效期。投标有效期内投标人撤销投标文件的，采购人或者采购代理机构可以不退还投标保证金。

关于投标有效期的性质和作用常为人们所忽视。所谓的投标有效期是指招标文件规定的，投标人在其投标文件中承诺在投保有效期内不得撤销投标文件，且招标人应当在投标有效期内作出承诺，即发出中标通知的期间。就其法律性质而言，投标有效期属于承诺期限。

投标有效期的作用在于：一是在投标有效期内投标人不得撤销投标文件，如果撤销投标文件，则其投标保证金将被没收；二是招标人应当在投标有效期内承诺，即发出中标通知。如果投标有效期限届满，招标人未作出承诺的，则投标文件对投标人不再有约束力，即投标文件失效。

(四) 招标文件规定的实质性要求和条件

《政府采购货物和服务招标投标管理办法》(财政部令第87号)第二十条规

定,对于不允许偏离的实质性要求和条件,采购人或者采购代理机构应当在招标文件中规定,并以醒目的方式标明。

招标文件规定并标明的实质性要求和条件,就其范围而言应当包括投标人资格要求、商务要求和技术要求等三个方面;就其表现而言可分为实质要件和形式要件。

参照国家计委等七部委12号令《评标委员会和评标方法暂行规定》第二十五条关于招标文件重大偏差情形的规定,有关商务方面的实质性要求一般包括:(1)没有按照招标文件要求提供投标担保或者所提供的投标担保有瑕疵;(2)投标文件没有投标人授权代表签字和加盖公章;(3)投标文件载明的招标项目完成期限超过招标文件规定的期限;(4)投标文件载明的货物包装方式、检验标准和方法等不符合招标文件的要求。有关技术方面的实质性要求,一般招标文件以"★"形式表示,如投标文件不符合"★"要求,即被视为未实质性响应招标文件的要求而被作废标处理。但"★"条款的设置应当合理,应当是采购需求中重要的技术规格和技术标准要求,如果"★"条款设置的太多,则易导致符合技术条件的供应商不足三家。

(五)废标的法定情形与招标文件的规定

废标的情形有法律规定的情形,也可以在招标文件中作出规定。《政府采购法》第三十六条规定了四种废标情形:(1)符合专业条件的供应商或者对招标文件作实质响应的供应商不足三家的;(2)出现影响采购公正的违法、违规行为的;(3)投标人的报价均超过了采购预算,采购人不能支付的;(4)因重大变故,采购任务取消的。应该说《政府采购法》对于废标的情形作出的规定比较严格。

国家发改委等七部委颁布的《评标委员会和评标方法暂行规定》中对于废标的规定逐条列明且较为具体,所涉情形在招投标活动中较常出现:(1)在评标过程中,评标委员会发现投标人以他人的名义投标、串通投标、以行贿手段谋取中标或者以其他弄虚作假方式投标的,该投标人的投标应作废标处理。(2)在评标过程中,评标委员会发现投标人的报价明显低于其他投标报价或者在设有标底时明显低于标底,使得其投标报价可能低于其个别成本的,应当要求该投标人作出书面说明并提供相关证明材料。投标人不能合理说明或者不能提供相关证明材料的,由评标委员会认定该投标人以低于成本报价竞标,其投标应作废标处理。(3)投标人资格条件不符合国家有关规定和招标文件要求的,或者拒不按照要求对投标文件进行澄清、说明或者补正的,评标委员会可以否决其投标。(4) 评标委员会应当审查每一份投标文件是否对招标文件提出的所有实质性要求和条件作出响应。未能在实质上响应的投标,应作废标处理。

(六) 评标方法与评标标准

招标文件应当明确规定评标方法、评标范围、评标因素和分值。《政府采购法实施条例》第三十四条和《政府采购货物和服务招标投标管理办法》(财政部令第87号)第五十三条明确,政府采购招标评标方法分为最低评标价法和综合评分法。

最低评标价法,是指投标文件满足招标文件全部实质性要求,且投标报价最低的投标人为中标候选人的评标方法。技术、服务等标准统一的货物服务项目,应当采用最低评标价法。采用最低评标价法评标时,除了算术修正和落实政府采购政策需进行的价格扣除外,不能对投标人的投标价格进行任何调整。采用最低评标价法的,评标结果按投标报价由低到高顺序排列。投标报价相同的并列。投标文件满足招标文件全部实质性要求且投标报价最低的投标人为排名第一的中标候选人。

综合评分法,是指投标文件满足招标文件全部实质性要求,且按照评审因素的量化指标评审得分最高的投标人为中标候选人的评标方法。评审因素的设定应当与投标人所提供货物服务的质量相关,包括投标报价、技术或者服务水平、履约能力、售后服务等。资格条件不得作为评审因素。评审因素应当在招标文件中规定。评审因素应当细化和量化,且与相应的商务条件和采购需求对应。商务条件和采购需求指标有区间规定的,评审因素应当量化到相应区间,并设置各区间对应的不同分值。评标时,评标委员会各成员应当独立对每个投标人的投标文件进行评价,并汇总每个投标人的得分。货物项目的价格分值占总分值的比重不得低于30%;服务项目的价格分值占总分值的比重不得低于10%。

执行国家统一定价标准和采用固定价格采购的项目,其价格不列为评审因素。价格分应当采用低价优先法计算,即满足招标文件要求且投标价格最低的投标报价为评标基准价,其价格分为满分。其他投标人的价格分统一按照下列公式计算:

投标报价得分 = (评标基准价/投标报价) × 100

评标总得分 = $F_1 \times A_1 + F_2 \times A_2 + \cdots + F_n \times A_n$

F_1,F_2,$\cdots$,F_n 分别为各项评审因素的得分;

A_1,A_2,$\cdots$,A_n 分别为各项评审因素所占的权重($A_1 + A_2 + \cdots + A_n = 1$)。

评标过程中，不得去掉报价中的最高报价和最低报价。

因落实政府采购政策进行价格调整的，以调整后的价格计算评标基准价和投标报价。

采用综合评分法的，评标结果按评审后得分由高到低顺序排列。得分相同的，按投标报价由低到高顺序排列。得分且投标报价相同的并列。投标文件满足招标文件全部实质性要求，且按照评审因素的量化指标评审得分最高的投标人为排名第一的中标候选人。

在实务中，综合评分法被广泛采用，但也存在一些不容忽视的问题，由于采购人或采购代理机构在评标的范围、因素和分值的设置在的不合理，往往导致高价中标。采取综合评分法，在实务操作中普遍存在的问题是，评审的因素和分值设置过于宽泛，给予评标委员会过大的自由裁量权。如何细化评审的因素和分值，是采购代理机构在编制招标文件时应当着力解决的问题，尽可能评审因素设置周详、分值设置精细，确保评分标准的客观、公正。同时，要禁止评标委员会擅自改变采购文件载明的评审方法和评审标准。严格按照采购文件载明的评审方法、评审标准开展评审活动。如果在评审中确需细化评审的因素，应当在招标文件确定的评审因素和分值范围内由评标委员会统一量化。

六、招标文件的澄清与修改

采购人或其委托的采购代理机构在编制招标文件时，应当力求使所编制的招标文件内容准确、完整，含义明确。但有时也难以绝对避免出现招标文件内容的疏漏或者意思表示不明确、含义不清晰的地方，或者因情况变化需要对已经发出的招标文件作必要的澄清或者修改等情况。在这种情况下允许采购人对招标文件作必要的澄清或者修改，是对采购人合法权益的保护，也有利于采购项目的合法有效。允许招标人对已经发出的招标文件依法进行必要的澄清或者修改是国际上通行的做法，联合国贸易法委员会指定的采购示范法、世界银行的信贷采购指南、亚洲开发银行贷款采购准则等都涉及有关招标文件澄清或者修改的规定。

《政府采购法实施条例》第三十一条规定，采购人或者采购代理机构可以对已发出的招标文件进行必要的澄清或者修改。澄清或者修改的内容可能影响投标文件编制的，采购人或者采购代理机构应当在投标截止时间至少15日前，以书面形式通知所有获取招标文件的潜在投标人；不足15日的，采购人或者采购代理机构应当顺延提交投标文件的截止时间。

《政府采购货物和服务招标投标管理办法》（财政部令第87号令）第二十七

条规定，采购人或者采购代理机构可以对已发出的招标文件、资格预审文件、投标邀请书进行必要的澄清或者修改，但不得改变采购标的和资格条件。澄清或者修改应当在原公告发布媒体上发布澄清公告。澄清或者修改的内容为招标文件、资格预审文件、投标邀请书的组成部分。澄清或者修改的内容可能影响投标文件编制的，采购人或者采购代理机构应当在投标截止时间至少 15 日前，以书面形式通知所有获取招标文件的潜在投标人；不足 15 日的，采购人或者采购代理机构应当顺延提交投标文件的截止时间。澄清或者修改的内容可能影响资格预审申请文件编制的，采购人或者采购代理机构应当在提交资格预审申请文件截止时间至少 3 日前，以书面形式通知所有获取资格预审文件的潜在投标人；不足 3 日的，采购人或者采购代理机构应当顺延提交资格预审申请文件的截止时间。

《政府采购货物和服务招标投标管理办法》（财政部令第 87 号）第五十一条规定，对于投标文件中含义不明确、同类问题表述不一致或者有明显文字和计算错误的内容，评标委员会应当以书面形式要求投标人作出必要的澄清、说明或者补正。投标人的澄清、说明或者补正应当采用书面形式，并加盖公章，或者由法定代表人或其授权的代表签字。投标人的澄清、说明或者补正不得超出投标文件的范围或者改变投标文件的实质性内容。

根据上述法律、规章的规定，招标人如需对招标文件进行必要的澄清或者修改的应当遵守以下三方面的规定：

1. 应当在招标文件要求提交投标文件截止时间十五日前进行澄清或者修改。 从招标人发出对招标文件进行澄清或者修改到规定的截止投标日期之间，应当留有一段合理的时间，保证投标人有足够的时间对其投标文件作相应的调整，这是对投标人合法权益的保护。如果对招标文件作出澄清或者修改的时间距离投标截止时间太短，投标人无法作出新的投标策略，来不及对已编制的投标文件进行修改，也就无法提交符合经过澄清或修改的招标文件要求的投标文件，从而导致失去中标的机会，这对投标人显然是不公平的。《政府采购法实施条例》《政府采购货物和服务招标投标管理办法》均明确规定，澄清或者修改的内容可能影响投标文件编制的，采购人或者采购代理机构应当在投标截止时间至少 15 日前，以书面形式通知所有获取招标文件的潜在投标人；不足 15 日的，采购人或者采购代理机构应当顺延提交投标文件的截止时间。

2. 招标人对已经发出的招标文件进行必要的澄清或者修改的，应当以书面形式通知所有招标文件收受人。 在实务中，由于电子招标文件的应用，供应商可以直接在网上下载招标文件，采购代理机构往往认为，澄清或者修改可以在网上公告，而无须向招标文件的收受人再发书面的通知，这往往会导致争议的产生。

根据《合同法》的规定，所谓书面形式是指合同书、信件和数据电文（包括电报、电传、传真、电子数据交换和电子邮件）等可以有形地表现所载内容的形式。所以，即使在电子采购环境下，采购人仍应当以书面形式通知招标文件收受人，如可以使用电子邮件进行通知。如果仅在网上公告，可能造成部分投标人未及时关注网上公告，而未能根据澄清或者修改的内容来修改其投标文件。

3. 招标人对于已经发出的招标文件所进行的澄清或者修改的内容构成招标文件的一部分，与已发出的招标文件具有同等的效力。 对于澄清或者修改的内容法律未作限制，凡是招标人认为必要的澄清或者修改的都允许澄清修改。所谓澄清，是指对于招标文件中内容不清楚、含义不准确的地方作出书面的解释，使招标文件的收受人能够准确理解招标文件有关内容的含义，招标人可以根据投标人的要求作出澄清，也可以就自己认为需要澄清的内容主动加以澄清。对招标文件的修改，是指招标人对于招标文件的有关内容根据需要进行必要的调整、改变或者补充。

七、联合体投标

联合体投标，是指两个以上供应商组成一个联合体，以一个投标人的身份投标的行为。

《政府采购法》第二十四条规定，两个以上的自然人、法人或者其他组织可以组成一个联合体，以一个供应商的身份共同参加政府采购。以联合体形式进行政府采购的，参加联合体的供应商均应当具备本法第二十二条规定的条件，并应当向采购人提交联合协议，载明联合体各方承担的工作和义务。联合体各方应当共同与采购人签订采购合同，就采购合同约定的事项对采购人承担连带责任。《政府采购法实施条例》第二十二条规定，联合体中有同类资质的供应商按照联合体分工承担相同工作的，应当按照资质等级较低的供应商确定资质等级。以联合体形式参加政府采购活动的，联合体各方不得再单独参加或者与其他供应商另外组成联合体参加同一合同项下的政府采购活动。《政府采购货物和服务招标投标管理办法》（财政部令第87号）第十九条明确，采购人或者采购代理机构应当根据采购项目的实施要求，在招标公告、资格预审公告或者投标邀请书中载明是否接受联合体投标。如未载明，不得拒绝联合体投标。

根据《政府采购法》《政府采购法实施条例》及《政府采购货物和服务招标投标管理办法》（财政部令第87号）规定，联合体投标有以下几方面的要求：

（1）联合体由两个以上法人或者其他组织组成。联合体各方签订共同投标协议后，不得再以自己名义单独在同一项目中投标，也不得组成新的联合体参加同一项目投标。

（2）联合体是一个临时性的组织，不具有法人资格。组成联合体的目的是为了增强投标竞争力，弥补有关各方的能力不足，分散联合体各方的投标风险。

（3）供应商可以组成联合体投标，也可以不组成联合体投标，组成联合体投标属于供应商的自愿行为。

（4）联合体在投标过程中是以一个投标人的身份共同投标的，在联合体投标协议中一个确定一个主投标人，主投标人在投标过程中的行为具有法律的约束力。

（5）联合体共同投标的联合体各方应具备一定的条件。

《政府采购法》规定，以联合体形式进行政府采购的，参加联合体的供应商均应当具备本法第二十二条规定的条件，并应当向采购人提交联合协议，载明联合体各方承担的工作和义务。联合体各方应当共同与采购人签订采购合同，就采购合同约定的事项对采购人承担连带责任。这里所指的条件包括：一是国家有关规定，一般指与《政府采购法》有关的法律、行政法规、规章等；二是招标文件规定的投标人资格条件，招标文件的要求一般包括国家规定的条件和根据项目要求所必须具备的其他特殊条件。

关于联合体资质等级的确定。《政府采购法实施条例》规定，联合体中有同类资质的供应商按照联合体分工承担相同工作的，应当按照资质等级较低的供应商确定资质等级。该规定目的是防止资质等级较低的一方借用资质等级较高的一方名义谋取中标。三是是否接受联合体投标，由采购人根据采购项目的实施要求决定，但应当在招标文件中载明。《政府采购货物和服务招标投标管理办法》（财政部令第87号）第十九条明确，采购人或者采购代理机构应当根据采购项目的实施要求，在招标公告、资格预审公告或者投标邀请书中载明是否接受联合体投标。如未载明，不得拒绝联合体投标。

共同投标的联合体，其联合体各方的内部关系是以联合体投标协议书的形式确定，联合体各方在确定组成共同投标的联合体时，应当签订联合体投标协议书，载明联合体各方承担的工作和义务。

共同投标的联合体对外关系的确定包括两个方面：一是中标的联合体各方应当共同与采购人签订政府采购合同；二是就中标项目向采购人承担连带责任，所谓的连带责任是指是指在同一类型的债权债务关系中，债务人一方均有义务履行债权人提出的债权要求，债权人可以要求债务人任何一方履行全部义务，债务人任何一方不得以内部协议为由拒绝债权人的请求，代为履行债务的一方债务人可以根据内部协议向另一方债务人进行求偿。要求联合体投标人承担连带责任其目的是保护招标人的权益。

附：联合投标协议书参考格式

联合投标协议书

联合投标各方：
甲方：
法定代表人：
住所：

乙方：
法定代表人：
住所：

根据《政府采购法》第二十四条、《政府采购法实施条例》第二十二条之规定，甲乙双方经协商一致，就_____采购项目进行联合投标，现就各方承担的工作和义务明确如下：

第一条 甲乙双方同意以甲方的身份共同参加本政府采购项目。

第二条 本投标联合体的主办方是_____方。

第三条 各自承担的工作范围：

一、甲方的工作范围包括：

（一）

（二）

二、乙方的工作范围包括：

（一）

（二）

第四条 各承担的义务：

一、甲方承担的义务：

（一）

（二）

二、乙方承担的义务：

（一）

（二）

第五条 甲乙双方就双方共同承担的工作范围对采购人承担连带责任。

第六条 本协议一式三份，甲乙双方各持一份，另一份作为投标文件的组成部分提交采购代理机构。

甲方（盖章）： 乙方（盖章）：

法定代表人（签字）： 法定代表人（签字）：

年　月　日 年　月　日

八、开标程序与开标记录

(一) 开标的时间和地点

《政府采购货物和服务招标投标管理办法》(财政部令第 87 号)第三十九条规定,开标应当在招标文件确定的提交投标文件截止时间的同一时间进行。开标地点应当为招标文件中预先确定的地点。

在实务操作中,如何使开标与投标截止时间同一时间进行,存在适用上的困难。一般情况下,采购代理机构在投标截止后需要一些开标前的准备工作,使得开标与投标截止的时间难以同一时间。法律、规章要求开标与投标截止时间的同一时间进行,目的在于:一是可以提高招标的效率;二是防止招标人与投标人利用投标截止时间以后于开标时间之前的一段时间进行暗箱操作。所以,采购代理机构应当在开标前进行开标的准备工作,确保开标与投标截止时间同一时间进行。实际上,开标是一个过程,当宣布开标后,开标主持人可以按照投标人投标的先后顺序制作开标记录表。世界银行采购指南规定,开标时间应该和招标通告中规定的截止投标时间相同或随后马上宣布开标。其中"马上"的含义可理解为可以留出合理的时间为开标作必要的准备。

开标的地点应当为招标文件中预先确定的地点,目的在于保证投标人能够按时到指定地点参加开标。目前,很多地方进行电子招标平台的建设,在电子招标的情况下,投标、开标、评标和定标都在网上进行。开标的地点是招标公告中所确定的网址,这与实体情况下的招标有很大的区别,而目前尚无法律的规制,如果照搬实体环境下的招标程序,可能会造成网上的招标程序变得异常复杂,从而其采购的效率也就于现行的招标无异。所以,亟待制定有关电子采购法。

(二) 开标的程序

1. 开标组织。《政府采购货物和服务招标投标管理办法》(财政部令第 87 号)规定,开标由采购人或者采购代理机构主持,邀请投标人参加。评标委员会成员不得参加开标活动。开标时,应当由投标人或者其推选的代表检查投标文件的密封情况;经确认无误后,由采购人或者采购代理机构工作人员当众拆封,宣布投标人名称、投标价格和招标文件规定的需要宣布的其他内容。投标人不足 3 家的,不得开标。

2. 开标过程。《政府采购货物和服务招标投标管理办法》(财政部令第 87 号)规定,开标过程应当由采购人或者采购代理机构负责记录,由参加开标的各投标人代表和相关工作人员签字确认后随采购文件一并存档。投标人代表对开标过程和开标记录有疑义，以及认为采购人、采购代理机构相关工作人员有需要回避的情形的，应当场提出询问或者回避申请。采购人、采购代理机构对投标人代表提出的询问或回避申请应当及时处理。投标人未参加开标的，视同认可开标结果。

3. 开标现场录音录像、存档。《政府采购货物和服务招标投标管理办法》（财政部令第87号）规定，采购人或者采购代理机构应当对开标、评标现场活动进行全程录音录像。录音录像应当清晰可辨，音像资料作为采购文件一并存档。

4. 投标人不足三家情形的处理。《政府采购货物和服务招标投标管理办法》（财政部令第87号）第四十三条规定，公开招标数额标准以上的采购项目，投标截止后投标人不足3家或者通过资格审查或符合性审查的投标人不足3家的，除采购任务取消情形外，按照以下方式处理：（1）招标文件存在不合理条款或者招标程序不符合规定的，采购人、采购代理机构改正后依法重新招标；（2）招标文件没有不合理条款、招标程序符合规定，需要采用其他采购方式采购的，采购人应当依法报财政部门批准。

开标是公开进行的，招标人应当邀请所有投标人参加开标，其目的在于确保开标在所有投标人的参与、监督下，按照公开、透明的原则进行，避免暗箱操作，保障投标人的合法权益。参加开标是投标人的权利，不得以任何理由排斥、限制投标人参加开标。投标人未参加开标的，视同认可开标结果。

5. 开标过程的一般环节：

（1）开标由采购人或者采购代理机构主持，邀请投标人参加。评标委员会成员不得参加开标活动。按照招标文件确定的开标时间宣布开标，由工作人员核对出席开标的投标人身份和出席人数，并由主持人宣读开标纪律和开标程序。

（2）由投标人或者其推选的代表检查投标文件的密封情况。

（3）经确认无误后，由采购人或者采购代理机构工作人员当众拆封，宣布投标人名称、投标价格和招标文件规定的需要宣布的其他内容。

（4）由唱标人唱标，唱标的内容是投标文件中开标一览表的内容，投标文件中的开标一览表一般包括：投标人的名称、货物的名称、规格型号、单价、数量、投标总价、交货期等投标的主要内容。

（5）开标过程由采购人或者采购代理机构负责记录，由参加开标的各投标人代表和相关工作人员签字确认后随采购文件一并存档。

（6）投标人代表对开标过程和开标记录有疑义，以及认为采购人、采购代理机构相关工作人员有需要回避的情形的，应当场提出询问或者回避申请。采购人、采购代理机构对投标人代表提出的询问或者回避申请应当及时处理。投标人对唱出的其开标一览表的内容有异议的，应当场提出。投标人未参加开标的，视同认可开标结果。

投标人不足3家的，不得开标。公开招标数额标准以上的采购项目，投标截止后投标人不足3家或者通过资格审查或符合性审查的投标人不足3家的，除采购任务取消情形外，按照以下方式处理：（1）招标文件存在不合理条款或者招标程序不符合规定的，采购人、采购代理机构改正后依法重新招标；（2）招标文件没有不合理条款、招标程序符合规定，需要采用其他采购方式采购的，采购人应当依法报财政部门批准。

九、评标委员会与评审专家

评标是指评标委员会按照法律法规和招标文件规定的评标方法和评标标准，对各投标人提交的投标文件进行比较和评价，从中推荐中标人的过程。评审专家，是指经省级以上人民政府财政部门选聘，以独立身份参加政府采购评审，纳入评审专家库管理的人员。评标是招标投标活动中的重要阶段，评标是否真正做到公平、公正，决定整个招标投标活动是否公平、公正；评标的质量决定能否推荐出最能满足招标文件要求的供应商。

我国政府采购制度确立了评标委员会的评审制度，评标委员会在政府采购活动起到了举足轻重的作用。《政府采购法实施条例》及部门规章明确规定了评标委员会的职责以及权利义务和法律责任。

（一）评标委员会组成

《政府采购货物和服务招标投标管理办法》（财政部令第87号）规定，评标委员会由采购人代表和评审专家组成，成员人数应当为5人以上单数，其中评审专家不得少于成员总数的三分之二。采购项目符合下列情形之一的，评标委员会成员人数应当为7人以上单数：采购预算金额在1000万元以上；技术复杂；社会影响较大。

1. 评审专家产生—库内随机抽取。 根据《政府采购法实施条例》第三十九条规定，除国务院财政部门规定的情形外，采购人或者采购代理机构应当从政府采购评审专家库中随机抽取评审专家。《政府采购货物和服务招标投标管理办法》（财政部令第87号）第四十八条规定，采购人或者采购代理机构应当从省级以上财政部门设立的政府采购评审专家库中，通过随机方式抽取评审专家。

2. 评审专家产生—采购人自行选定。根据《政府采购货物和服务招标投标管理办法》（财政部令第 87 号）第四十八条规定，对技术复杂、专业性强的采购项目，通过随机方式难以确定合适评审专家的，经主管预算单位同意，采购人可以自行选定相应专业领域的评审专家。

3. 专家抽取时间。《政府采购评审专家管理办法》（财库〔2016〕198 号）第十四条规定，除采用竞争性谈判、竞争性磋商方式采购，以及异地评审的项目外，采购人或者采购代理机构抽取评审专家的开始时间原则上不得早于评审活动开始前 2 个工作日。

4. 特殊情况应当依法补足并记录存档。根据《政府采购货物和服务招标投标管理办法》（财政部令第 87 号）第四十九条规定，评标中因评标委员会成员缺席、回避或者健康等特殊原因导致评标委员会组成不符合本办法规定的，采购人或者采购代理机构应当依法补足后继续评标。被更换的评标委员会成员所作出的评标意见无效。无法及时补足评标委员会成员的，采购人或者采购代理机构应当停止评标活动，封存所有投标文件和开标、评标资料，依法重新组建评标委员会进行评标。原评标委员会所作出的评标意见无效。采购人或者采购代理机构应当将变更、重新组建评标委员会的情况予以记录，并随采购文件一并存档。

5. 评审专家名单保密与公告。《政府采购货物和服务招标投标管理办法》（财政部令第 87 号）第四十七条规定，评标委员会成员名单在评标结果公告前应当保密。

6. 对评审专家的限制。根据《政府采购货物和服务招标投标管理办法》（财政部令第 87 号）第四十七条规定，评审专家对本单位的采购项目只能作为采购人代表参与评标，本办法第四十八条第二款规定情形除外。采购代理机构工作人员不得参加由本机构代理的政府采购项目的评标。

（二）评标委员会职责

《政府采购货物和服务招标投标管理办法》（财政部第 87 号）第四十六条规定了评标委员会职责：评标委员会负责具体评标事务，并独立履行下列职责：（1）审查、评价投标文件是否符合招标文件的商务、技术等实质性要求；（2）要求投标人对投标文件有关事项作出澄清或者说明；（3）对投标文件进行比较和评价；（4）确定中标候选人名单，以及根据采购人委托直接确定中标人；（5）向采购人、采购代理机构或者有关部门报告评标中发现的违法行为。

（三）评标委员会要求

1. 按照客观、公正、审慎的原则独立评审。《政府采购法实施条例》第四十一条规定，评标委员会、竞争性谈判小组或者询价小组成员应当按照客观、公正、审慎的原则，根据采购文件规定的评审程序、评审方法和评审标准进行独立评审。采购文件内容违反国家有关强制性规定的，评标委员会、竞争性谈判小组或者询价小组应当停止评审并向采购人或者采购代理机构说明情况。评标委员会、竞争性谈判小组或者询价小组成员应当在评审报告上签字，对自己的评审意见承担法律责任。对评审报告有异议的，应当在评审报告上签署不同意见，并说明理由，否则视为同意评审报告。

2. 遵守纪律，保守秘密。《政府采购法实施条例》第四十条规定，政府采购评审专家应当遵守评审工作纪律，不得泄露评审文件、评审情况和评审中获悉的商业秘密。《政府采购货物和服务招标投标管理办法》（财政部令第87号）第六十六条规定，有关人员对评标情况以及在评标过程中获悉的国家秘密、商业秘密负有保密责任。

3. 配合答复询问和质疑。《政府采购法实施条例》第五十二条规定，政府采购评审专家应当配合采购人或者采购代理机构答复供应商的询问和质疑。

4. 发现违法行为及时报告，受到干预及时举报。《政府采购法实施条例》第四十条规定，评标委员会、竞争性谈判小组或者询价小组在评审过程中发现供应商有行贿、提供虚假材料或者串通等违法行为的，应当及时向财政部门报告。政府采购评审专家在评审过程中受到非法干预的，应当及时向财政、监察等部门举报。

（四）评审专家回避

《政府采购法》第十二条规定，在政府采购活动中，采购人员及相关人员与供应商有利害关系的，必须回避。供应商认为采购人员及相关人员与其他供应商有利害关系的，可以申请其回避。相关人员，包括招标采购活动中评标委员会的组成人员，竞争性谈判采购中谈判小组的组成人员，询价采购中询价小组的组成人员等。

《政府采购评审专家管理办法》（财库〔2016〕198号）第十六条规定，评审专家与参加采购活动的供应商存在下列利害关系之一的，应当回避：参加采购活动前三年内，与供应商存在劳动关系，或者担任过供应商的董事、监事，或者是供应商的控股股东或实际控制人；与供应商的法定代表人或者负责人有夫妻、直系血亲、三代以内旁系血亲或者近姻亲关系；与供应商有其他可能影响政府采购活动公平、公正进行的关系。评审专家发现本人与参加采购活动的供应商有利害关系的，应当主动提出回避。采购人或者采购代理机构发现评审专家与参加采购活动的供应商有利害关系的,应当要求其回避。除本办法第十三条规定的情形外,评审专家对本单位的政府采购项目只能作为采购人代表参与评审活动。各级财政部门政府采购监督管理工作人员,不得作为评审专家参与政府采购项目的评审活动。

(五)评审专家禁止性行为及法律责任

1. 评标委员会及评审专家的禁止性行为。《政府采购法实施条例》第四十条规定,政府采购评审专家应当遵守评审工作纪律,不得泄露评审文件、评审情况和评审中获悉的商业秘密。《政府采购货物和服务招标投标管理办法》(财政部令第87号)第六十二条规定,评标委员会及其成员不得有下列行为:(1)确定参与评标至评标结束前私自接触投标人;(2)接受投标人提出的与投标文件不一致的澄清或者说明,本办法第五十一条规定的情形除外;(3)违反评标纪律发表倾向性意见或者征询采购人的倾向性意见;(4)对需要专业判断的主观评审因素协商评分;(5)在评标过程中擅离职守,影响评标程序正常进行的;(6)记录、复制或者带走任何评标资料;(7)其他不遵守评标纪律的行为。评标委员会成员有前款第一至五项行为之一的,其评审意见无效,并不得获取评审劳务报酬和报销异地评审差旅费。

2. 不良行为记录。《政府采购货物和服务招标投标管理办法》(财政部令第87号)第八十一条规定,评标委员会成员有本办法第六十二条所列行为之一的,由财政部门责令限期改正;情节严重的,给予警告,并对其不良行为予以记录。《政府采购评审专家管理办法》(财库〔2016〕198号)第二十八条规定,采购人、采购代理机构发现评审专家有违法违规行为的,应当及时向采购人本级财政部门报告。第二十九条明确,申请人或评审专家有下列情形的,列入不良行为记录:(1)未按照采购文件规定的评审程序、评审方法和评审标准进行独立评审;(2)泄露评审文件、评审情况;(3)与供应商存在利害关系未回避;(4)收受采购人、采购代理机构、供应商贿赂或者获取其他不正当利益;(5)提供虚假申请材料;(6)拒不履行配合答复供应商询问、质疑、投诉等法定义务;(7)以评审专家身份从事有损政府采购公信力的活动。

3. 法律责任。《政府采购法实施条例》第七十五条规定,政府采购评审专家未按照采购文件规定的评审程序、评审方法和评审标准进行独立评审或者泄露评审文件、评审情况的,由财政部门给予警告,并处2000元以上2万元以下的罚款;影响中标、成交结果的,处2万元以上5万元以下的罚款,禁止其参加政府采购评审活动。政府采购评审专家与供应商存在利害关系未回避的,处2万元以上 5 万元以下的罚款，禁止其参加政府采购评审活动。政府采购评审专家收受采购人、采购代理机构、供应商贿赂或者获取其他不正当利益，构成犯罪的，依法追究刑事责任；尚不构成犯罪的，处 2 万元以上 5 万元以下的罚款，禁止其参加政府采购评审活动。政府采购评审专家有上述违法行为的，其评审意见无效，不得获取评审费；有违法所得的，没收违法所得；给他人造成损失的，依法承担民事责任。

4. 评标委员会成员的法律责任。《政府采购货物和服务招标投标管理办法》（财政部令第 87 号）第八十一条规定，评标委员会成员有本办法第六十二条所列行为之一的，由财政部门责令限期改正；情节严重的，给予警告，并对其不良行为予以记录。

5. 谈判小组、询价小组成员的法律责任。《政府采购非招标采购方式管理办法》（财政部令第 74 号）第五十五条 谈判小组、询价小组成员有下列行为之一的，责令改正，给予警告；有关法律、行政法规规定处以罚款的，并处罚款；涉嫌犯罪的，依法移送司法机关处理：（1）收受采购人、采购代理机构、供应商、其他利害关系人的财物或者其他不正当利益的；（2）泄露评审情况以及评审过程中获悉的国家秘密、商业秘密的；（3）明知与供应商有利害关系而不依法回避的；（4）在评审过程中擅离职守，影响评审程序正常进行的；（5）在评审过程中有明显不合理或者不正当倾向性的；（6）未按照采购文件规定的评定成交的标准进行评审的。评审专家有前款情形之一，情节严重的，取消其政府采购评审专家资格，不得再参加任何政府采购项目的评审，并在财政部门指定的政府采购信息发布媒体上予以公告。

十、评标程序与评审中注意的问题

评标的基本要求，一是采购人、采购代理机构应当采取必要措施，保证评标在严格保密的情况下进行。除采购人代表、评标现场组织人员外，采购人的其他工作人员以及与评标工作无关的人员不得进入评标现场，避免评标委员会在评审过程中受到非法的干预和影响。二是评标委员会应当严格遵守评审工作纪律，按照客观、公正、审慎的原则，根据采购文件规定的评审程序、评审方法和评审标准进行独立评审。

评标工作的一般程序和要求：

（一）采购人或者代理机构组织评标工作，履行职责

《政府采购货物和服务招标投标管理办法》（财政部令第 87 号）第四十五条

规定，采购人或者采购代理机构负责组织评标工作，并履行下列职责：（1）核对评审专家身份和采购人代表授权函，对评审专家在政府采购活动中的职责履行情况予以记录，并及时将有关违法违规行为向财政部门报告；（2）宣布评标纪律；（3）公布投标人名单，告知评审专家应当回避的情形；（4）组织评标委员会推选评标组长，采购人代表不得担任组长；（5）在评标期间采取必要的通讯管理措施，保证评标活动不受外界干扰；（6）根据评标委员会的要求介绍政府采购相关政策法规、招标文件；（7）维护评标秩序，监督评标委员会依照招标文件规定的评标程序、方法和标准进行独立评审，及时制止和纠正采购人代表、评审专家的倾向性言论或者违法违规行为；（8）核对评标结果，有本办法第六十四条规定情形的，要求评标委员会复核或者书面说明理由，评标委员会拒绝的，应予记录并向本级财政部门报告；（9）评审工作完成后，按照规定向评审专家支付劳务报酬和异地评审差旅费，不得向评审专家以外的其他人员支付评审劳务报酬；（10）处理与评标有关的其他事项。

（二）评审工作程序

1. 宣布评审工作纪律。采购人或者采购代理机构应当在评审活动开始前宣布评审工作纪律，并将记载评审工作纪律的书面文件作为采购文件一并存档。

2. 告知评审专家回避情形。评审专家与参加采购活动的供应商存在下列利害关系之一的，应当回避：（1）参加采购活动前三年内，与供应商存在劳动关系，或者担任过供应商的董事、监事，或者是供应商的控股股东或实际控制人；（2）与供应商的法定代表人或者负责人有夫妻、直系血亲、三代以内旁系血亲或者近姻亲关系；（3）与供应商有其他可能影响政府采购活动公平、公正进行的关系。评审专家发现本人与参加采购活动的供应商有利害关系的，应当主动提出回避。采购人或者采购代理机构发现评审专家与参加采购活动的供应商有利害关系的，应当要求其回避。除本办法第十三条规定的情形外，评审专家对本单位的政府采购项目只能作为采购人代表参与评审活动。各级财政部门政府采购监督管理工作人员，不得作为评审专家参与政府采购项目的评审活动。

3. 对投标文件进行符合性审查。对符合资格的投标人的投标文件进行符合性审查，以确定其是否满足招标文件的实质性要求。

4. 要求投标人作出必要的澄清、说明与补正。对于投标文件中含义不明确、同类问题表述不一致或者有明显文字和计算错误的内容，以书面形式要求投标人作出必要的澄清、说明或者补正。投标人的澄清、说明或者补正应当采用书面形式，并加盖公章，或者由法定代表人或其授权的代表签字。投标人的澄清、说明或者补正不得超出投标文件的范围或者改变投标文件的实质性内容。

5. 综合比较与评价。按照招标文件规定的评标方法和标准,对投标文件进行商务和技术评估,综合比较与评价。

6. 依法独立评审。按照客观、公正、审慎的原则,根据采购文件规定的评审程序、评审方法和评审标准进行独立评审。

7. 编写评审报告。评标委员会根据全体评标成员签字的原始评标记录和评标结果编写评标报告。

(三) 对投标文件的澄清和说明

《政府采购货物和服务招标投标管理办法》(财政部令第87号)第五十一条规定,对于投标文件中含义不明确、同类问题表述不一致或者有明显文字和计算错误的内容,评标委员会应当以书面形式要求投标人作出必要的澄清、说明或者补正。投标人的澄清、说明或者补正应当采用书面形式,并加盖公章,或者由法定代表人或其授权的代表签字。投标人的澄清、说明或者补正不得超出投标文件的范围或者改变投标文件的实质性内容。

按照该条的规定,对投标文件的澄清或者说明应当遵守两方面的规定:一是评标委员会可以要求投标人对投标文件中含义不明确、同类问题表述不一致或者有明显文字和计算错误的内容作必要的澄清、说明或者纠正。在实务应当注意的是,要求对投标文件进行澄清的主体是评标委员会,而不是采购代理机构。评标委员会应以书面形式要求投标人澄清,投标人的澄清、说明或者补正也应当采用书面形式回复。二是投标人对其投标文件的澄清或者说明不得超出投标文件的范围或者改变投标文件的实质性内容。首先,投标人对投标文件的澄清或者说明只能限于投标文件已记载的内容,不得超出投标文件的范围。实务中常发现评标委员会要求投标人补充提供有关材料,这是违反法律规定的行为,采购代理机构在组织评审时应当予以制止。其次,投标人对投标文件的澄清或者说明不得改变投标文件的实质性内容,只能就投标文件中含义不明确、同类问题表述不一致或者有明显文字和计算错误的内容作必要的澄清、说明或者纠正。投标人不作出必要的澄清或者说明,致使评标委员会无法判定其确切含义的投标文件,评标委员会可以将其作为不符合招标文件要求的投标文件处理。

(四) 对投标文件进行比较与评价

根据《政府采购货物和服务招标投标管理办法》(财政部令第87号)第五十二条规定,评标委员会应当按照招标文件中规定的评标方法和标准,对符合性审查合格的投标文件进行商务和技术评估，综合比较与评价。这是评标委员会对投标文件进行比较和评价的依据。评标委员会不得对招标文件规定的评标方法、范围、因素和分值加以修改，招标文件以外的评标标准和方法不能作为评审的依据。对招标文件的比较是对所有的投标文件的商务条件和技术条件根据招标文件所确定的标准进行比较，通过比较找出招标文件的优势和劣势，然后对各投标文件作出评价，以确定最优供应商。在综合评分法中，往往是通过打分表进行评价，对比较和评价进行量化处理。但也存在一些问题，招标文件设置的评审因素和分值过于宽泛，使得评分随意性太大。随着采购经验的积累，采购人、采购代理机构应当不断细化评分标准，使得评审工作更加客观、公正。

（五）编写评标报告并推荐中标候选人

根据《政府采购货物和服务招标投标管理办法》（财政部令第87号）第五十八条规定，评标委员会根据全体评标成员签字的原始评标记录和评标结果编写评标报告。评标报告应当包括以下内容：（1）招标公告刊登的媒体名称、开标日期和地点；（2）投标人名单和评标委员会成员名单；（3）评标方法和标准；（4）开标记录和评标情况及说明，包括无效投标人名单及原因；（5）评标结果，确定的中标候选人名单或者经采购人委托直接确定的中标人；（6）其他需要说明的情况，包括评标过程中投标人根据评标委员会要求进行的澄清、说明或者补正，评标委员会成员的更换等。

评标报告是评审阶段的综合性结论报告，实务中存在问题是，评审报告过于简略，只有一张打分汇总表和评审意见，以及推荐的中标候选人名单。在评标报告中对于废标情况的说明，对推荐的中标人的中标理由说明和对未中标人的未中标理由，评标委员会应当作出详细的说明。

（六）评审中有关事项的处理

1. 对投标文件报价前后不一致的修正。《政府采购货物和服务招标投标管理办法》（财政部令第87号）第五十九条规定，投标文件报价出现前后不一致的，除招标文件另有规定外，按照下列规定修正：（1）投标文件中开标一览表（报价表）内容与投标文件中相应内容不一致的，以开标一览表（报价表）为准；（2）大写金额和小写金额不一致的，以大写金额为准；（3）单价金额小数点或者百分比有明显错位的，以开标一览表的总价为准，并修改单价；（4）总价金额与按单价汇总金额不一致的，以单价金额计算结果为准。同时出现两种以上不一致的，按照前款规定的顺序修正。修正后的报价按照本办法第五十一条第二款的规定经投标人确认后产生约束力，投标人不确认的，其投标无效。

2. 对投标报价明显低于其他投标人的处理。《政府采购货物和服务招标投标管理办法》（财政部令第87号）第六十条规定，评标委员会认为投标人的报价明显低于其他通过符合性审查投标人的报价，有可能影响产品质量或者不能诚信履约的，应当要求其在评标现场合理的时间内提供书面说明，必要时提交相关证明材料；投标人不能证明其报价合理性的，评标委员会应当将其作为无效投标处理。

3. 对评审事项存在争议的处理。《政府采购法实施条例》第四十一条规定，评标委员会、竞争性谈判小组或者询价小组成员应当在评审报告上签字，对自己的评审意见承担法律责任。对评审报告有异议的，应当在评审报告上签署不同意见，并说明理由，否则视为同意评审报告。《政府采购货物和服务招标投标管理办法》（财政部令第87号）第六十一条规定，评标委员会成员对需要共同认定的事项存在争议的，应当按照少数服从多数的原则作出结论。持不同意见的评标委员会成员应当在评标报告上签署不同意见及理由，否则视为同意评标报告。

4. 对采购文件存在问题导致评审无法进行的处理。《政府采购法实施条例》第四十一条规定，采购文件内容违反国家有关强制性规定的，评标委员会、竞争性谈判小组或者询价小组应当停止评审并向采购人或者采购代理机构说明情况。《政府采购货物和服务招标投标管理办法》（财政部令第87号）第六十五条规定，评标委员会发现招标文件存在歧义、重大缺陷导致评标工作无法进行，或者招标文件内容违反国家有关强制性规定的，应当停止评标工作，与采购人或者采购代理机构沟通并作书面记录。采购人或者采购代理机构确认后，应当修改招标文件，重新组织采购活动。

5. 复核、重新评审的除外情形及程序要求。《政府采购货物和服务招标投标管理办法》（财政部令第87号）第六十四条规定，评标结果汇总完成后，除下列情形外，任何人不得修改评标结果：（1）分值汇总计算错误的；（2）分项评分超出评分标准范围的；（3）评标委员会成员对客观评审因素评分不一致的；（4）经评标委员会认定评分畸高、畸低的。评标报告签署前，经复核发现存在以上情形之一的，评标委员会应当当场修改评标结果，并在评标报告中记载；评标报告签署后，采购人或者采购代理机构发现存在以上情形之一的，应当组织原评标委员会进行重新评审，重新评审改变评标结果的，书面报告本级财政部门。投标人对本条第一款情形提出质疑的，采购人或者采购代理机构可以组织原评标委员会进行重新评审，重新评审改变评标结果的，应当书面报告本级财政部门。

6. 履职记录。《政府采购法实施条例》第六十二条规定，采购人或者采购代理机构应当对评审专家在政府采购活动中的职责履行情况予以记录，并及时向财政部门报告。《政府采购评审专家管理办法》（财库〔2016〕198号）第二十一条规定，采购人或者采购代理机构应当于评审活动结束后5个工作日内，在政府采购信用评价系统中记录评审专家的职责履行情况。评审专家可以在政府采购信用评价系统中查询本人职责履行情况记录，并就有关情况作出说明。

附：评标报告格式

评 标 报 告

项目名称：

项目编号：

评标时间：

一、采购项目概况

项目名称：

采购资金：

招标方式：

二、招标情况简介

1. 招标信息发布时间：

2. 招标文件发售时间：

3. 招标文件发售份数：

4. 投标截止时间：

5. 开标时间：

6. 至投标截止时送达投标书份数：

7. 参与开标供应商数：

8. 评标地点：

9. 评标时间：

三、评标委员会组成

姓名	单位	职务/职称	手机	成员身份

四、评标方法与标准

见招标文件

五、评标程序

1. 投标文件审查和评价
2. 综合评定
3. 推荐中标候选人

六、评标结论

七、推荐的中标候选人

根据本次评标委员会的评审和推荐：

1.
2.
3.

八、评标附件

附件1. 开标记录表（略）

附件2. 评标委员评标记录（略）

附件3. 政府采购咨询专家需求表（略）

(七) 串通投标的认定与处理

《政府采购法》第二十五条规定，政府采购当事人不得相互串通损害国家利益、社会公共利益和其他当事人的合法权益；不得以任何手段排斥其他供应商参与竞争。

1. 恶意串通的认定及法律责任。《政府采购法实施条例》第七十四条规定，有下列情形之一的，属于恶意串通，对供应商依照《政府采购法》第七十七条第一款的规定追究法律责任，对采购人、采购代理机构及其工作人员依照《政府采购法》第七十二条的规定追究法律责任：（1）供应商直接或者间接从采购人或者采购代理机构处获得其他供应商的相关情况并修改其投标文件或者响应文件；（2）供应商按照采购人或者采购代理机构的授意撤换、修改投标文件或者响应文件；（3）供应商之间协商报价、技术方案等投标文件或者响应文件的实质性内容；（4）属于同一集团、协会、商会等组织成员的供应商按照该组织要求协同参加政府采购活动；（5）供应商之间事先约定由某一特定供应商中标、成交；（6）供应商之间商定部分供应商放弃参加政府采购活动或者放弃中标、成交；（7）供应商与采购人或者采购代理机构之间、供应商相互之间，为谋求特定供应商中标、成交或者排斥其他供应商的其他串通行为。根据《政府采购法》第七十七条规定，供应商有下列情形之一的，处以采购金额千分之五以上千分之十以下的罚款，列入不良行为记录名单，在一至三年内禁止参加政府采购活动，有违法所得的，并处没收违法所得，情节严重的，由工商行政管理机关吊销营业执照；构成犯罪的，依法追究刑事责任：与采购人、其他供应商或者采购代理机构恶意串通的；……供应商有前款第（1）至（5）项情形之一的，中标、成交无效。

2. 串通投标的认定及处理。《政府采购货物和服务招标投标管理办法》（财政部令第87号）第三十七条规定，有下列情形之一的，视为投标人串通投标，其投标无效：（1）不同投标人的投标文件由同一单位或者个人编制；（2）不同投标人委托同一单位或者个人办理投标事宜；（3）不同投标人的投标文件载明的项目管理成员或者联系人员为同一人；（4）不同投标人的投标文件异常一致或者投标报价呈规律性差异；（5）不同投标人的投标文件相互混装；（6）不同投标人的投标保证金从同一单位或者个人的账户转出。第三十六条规定，投标人应当遵循公平竞争的原则，不得恶意串通，不得妨碍其他投标人的竞争行为，不得损害采购人或者其他投标人的合法权益。在评标过程中发现投标人有上述情形的，评标委员会应当认定其投标无效，并书面报告本级财政部门。

十一、中标人的确认与中标通知书

在评审之后采购合同签订之前的这一阶段，实务中应当注意以下两个操作环节：

（一）中标、成交供应商确定

1. 确定时间及要求。《政府采购法实施条例》第四十三条规定，采购代理机构应当自评审结束之日起 2 个工作日内将评审报告送交采购人。采购人应当自收到评审报告之日起 5 个工作日内在评审报告推荐的中标或者成交候选人中按顺序确定中标或者成交供应商。《政府采购货物和服务招标投标管理办法》（财政部令第 87 号）第六十八条规定，采购代理机构应当在评标结束后 2 个工作日内将评标报告送采购人。采购人自行组织招标的，应当在评标结束后 5 个工作日内确定中标人。

2. 采购人按顺序确定。《政府采购货物和服务招标投标管理办法》（财政部令第 87 号）第六十八条规定，采购人应当自收到评标报告之日起 5 个工作日内，在评标报告确定的中标候选人名单中按顺序确定中标人。中标候选人并列的，由采购人或者采购人委托评标委员会按照招标文件规定的方式确定中标人；招标文件未规定的，采取随机抽取的方式确定。采购人在收到评标报告 5 个工作日内未按评标报告推荐的中标候选人顺序确定中标人，又不能说明合法理由的，视同按评标报告推荐的顺序确定排名第一的中标候选人为中标人。

在中标人的确认过程中，实务中存在以下问题：一是采购人以种种理由拒绝确认第一顺序的中标候选人。2017 年 10 月 1 日实施的《政府采购货物和服务招标投标管理办法》（财政部令第 87 号）对此作了明确：采购人在收到评标报告 5 个工作日内未按评标报告推荐的中标候选人顺序确定中标人，又不能说明合法理由的，视同按评标报告推荐的顺序确定排名第一的中标候选人为中标人。二是中标人放弃中标如何处理。根据《政府采购法实施条例》第四十九条规定，中标或者成交供应商拒绝与采购人签订合同的，采购人可以按照评审报告推荐的中标或者成交候选人名单排序，确定下一候选人为中标或者成交供应商，也可以重新开展政府采购活动。

（二）中标、成交通知书及结果公告

《政府采购法实施条例》第四十三条规定，采购人或者采购代理机构应当自

中标、成交供应商确定之日起 2 个工作日内，发出中标、成交通知书，并在省级以上人民政府财政部门指定的媒体上公告中标、成交结果，招标文件、竞争性谈判文件、询价通知书随中标、成交结果同时公告。《政府采购货物和服务招标投标管理办法》（财政部令第 87 号）第六十九条规定，采购人或者采购代理机构应当自中标人确定之日起 2 个工作日内，在省级以上财政部门指定的媒体上公告中标结果，招标文件应当随中标结果同时公告。中标公告期限为 1 个工作日。

中标人确定后，招标人应当向中标人发出中标通知书。中标通知书是指招标文件确定中标人后向中标人发出的通知其中标的书面凭证。中标通知书的内容应当简明扼要，一般只需告知招标项目已经由其中标，并确定签订合同的时间、地点即可。中标通知书是招标人同意接受中标的投标人的投标条件即同意接受该投标人的要约的意思表示，在法律性质上，中标通知书属于承诺，中标通知到达投标人时产生法律效力。

1. 公告内容。《政府采购法实施条例》第四十三条规定，中标、成交结果公告内容应当包括采购人和采购代理机构的名称、地址、联系方式，项目名称和项目编号，中标或者成交供应商名称、地址和中标或者成交金额，主要中标或者成交标的的名称、规格型号、数量、单价、服务要求以及评审专家名单。《政府采购货物和服务招标投标管理办法》（财政部令第 87 号）第六十九条规定，中标结果公告内容应当包括采购人及其委托的采购代理机构的名称、地址、联系方式，项目名称和项目编号，中标人名称、地址和中标金额，主要中标标的的名称、规格型号、数量、单价、服务要求，中标公告期限以及评审专家名单。

2. 邀请招标推荐潜在投标人的，应当公告推荐名单和理由。《政府采购货物和服务招标投标管理办法》（财政部令第 87 号）第六十九条规定，邀请招标采购人采用书面推荐方式产生符合资格条件的潜在投标人的，还应当将所有被推荐供应商名单和推荐理由随中标结果同时公告。

3. 未通过资格审查的，应当告知原因；采用综合评分法评审的还应当告知未中标人的评审得分与排序。《政府采购货物和服务招标投标管理办法》（财政部令第 87 号）第六十九条规定，在公告中标结果的同时，采购人或者采购代理机构应当向中标人发出中标通知书；对未通过资格审查的投标人，应当告知其未通过的原因；采用综合评分法评审的，还应当告知未中标人其本人的评审得分与排序。

（三）中标通知书的法律效力

《政府采购法》第四十六条规定，中标、成交通知书对采购人和中标、成交供应商均具有法律效力。中标、成交通知书发出后，采购人改变中标、成交结果的，或者中标、成交供应商放弃中标、成交项目的，应当依法承担法律责任。

1. 中标通知书发出后，采购人不得违法改变中标结果，中标人无正当理由不得放弃中标。《政府采购货物和服务招标投标管理办法》（财政部令第87号）第七十条规定，中标通知书发出后，采购人不得违法改变中标结果，中标人无正当理由不得放弃中标。

2. 中标通知书对招标人和中标人具有法律效力。即中标通知书对招标人和中标人都具有法律的约束力。中标通知书生效后，采购人改变中标结果的，或者中标人放弃中标项目的，应当依法承担法律责任。具体而言，中标通知发出后，除不可抗力外，采购人改变中标结果的，如改变中标人，或者无正当理由取消项目。采购人改变招标结果给中标人造成损失的，应当赔偿损失；如果中标人放弃中标，或者拒绝与采购人签订合同的，其投标保证金不予退还，给招标人造成损失的，应当赔偿损失。采购人和中标人承担的上述法律责任属于缔约上的过失责任。所谓缔约上的过失责任，依照《合同法》的规定，是指当事人在订立合同过程中，因违背诚实信用原则而给对方造成损失的损害赔偿责任。

十二、履约验收

（一）履约验收的组织

《政府采购法》第四十一条规定，采购人或者其委托的采购代理机构应当组织对供应商履约的验收。大型或者复杂的政府采购项目，应当邀请国家认可的质量检测机构参加验收工作。验收方成员应当在验收书上签字，并承担相应的法律责任。《财政部关于进一步加强政府采购需求和履约验收管理的指导意见》（财库〔2016〕205号）明确，验收的主体是采购人。采购人应当根据采购项目的具体情况，自行组织项目验收或者委托采购代理机构验收。采购人委托采购代理机构进行履约验收的，应当对验收结果进行书面确认。

（二）履约验收的基本要求

《政府采购法实施条例》第四十五条规定，采购人或者采购代理机构应当按照政府采购合同规定的技术、服务、安全标准组织对供应商履约情况进行验收，并出具验收书。验收书应当包括每一项技术、服务、安全标准的履约情况。

1. 向社会提供的公共服务项目，应当邀请服务对象参与验收，并公告结果。根据《政府采购法实施条例》第四十五条，政府向社会公众提供的公共服务项目,验收时应当邀请服务对象参与并出具意见,验收结果应当向社会公告。

2. 可邀请其他投标人或第三方机构参与验收。《政府采购货物和服务招标投标管理办法》(财政部令第 87 号)第七十四条规定,采购人应当及时对采购项目进行验收。采购人可以邀请参加本项目的其他投标人或者第三方机构参与验收。参与验收的投标人或者第三方机构的意见作为验收书的参考资料一并存档。

(三) 加强履约验收管理

1. 完整细化编制验收方案。采购人或其委托的采购代理机构应当根据项目特点制定验收方案,明确履约验收的时间、方式、程序等内容。技术复杂、社会影响较大的货物类项目,可以根据需要设置出厂检验、到货检验、安装调试检验、配套服务检验等多重验收环节;服务类项目,可根据项目特点对服务期内的服务实施情况进行分期考核,结合考核情况和服务效果进行验收;工程类项目应当按照行业管理部门规定的标准、方法和内容进行验收。

2. 完善验收方式。对于采购人和使用人分离的采购项目,应当邀请实际使用人参与验收。采购人、采购代理机构可以邀请参加本项目的其他供应商或第三方专业机构及专家参与验收,相关验收意见作为验收书的参考资料。政府向社会公众提供的公共服务项目,验收时应当邀请服务对象参与并出具意见,验收结果应当向社会公告。

3. 严格按照采购合同开展履约验收。采购人或者采购代理机构应当成立验收小组,按照采购合同的约定对供应商履约情况进行验收。验收时,应当按照采购合同的约定对每一项技术、服务、安全标准的履约情况进行确认。验收结束后,应当出具验收书,列明各项标准的验收情况及项目总体评价,由验收双方共同签署。验收结果应当与采购合同约定的资金支付及履约保证金返还条件挂钩。履约验收的各项资料应当存档备查。

4. 严格落实履约验收责任。验收合格的项目,采购人应当根据采购合同的约定及时向供应商支付采购资金、退还履约保证金。验收不合格的项目,采购人应当依法及时处理。采购合同的履行、违约责任和解决争议的方式等适用《中华人民共和国合同法》。供应商在履约过程中有政府采购法律法规规定的违法违规情形的,采购人应当及时报告本级财政部门。

第十三章　非招标采购的程序及注意事项

一、竞争性谈判采购

1. 竞争性谈判程序。（1）成立谈判小组。谈判小组由采购人的代表和有关专家共三人以上的单数组成，其中专家的人数不得少于成员总数的三分之二。（2）制定谈判文件。谈判文件应当明确谈判程序、谈判内容、合同草案的条款以及评定成交的标准等事项。（3）确定邀请参加谈判的供应商名单。谈判小组从符合相应资格条件的供应商名单中确定不少于3家的供应商参加谈判，并向其提供谈判文件。（4）谈判。谈判小组所有成员集中与单一供应商分别进行谈判。在谈判中，谈判的任何一方不得透露与谈判有关的其他供应商的技术资料、价格和其他信息。谈判文件有实质性变动的，谈判小组应当以书面形式通知所有参加谈判的供应商。（5）确定成交供应商。谈判结束后，谈判小组应当要求所有参加谈判的供应商在规定时间内进行最后报价，采购人从谈判小组提出的成交候选人中根据符合采购需求、质量和服务相等且报价最低的原则确定成交供应商，并将结果通知所有参加谈判的未成交的供应商。

2. 需求不确定的竞争性谈判程序。根据《政府采购法实施条例》第三十五条规定，谈判文件不能完整、明确列明采购需求，需要由供应商提供最终设计方案或者解决方案的，在谈判结束后，谈判小组应当按照少数服从多数的原则投票推荐3家以上供应商的设计方案或者解决方案，并要求其在规定时间内提交最后报价。

3. 关于质量和服务相等的含义。《政府采购法实施条例》第三十七条明确，政府采购法第三十八条第五项、第四十条第四项所称质量和服务相等，是指供应商提供的产品质量和服务均能满足采购文件规定的实质性要求。

4. 谈判文件发出及澄清修改。《政府采购非招标采购方式管理办法》（财政部令第74号）第二十九条规定，从谈判文件发出之日起至供应商提交首次响应文件截止之日止不得少于3个工作日。提交首次响应文件截止之日前，采购人、采购代理机构或者谈判小组可以对已发出的谈判文件进行必要的澄清或者修改，澄清或者修改的内容作为谈判文件的组成部分。澄清或者修改的内容可能影响响应文件编制的，采购人、采购代理机构或者谈判小组应当在提交首次响应文件截止之日3个工作日前，以书面形式通知所有接收谈判文件的供应商，不足3个工作日的，应当顺延提交首次响应文件截止之日。

5. 评审与谈判。 谈判小组应当对响应文件进行评审，并根据谈判文件规定的程序、评定成交的标准等事项与实质性响应谈判文件要求的供应商进行谈判。未实质性响应谈判文件的响应文件按无效处理，谈判小组应当告知有关供应商。谈判小组所有成员应当集中与单一供应商分别进行谈判，并给予所有参加谈判的供应商平等的谈判机会。在谈判过程中，谈判小组可以根据谈判文件和谈判情况实质性变动采购需求中的技术、服务要求以及合同草案条款，但不得变动谈判文件中的其他内容。实质性变动的内容，须经采购人代表确认。对谈判文件作出的实质性变动是谈判文件的有效组成部分，谈判小组应当及时以书面形式同时通知所有参加谈判的供应商。供应商应当按照谈判文件的变动情况和谈判小组的要求重新提交响应文件，并由其法定代表人或授权代表签字或者加盖公章。由授权代表签字的，应当附法定代表人授权书。供应商为自然人的，应当由本人签字并附身份证明。谈判文件能够详细列明采购标的的技术、服务要求的，谈判结束后，谈判小组应当要求所有继续参加谈判的供应商在规定时间内提交最后报价，提交最后报价的供应商不得少于3家。谈判文件不能详细列明采购标的的技术、服务要求，需经谈判由供应商提供最终设计方案或解决方案的，谈判结束后，谈判小组应当按照少数服从多数的原则投票推荐3家以上供应商的设计方案或者解决方案，并要求其在规定时间内提交最后报价。最后报价是供应商响应文件的有效组成部分。已提交响应文件的供应商，在提交最后报价之前，可以根据谈判情况退出谈判。采购人、采购代理机构应当退还退出谈判的供应商的保证金。

6. 编写评审报告，确定成交供应商。《政府采购非招标采购方式管理办法》（财政部令第74号）第三十五条规定，谈判小组应当从质量和服务均能满足采购文件实质性响应要求的供应商中，按照最后报价由低到高的顺序提出3名以上成交候选人，并编写评审报告。采购代理机构应当在评审结束后2个工作日内将评审报告送采购人确认。采购人应当在收到评审报告后5个工作日内，从评审报告提出的成交候选人中，根据质量和服务均能满足采购文件实质性响应要求且最后报价最低的原则确定成交供应商，也可以书面授权谈判小组直接确定成交供应商。采购人逾期未确定成交供应商且不提出异议的，视为确定评审报告提出的最后报价最低的供应商为成交供应商。

7. 终止情形及处理。《政府采购非招标采购方式管理办法》（财政部令第 74 号）第三十七条规定，出现下列情形之一的，采购人或者采购代理机构应当终止竞争性谈判采购活动，发布项目终止公告并说明原因，重新开展采购活动：（1）因情况变化，不再符合规定的竞争性谈判采购方式适用情形的；（2）出现影响采购公正的违法、违规行为的；（3）在采购过程中符合竞争要求的供应商或者报价未超过采购预算的供应商不足 3 家的，但本办法第二十七条第二款规定的情形除外。

附：竞争性谈判文件参考格式

竞争性谈判文件

项目编号：_____

项目名称：_____

采 购 人：_____

采购代理机构：_____

_____年_____月_____日

根据《中华人民共和国政府采购法》之有关规定，(采购代理机构) 受采购人____(采购人名称)____委托，对下列货物或服务采用竞争性谈判方式采购，请对本采购项目感兴趣的供应商，按照以下竞争性谈判文件的要求提供资料：

一、货物或服务需求

1. 项目名称和项目编号：
2. 货物或服务内容：
3. 数量：
4. 技术要求：见附件1
5. 其他要求：见附件2

上述技术要求和其他要求，仅作为供应商编制响应性文件和参加谈判时之参考。通过谈判，最终确定符合采购需求的技术指标及相关要求。

二、交货方式

成交供应商根据采购人确定的地址以及货物品种或服务、数量和时间等，按时送货上门或按时提供服务。

三、提供资料和截止时间

对上述采购项目感兴趣的供应商，请于____(时间)____前向____(采购代理机构名称)____于____(地点)____提供下列响应性资料（见附件3）：

1. 法定代表人授权书；
2. 应谈承诺书；
3. 报价一览表；
4. 分项报价表；
5. 商务条款响应/偏离表；
6. 技术条款响应/偏离表；
7. 售后服务承诺书；
8. 最近三年内完成的类似或相同项目业绩清单；
9. 供应产品技术规格书及样本；
10. 资质文件；
11. 其他资料。

四、谈判通知

请各供应商于____(谈判时间)____至____(谈判地点)____进行谈判，逾期不候。

五、组织谈判

本次谈判，将根据谈判小组的安排和要求进行。请参加谈判的供应商事先做好时间安排和谈判准备，根据通知的安排，携带有关谈判资料准时参加谈判。谈判结束后，供应商应根据谈判中确定的内容和时间进行一次最终报价，并将报价文件投入谈判小组设置的密封的报价箱内。

六、谈判程序和评审

1. 供应商按签到顺序递交响应文件；
2. 按照签到顺序，由谈判小组与供应商分别进行谈判；
3. 第一轮谈判结束后，各供应商进行再次报价；
4. 最终报价后，由谈判小组根据成交原则，确定成交供应商。

所有谈判和最终报价结束后，由谈判小组打开密封的报价，对合格的响应文件进行评审，在符合采购需求、质量和服务相等的前提下，确定最低报价的供应商作为成交供应商。

七、成交结果通知

成交结果将通过政府采购网发布公告，通知所有参加本次采购活动的供应商。

成交供应商应在收到《成交结果通知书》的 30 天之内与买方签订合同。

联系地址：

联系电话：

传真电话：

联 系 人：

电子邮箱：

_____（采购机构）

附件1：技术要求（略）

附件2：其他要求（略）

附件3：响应文件格式

附件 3-1

授权委托书
（竞争性谈判项目）

兹委托_____先生/女士为委托人(单位名称)之特别授权代理人参加由贵单位组织的(项目名称)竞争性谈判。代理人在代理期间并在代理权限内行使代理权，其行为委托人承担全部法律责任，同时，代理人不得再另行委托。

代理权限：提交响应资料和文件、参加竞争性谈判、变更或撤销响应性文件、签署最终报价文件、签订政府采购合同。

此致

　　　　　　　　　　　　　　　　　_____（采购机构）

委托人（盖章）：
法定代表人（签字）：
住所：
邮编：
电话：
传真：

受托人（代理人）（签字）：
住所：
身份证号码：
邮编：
电话：
传真：

附件3-2

报价一览表（1）
首轮报价表

设备名称：_____

项目编号：_____

报价单位名称：_____

货物或服务名称	规格型号	数量	总价（元）	质量保证期	交货期
合计					
最终报价（大写）					

报价说明：上述最终报价的供货范围详见我单位的本次响应文件和谈判记录

报价人授权代表签字：_____

日期：_____年_____月_____日

附件 3-3

报价一览表（2）
竞争性谈判最终报价文件

设备名称：_____
项目编号：_____
谈判供应商名称：_____

货物或服务名称	规格型号	数量	总价（元）	质量保证期	交货期
合计					
最终报价（大写）					
报价说明：上述最终报价的供货范围详见我单位的本次响应文件和谈判记录						

报价人授权代表签字：_____
日期：_____年_____月_____日

附件 3-4

商务条款响应/偏离表

设备名称：_____

项目编号：_____

谈判供应商名称：_____

序号	招标文件条目号	谈判文件商务条款	响应性文件的商务条款	响应/偏离	说明

报价人授权代表签字：_____

日期：_____年_____月_____日

附件 3-5

技术规格响应/偏离表

设备名称：_____

项目编号：_____

谈判供应商名称：_____

序号	货物名称	谈判文件规格	响应性文件规格	响应/偏离	说明

报价人授权代表签字：_____

日期：_____年_____月_____日

二、询价采购

询价采购是指询价小组向符合资格条件的供应商发出采购货物询价通知书,要求供应商一次报出不得更改的价格,采购人从询价小组提出的成交候选人中确定成交供应商的采购方式。询价采购的货物应符合三个条件:(1)货物规格、标准统一;(2)现货货源充足;(3)价格变化幅度小。选择适用询价采购应根据上述条件。

1. 询价程序。(1)成立询价小组。询价小组由采购人的代表和有关专家共三人以上的单数组成,其中专家的人数不得少于成员总数的三分之二。询价小组应当对采购项目的价格构成和评定成交的标准等事项作出规定。(2)确定被询价的供应商名单。询价小组根据采购需求,从符合相应资格条件的供应商名单中确定不少于三家的供应商,并向其发出询价通知书让其报价。(3)询价。询价小组要求被询价的供应商一次报出不得更改的价格。(4)确定成交供应商。采购人根据符合采购需求、质量和服务相等且报价最低的原则确定成交供应商,并将结果通知所有被询价的未成交的供应商。

2. 询价中的合同条款。询价通知书应当根据采购需求确定政府采购合同条款。在询价过程中,询价小组不得改变询价通知书所确定的政府采购合同条款。

3. 询价通知书发出及澄清修改。从询价通知书发出之日起至供应商提交响应文件截止之日止不得少于3个工作日。提交响应文件截止之日前,采购人、采购代理机构或者询价小组可以对已发出的询价通知书进行必要的澄清或者修改,澄清或者修改的内容作为询价通知书的组成部分。澄清或者修改的内容可能影响响应文件编制的,采购人、采购代理机构或者询价小组应当在提交响应文件截止之日3个工作日前,以书面形式通知所有接收询价通知书的供应商,不足3个工作日的,应当顺延提交响应文件截止之日。

4. 询价中不得改变相关事项。询价小组在询价过程中,不得改变询价通知书所确定的技术和服务等要求、评审程序、评定成交的标准和合同文本等事项。

5. 按规定一次报价不得更改。参加询价采购活动的供应商,应当按照询价通知书的规定一次报出不得更改的价格。

6. 编写评审报告,确定成交供应商。询价小组应当从质量和服务均能满足采购文件实质性响应要求的供应商中,按照报价由低到高的顺序提出3名以上成交候选人,并编写评审报告。采购代理机构应当在评审结束后 2 个工作日内将评审报告送采购人确认。采购人应当在收到评审报告后 5 个工作日内,从评审报告提出的成交候选人中,根据质量和服务均能满足采购文件实质性响应要求且报价最低的原则确定成交供应商,也可以书面授权询价小组直接确定成交供应商。采购人逾期未确定成交供应商且不提出异议的,视为确定评审报告提出的最后报价最低的供应商为成交供应商。

7. 终止情形及处理。出现下列情形之一的,采购人或者采购代理机构应当终止询价采购活动,发布项目终止公告并说明原因,重新开展采购活动:(1)因情况变化,不再符合规定的询价采购方式适用情形的;(2)出现影响采购公正的违法、违规行为的;(3)在采购过程中符合竞争要求的供应商或者报价未超过采购预算的供应商不足 3 家的。

附:询价采购文件参考格式

询价采购文件

项目编号：_____

项目名称：_____

采 购 人：_____

采购代理机构：_____

_____年_____月_____日

询价采购文件

根据《中华人民共和国政府采购法》之规定，＿＿（招标代理机构）＿＿受采购人＿＿（委托人名称）＿＿委托，对下列货物或服务进行询价采购，请对本采购信息感兴趣的供应商按照以下询价文件的要求进行报价：

一、货物需求

1. 项目名称和项目编号：
2. 货物或服务内容：
3. 数量：
4. 技术要求：见附件1
5. 其他要求：见附件2

二、供货方式

成交供应商根据采购人确定的地址以及货物品种、数量和时间等，按时送货上门，并根据合同的规定进行验收。送货等费用应包含在单价中。

三、提供资料和截止时间

对上述采购信息感兴趣的供应商，请于＿＿（时间）＿＿前向＿＿（招标代理机构名称）＿＿于＿＿（地点）＿＿提供下列响应资料（见附件3）：

1. 法定代表人授权书；
2. 响应性文件；
3. 报价一览表；
4. 分项报价表；
5. 商务条款响应/偏离表；
6. 技术条款响应/偏离表；
7. 售后服务承诺书；
8. 货物图样、主要技术性能、主要技术指标和具体配置资料；
9. 其他。

四、报价截止时间

请各供应商于＿＿（时间）＿＿至＿＿（地点）＿＿提交上述询价文件。

五、组织询价

采购代理机构组织询价小组进行询价。

六、报价评审

报价截止时间后，对收到的合格的报价文件组织评审，在符合采购需求、质量和服务相等的前提下，以提出最低报价的供应商作为成交供应商。

七、成交结果通知

成交结果将通过政府采购网发布采购结果公告,通知所有参加本次采购活动的供应商。

成交供应商应在收到《成交结果通知书》的 7 天之内与买方签订合同。

联系地址:

联系电话:

传真电话:

联系人:

电子邮箱:

_____(采购机构)

附件 1:技术要求(略)

附件 2:其他要求(略)

附件 3:响应文件格式

附件 3-1

授权委托书

(询价采购项目)

兹委托_____先生/女士为委托人(单位名称)之特别授权代理人参加由贵中心组织的(项目名称)询价采购。代理人在代理期间并在代理权限内行使代理权,其行为委托人承担全部法律责任,同时,代理人不得再另行委托。

代理权限:提交响应资料和文件、变更或撤销响应性文件、签订政府采购合同。

此致

           _____(采购机构)

委托人(盖章):
法定代表人(签字):
住所:
邮编:
电话:
传真:

受托人(代理人)(签字):
住所:
身份证号码:
邮编:
电话:
传真:

附件 3-2

报价表

设备名称：_____
项目编号：_____
报价单位名称：_____

货物或服务名称	规格型号	数量	总价（元）	质量保证期	交货期
合计					
最终报价（大写）					
报价说明：上述最终报价的供货范围详见我单位的本次响应文件					

报价人授权代表签字：_____

日期：_____年_____月_____日

三、单一来源采购

单一来源采购是指采购人从某一特定供应商处采购货物、工程和服务的采购方式。

1. 操作程序。采取单一来源方式采购的,采购人与供应商应当遵循《政府采购法》规定的原则,在保证采购项目质量和双方商定合理价格的基础上进行采购。

2. 唯一情形应当公示。达到公开招标数额标准,符合《政府采购法》第三十一条第一项规定情形,只能从唯一供应商处采购的,采购人应当将采购项目信息和唯一供应商名称在省级以上人民政府财政部门指定的媒体上公示,公示期不得少于5个工作日。

3. 公示内容及要求。属于《政府采购法》第三十一条第一项情形,且达到公开招标数额的货物、服务项目,拟采用单一来源采购方式的,采购人、采购代理机构在按照本办法第四条报财政部门批准之前,应当在省级以上财政部门指定媒体上公示,并将公示情况一并报财政部门。公示期不得少于5个工作日,公示内容应当包括:(1)采购人、采购项目名称和内容;(2)拟采购的货物或者服务的说明;(3)采用单一来源采购方式的原因及相关说明;(4)拟定的唯一供应商名称、地址;(5)专业人员对相关供应商因专利、专有技术等原因具有唯一性的具体论证意见,以及专业人员的姓名、工作单位和职称;(6)公示的期限;(7)采购人、采购代理机构、财政部门的联系地址、联系人和联系电话。

4. 对公示有异议的处理。任何供应商、单位或者个人对采用单一来源采购方式公示有异议的,可以在公示期内将书面意见反馈给采购人、采购代理机构,并同时抄送相关财政部门。采购人、采购代理机构收到对采用单一来源采购方式公示的异议后,应当在公示期满后5个工作日内,组织补充论证,论证后认为异议成立的,应当依法采取其他采购方式;论证后认为异议不成立的,应当将异议意见、论证意见与公示情况一并报相关财政部门。采购人、采购代理机构应当将补充论证的结论告知提出异议的供应商、单位或者个人。

5. 商定合理价格,保证项目质量。采用单一来源采购方式采购的,采购人、采购代理机构应当组织具有相关经验的专业人员与供应商商定合理的成交价格并保证采购项目质量。

6. 编写协商记录及内容。单一来源采购人员应当编写协商情况记录,主要内容包括:(1)依据本办法第三十八条进行公示的,公示情况说明;(2)协商日期和地点，采购人员名单；（3）供应商提供的采购标的成本、同类项目合同价格以及相关专利、专有技术等情况说明；（4）合同主要条款及价格商定情况。协商情况记录应当由采购全体人员签字认可。对记录有异议的采购人员，应当签署不同意见并说明理由。采购人员拒绝在记录上签字又不书面说明其不同意见和理由的，视为同意。

7. 终止情形及处理。出现下列情形之一的，采购人或者采购代理机构应当终止采购活动，发布项目终止公告并说明原因，重新开展采购活动：（1）因情况变化，不再符合规定的单一来源采购方式适用情形的；（2）出现影响采购公正的违法、违规行为的；（3）报价超过采购预算的。

第十四章　政府采购合同及其法律适用

政府采购的过程大致包括两个阶段，即采购阶段和合同履行阶段。在采购阶段，采购人或者委托采购代理机构按照法定的方式和程序确定中标、成交供应商，亦即合同的订立阶段，依合同法的一般原理为要约与承诺行为。合同订立后，采购人和供应商依约履行合同义务。自《政府采购法》实施以来，财政部门依法行使政府采购的监督管理的职权。目前，财政部门对政府采购的监督管理侧重点在于采购阶段。而在中标、成交供应商确定后，如何依法签订政府采购合同，如何依法监督合同当事人履行合同义务，以及如何处理合同争议等问题，值得重视。如何明确政府采购合同的基本问题，加强财政部门的监督管理已成为政府采购合同管理的当务之急。本章就我国目前政府采购合同管理存在的问题进行分析，提出实务中加强政府采购合同管理的应对之策。

一、政府采购合同适用合同法

《政府采购法》第四十三条规定，政府采购合同适用合同法。采购人和供应商之间的权利和义务，应当按照平等、自愿的原则以合同方式约定。《政府采购货物和服务招标投标管理办法》（财政部令第87号）第七十三条规定，采购人与中标人应当根据合同的约定依法履行合同义务。政府采购合同的履行、违约责任和解决争议的方法等适用《中华人民共和国合同法》。

1. 政府采购合同应当采用书面形式。采购人可以委托采购代理机构代表其与供应商签订政府采购合同。由采购代理机构以采购人名义签订合同的，应当提交采购人的授权委托书，作为合同附件。

2. 签订合同的要求。《政府采购法》第四十六条规定，采购人与中标、成交供应商应当在中标、成交通知书发出之日起三十日内，按照采购文件确定的事项签订政府采购合同。《政府采购货物和服务招标投标管理办法》（财政部令第87号）第七十一条明确，采购人应当自中标通知书发出之日起30日内，按照招标文件和中标人投标文件的规定，与中标人签订书面合同。所签订的合同不得对招标文件确定的事项和中标人投标文件作实质性修改。采购人不得向中标人提出任何不合理的要求作为签订合同的条件。

3. 合同备案。《政府采购法》第四十七条规定，政府采购项目的采购合同自签订之日起7个工作日内，采购人应当将合同副本报同级政府采购监督管理部门和有关部门备案。

4. 分包履行合同。《政府采购法》第四十八条规定，经采购人同意，中标、成交供应商可以依法采取分包方式履行合同。政府采购合同分包履行的，中标、成交供应商就采购项目和分包项目向采购人负责，分包供应商就分包项目承担责任。

5. 补充合同。《政府采购法》第四十九条规定，政府采购合同履行中，采购人需追加与合同标的相同的货物、工程或者服务的，在不改变合同其他条款的前提下，可以与供应商协商签订补充合同，但所有补充合同的采购金额不得超过原合同采购金额的百分之十。

6. 不得擅自变更、中止合同。《政府采购法》第五十条规定，政府采购合同的双方当事人不得擅自变更、中止或者终止合同。政府采购合同继续履行将损害国家利益和社会公共利益的，双方当事人应当变更、中止或者终止合同。有过错的一方应当承担赔偿责任，双方都有过错的，各自承担相应的责任。

7. 供应商拒签合同的处理。《政府采购法实施条例》第四十九条规定，中标或者成交供应商拒绝与采购人签订合同的，采购人可以按照评审报告推荐的中标或者成交候选人名单排序，确定下一候选人为中标或者成交供应商，也可以重新开展政府采购活动。

8. 合同公告。《政府采购法实施条例》第五十条规定，采购人应当自政府采购合同签订之日起2个工作日内，将政府采购合同在省级以上人民政府财政部门指定的媒体上公告，但政府采购合同中涉及国家秘密、商业秘密的内容除外。

9. 暂停签订或暂停履行合同。《政府采购法实施条例》第五十四条规定，询问或者质疑事项可能影响中标、成交结果的，采购人应当暂停签订合同，已经签订合同的，应当中止履行合同。

二、目前政府采购合同管理存在的问题

（一）缺乏合同标准文本

《政府采购法》第四十五条规定，国务院政府采购监督管理部门应当会同国

务院有关部门，规定政府采购合同必须具备的条款。《政府采购法实施条例》第四十七条明确，国务院财政部门应当会同国务院有关部门制定政府采购合同标准文本。《政府采购货物和服务招标投标管理办法》（财政部令第87号）第七十二条明确了政府采购合同应当包括的内容：采购人与中标人的名称和住所、标的、数量、质量、价款或者报酬、履行期限及地点和方式、验收要求、违约责任、解决争议的方法等内容。目前，尚未有统一的政府采购合同示范文本，集中采购机构、采购代理机构和采购人所使用的合同文本五花八门。根据调研，货物的合同文本较多是根据世界银行招标文件所附合同文本为蓝本制定的，基本框架未变，只是条款根据《合同法》作相应的修改。工程合同文本是以建设部2004年建设工程施工合同示范文本为基础而制定，基本的合同条款依据示范文本，只是在合同的款项支付方式有不同的规定。还有使用行业主管部门制定的示范文本，如国际招标采购，其合同文本使用商务部的合同示范文本，系统集成则使用信息主管部门计算机信息系统集成合同示范文本，也有使用行业协会制定的示范文本，更有甚者使用供应商提供的合同文本，等等，不一而足，亟须政府采购监督管理部门统一规范。

（二）合同订立时间的拖延问题

《政府采购法》第四十六条规定，采购人与中标、成交供应商应当在中标、成交通知书发出之日起三十日内，按照采购文件确定的事项签订政府采购合同。《政府采购货物和服务招标投标管理办法》（财政部令第87号）第七十一条明确，采购人应当自中标通知书发出之日起30日内，按照招标文件和中标人投标文件的规定，与中标人签订书面合同。所签订的合同不得对招标文件确定的事项和中标人投标文件作实质性修改。采购人不得向中标人提出任何不合理的要求作为签订合同的条件。

一般情况下，采购人与供应商会在法定的时间内签订合同，但由于下列情形导致签约的延迟应当区别对待：一是采购人对采购结果不满意；二是供应商因发生履约不能；三是供应商质疑、投诉。针对第一种情形，可根据财政部令第87号处理。财政部令第87号第六十八条明确规定，采购人在收到评标报告5个工作日内未按评标报告推荐的中标候选人顺序确定中标人，又不能说明合法理由的，视同按评标报告推荐的顺序确定排名第一的中标候选人为中标人供应商。第二种情形，根据《政府采购法》第四十六条规定，中标、成交通知书对采购人和中标、成交供应商均具有法律效力。中标、成交通知书发出后，采购人改变中标、成交结果的，或者中标、成交供应商放弃中标、成交项目的，应当依法承担法律责任。供应商因自身原因履约不能而拒绝签订合同的，应没收其投标保证金，采购人依法确定第二中标、成交候选人为中标人、成交人。第三种情形，发生质疑、投诉的，有两种情形可以暂停。一是询问或者质疑事项可能影响中标、成交结果的，采购人应当根据《政府采购法实施条例》第五十四条规定，暂停签订合同，已经签订合同的，应当中止履行合同；二是财政部门在处理投诉事项期间，根据《政府采购法》《政府采购质疑和投诉办法》（财政部令第94号）规定，可以视具体情况书面通知采购人和采购代理机构暂停采购活动，暂停采购活动时间最长不得超过30日。采购人和采购代理机构收到暂停采购活动通知后应当立即中止采购活动，在法定的暂停期限结束前或者财政部门发出恢复采购活动通知前，不得进行该项采购活动。因此，当质疑、投诉发生时，应根据是否影响中标成交结果、财政部门是否发出暂停采购通知。如没有，采购人和供应商应当按照规定的程序签订合同。采购人无正当理由拒绝与中标、成交供应商签订合同的属违法行为，应依法处理。

（三）合同内容存在实质性变更采购文件的问题

合同应当按照采购文件确定的事项签订，不得实质性变更采购文件确定的内容。特别是招标项目，按照招标文件、中标人的投标文件和中标通知确定的内容，不得另行订立背离合同实质性内容的其他协议。但实务中，存在采购人与供应商不按照采购文件确定的事项签订合同的情况，最常见的情形是采购人与供应商进行商务谈判，所签订的合同与采购文件不一致。

（四）合同当事人擅自变更与解除合同问题

《政府采购法》第五十条规定，政府采购合同的双方当事人不得擅自变更、中止或者终止合同。但规定了两种可变更的法定情形，一是政府采购合同履行中，采购人需追加与合同标的相同的货物、工程或者服务的，在不改变合同其他条款的前提下，可以与供应商协商签订补充合同，但所有补充合同的采购金额不得超过原合同采购金额的10%。二是政府采购合同继续履行将损害国家利益和社会公共利益的，双方当事人应当变更、中止或者终止合同。有过错的一方应当承担赔偿责任；双方都有过错的，各自承担相应的责任。

但在实务中经常发生合同当事人擅自变更、解除或终止合同的现象。存在的主要问题有，擅自变更货物的规格型号，追加的数量超过合同金额的10%，采购人擅自终止合同的履行。造成这种情况的主要原因是，合同当事人往往认为，政府采购合同适用合同法，属于民事合同，而民事合同的当事人，可以通过协商变更、解除或终止合同。

(五) 合同验收环节存在的问题

《政府采购法》第四十一条规定，采购人或者其委托的采购代理机构应当组织对供应商履约的验收。大型或者复杂的政府采购项目，应当邀请国家认可的质量检测机构参加验收工作。验收方成员应当在验收书上签字，并承担相应的法律责任。验收的主体包括采购人、采购代理机构和国家认可的质量检测机构。但在实务中，存在重采购、轻验收的情况，验收环节比较薄弱，由此导致质量问题的争议。由于疏于验收所致的质量问题，采购人往往难以举证以致索赔无果。如某代理机构接受委托采购一批笔记本电脑，采购人使用一年多后才发现部分部件有问题，原厂商拒绝售后服务，导致合同纠纷。

(六) 关于合同的备案问题

根据《政府采购法》第四十七条规定，政府采购项目的采购合同自签订之日起七个工作日内，采购人应当将合同副本报同级政府采购监督管理部门和有关部门备案。但目前大多数地方尚未建立合同的备案制度，主要是受人员和保管场所的限制。一些地方是在付款时将合同作为申请付款的材料报送。由于未建立合同的备案制度，在合同履行前，财政部门无法了解合同的内容，也就难以对合同进行跟踪检查，合同当事人在合同履行过程中如果变更合同，财政部门难以监督。

三、政府采购合同的性质与法律适用

为加强政府采购合同的管理，首先必须明确政府采购合同的性质与政府采购合同的法律适用问题。

关于政府采购合同的性质，自起草政府采购法以来，一直有争论。大致有三种意见，一是行政合同说，二是民事合同说，三是折中说，即政府采购合同是特殊的民事合同，众说纷纭，莫衷一是。对于政府采购合同性质的理解，影响了政府采购合同的实务操作与管理。政府采购法及财政部令第87号明确了政府采购合同的法律适用。《政府采购法》第四十三条的规定，政府采购合同适用合同法。采购人和供应商之间的权利和义务，应当按照平等、自愿的原则以合同方式约定。《政府采购货物和服务招标投标管理办法》(财政部令第87号) 第七十三条明确，采购人与中标人应当根据合同的约定依法履行合同义务。政府采购合同的履行、违约责任和解决争议的方法等适用《中华人民共和国合同法》。实务操作应当严格依照法律的规定执行。政府采购合同适用《合同法》，而《合同法》所规定的合同是平等主体的自然人、法人、其他组织之间设立、变更、终止民事权利义务关系的协议。《合同法》第一百七十二条规定，招标投标买卖的当事人的权利和义务以及招标投标程序等，依照有关法律、法规的规定。所以，政府采购法中关于政府采购合同与合同法有不同的规定应适用政府采购法。

本书认为，就规范政府采购合同角度而言，《合同法》是一般法，《政府采购法》是特别法，法律适用的原则是特别法优于一般法。政府采购合同虽然适用合同法，但不能简单地把政府采购合同视为一般的民事合同，政府采购合同在适用合同法的同时，必须受政府采购法的规制，所以，应将政府采购合同视为特殊的民事合同。

政府采购合同适用《合同法》，应从以下几个方面考虑。

1. 政府采购合同要适用合同法的一般原则，主要是平等自愿原则、公平公正原则、诚实信用原则。政府采购人与供应商在订立政府采购合同时双方的法律地位是平等的，不存在隶属关系和强制关系，政府采购合同很大程度上还是双方自愿协商的产物，采购人和供应商的意志共同推动招标投标程序的进行，政府采购合同的最终达成是双方意思表示一致的结果。公平公正原则要求政府采购人平等对待供应商，在等价有偿的基础上订立政府采购合同。而诚实信用原则要求采购人和供应商以善意、诚实的态度订立、履行政府采购合同，特别是供应商不得有任何欺诈行为。

政府采购合同在遵循合同法的一般原则同时，还应当遵循以下原则，主要有公开性原则、竞争性原则和公共利益原则。公开性原则也称透明原则，要求政府采购的法律、采购程序和采购活动都必须向社会公开，以接受监督。以竞争的方式订立政府采购合同是政府采购的核心内容，竞争性原则是各国政府采购法律制度共同确认的重要原则。公共利益原则要求政府采购活动应服从社会公共利益，体现社会经济发展政策，符合国家利益。

2. 政府采购合同履行的一般规则可以适用合同法的一般规定。政府采购合同履行的一般规则，适用合同法，但政府采购合同的变更、解除、中止或终止应当适用政府采购法，政府采购当事人不得擅自变更、解除、中止或终止政府采购合同。这是政府采购合同在履行过程中与一般民事合同的重要区别。

3. 财政部门对政府采购合同的监督管理。第一，合同履行的监督权。在合同履行过程中，政府采购监督管理部门应依法对合同履行进行监督检查，行使对合同履行的检查权、撤销权等。第二，对违约供应商的制裁权。《政府采购法实施条例》第七十二条规定，供应商有下列情形之一的，依照《政府采购法》第七十七条第一款的规定追究法律责任：……（二）中标或者成交后无正当理由拒不与采购人签订政府采购合同；（三）未按照采购文件确定的事项签订政府采购合同；（四）将政府采购合同转包；（六）擅自变更、中止或者终止政府采购合同。供应商有前款第一项规定情形的，中标、成交无效。评审阶段资格发生变化，供应商未依照本条例第二十一条的规定通知采购人和采购代理机构的，处以采购金额5‰的罚款，列入不良行为记录名单，中标、成交无效。

四、加强政府采购合同管理的措施

（一）完善管理制度，加强监督检查

第一，加强合同签订环节的检查。督促采购人和中标、成交供应商在法定时间签订合同。针对采购人对中标、成交供应商不满而拒绝签订合同的情况，财政部门应就采购文件和采购过程进行检查，如果存在程序违法的问题，责令重新采购；如果发现评审过程存在问题有可能影响采购结果的，责令采购机构组织评标委员会重新评审；如果采购人无正当理由不与中标、成交供应商签订合同的则依据《政府采购法》第七十一条处理。

第二，完善合同的备案制度。按照《政府采购法》规定，要求采购人或其委托的采购代理机构自合同签订之日起七个工作日内将合同文本报财政部门备案。财政部门对报送备案的合同文本进行登记、核查和保管。在核查过程中发现的问题，应责令合同当事人纠正。如合同实质性改变采购文件的内容，应责令采购人重新签订合同。

第三，加强对履约过程的管理。检查的主要内容包括：合同当事人是否依约履行合同义务；是否擅自变更、解除合同；是否依约和依法进行合同验收等。特别是合同的变更，要求采购人严格按照《政府采购法》第四十九条和第五十条的规定执行。

第四，加强对违约供应商的处理。对违约供应商除采购人追究其违约责任外，采购人应将情况报告财政部门，财政部门可以将其违约行为记录在案，情节严重的，依据《政府采购法》《政府采购法实施条例》相关规定，给予罚款、列入不良行为记录名单，在一至三年内禁止其参加政府采购活动。

（二）明确合同内容，规范合同文本

1. 合同标准文本。根据《政府采购法》第四十五条规定，国务院政府采购监督管理部门应当会同国务院有关部门，规定政府采购合同必须具备的条款。

《政府采购法实施条例》第四十七条规定，国务院财政部门应当会同国务院有关部门制定政府采购合同标准文本。

2. 合同应当包括的内容。《合同法》第十二条规定了合同法一般条款，包括当事人的名称或者姓名和住所、标的、数量、质量、价款或者报酬、履行期限、地点和方式、违约责任、解决争议的方法等。《政府采购货物和服务招标投标管理办法》（财政部令第87号）第七十二条明确了政府采购合同应当包括的内容。包括采购人与中标人的名称和住所、标的、数量、质量、价款或者报酬、履行期限及地点和方式、验收要求、违约责任、解决争议的方法等。

政府采购合同除根据合同法规定一般条款之外，应根据《政府采购法》关于政府采购合同的规定而确定。主要包括以下几个方面：

（1）政府采购合同的内容必须按照采购文件确定的事项签订。《政府采购法》第四十六条规定，采购人与中标、成交供应商应当在中标、成交通知书发出之日起三十日内，按照采购文件确定的事项签订政府采购合同。《政府采购货物和服务招标投标管理办法》（财政部令第87号）第七十一条明确，采购人应当自中标通知书发出之日起30日内，按照招标文件和中标人投标文件的规定，与中标人签订书面合同。所签订的合同不得对招标文件确定的事项和中标人投标文件作实质性修改。采购人不得向中标人提出任何不合理的要求作为签订合同的条件。

（2）政府采购合同签订的时间。采购人与中标、成交供应商签订政府采购合同应当是在中标、成交通知书发出之日起三十日内。

（3）政府采购合同的备案。政府采购合同自签订之日起七个工作日内，采购人应当将合同副本报同级政府采购监督管理部门和有关部门备案。

（4）政府采购合同变更和解除的限制。《政府采购法》第五十条明确规定，政府采购合同的双方当事人不得擅自变更、中止或者终止合同。《政府采购法》规定了两种可变更的情形，一是政府采购合同继续履行将损害国家利益和社会公共利益的，双方当事人应当变更、中止或者终止合同。二是政府采购合同履行中，采购人需追加与合同标的相同的货物、工程或者服务的，在不改变合同其他条款的前提下，可以与供应商协商签订补充合同，但所有补充合同的采购金额不得超过原合同采购金额的百分之十。

（5）明确财政部门进行合同管理的职权，如合同撤销权的行使，应当规定相应的程序，避免撤销权的滥用。

上述内容应构成政府采购合同的必备条款。《合同法》第十二条规定，当事人可以参照各类合同的示范文本订立合同。由于没有统一的政府采购合同示范文本，目前全国政府采购合同文本五花八门，其弊端显而易见。建议财政部尽快制定统一的政府采购合同示范文本。

（三）适应电子采购，强化流程管理

为适应电子采购的要求，制定规范的合同文本，区分格式条款与非格式条款，指导合同当事人正确使用电子合同文本。电子合同文本的签章应符合《电子签名法》的要求，保证电子合同的有效性和真实性。合同的签订、履行的节点实现流程提示，便于财政部门的监督管理。同时实现与支付系统衔接，简化操作流程。电子合同的备案可在信息平台网络系统提交。

（四）建立调解机制，处理合同争议

合同争议的处理方式包括协商、调解、仲裁或诉讼，政府采购合同适用合同法。所以合同处理的途径按照民事合同的处理方式进行，这与采购阶段处理的方式迥异。

因履行合同发生的争议，政府采购监督管理部门应合同当事人的请求可以进行调解，调解适用自愿、合法的原则，当事人对调解不满意的，可以申请仲裁，或向人民法院提起诉讼。合同争议条款可以表述为：因履行合同发生的争议，由当事人协商，协商不成提交政府采购监督管理部门调解，调解不成可以申请仲裁或诉讼。根据或裁或诉的原则，由当事人在合同中约定。

五、合同订立、履行应注意的主要问题

（一）合同订立的形式

《政府采购法》第四十四条规定，政府采购合同应当采用书面形式。《合同法》规定，书面形式包括合同书、信件和数据电文（包括电报、电传、传真、电子数据交换和电子邮件）等。政府采购合同应当采取合同书的形式，在签订合同书后生效。

政府采购符合《合同法》第三十九条关于格式合同的规定。格式条款是当事人为了重复使用而预先拟定，并在订立合同时未与对方协商的条款。《合同法》第三十九条规定，采用格式条款订立合同的，提供格式条款的一方应当遵循公平原则确定当事人之间的权利和义务，并采取合理的方式提请对方注意免除或者限制其责任的条款，按照对方的要求，对该条款予以说明。

（二）合同的一般条款与特殊条款

《政府采购法》第四十五条规定，国务院政府采购监督管理部门应当会同国

务院有关部门,规定政府采购合同必须具备的条款。

《合同法》规定合同的一般条款包括:当事人的名称或者姓名和住所、标的、数量、质量、价款或者报酬、履行期限、地点和方式、违约责任、解决争议的方法等。

根据《政府采购法》的规定,政府采购合同的特殊条款包括:(1)变更限制条款。《政府采购法》第四十九条规定,政府采购合同履行中,采购人需追加与合同标的相同的货物、工程或者服务的,在不改变合同其他条款的前提下,可以与供应商协商签订补充合同,但所有补充合同的采购金额不得超过原合同采购金额的百分之十。(2)公共利益条款。《政府采购法》第五十条规定,政府采购合同继续履行将损害国家利益和社会公共利益的,双方当事人应当变更、中止或者终止合同。有过错的一方应当承担赔偿责任,双方都有过错的,各自承担相应的责任。

(三) 合同履行的原则与合同履行中的抗辩权

根据合同法的规定,合同当事人应当按照约定全面履行自己的义务,遵循诚实信用原则,根据合同的性质、目的和交易习惯履行通知、协助、保密等义务。

在合同履行过程中,合同当事人可以依据合同法的规定正确行使同时履行抗辩权、先履行抗辩权和不安抗辩权。

同时履行抗辩权是指当事人互负债务,没有先后履行顺序的,应当同时履行。一方在对方履行之前有权拒绝其履行要求。一方在对方履行债务不符合约定时,有权拒绝其相应的履行要求。

先履行抗辩权是指当事人互负债务,有先后履行顺序,先履行一方未履行的,后履行一方有权拒绝其履行要求。先履行一方履行债务不符合约定的,后履行一方有权拒绝其相应的履行要求。

不安抗辩权是指应当先履行债务的当事人,有确切证据证明对方有下列情形之一的,可以中止履行:(1)经营状况严重恶化;(2)转移财产、抽逃资金,以逃避债务;(3)丧失商业信誉;(4)有丧失或者可能丧失履行债务能力的其他情形。

(四) 关于合同的解除

合同法规定,合同当事人协商一致,可以解除合同。有下列情形之一的,当事人可以解除合同:(1)因不可抗力致使不能实现合同目的;(2)在履行期限届满之前,当事人一方明确表示或者以自己的行为表明不履行主要债务;(3)当事人一方迟延履行主要债务,经催告后在合理期限内仍未履行;(4)当事人一方迟延履行债务或者有其他违约行为致使不能实现合同目的,以及法律规定的其他情形。合同法同时还规定，法律、行政法规规定解除合同应当办理批准、登记等手续的，依照其规定。

政府采购法明确规定，政府采购合同的双方当事人不得擅自变更、中止或者终止合同。政府采购合同的双方当事人是不得通过协商解除合同的。只有在政府采购合同继续履行将损害国家利益和社会公共利益的情况下，双方当事人应当变更、中止或者终止合同。因上述情况解除合同的，如果造成供应商损失的，采购人应当予以适当的补偿。

（五）违约责任和争议解决

合同当事人一方不履行合同义务或者履行合同义务不符合约定的，构成违约。根据合同法的规定，承担违约责任的方式有继续履行、采取补救措施或者赔偿损失。选择补救措施的，可以要求违约方承担修理、更换、重做、退货、减少价款或者报酬等违约责任。采取补救措施后，对方还有其他损失的，应当赔偿损失。

合同当事人一方不履行合同义务或者履行合同义务不符合约定，给对方造成损失的，应当赔偿损失。损失赔偿额应当相当于因违约所造成的损失，包括合同履行后可以获得的利益，但不得超过违反合同一方订立合同时预见到或者应当预见到的因违反合同可能造成的损失。

在合同中，当事人可以约定一方违约时应当根据违约情况向对方支付一定数额的违约金，也可以约定因违约产生的损失赔偿额的计算方法。约定的违约金低于造成的损失的，当事人可以请求人民法院或者仲裁机构予以增加；约定的违约金过分高于造成的损失的，当事人可以请求人民法院或者仲裁机构予以适当减少。违约方就迟延履行约定违约金的，违约方支付违约金后，还应当履行债务。

履行政府采购合同发生的争议，双方当事人可以协商解决，协商解决不成的，可以请求财政部门进行调解，调解不成，可以提交仲裁委员会仲裁或者向人民法院提起民事诉讼。

合同争议的解决不同于采购阶段的质疑、投诉。合同的争议涉及合同双方当事人的民事责任，应按照民事争议的解决途径。在政府采购合同中，我们主张订立仲裁条款。目前，仲裁程序、仲裁机构尚未被人们充分认识。其实，仲裁所采取的一裁终局的原则，是解决纠纷便捷而有效的途径，避免了旷日持久的诉讼。但如果在合同中没有订立仲裁条款或在争议发生后未能订立仲裁协议，那只能向有管辖权的法院提起民事诉讼。

附：政府采购合同参考格式

政府采购合同
（参考格式）

一、政府采购合同通用条款

合同各方：

甲方（买方）：

地址：

邮政编号：

电话：

传真：

联系人：

乙方（卖方）：

地址：

邮政编号：

电话：

传真：

联系人：

根据《中华人民共和国政府采购法》《中华人民共和国合同法》之规定，本合同当事人在平等、自愿基础上，经协商一致，同意按下述条款和条件签署本合同：

第一条 货物名称、型号规格、制造商、产地、单位、数量、单价、金额及合同价（见合同专用条款）

第二条 交货地点、时间和交货状态（见合同专用条款）

第三条 质量标准和要求

卖方所出售标的物的质量标准按照国家标准或行业标准或企业标准确定。没有国家标准、行业标准和企业标准的，按照通常标准或者符合合同目的的特定标准确定。

第四条 权利瑕疵担保

4.1 卖方保证对其出售的标的物享有合法的权利；

4.2 卖方应保证在其出售的标的物上不存在任何未曾向买方透露的担保

物权,如抵押权、质押权、留置权等;

4.3 卖方应保证其所出售的标的物没有侵犯任何第三方的知识产权和商业秘密等权利。

4.4 如买方使用该标的物构成上述侵权的,则由卖方承担全部责任。

第五条 包装要求

5.1 卖方所出售的全部货物均应按标准保护措施进行包装,这类包装应适应于远距离运输、防潮、防震、防锈和防野蛮装卸等要求,以确保货物安全无损地运抵指定现场。

5.2 每一个包装箱内应附一份详细装箱单、质量证书和保修保养证书。

第六条 验收

6.1 货物的数量不足或表面瑕疵买方应在验收时当面提出,对质量问题之异议应在安装调试和交付使用后七日内提出。

6.2 买方可采取以下第____(见合同专用条款)____方式对货物组织验收:

(1) 买方收货后根据货物的技术规格要求和质量标准,对货物进行检查验收,如果发现数量不足或有质量、技术等问题,卖方应负责按照买方的要求采取补足、更换或退货等处理措施,并承担由此发生的一切损失和费用。验收合格后,买方收取发票并签署验收意见。买方在货物送达后无正当理由而拖延验收或不验收超过上述6.1款所规定的验收期的,则视为其已验收通过。但对货物有质量保证期的,适用质量保证期之规定。

(2) 邀请国家认可的质量检测机构参加验收。对于大型或者复杂的政府采购项目应当由买方邀请法定的质量检测机构参加验收,由其出具验收报告,参加验收的成员应当在验收书上签字,并承担相应的法律责任。

第七条 付款

7.1 本合同以人民币付款。

7.2 付款条件:

(1) 第一笔付款预付款:在本合同签订且买方收到卖方按本合同第13条规定提交的履约保证金和预付款等额的银行保函和收款凭证后,买方在十个工作日内支付货款;

(2) 第二笔付款交货付款:买方收到全部货物和发票后,在十个工作日内支付货款;

(3) 第三笔付款最终验收付款:验收单或验收报告出具并且买方收到卖方按本合同第9.4款规定提交的质量保证金后,买方在十个工作日内支付剩余货款。

7.3 具体的付款方式与期限（见合同专用条款）。

第八条 相关服务

8.1 卖方应提交所提供货物的技术文件，应包括相应的每一套设备和仪器的中文技术文件，例如：产品目录、图纸、操作手册、使用说明、维护手册和/或服务指南。这些文件应包装好随同货物一起发运。

8.2 卖方还应按合同专用条款的约定提供下列服务：

（1）货物的现场安装、调试和启动监督；

（2）提供货物组装和维修所需的专用工具和辅助材料；

（3）在合同各方商定的一定期限内对所有的货物实施运行监督、维修，但前提条件是该服务并不能免除卖方在质量保证期内所承担的义务；

（4）在厂家和/或在项目现场就货物的安装、启动、运营、维护对使用单位操作人员进行培训。

8.3 伴随服务的费用应包含在合同价中，买方不再另行支付。

第九条 质量保证

9.1 卖方应保证所供货物是全新的、未使用过的，并完全符合合同规定的质量、规格和性能的要求。卖方应保证其货物在正确安装、正常使用和保养条件下，在其使用寿命期内应具有满意的性能。在货物最终交付验收后不少于十二个月的质量保证期内，卖方应对由于设计、工艺或材料的缺陷而产生的故障负责。

9.2 在质量保证期内，如果货物的质量或规格与合同不符，或证实货物是有缺陷的，包括潜在的缺陷或使用不符合要求的材料等，买方根据本合同第 10 条规定以书面形式向卖方提出补救措施或索赔。

9.3 卖方在约定的时间内未能弥补缺陷，买方可采取必要的补救措施，但其风险和费用将由卖方承担，买方根据合同规定对卖方行使的其他权利不受影响。

9.4 卖方应向买方提交一笔金额为_____（见合同专用条款）元人民币的质量保证金，质量保证金可以采用支票或者甲方认可的银行出具的保函。乙方提交质量保证金所需的有关费用均由其自行负担。质量保证金应在甲方最后一次付款前支付，有效期为验收合格后_____（见合同专用条款）个月。质量保证金期满后 15 天内，买方应一次性将质量保证金无息退还乙方，无正当理由逾期不退的，买方应承担由此而造成的乙方直接损失。

第十条 违约责任

10.1 质量瑕疵与索赔

10.1.1 买方有权根据质量检测部门出具的检验证书向卖方提出索赔。

10.1.2 在检验期和质量保证期内,如果卖方对缺陷产品负有责任而买方提出索赔,卖方应按照买方同意的下列一种或多种方式解决索赔事宜:

(1) 卖方同意退货并将货款退还给买方,由此发生的一切费用和损失由卖方承担。

(2) 根据货物的质量状况以及买方所遭受的损失,经过买卖双方商定降低货物的价格。

(3) 卖方应在接到买方通知后七天内负责采用符合合同规定的规格、质量和性能要求的新零件、部件和设备来更换有缺陷的部分或修补缺陷部分,其费用由乙方负担。同时,卖方应在约定的质量保证期基础上相应延长修补和/或更换件的质量保证期。

10.1.3 如果在买方发出索赔通知后十天内卖方未作答复,上述索赔应视为已被卖方接受。如果卖方未能在买方索赔通知后十天内或买方同意延长的期限内,按照上述规定的任何一种方法采取补救措施,买方有权从应付货款中扣除索赔金额或没收质量保证金,如不足以弥补买方损失的,买方有权向卖方提出赔偿损失的要求。

10.2 履约延误与赔偿

10.2.1 卖方应按照合同规定的时间、地点交货和提供服务。

10.2.2 如卖方无正当理由而拖延交货,买方有权没收卖方提供的履约保证金,或解除合同并追究卖方的违约责任。

10.2.3 在履行合同过程中,如果卖方可能遇到妨碍按时交货和提供服务的情况时,应及时以书面形式将拖延的事实、可能拖延的期限和理由通知买方。买方在收到卖方通知后,应尽快对情况进行评价,并确定是否同意延长交货时间或延期提供服务。

10.2.4 除合同第13条规定外,如果卖方没有按照合同规定的时间交货和提供服务,买方应从货款中扣除误期赔偿费而不影响合同项下的其他补救方法,赔偿费按每周赔偿迟交货物的交货价或延期服务的服务费用的百分之一(1%)计收,直至交货或提供服务为止。但误期赔偿费的最高限额不超过合同价的百分之五(5%)。一周按七天计算,不足七天按一周计算。一旦达到误期赔偿的最高限额,买方可考虑终止合同。

第十一条 合同变更、解除或终止

11.1 政府采购合同履行中,采购人需追加与合同标的相同的货物或者服务的,在不改变合同其他条款的前提下,可以与供应商协商签订补充合同,但所有补充合同的采购金额不得超过原合同采购金额的百分之十(10%)(注:本招标文件不涉及工程采购)。

11.2 双方当事人不得擅自变更、中止或者终止合同。

11.3 合同继续履行将损害国家利益和社会公共利益的,应当解除合同。

11.4 在买方对卖方违约而采取的任何补救措施不受影响的情况下,买方可在下列情况下向卖方发出书面通知书,提出终止部分或全部合同。

(1) 如果卖方未能在合同规定的限期或买方同意延长的限期内提供部分或全部货物。

(2) 如果卖方未能履行合同规定的其他任何义务。

11.5 如果买方根据上述11.1款的规定,终止了全部或部分合同,买方可以依其认为适当的条件和方法购买与未交货物类似的货物,卖方应对购买类似货物所超出的那部分费用负责。但是,卖方应继续执行合同中未终止的部分。

11.6 如果卖方在履行合同过程中有不正当竞争行为,买方有权解除合同,并按《中华人民共和国反不正当法》之规定由有关部门追究其法律责任。

11.7 如果卖方破产或丧失清偿能力,买方可在任何时候以书面形式通知卖方终止合同而不给卖方补偿。该终止合同将不损害或影响买方已经采取或将要采取任何行动或补救措施的权利。

第十二条 不可抗力

12.1 如果合同各方因不可抗力而导致合同实施延误或不能履行合同义务,不应该承担误期赔偿或不能履行合同义务的责任。

12.2 本条所述的"不可抗力"系指那些双方不可预见、不可避免、不可克服的事件,但不包括双方的违约或疏忽。这些事件包括但不限于:战争、严重火灾、洪水、台风、地震、国家政策的重大变化,以及其他双方商定的事件。

12.3 在不可抗力事件发生后,当事方应尽快以书面形式将不可抗力的情况和原因通知对方。合同各方应尽实际可能继续履行合同义务,并积极寻求采取合理的方案履行不受不可抗力影响的其他事项。合同各方应通过友好协商在合理的时间内达成进一步履行合同的协议。

第十三条 履约保证金

13.1 在签署本合同之前,卖方应向买方提交一笔金额为_____(见合同专用条款）元人民币的履约保证金。履约保证金在按本合同规定验收合格后 15 日内退还卖方。

13.2 履约保证金可以采用支票或者甲方认可的银行出具的履约保函。卖方提交履约保证金所需的有关费用均由其自行负担。

13.3 如卖方未能履行本合同规定的任何义务，则买方有权从履约保证金中得到补偿。履约保证金不足以弥补买方损失的，卖方仍需承担赔偿责任。

第十四条 合同转让和分包

卖方不得全部或部分转让合同。除买方事先书面同意外，不得分包其应履行的合同义务。

第十五条 争端的解决

15.1 合同各方应通过友好协商解决在执行本合同过程中所发生的或与本合同有关的一切争端。如从协商开始十天内仍不能解决，可以向××××财政厅（局）提请调解。

15.2 调解不成则提交仲裁，仲裁应由仲裁委员会根据其仲裁规则和程序进行。

15.3 在仲裁期间，除正在进行仲裁的部分外，本合同的其他部分应继续执行。

第十六条 合同生效

16.1 本合同在合同各方签字盖章并且在买方收到卖方提供的履约保证金后生效。

16.2 本合同一式_____（见合同专用条款）份，以中文书就，签字各方各执一份，一份报财政部门备案。

第十七条 合同附件

17.1 本合同附件包括：_____

17.2 本合同附件与合同具有同等效力。

17.3 合同文件应能相互解释，互为说明。若合同文件之间有矛盾，则以最新的文件为准。

签约各方：

甲方（盖章）：　　　　　　　　乙方（盖章）：
法定代表人（签章）　　　　　　法定代表人（签章）
合同签订地点：　　　　　　　　合同签订地点：

　　年　月　日　　　　　　　　　年　月　日

二、合同专用条款

合同编号：

合同各方：

甲方（买方）：

地址：

邮政编号：

电话：

传真：

联系人：

乙方（卖方）：

地址：

邮政编号：

电话：

传真：

联系人：

第一条 货物名称、型号规格、制造商、产地、单位、数量、单价、金额及合同价

序号	货物名称及型号规格	制造商	原产地	单位	数量	单价	金额
	合计						
合计人民币（大写）：							

本合同的合同价为人民币（   ）元整。与交货有关的所有费用应包含在合同价中，买方不再另行支付任何费用。

第二条 交货地点、时间和交货方式

2.1　交货地点：

2.2　交货时间：

2.3　交货状态：

第三条　验收

买方可采取合同条款 6.2 第（　　）方式对货物组织验收。

第四条　付款

付款方式：

付款时间：

第五条　质量保证金

卖方应向买方提交一笔金额为（　　）元人民币的质量保证金，有效期为验收合格后（　　）个月。

第六条　履约保证金

在签署本合同之前，卖方应向买方提交一笔金额为（　　）元人民币的履约保证金。履约保证金在按本合同规定验收合格后 15 日内退还卖方。

第七条　合同份数

合同一式（　　）份。

签约各方：

甲方（盖章）：	乙方（盖章）：
法定代表人或授权委托人	法定代表人或授权委托人
（签章）	（签章）
合同签订地点：	合同签订地点：
年　月　日	年　月　日

第十五章　供应商质疑与投诉的处理

政府采购供应商质疑和投诉是政府采购活动中经常遇到的问题，依法妥善处理，事关政府采购活动的顺利进行。WTO《政府采购协议》以及许多国家或地区的政府采购法对处理质疑和投诉的机构设置及程序作了具体的规定。

在机构设置方面，WTO《政府采购协议》第二十条专门规定了质疑程序，规定质疑的机构应由一家法院或与采购结果无关的独立公正的审议机构进行审理，如审议机构不是法院，则该机构或者接受司法审议，或者依程序规定由当事人参与和公开有关文件。目前各国或地区的做法不尽一致，有的国家或地区将机构设在财政部门，如新加坡、韩国等；有的国家或地区设立独立的机构，如澳大利亚的联邦政府调查委员会、日本的政府采购审查委员会、中国香港的申诉管理委员会。尤其在美国，为保护政府采购当事人的利益，建立了健全的监督救济机制。按美国现行政府采购法律规定，供应商对联邦政府部门采购合同有争议的，可以通过以下三种方式解决：一是向合同争议委员会申诉。合同争议委员会由联邦采购政策办公室批准设立，必须具备三名由部门行政首长任命的行政法官。合同争议委员会独立性强，类似法院。二是向会计总署投诉。会计总署受理政府采购合同形成前（不适当限制竞争）和授予阶段（中标决定和合理性）的投诉，合同履行阶段的投诉不予受理。会计总署处理投诉的基本程序是：投诉人提出申请后，被投诉人应在 30 日内提供报告，投诉人收到报告的副本后及时提出意见，会计总署举行听证，然后作出处理决定。为保障供应商的合法权益，会计总署一旦受理投诉，采购活动必须中止。同时为了避免投诉人滥用权利，法律对投诉的时间和处理的时间作出限制性规定，投诉人应在知道权利受损害之日起 10 日内提出投诉，会计总署应在 100 日内作出处理决定。由于其费用低、权威性强，故较多供应商选择该救济程序。三是向联邦索赔法院起诉。供应商提起诉讼请求并提交报告后，政府采购部门承担举证责任。如法院判决供应商胜诉，应当支付给供应商的赔偿金从预算安排的国家赔偿基金中支付，其律师费用亦由政府承担。除上述三种方式外，还可以通过合议、调解或仲裁解决。

我国《政府采购法》第六章专门规定了质疑与投诉，从而建立了我国政府采购供应商救济制度。我国的供应商质疑和投诉制度，是在总结我国政府采购实践经验的基础上，同时借鉴了各国的立法经验，也基本符合 WTO《政府采购协定》的要求。所以，既体现我国的特色，又符合国际惯例。

我国的政府采购救济机制的途径包括询问、质疑、投诉、行政复议和行政诉讼程序。

一、询问

《政府采购法》第五十一条规定，供应商对政府采购活动事项有疑问的，可以向采购人提出询问。《政府采购法实施条例》第五十二条规定了询问的答复期限：采购人或者采购代理机构应当在 3 个工作日内对供应商依法提出的询问作出答复。供应商提出的询问或者质疑超出采购人对采购代理机构委托授权范围的，采购代理机构应当告知供应商向采购人提出。

询问是供应商针对政府采购活动中不清楚、不明白、不了解的事项，向采购人提出问题、征求意见或者了解情况。采购人如果委托采购代理机构进行采购活动的，供应商也可以向采购代理机构提出询问。供应商提出的询问或者质疑超出采购人对采购代理机构委托授权范围的，采购代理机构应当告知供应商向采购人提出。

询问是针对采购活动事项有疑问提出的，询问的范围广泛，包括政府采购活动的任何事项，对于提起询问的时间法律上没有规定限制，在政府采购活动的任何时间均可提出。询问的方式法律上也不做限制，既可以是口头也可以是书面形式。采购人对供应商询问的答复应当准确及时，但答复的内容不得涉及国家机密和商业秘密。所谓的商业秘密，根据《反不正当竞争法》之规定，是指不为公众所知悉、能为权利人带来经济利益、具有实用性并经权利人采取保密措施的技术信息和经营信息。

询问与招标过程中的澄清是有一定区别的。询问的范围广泛，针对政府采购活动的事项，采购人仅就询问供应商提出的询问答复询问供应商，但询问的内容如涉及招标文件的具体内容且影响招标投标的应当通知所有的投标供应商。澄清仅针对招标文件，澄清的内容必须明确具体，澄清的内容应当通知所有的投标供应商。

设立询问制度赋予供应商询问权，对于监督采购人遵守和实行公开透明原则，保障供应商的知情权、了解权等程序权利是十分必要的。

询问或者质疑事项可能影响中标、成交结果的，根据《政府采购法实施条例》第五十四条规定，采购人应当暂停签订合同，已经签订合同的，应当中止履行合同。

二、质疑

质疑是指供应商认为采购文件、采购过程和中标、成交结果使自己的权益受到损害而向采购人或向采购代理机构提出请求，要求纠正或予以赔偿的一种救济方式。《政府采购法》对质疑的范围、质疑的时限、质疑的形式、质疑的机构都有明确的规定。《政府采购质疑和投诉办法》（财政部令第94号）规定了质疑的原则。

（一）质疑的原则

提出质疑应当坚持依法依规、诚实信用原则。

（二）质疑的范围

质疑的范围仅限于采购文件、采购过程和中标、成交结果。供应商认为采购文件、采购过程和中标、成交结果造成其合法权益受到损害的，可以向采购人提出质疑。具体范围包括：（1）采购文件，包括招标公告、招标文件、竞争性谈判文件、询价文件等。采购文件可以要求供应商在法定质疑期内一次性提出针对同一采购程序环节的质疑。（2）采购过程，主要环节包括发售招标文件、修改招标文件、开标、评标、定标和中标通知等。（3）中标、成交结果。

（三）质疑的时限

《政府采购法》规定，供应商提出质疑应当在知道或者应当知道其权益受到损害之日起七个工作日内向采购人提出。时限的规定旨在促使供应商能及时行使其权利，同时也符合政府采购及时性的要求。

《政府采购法实施条例》第五十三条对质疑时效期间的起算作了明确。《政府采购法》第五十二条规定的供应商应知其权益受到损害之日，是指：（1）对可以质疑的采购文件提出质疑的，为收到采购文件之日或者采购文件公告期限届满之日；（2）对采购过程提出质疑的，为各采购程序环节结束之日；（3）对中标或者成交结果提出质疑的，为中标或者成交结果公告期限届满之日。

（四）质疑的形式

质疑供应商应在质疑期间以书面形式向采购人提出。书面形式是指质疑申请书，质疑申请书应加盖质疑供应商的公章和法定代表人签字。

（五）质疑供应商

提出质疑的供应商（以下简称质疑供应商）应当是参与所质疑项目采购活动的供应商。潜在供应商已依法获取其可质疑的采购文件的，可以对该文件提出质疑。对采购文件提出质疑的，应当在获取采购文件或者采购文件公告期限届满之日起7个工作日内提出。

供应商可以委托代理人进行质疑和投诉。其授权委托书应当载明代理人的姓名或者名称、代理事项、具体权限、期限和相关事项。供应商为自然人的，应当由本人签字；供应商为法人或者其他组织的，应当由法定代表人、主要负责人签字或者盖章，并加盖公章。代理人提出质疑和投诉，应当提交供应商签署的授权委托书。

（六）质疑函应当包括的内容

供应商提出质疑应当提交质疑函和必要的证明材料。质疑函应当包括下列内容：（1）供应商的姓名或者名称、地址、邮编、联系人及联系电话；（2）质疑项目的名称、编号；（3）具体、明确的质疑事项和与质疑事项相关的请求；（4）事实依据；（5）必要的法律依据；（6）提出质疑的日期。供应商为自然人的，应当由本人签字；供应商为法人或者其他组织的，应当由法定代表人、主要负责人，或者其授权代表签字或者盖章，并加盖公章。

（七）质疑应当有明确的请求和必要的证明材料

根据《政府采购法实施条例》第五十五条规定，供应商质疑应当有明确的请求和必要的证明材料。明确的请求是指，明确对采购文件还是对采购过程还是对中标、成交结果提出质疑；想要达到的结果，如中标、成交无效、废标、重新采购、赔偿、追究法律责任等；必要的证明材料是指，包含营业执照、授权委托书、委托代理人身份证明、参加采购项目的证明、权益受到损害的证明材料、证明提出质疑的事实存在的材料等。需要注意的是，本条所规定的是"必要"的证明材料并非"充分"的证明材料，即供应商不负责证明质疑是否属实、是否成立。质疑是否属实、是否成立由处理质疑方调查后才能决定。

关于证据责任问题，难以简单适用"谁主张谁举证"的举证原则。从处理供应商质疑的实务情况看，供应商质疑大多集中在采购过程是否合法、采购结果是否合理。采购机构应当有义务答复。如果质疑供应商认为中标供应商不符合法律或采购文件要求的，可以要求质疑供应商提供相关证据或有关线索。在实务中，部分供应商就其未中标、未成交的理由提出质疑，严格上不属于质疑的范畴，但参加采购活动的供应商应当有权利知道其未中标、未成交的原因。所以，为减少质疑，在供应商提出要求知悉其未中标、未成交原因时，可以根据评审的结论向供应商做出说明。但采购人或者采购代理机构不应让供应商查阅评审报告，或向供应商透露个别评审专家打分和评价结果。

（八）质疑答复

质疑应向采购人或采购代理机构提出，采购人或者采购代理机构应对质疑申请进行形式审查，符合条件的予以受理；不符合条件的不予受理，并以书面形式告知质疑供应商。

采购人或采购代理机构在收到供应商的书面质疑后应当在七个工作日内以书面形式答复质疑的供应商和其他有关供应商。由于《政府采购法》对质疑的处理程序并无明确的规定，在实务中如何处理质疑缺乏相应的依据。一般而言，质疑限于书面的审查，由于采购代理机构缺乏有效的调查取证的手段，所以往往对于供应商提供的证据无法查证。也由于质疑处理的期间较短，所以，采购人或者采购代理机构一般应就采购活动所形成的文件进行审查。

质疑应当在收到质疑申请书后七个工作日内答复。实务中有采购人或者采购代理机构因在七个工作日内无法答复，而延期答复的。因法律并无规定可以延期，延期答复是存在一定法律风险的。

质疑答复应就质疑供应商的质疑事项逐一答复，不应超越质疑请求事项。对于质疑供应商提出的事实与理由，应予查证，逐项予以分析，以决定是否采信。在质疑答复中还应当告知供应商投诉的权利、投诉期间和投诉机构等事项。质疑答复可当场送达或者邮寄送达，采购人或者采购代理机构应保存送达回执，送达回执是计算投诉期间的主要依据。

1. 质疑答复的原则。依法依规、权责对等、公平公正、简便高效。

2. 质疑答复时间和形式。采购人应当在收到供应商的书面质疑后七个工作日内作出答复，并以书面形式通知质疑供应商和其他有关供应商，但答复的内容不得涉及商业秘密。

3. 质疑答复的主体。质疑答复的主体为采购人或者委托采购代理机构。《政府采购法》第五十四条规定，采购人委托采购代理机构采购的，供应商可以向采购代理机构提出询问或者质疑，采购代理机构应当依照本法第五十一条、第五十三条的规定就采购人委托授权范围内的事项作出答复。《政府采购法实施条例》第五十二条规定，供应商提出的询问或者质疑超出采购人对采购代理机构委托授权范围的，采购代理机构应当告知供应商向采购人提出。《政府采购质疑和投诉办法》（财政部令第94号）第五条明确，采购人负责供应商质疑答复。采购人委托采购代理机构采购的，采购代理机构在委托授权范围内作出答复。《政府采购质疑和投诉办法》（财政部令第94号）第七条规定，采购人、采购代理机构应当在采购文件中载明接收质疑函的方式、联系部门、联系电话和通讯地址等信息。

4. 采购人、采购代理机构不得拒收质疑函。《政府采购质疑和投诉办法》（财政部令第94号）第十三条规定，采购人、采购代理机构不得拒收质疑供应商在法定质疑期内发出的质疑函，应当在收到质疑函后7个工作日内作出答复，并以书面形式通知质疑供应商和其他有关供应商。

5. 质疑答复应当包括的内容。根据《政府采购质疑和投诉办法》（财政部令第94号）第十五条规定，质疑答复应当包括下列内容：（1）质疑供应商的姓名或者名称；（2）收到质疑函的日期、质疑项目名称及编号；（3）质疑事项、质疑答复的具体内容、事实依据和法律依据；（4）告知质疑供应商依法投诉的权利；（5）质疑答复人名称；（6）答复质疑的日期。质疑答复的内容不得涉及商业秘密。

6. 评审专家应当协助配合答复质疑。政府采购评审专家应当配合采购人或者采购代理机构答复供应商的询问和质疑。

（九）质疑处理

1. 可能影响中标、成交结果的，暂停签订合同、中止履行合同。《政府采购法实施条例》第五十四条规定，询问或者质疑事项可能影响中标、成交结果的，采购人应当暂停签订合同，已经签订合同的，应当中止履行合同。

2. 对采购文件、采购过程或者采购结果提出质疑，视不同情况处理。《政府采购质疑和投诉办法》（财政部令第94号）第十六条规定，采购人、采购代理机构认为供应商质疑不成立，或者成立但未对中标、成交结果构成影响的，继续开展采购活动；认为供应商质疑成立且影响或者可能影响中标、成交结果的，按照下列情况处理：（1）对采购文件提出的质疑，依法通过澄清或者修改可以继续开展采购活动的，澄清或者修改采购文件后继续开展采购活动；否则应当修改采购文件后重新开展采购活动。（2）对采购过程、中标或者成交结果提出的质疑，合格供应商符合法定数量时，可以从合格的中标或者成交候选人中另行确定中标、成交供应商的，应当依法另行确定中标、成交供应商；否则应当重新开展采购活动。质疑答复导致中标、成交结果改变的，采购人或者采购代理机构应当将有关情况书面报告本级财政部门。

3. 投标人对分值汇总计算错误提出质疑的，可组织原评委重新评审。投标人对采分值汇总计算错误提出质疑的，采购人或者采购代理机构可以根据《政府采购质疑和投诉办法》（财政部令第94号）第六十四条规定，组织原评标委员会进行重新评审，重新评审改变评标结果的，应当书面报告本级财政部门。

4. 政府采购供应商质疑函范本。2018年2月，财政部在门户网站和中国政府采购网发布政府采购供应商质疑函范本。质疑函范本主要内容包括质疑供应商基本信息、质疑项目基本情况、质疑事项基本内容、与质疑事项相关的质疑请求等四项，其中须列明供应商的姓名或者名称、地址、邮编、联系人及联系电话；质疑项目的名称、编号、包号、采购人名称、采购文件获取日期；质疑事项、事实依据、必要的法律依据；提出质疑的日期，等等。此外，质疑函范本还对质疑函的制作作了说明，其中要求，供应商提出质疑时，应提交质疑函和必要的证明材料。质疑供应商若对项目的某一分包进行质疑，质疑函中应列明具体分包号。质疑函的质疑事项应具体、明确，并有必要的事实依据和法律依据。质疑函的质疑请求应与质疑事项相关。质疑供应商为自然人的，质疑函应由本人签字；质疑供应商为法人或者其他组织的，质疑函应由法定代表人、主要负责人，或者其授权代表签字或者盖章，并加盖公章。

附：政府采购供应商质疑函（财政部范本）

政府采购供应商质疑函
（财政部范本）
一、质疑供应商基本信息

质疑供应商：_____
地址：_____邮编：_____
联系人：_____联系电话：_____
授权代表：_____
联系电话：_____
地址：_____邮编：_____

二、质疑项目基本情况

质疑项目的名称：_____
质疑项目的编号：_____包号：_____
采购人名称：_____
采购文件获取日期：_____

三、质疑事项具体内容

质疑事项1：_____
事实依据：_____
_____
法律依据：_____
_____
质疑事项2
……

四、与质疑事项相关的质疑请求

请求：_____
签字（签章）：   公章：
日期：

质疑函制作说明：

1. 供应商提出质疑时，应提交质疑函和必要的证明材料。

2. 质疑供应商若委托代理人进行质疑的，质疑函应按要求列明"授权代表"的有关内容，并在附件中提交由质疑供应商签署的授权委托书。授权委托书应载明代理人的姓名或者名称、代理事项、具体权限、期限和相关事项。

3. 质疑供应商若对项目的某一分包进行质疑，质疑函中应列明具体分包号。

4. 质疑函的质疑事项应具体、明确，并有必要的事实依据和法律依据。

5. 质疑函的质疑请求应与质疑事项相关。

6. 质疑供应商为自然人的，质疑函应由本人签字；质疑供应商为法人或者其他组织的，质疑函应由法定代表人、主要负责人，或者其授权代表签字或者盖章，并加盖公章。

三、投诉

(一) 投诉的提出

《政府采购法》第五十五条规定,质疑供应商对采购人、采购代理机构的答复不满意或者采购人、采购代理机构未在规定的时间内作出答复的,可以在答复期满后十五个工作日内向同级政府采购监督管理部门投诉。

(二) 提出投诉的原则

《政府采购质疑和投诉办法》(财政部令第94号)第三条规定,政府采购供应商(以下简称供应商)提出质疑和投诉应当坚持依法依规、诚实信用原则。

(三) 投诉的要求

应当有明确的请求和必要的证明材料。《政府采购法实施条例》第五十五条规定,供应商质疑、投诉应当有明确的请求和必要的证明材料。供应商投诉的事项不得超出已质疑事项的范围。

(四) 投诉书应当包括的内容

《政府采购质疑和投诉办法》(财政部令第94号)第十八条规定,投诉人投诉时,应当提交投诉书和必要的证明材料,并按照被投诉采购人、采购代理机构(以下简称被投诉人)和与投诉事项有关的供应商数量提供投诉书的副本。投诉书应当包括下列内容:(1)投诉人和被投诉人的姓名或者名称、通信地址、邮编、联系人及联系电话;(2)质疑和质疑答复情况说明及相关证明材料;(3)具体、明确的投诉事项和与投诉事项相关的投诉请求;(4)事实依据;(5)法律依据;(6)提起投诉的日期。投诉人为自然人的,应当由本人签字;投诉人为法人或者其他组织的,应当由法定代表人、主要负责人,或者其授权代表签字或者盖章,并加盖公章。

(五) 投诉条件

1. 经过质疑、符合规定、在有效期内、未经投诉处理。《政府采购质疑和投诉办法》(财政部令第94号)第十九条规定,投诉人应当根据本办法第七条第二款规定的信息内容,并按照其规定的方式提起投诉。

提起投诉应当符合下列条件:(1)提起投诉前已依法进行质疑;(2)投诉

书内容符合本办法的规定；(3) 在投诉有效期限内提起投诉；(4) 同一投诉事项未经财政部门投诉处理；(5) 财政部规定的其他条件。

2. 不得超出质疑范围。《政府采购质疑和投诉办法》（财政部令第94号）第二十条规定，供应商投诉的事项不得超出已质疑事项的范围，但基于质疑答复内容提出的投诉事项除外。

质疑是投诉的前置程序，未经质疑的事项应先行质疑。所以在质疑阶段明确质疑事项是非常重要的。投诉不应超过质疑事项，但在投诉中投诉供应商在投诉书中补充了通过质疑获得的有关事实和依据不应认定是增加投诉事项。投诉不属于本部门管辖的，应移送有关部门，并告知投诉供应商。

3. 委托代理人投诉。《政府采购质疑和投诉办法》（财政部令第94号）第八条规定，供应商可以委托代理人进行质疑和投诉。其授权委托书应当载明代理人的姓名或者名称、代理事项、具体权限、期限和相关事项。供应商为自然人的，应当由本人签字；供应商为法人或者其他组织的，应当由法定代表人、主要负责人签字或者盖章，并加盖公章。代理人提出质疑和投诉，应当提交供应商签署的授权委托书。

4. 联合体投诉。《政府采购质疑和投诉办法》（财政部令第94号）第九条规定，以联合体形式参加政府采购活动的，其投诉应当由组成联合体的所有供应商共同提出。

（六）投诉处理

1. 投诉处理原则：依法依规、权责对等、公平公正、简便高效。《政府采购质疑和投诉办法》（财政部令第94号）第四条规定，政府采购质疑答复和投诉处理应当坚持依法依规、权责对等、公平公正、简便高效原则。

2. 投诉处理部门。《政府采购质疑和投诉办法》（财政部令第94号）第五条明确，县级以上各级人民政府财政部门（以下简称财政部门）负责依法处理供应商投诉。供应商投诉按照采购人所属预算级次，由本级财政部门处理。县级以上财政部门应当在省级以上财政部门指定的政府采购信息发布媒体公布受理投诉的方式、联系部门、联系电话和通信地址等信息。

3. 跨区域联合采购项目的投诉处理。《政府采购质疑和投诉办法》（财政部令第94号）第六条规定，跨区域联合采购项目的投诉，采购人所属预算级次相同的，由采购文件事先约定的财政部门负责处理，事先未约定的，由最先收到投诉的财政部门负责处理；采购人所属预算级次不同的，由预算级次最高的财政部门负责处理。

（七）投诉审查

根据《政府采购质疑和投诉办法》（财政部令第94号）第二十一条规定，财政部门收到投诉书后，应当在5个工作日内进行审查，审查后按照下列情况处理：（1）投诉书内容不符合本办法第十八条规定的，应当在收到投诉书5个工作日内一次性书面通知投诉人补正。补正通知应当载明需要补正的事项和合理的补正期限。未按照补正期限进行补正或者补正后仍不符合规定的，不予受理。（2）投诉不符合本办法第十九条规定条件的，应当在3个工作日内书面告知投诉人不予受理，并说明理由。（3）投诉不属于本部门管辖的，应当在3个工作日内书面告知投诉人向有管辖权的部门提起投诉。（4）投诉符合本办法第十八条、第十九条规定的，自收到投诉书之日起即为受理，并在收到投诉后8个工作日内向被投诉人和其他与投诉事项有关的当事人发出投诉答复通知书及投诉书副本。

《政府采购质疑和投诉办法》（财政部令第94号）第二十二条规定，被投诉人和其他与投诉事项有关的当事人应当在收到投诉答复通知书及投诉书副本之日起5个工作日内，以书面形式向财政部门作出说明，并提交相关证据、依据和其他有关材料。

（八）投诉调查

1. 书面审查、调查取证或组织质证。《政府采购法实施条例》第五十六条规定，财政部门处理投诉事项采用书面审查的方式，必要时可以进行调查取证或者组织质证。《政府采购质疑和投诉办法》（财政部令第94号）第二十三条规定，财政部门处理投诉事项原则上采用书面审查的方式。财政部门认为有必要时，可以进行调查取证或者组织质证。财政部门可以根据法律、法规规定或者职责权限，委托相关单位或者第三方开展调查取证、检验、检测、鉴定。质证应当通知相关当事人到场，并制作质证笔录。质证笔录应当由当事人签字确认。

政府采购监督管理部门审查的主要依据是被投诉人提交的相关证据和依据材料，一般情况采取书面审查。但对于需要调查取证方能确认的事实，应进行调查取证。对于投诉人和被投诉人双方争议较大的事实可以组织当面质证。需要委托第三方测试验证的应当委托第三方测试验证。有关的技术问题可以组织评审专家进行说明和论证，评审专家的说明和论证不是复审。评审专家的说明和论证意见是政府采购监督管理部门作出投诉处理决定的依据，而非评审结论。

2. 相关当事人应当配合调查。如实反映情况，提供相关材料。应当提供未提供的，视为投诉事项不成立；未按要求提交相关材料的，视同放弃说明权利，依法承担不利后果。《政府采购法实施条例》第五十六条规定，对财政部门依法进行的调查取证，投诉人和与投诉事项有关的当事人应当如实反映情况，并提供相关材料。《政府采购质疑和投诉办法》（财政部令第94号）第二十四条规定，财政部门依法进行调查取证时，投诉人、被投诉人以及与投诉事项有关的单位及人员应当如实反映情况，并提供财政部门所需要的相关材料。第二十五条规定，应当由投诉人承担举证责任的投诉事项，投诉人未提供相关证据、依据和其他有关材料的，视为该投诉事项不成立；被投诉人未按照投诉答复通知书要求提交相关证据、依据和其他有关材料的，视同其放弃说明权利，依法承担不利后果。

（九）投诉处理决定

《政府采购法》第五十六条规定，政府采购监督管理部门应当在收到投诉后三十个工作日内，对投诉事项作出处理决定，并以书面形式通知投诉人和与投诉事项有关的当事人。

投诉处理期限计算——检验、检测、鉴定、专家评审等时间不计入投诉处理期限。《政府采购法实施条例》第五十八条规定，财政部门处理投诉事项，需要检验、检测、鉴定、专家评审以及需要投诉人补正材料的，所需时间不计算在投诉处理期限内。《政府采购质疑和投诉办法》（财政部令第94号）第二十七条规定，财政部门处理投诉事项，需要检验、检测、鉴定、专家评审以及需要投诉人补正材料的，所需时间不计算在投诉处理期限内。第二十七条明确，前款所称所需时间，是指财政部门向相关单位、第三方、投诉人发出相关文书、补正通知之日至收到相关反馈文书或材料之日。财政部门向相关单位、第三方开展检验、检测、鉴定、专家评审的，应当将所需时间告知投诉人。

（十）暂停采购活动

政府采购监管部门在处理投诉事项期间可视具体情况暂停采购活动时间最长不得超过30日。根据《政府采购法》第五十七条规定，政府采购监督管理部门在处理投诉事项期间，可以视具体情况书面通知采购人暂停采购活动，但暂停时间最长不得超过30日。《政府采购质疑和投诉办法》（财政部令第94号）第二十八条规定，财政部门在处理投诉事项期间，可以视具体情况书面通知采购人和采购代理机构暂停采购活动，暂停采购活动时间最长不得超过30日。采购人和采购代理机构收到暂停采购活动通知后应当立即中止采购活动，在法定的暂停期限结束前或者财政部门发出恢复采购活动通知前，不得进行该项采购活动。

在处理投诉过程中，法律赋予政府采购监督管理部门暂停采购的权力。其目的在于维护供应商的合法权益,如果投诉处理结果认定采购活动违法,而未暂停采购活动致使采购合同已经履行,将使投诉人的利益落空。但法律对于暂停采购活动的情形未作规定,政府采购监督管理部门应根据实际情况正确行使暂停采购的权利。一般情况下有以下几种情形可以实施暂停采购活动:(1)采购活动继续进行将可能损害国家利益或者公共利益的;(2)未暂停采购活动将造成供应商的合法权益受到损害且无可挽回的。政府采购监督管理部门决定暂停采购的应当向采购人、采购代理机构和相关供应商发出暂停采购活动的通知。

(十一)驳回投诉、终止投诉处理、依法作出处理决定

投诉处理一般有三种结果:一是投诉人撤回投诉的,终止投诉处理;二是投诉缺乏事实依据的,驳回投诉;三是投诉事项经查证属实的,依法作出处理决定。投诉人要求撤回投诉的,应要求投诉人提交撤诉申请,说明撤诉的理由,准予撤诉。政府采购监督管理部门发现撤回的投诉事项确实存在违法行为的,仍应依法进行监督管理。

1. 驳回投诉。《政府采购法实施条例》第五十七条规定,投诉人捏造事实、提供虚假材料或者以非法手段取得证明材料进行投诉的,财政部门应当予以驳回。《政府采购质疑和投诉办法》(财政部令第94号)第二十九条 投诉处理过程中,有下列情形之一的,财政部门应当驳回投诉:(1)受理后发现投诉不符合法定受理条件;(2)投诉事项缺乏事实依据,投诉事项不成立;(3)投诉人捏造事实或者提供虚假材料;(4)投诉人以非法手段取得证明材料。证据来源的合法性存在明显疑问,投诉人无法证明其取得方式合法的,视为以非法手段取得证明材料。

2. 终止投诉处理。《政府采购法实施条例》第五十七条规定,财政部门受理投诉后,投诉人书面申请撤回投诉的,财政部门应当终止投诉处理程序。《政府采购质疑和投诉办法》(财政部令第94号)第三十条规定,财政部门受理投诉后,投诉人书面申请撤回投诉的,财政部门应当终止投诉处理程序,并书面告知相关当事人。

3. 对采购文件投诉的处理。《政府采购质疑和投诉办法》(财政部令第94号)第三十一条规定,投诉人对采购文件提起的投诉事项,财政部门经查证属实的,应当认定投诉事项成立。经认定成立的投诉事项不影响采购结果的,继续开展采购活动;影响或者可能影响采购结果的,财政部门按照下列情况处理:(1)未确定中标或者成交供应商的,责令重新开展采购活动。(2)已确定中标或者成交供应商但尚未签订政府采购合同的,认定中标或者成交结果无效,责令重新开展采购活动。（3）政府采购合同已经签订但尚未履行的，撤销合同，责令重新开展采购活动。（4）政府采购合同已经履行，给他人造成损失的，相关当事人可依法提起诉讼，由责任人承担赔偿责任。

4. 对采购过程或者采购结果投诉的处理。《政府采购质疑和投诉办法》（财政部令第94号）第三十二条规定，投诉人对采购过程或者采购结果提起的投诉事项，财政部门经查证属实的，应当认定投诉事项成立。经认定成立的投诉事项不影响采购结果的，继续开展采购活动；影响或者可能影响采购结果的，财政部门按照下列情况处理：（1）未确定中标或者成交供应商的，责令重新开展采购活动。（2）已确定中标或者成交供应商但尚未签订政府采购合同的，认定中标或者成交结果无效。合格供应商符合法定数量时，可以从合格的中标或者成交候选人中另行确定中标或者成交供应商的，应当要求采购人依法另行确定中标、成交供应商；否则责令重新开展采购活动。（3）政府采购合同已经签订但尚未履行的，撤销合同。合格供应商符合法定数量时，可以从合格的中标或者成交候选人中另行确定中标或者成交供应商的，应当要求采购人依法另行确定中标、成交供应商；否则责令重新开展采购活动。（4）政府采购合同已经履行，给他人造成损失的，相关当事人可依法提起诉讼，由责任人承担赔偿责任。投诉人对废标行为提起的投诉事项成立的，财政部门应当认定废标行为无效。

（十二）投诉处理决定书

1. 投诉处理决定书内容。《政府采购质疑和投诉办法》（财政部令第94号）第三十三条规定，财政部门作出处理决定，应当制作投诉处理决定书，并加盖公章。投诉处理决定书应当包括下列内容：（1）投诉人和被投诉人的姓名或者名称、通讯地址等；（2）处理决定查明的事实和相关依据，具体处理决定和法律依据；（3）告知相关当事人申请行政复议的权利、行政复议机关和行政复议申请期限，以及提起行政诉讼的权利和起诉期限；（4）作出处理决定的日期。

2. 投诉处理决定书送达。《政府采购质疑和投诉办法》（财政部令第94号）规定，投诉处理决定书的送达，参照《中华人民共和国民事诉讼法》关于送达的规定执行。

（十三）投诉处理决定公告

省级以上财政部门、指定媒体。根据《政府采购法实施条例》第五十八条规定，财政部门对投诉事项作出的处理决定，应当在省级以上人民政府财政部门指定的媒体上公告。《政府采购质疑和投诉办法》（财政部令第94号）第三十四条规定，财政部门应当将投诉处理决定书送达投诉人和与投诉事项有关的当事人，并及时将投诉处理结果在省级以上财政部门指定的政府采购信息发布媒体上公告。

（十四）因处理投诉发生鉴定等费用的处理原则

"谁过错谁负担"。《政府采购质疑和投诉办法》（财政部令第94号）第四十一条规定，财政部门处理投诉不得向投诉人和被投诉人收取任何费用。但因处理投诉发生的第三方检验、检测、鉴定等费用，由提出申请的供应商先行垫付。投诉处理决定明确双方责任后，按照"谁过错谁负担"的原则由承担责任的一方负担；双方都有责任的，由双方合理分担。

（十五）其他

1. 建立投诉档案管理制度，接受监督检查。《政府采购质疑和投诉办法》（财政部令第94号）第三十五条规定，财政部门应当建立投诉处理档案管理制度，并配合有关部门依法进行的监督检查。

2. 质疑函和投诉书范本由财政部制定。《政府采购质疑和投诉办法》（财政部令第94号）第三十九条规定，质疑函和投诉书应当使用中文。质疑函和投诉书的范本，由财政部制定。

《政府采购质疑和投诉办法》（财政部令第94号）第四十条规定，相关当事人提供外文书证或者外国语视听资料的，应当附有中文译本，由翻译机构盖章或者翻译人员签名。相关当事人向财政部门提供的在中华人民共和国领域外形成的证据，应当说明来源，经所在国或地区公证机关证明，并经中华人民共和国驻该国或地区使领馆认证，或者履行中华人民共和国与证据所在国或地区订立的有关条约中规定的证明手续。相关当事人提供的在我国香港特别行政区、澳门特别行政区和台湾地区内形成的证据，应当履行相关的证明手续。

3. 保密责任。《政府采购质疑和投诉办法》（财政部令第94号）第四十三条规定，对在质疑答复和投诉处理过程中知悉的国家秘密、商业秘密、个人隐私和依法不予公开的信息，财政部门、采购人、采购代理机构等相关知情人应当保密。

4. 政府采购供应商投诉书范本。2018年2月，财政部在门户网站和中国政府采购网发布政府采购供应商投诉书范本。投诉书范本的主要内容包括投诉相关主体基本情况、投诉项目基本情况、质疑基本情况、投诉事项具体内容、与投诉事项相关的投诉请求等五项。其中必须填明投诉人和被投诉人的姓名或者名称、通讯地址、邮编、联系人及联系电话；投诉人于何时向谁提出质疑，质疑事项是什么，采购人、代理机构是否就质疑事项在法定期限内作出答复；投诉事项及其事实依据与法律依据等。此外，投诉书范本也对投诉书的制作作出了说明，其中要求，投诉人提起投诉时，应当提交投诉书和必要的证明材料，并按照被投诉人和与投诉事项有关的供应商数量提供投诉书副本。投诉人若对项目的某一分包进行投诉，投诉书应列明具体分包号。投诉书应简要列明质疑事项，质疑函、质疑答复等作为附件材料提供。投诉书的投诉事项应具体、明确，并有必要的事实依据和法律依据。投诉书的投诉请求应与投诉事项相关。投诉人为自然人的，投诉书应当由本人签字；投诉人为法人或者其他组织的，投诉书应当由法定代表人、主要负责人，或者其授权代表签字或者盖章，并加盖公章。

附：政府采购投诉处理流程及相关文本格式

政府采购投诉处理流程及相关文本

一、投诉受理

（一）投诉人提交投诉书

投诉人投诉时，应当提交投诉书，并按照被投诉采购人、采购代理机构和与投诉事项有关的供应商数量提供投诉书的副本。

投诉书应当包括下列内容：投诉相关主体基本情况、投诉项目基本情况、质疑基本情况、投诉事项具体内容、与投诉事项相关的投诉请求等(格式一：政府采购供应商投诉书范本)。

1. 投诉人和被投诉人的姓名或者名称、通信地址、邮编、联系人及联系电话。

2. 简要列明质疑事项，质疑函、质疑答复等作为附件材料提供。

3. 投诉事项应具体、明确，并有必要的事实依据和法律依据。

4. 投诉请求应与投诉事项相关。

5. 投诉人提起投诉时，应当提交投诉书和必要的证明材料，并按照被投诉人和与投诉事项有关的供应商数量提供投诉书副本。投诉人若对项目的某一分包进行投诉，投诉书应列明具体分包号。

投诉人为自然人的，投诉书应当由本人签字；投诉人为法人或者其他组织的，投诉书应当由法定代表人、主要负责人，或者其授权代表签字或者盖章，并加盖公章。

供应商可以委托代理人进行投诉。其授权委托书应当载明代理人的姓名或者名称、代理事项、具体权限、期限和相关事项。供应商为自然人的，应当由本人签字；供应商为法人或者其他组织的，应当由法定代表人、主要负责人签字或者盖章，并加盖公章。代理人提出质疑和投诉，应当提交供应商签署的授权委托书。

以联合体形式参加政府采购活动的，其投诉应当由组成联合体的所有供应商共同提出。

（二）审查

投诉人提起投诉应当符合下列条件：

1. 提起投诉前已依法进行质疑；

2. 投诉书内容符合本办法的规定；

3. 在投诉有效期限内提起投诉；

4. 同一投诉事项未经财政部门投诉处理；

5. 财政部规定的其他条件。

（三）告知

财政部门收到投诉书后，应当在5个工作日内进行审查，审查后按照下列情况处理：

1. 投诉书内容不符合本办法第十八条规定的，应当在收到投诉书5个工作日内一次性书面通知投诉人补正。补正通知应当载明需要补正的事项和合理的补正期限。未按照补正期限进行补正或者补正后仍不符合规定的，不予受理。

2. 投诉不符合本办法第十九条规定条件的，应当在3个工作日内书面告知投诉人不予受理，并说明理由。

3. 投诉不属于本部门管辖的，应当在3个工作日内书面告知投诉人向有管辖权的部门提起投诉。

4. 投诉符合本办法第十八条、第十九条规定的，自收到投诉书之日起即为受理，并在收到投诉后8个工作日内向被投诉人和其他与投诉事项有关的当事人发出投诉答复通知书及投诉书副本。

二、调查取证

（一）报送说明

被投诉人和与投诉事项有关的供应商应当在收到投诉书副本之日起5个工作日内，以书面形式向财政部门作出说明，并提交相关证据、依据和其他有关资料。财政部门收到后应当签收。

（二）书面审查

财政部门处理投诉事项原则上采取书面审查的办法。主要根据供应商投诉事项，对招标文件、投标文件、评分标准以及专家评委的评分情况，被投诉人和与投诉事项有关的供应商做出的说明、提交的相关证据、依据和其他有关资料等进行书面审查。

（三）调查取证

1. 财政部门认为有必要时，可以进行调查取证或者组织质证(格式五：政府采购供应商投诉调查取证通知书)。

2. 财政部门依法进行调查取证时，投诉人、被投诉人以及与投诉事项有关的单位及人员应当如实反映情况，并提供财政部门所需要的相关材料。

3. 应当由投诉人承担举证责任的投诉事项，投诉人未提供相关证据、依据和其他有关材料的，视为该投诉事项不成立；被投诉人未按照投诉答复通知书要求提交相关证据、依据和其他有关材料的，视同其放弃说明权利，依法承担不利后果。

（四）检验检测鉴定

财政部门可以根据法律、法规规定或者职责权限，委托相关单位或者第三方开展调查取证、检验、检测、鉴定。质证应当通知相关当事人到场，并制作质证笔录。质证笔录应当由当事人签字确认(格式六：政府采购供应商投诉调查取证记录表)。

（五）暂停采购活动

财政部门在处理投诉事项期间，可以视具体情况书面通知被投诉人暂停采购活动，但暂停时间最长不得超过30日(格式七：暂停政府采购通知书；格式八：恢复政府采购通知书；格式九：终止政府采购通知书)。

三、处理决定

（一）驳回投诉

根据《政府采购法实施条例》第五十七条规定，投诉人捏造事实、提供虚假材料或者以非法手段取得证明材料进行投诉的，财政部门应当予以驳回。《政府采购质疑和投诉办法》（财政部令第94号）第二十九条 投诉处理过程中，有下列情形之一的，财政部门应当驳回投诉：（1）受理后发现投诉不符合法定受理条件；（2）投诉事项缺乏事实依据，投诉事项不成立；（3）投诉人捏造事实或者提供虚假材料；（4）投诉人以非法手段取得证明材料。证据来源的合法性存在明显疑问，投诉人无法证明其取得方式合法的，视为以非法手段取得证明材料。

（二）终止投诉处理

《政府采购法实施条例》第五十七条规定，财政部门受理投诉后，投诉人书面申请撤回投诉的，财政部门应当终止投诉处理程序。《政府采购质疑和投诉办法》（财政部令第94号）第三十条规定，财政部门受理投诉后，投诉人书面申请撤回投诉的，财政部门应当终止投诉处理程序，并书面告知相关当事人。

（三）对采购文件提起的投诉处理

《政府采购质疑和投诉办法》（财政部令第94号）第三十一条规定，投诉人对采购文件提起的投诉事项，财政部门经查证属实的，应当认定投诉事项成立。经认定成立的投诉事项不影响采购结果的，继续开展采购活动；影响或者可能影响采购结果的，财政部门按照下列情况处理：（1）未确定中标或者成交供应商的，责令重新开展采购活动。(2)已确定中标或者成交供应商但尚未签订政府采购合同的，认定中标或者成交结果无效，责令重新开展采购活动。(3)政府采购合同已经签订但尚未履行的，撤销合同，责令重新开展采购活动。(4)政府采购合同已经履行，给他人造成损失的，相关当事人可依法提起诉讼，由责任人承担赔偿责任。

（四）对采购过程或者采购结果提起的投诉处理

《政府采购质疑和投诉办法》（财政部令第94号）第三十二条规定，投诉人对采购过程或者采购结果提起的投诉事项，财政部门经查证属实的，应当认定投诉事项成立。经认定成立的投诉事项不影响采购结果的，继续开展采购活动；影响或者可能影响采购结果的，财政部门按照下列情况处理：(1)未确定中标或者成交供应商的，责令重新开展采购活动。(2)已确定中标或者成交供应商但尚未签订政府采购合同的，认定中标或者成交结果无效。合格供应商符合法定数量时，可以从合格的中标或者成交候选人中另行确定中标或者成交供应商的，应当要求采购人依法另行确定中标、成交供应商；否则责令重新开展采购活动。(3)政府采购合同已经签订但尚未履行的，撤销合同。合格供应商符合法定数量时，可以从合格的中标或者成交候选人中另行确定中标或者成交供应商的，应当要求采购人依法另行确定中标、成交供应商；否则责令重新开展采购活动。(4)政府采购合同已经履行，给他人造成损失的，相关当事人可依法提起诉讼，由责任人承担赔偿责任。投诉人对废标行为提起的投诉事项成立的，财政部门应当认定废标行为无效。

财政部门应当自受理投诉之日起30个工作日内，对投诉事项做出处理决定，并以书面形式通知投诉人、被投诉人及其他与投诉处理结果有利害关系的政府采购当事人。

财政部门作出处理决定，应当制作投诉处理决定书(<u>格式十：政府采购供应商投诉处理决定书</u>)，并加盖公章。投诉处理决定书应当包括下列内容：

1. 投诉人和被投诉人的姓名或者名称、通讯地址等；

2. 处理决定查明的事实和相关依据，具体处理决定和法律依据；

3. 告知相关当事人申请行政复议的权利、行政复议机关和行政复议申请期限，以及提起行政诉讼的权利和起诉期限；

4. 作出处理决定的日期。

四、送达

投诉处理决定作出后，参照民事诉讼法关于送达的规定执行。

1. 送达投诉处理文书必须有送达回证，由受送达人在送达回证上记明收到日期，签名或者盖章(格式十一：送达回证)。

2. 送达投诉处理文书，应当直接送交受送达人签收；受送达人已向投诉处理部门指定代收人的，送交代收人签收。

3. 受送达人或者代收人在送达回证上签收的日期为送达日期。

4. 受送达人拒绝接收投诉处理文书的，送达人应当邀请有关单位的代表到场，说明情况，在送达回证上记明拒收事由和日期，由送达人、见证人签名或者盖章，把投诉处理文书留在受送达人的住所，即视为送达。

5. 直接送达投诉处理文书有困难的，可以邮寄送达。邮寄送达的，以回执上注明的收件日期为送达日期。

6. 受送达人下落不明，或者其他方式无法送达的，公告送达。自发出公告之日起，经过六十日，即视为送达。

五、公告

财政部门应当将投诉处理决定书送达投诉人和与投诉事项有关的当事人，并及时将投诉处理结果在省级以上财政部门指定的政府采购信息发布媒体上公告。

六、投诉处理档案管理

财政部门应当建立投诉处理档案管理制度，并配合有关部门依法进行的监督检查。投诉事项处理结束后，应及时整理投诉书、投诉处理决定书和调查取证等有关资料，装订归档，备行政诉讼及有关部门依法进行监督检查。

七、法律咨询和论证

为依法、正确、妥善处理政府采购投诉事项，提高工作质量和效率，降低执法风险，保证政府采购监督管理工作有效开展，在政府采购投诉处理工作中，对一些重大、疑难、复杂的法律问题，也可采用向法律专业人员咨询，或者组织相关处（室）、法律专家、采购代理机构及投诉事项有关当事人召开论证会议或进行书面论证等办法，广泛听取意见。

附件1：

格式一：政府采购供应商投诉书（财政部范本）

格式二：政府采购供应商投诉受理通知书

格式三：政府采购供应商投诉不予受理通知书

格式四：政府采购供应商投诉收件签收单

格式五：政府采购供应商投诉调查取证通知书
格式六：政府采购供应商投诉调查取证记录表
格式七：暂停政府采购通知书
格式八：恢复政府采购通知书
格式九：终止政府采购通知书
格式十：政府采购供应商投诉处理决定书
格式十一：送达回证

附件2：《政府采购投诉处理法律咨询论证办法》

格式一：

政府采购供应商投诉书（财政部范本）

一、投诉相关主体基本情况

投诉人：_____
地址：_____邮编：_____
法定代表人/主要负责人：_____
联系电话：_____
授权代表：_____联系电话：_____
地址：_____邮编：_____
被投诉人1：_____
地址：_____邮编：_____
联系人：_____联系电话：_____
被投诉人2
……
相关供应商：_____
地址：_____邮编：_____
联系人：_____联系电话：_____

二、投诉项目基本情况

采购项目名称：_____
采购项目编号：_____包号：_____
采购人名称：_____
代理机构名称：_____

采购文件公告：是/否 公告期限：_____
采购结果公告：是/否 公告期限：_____

三、质疑基本情况

投诉人于_____年_____月_____日，向_____提出质疑，质疑事项为：_____
_____

采购人/代理机构于_____年_____月_____日，就质疑事项作出了答复/没有在法定期限内作出答复。

四、投诉事项具体内容

投诉事项1：_____
事实依据：_____
_____

法律依据：_____
_____

投诉事项2
……

五、与投诉事项相关的投诉请求

请求：_____

签字（签章）：   公章：
日期：

投诉书制作说明：

1. 投诉人提起投诉时，应当提交投诉书和必要的证明材料，并按照被投诉人和与投诉事项有关的供应商数量提供投诉书副本。

2. 投诉人若委托代理人进行投诉的，投诉书应按照要求列明"授权代表"的有关内容，并在附件中提交由投诉人签署的授权委托书。授权委托书应当载明代理人的姓名或者名称、代理事项、具体权限、期限和相关事项。

3. 投诉人若对项目的某一分包进行投诉，投诉书应列明具体分包号。

4. 投诉书应简要列明质疑事项，质疑函、质疑答复等作为附件材料提供。

5. 投诉书的投诉事项应具体、明确，并有必要的事实依据和法律依据。

6. 投诉书的投诉请求应与投诉事项相关。

7. 投诉人为自然人的，投诉书应当由本人签字；投诉人为法人或者其他组织的，投诉书应当由法定代表人、主要负责人，或者其授权代表签字或者盖章，并加盖公章。

格式二：

政府采购供应商投诉受理通知书

编号： 年 号

×××××××（供应商）：

关于"×××××××××××"采购项目（采购项目编号：××××）的投诉及与投诉有关的证明材料，我厅（局）已于　　年　月　日收到。

根据《中华人民共和国政府采购法》第五十五条和《政府采购质疑和投诉办法》第十九条，经审查，此项投诉符合政府采购投诉的条件和要求，现已正式受理。我厅（局）将自受理之日起30个工作日内，对此项投诉展开调查，并作出处理决定，届时将以书面形式通知你单位及其他与投诉事项有关的当事人。

如我厅（局）逾期未作处理，可以依法申请行政复议或者向人民法院提起行政诉讼。

××××财政部门
年　月　日

格式三：

政府采购供应商投诉不予受理通知书

编号： 年 号

×××××××（供应商）：

关于"×××××××××××*"采购项目（采购项目编号：××××）的投诉及与投诉有关的证明材料，我厅（局）已于　　年　月　日收到。

经审查，此项投诉不符合《中华人民共和国政府采购法》第_____条和《政府采购质疑和投诉办法》第_____条的规定，现作出不予受理的决定。

　　具体原因为：

　　如不服本决定，可以依法申请行政复议或者向人民法院提起行政诉讼。

××××财政部门
年　月　日

格式四：

政府采购供应商投诉收件签收单

收件名称	
送达人及代送人	
送达时间	
受送达人	
收件人及代收人	
收件时间	
备注	

格式五：

政府采购供应商投诉调查取证通知书

编号：年　号

××××××××（单位）：

　　根据《政府采购法实施条例》第五十六条、《政府采购质疑和投诉办法》第二十四、二十五条规定，现针对×××××××（供应商）对"×××××××"采购项目（采购项目编号：××××）的投诉，进行相关事项的调查取证，请予以配合。

　　　　财政部门依法进行调查取证时,投诉人、被投诉人以及与投诉事项有关的单位及人员应当如实反映情况,并提供财政部门所需要的相关材料。应当由投诉人承担举证责任的投诉事项,投诉人未提供相关证据、依据和其他有关材料的,视为该投诉事项不成立;被投诉人未按照投诉答复通知书要求提交相关证据、依据和其他有关材料的,视同其放弃说明权利,依法承担不利后果。

xxxx财政部门
年　月　日

格式六:

政府采购供应商投诉调查取证记录表

调查取证时间		
调查取证地点		
调查取证内容		
参加人员（签名）	姓名	单位（职务、职称）
核查情况		
备注：请将有关证据复印件附后		

格式七:

暂停政府采购通知书

编号：　年　号

xxxxxxx（被投诉人名称）：

　　(投诉人名称及投诉事由)的投诉,我厅（局）已依法受理并展开调查。根据《中华人民共和国政府采购法》第五十七条和《政府采购质疑和投诉办法》第二十八条的规定，现通知你单位在调查处理期间暂停该项政府采购活动（从＿＿＿＿年＿＿月＿＿日至＿＿＿＿年＿＿月＿＿日）。

采购人和采购代理机构收到暂停采购活动通知后应当立即中止采购活动，在法定的暂停期限结束前或者财政部门发出恢复采购活动通知前，不得进行该项采购活动。

××××财政部门

年 月 日

格式八：

恢复政府采购通知书

编号： 年 号

××××××××（被投诉人名称）：

<u>（投诉人名称及投诉事由）</u>的投诉，我厅（局）正在处理之中。根据《中华人民共和国政府采购法》和《政府采购质疑和投诉办法》的有关规定，现通知你单位恢复该项政府采购。

××××财政部门

年 月 日

格式九：

终止政府采购通知书

编号： 年 号

××××××××（被投诉人名称）：

<u>（投诉人名称及投诉事由）</u>的投诉，我厅（局）已处理终结。经审查，在该项政府采购活动中，存在违反《中华人民共和国政府采购法》第七十一条、七十二条的行为。根据《中华人民共和国政府采购法》第七十三条的规定，现决定终止该项政府采购。

××××财政部门

年 月 日

格式十：

政府采购供应商投诉处理决定书

×× 财购 [20××] ×× 号

投诉人：

所在地址：

法定代表人：

委托代理人：

工作单位：

所在地址：

被投诉人：

所在地址：

法定代表人：

（委托代理人）

投诉人对"××××××××"采购项目（采购项目编号：××××）的投诉，我厅（局）已依据《中华人民共和国政府采购法》和《政府采购质疑和投诉办法》，于_____年___月___日受理并进行了审查。

一、投诉内容及投诉请求

（一）投诉内容

1.

2.

（二）投诉请求

1.

2.

二、审查情况

经查，（简要说明审查过程，列举经审查认定的事实和证据）

本厅（局）认为：_____

三、法律依据和处理决定

根据投诉内容和审查结果，依据《中华人民共和国政府采购法》第××条，《政府采购质疑和投诉办法》第××条之规定，作出处理决定如下（根据不同情况分别作出决定）：

投诉人撤回投诉，终止投诉处理。

投诉缺乏事实依据,驳回投诉。

投诉事项经调查属实,分别按照有关规定处理。

投诉人(或被投诉人、中标候选人)如对本处理决定不服,可在接到本处理决定之日起 60 日内向(　　)依法申请行政复议,或 3 个月内直接向(　　)人民法院提起行政诉讼。

××××财政部门

年　月　日

抄送:被投诉人、中标候选人及其他相关当事人

格式十一:

送达回证

送达文书名称	
送达人	
送达时间	
受送达人	
收件人	
收件时间	
备注	

注:代收人代收的,由代收人在收件栏内签名或者盖章,并注明与收件人的关系。

附件2：《政府采购投诉处理法律咨询论证办法》

《政府采购投诉处理法律咨询论证办法》

第一条 为依法、正确、妥善处理政府采购投诉事项，提高工作质量和效率，降低执法风险，保证我厅政府采购监督管理工作有效开展，根据《政府采购法》《政府采购法实施条例》及《政府采购质疑和投诉办法》，结合工作实际，制定本制度。

第二条 政府采购投诉处理法律咨询论证制度是指在政府采购投诉处理工作中，针对重大、疑难、复杂的法律问题，向法律专业人员咨询，或者组织厅相关处（室）、法律专家、采购代理机构及投诉事项有关当事人召开论证会议或进行书面论证，广泛听取意见的内部工作制度。

第三条 政府采购投诉处理过程中遇有下列情形，政府采购管理处认为需要进行论证的，可以组织法律咨询论证，就投诉处理活动的合法性及风险防范征求意见：

（一）认为采购活动违法并需要采取相应措施的；
（二）处理投诉事项期间需要暂停采购活动的；
（三）对供应商违法行为拟依法实施行政处罚的；
（四）投诉事项处理中涉及的法律问题存在明显分歧的；
（五）投诉事项涉及其他专业领域法律问题的；
（六）使用国际组织和外国政府贷款进行政府采购引发投诉的；
（七）投诉事项情况复杂或影响较大的；
（八）投诉处理过程中遇到的其他疑难复杂法律问题。

第四条 政府采购投诉处理法律咨询论证工作由政府采购管理处发起并负责组织实施，厅法制机构负责组织厅法律顾问参加咨询论证。

政府采购管理处应与厅法制机构加强联系、相互沟通，协同做好政府采购投诉依法处理工作，降低法律风险。

第五条 政府采购投诉处理法律咨询论证可采取会议论证、书面论证或口头咨询等方式。

政府采购管理处收到投诉后，应当对材料进行审查核实或开展必要的调查工作，经研究认为存在本制度第三条规定情形的，原则上应组织召开论证会议，广泛听取意见和建议。

不便于召开会议或者召开会议确有困难的，可以采取书面论证方式。

一般性法律问题，可以采取口头方式进行法律咨询。

第六条 政府采购管理处在召开法律论证会议前，应准备好下列材料：

（一）投诉事项的基本情况；

（二）与投诉事项有关的法律、法规和政策；

（三）需要论证的主要问题或初步处理意见；

（四）进行法律论证需要的其他材料。

第七条 政府采购管理处应提前三天将有关材料送厅法制机构并告知论证会议的时间、地点，厅法制机构应派员并安排厅法律顾问出席会议。

政府采购管理处应将会议要求提前通知其他与会人员，根据需要也可提前提供有关材料，便于其做好会议准备。

第八条 根据政府采购投诉处理工作需要，下列人员参加法律论证会议：

（一）政府采购管理处负责人及相关人员；

（二）厅法制机构有关人员；

（三）厅法律顾问；

（四）投诉事项所涉采购机构的有关人员；

（五）特殊投诉事项所属领域的有关专家；

（六）其他需要与会的人员。

第九条 论证会议由政府采购管理处主持，投诉处理工作或投诉事项承办人介绍情况、提出咨询，有关专家提供投诉事项所涉专业技术方面的意见，其他与会人员各自独立提供法律论证意见和投诉处理建议。

第十条 书面论证由政府采购管理处投诉处理工作承办人或其他人员采取电子邮件、传真等形式，向相关专业人员分别征求意见。

接受咨询的人员，应当在合理时间内给予书面答复，厅法律顾问应当按要求出具法律意见书。

第十一条 口头咨询由政府采购管理处投诉处理工作承办人或其他人员，通过电话或当面向相关专业人员征求意见。

第十二条 法律咨询论证情况应当记录整理，经承办人或主持人签字后归入政府采购投诉处理档案，作为政府采购投诉处理的参考依据。

论证会议记录应载明下列内容：
（一）会议的时间、地点；
（二）会议主持人、记录人、参加人；
（三）会议讨论的主要问题以及与会人员各自发表的意见和建议；
（四）达成的共识或存在的主要分歧。

书面论证应当留存往来书面资料（电子文件应打印），并对论证的主要情况进行汇总。

口头咨询记录应载明下列内容：
（一）咨询时间；
（二）咨询承办人、接受咨询人；
（三）咨询的主要问题以及答复意见和建议。

第十三条 参与咨询论证的人员应当遵守以下纪律：
（一）遵守职业道德，公正、公平、客观地提供咨询论证意见和建议；
（二）与采购当事人有利害关系时主动披露并回避；
（三）对所知悉的有关投诉处理事项及商业秘密严格保密。

第十四条 咨询论证结束后，政府采购管理处拟制投诉处理决定或行政处罚决定，按规定送厅法制机构进行法律审核。

第十五条 根据政府采购投诉处理法律咨询论证工作需要，厅法制机构从厅法律顾问中安排一至二名相对固定、熟悉政府采购工作的律师为政府采购投诉处理提供专业法律咨询，确保及时提供服务。

对处理投诉过程中的疑难问题，由政府采购管理处提出，厅法制机构应安排律师提前介入研究。

第十六条 政府采购管理工作中其他重要事项需要组织法律咨询论证的，参照本制度。

第十七条 本制度由政府采购管理处负责解释。

第十八条 本制度自印发之日起实施，各省辖市财政局可参照执行。

四、行政复议或行政诉讼

《政府采购法》第五十八条规定,投诉供应商对政府采购监督管理部门的投诉处理决定不服或者政府采购监督管理部门逾期未作处理的,投诉供应商还可以依法申请行政复议或者直接向人民法院提起行政诉讼。这一规定明确了政府采购行为的司法审查制度,符合 WTO 的要求。供应商申请行政复议或提起行政诉讼应当按照《行政复议法》和《行政诉讼法》进行。投诉人可以在 60 日内向有关复议机关提起行政复议,或 3 个月内直接向有管辖权的人民法院提起行政诉讼。

我国《政府采购法》确立的政府采购救济机制的特征在于:内部救济与外部救济相结合,行政审查与司法审查相结合,以及救济方式的多样化。而且规定了严格的程序,质疑为投诉的前置程序,供应商只有在质疑后方可向政府采购监督管理部门提出投诉,对投诉处理不服的可以进行行政复议或行政诉讼。

对各国(地区)政府采购救济机制比较来看,普遍的做法是根据政府采购行为在政府采购不同阶段将其区分不同的性质,即行政行为和民事行为两种。进而,可以将政府采购争议区分为"招标争议"与"履约争议"两种类型。招标争议,指政府采购合同成立前,从拟定采购规格、公告、选择供应商、竞标、开标至决标为止的采购过程中所发生的争议。其特点包括两个方面:一是双方之间还没有合同;二是争议的发生是由于政府采购机关的单方面行为所引起的。在这一阶段,政府采购机关处于主导地位。履约争议是指政府采购合同的履行阶段及履行完毕后的验收阶段所发生的争议。其特点与招标争议相对应:一是双方当事人已具有合同关系,故权利义务的归属已具有明确的判断依据;二是争议的发生既可能是政府采购机关的原因,也可能是供应商的原因导致的。在这一阶段中政府采购机关与供应商之间是私法上的债权债务关系,如因该债权债务关系不明确或任一方当事人未完全履行合同规定应尽义务而致生争议,均应以该合同为判断双方当事人之间权利义务关系的依据。

由此可见,我国《政府采购法》规定的政府采购救济机制是符合国际惯例的。行政程序的救济是因政府采购行为引起的争议,主要集中在采购方式选择和操作阶段。由于采购方式的多样化以及在招标采购中供应商的数量众多,采购机构如何依照法定程序选择供应商,直接涉及供应商的利益。所以,这一阶段的救济主要针对采购机构违反采购程序,损害供应商合法权益的行为。特别是在招标投标过程中,由于程序规范严格,稍有疏忽就可能出现矛盾。从已有政府采购诉讼案件来看，基本上是由于采购机关在招标投标过程中疏于管理，或由于供应商对中标结果持有异议而产生的。政府采购主要采用公开招标、邀请招标、竞争性谈判、单一来源采购、询价等法定方式进行，供应商认为采购机构和中介组织在采购方式的应用、招标文件的发布、招标程序的操作等方面违反法律规定，导致其利益受损，可采取的救济方式有：质疑、投诉、行政复议和行政诉讼。这里必须明确的是行政复议并非是终局的，还可以通过司法审查。行政决定的司法审查也是WTO《政府采购协定》的要求，所以，司法审查是必要的。

第十六章　内控制度

一、总体要求

（一）规范性文件

财政部《行政事业单位内部控制规范（试行）》（财会〔2012〕21号）；

《财政部关于全面推进行政事业单位内部控制建设的指导意见》（财会〔2015〕24号）；

《财政部关于加强政府采购活动内部控制管理的指导意见》（财库〔2016〕99号）。

（二）政策依据

党的十八届四中全会通过的《中共中央关于全面推进依法治国若干重大问题的决定》明确提出："对财政资金分配使用、国有资产监管、政府投资、政府采购、公共资源转让、公共工程建设等权力集中的部门和岗位实行分事行权、分岗设权、分级授权，定期轮岗，强化内部流程控制，防止权力滥用。"

（三）基本原则

1. 全面管控与突出重点并举。将政府采购内部控制管理贯穿于政府采购执行与监管的全流程、各环节，全面控制，重在预防。抓住关键环节、岗位和重大风险事项，从严管理，重点防控。

2. 分工制衡与提升效能并重。发挥内部机构之间，相关业务、环节和岗位之间的相互监督和制约作用，合理安排分工，优化流程衔接，提高采购绩效和行政效能。

3. 权责对等与依法惩处并行。在政府采购执行与监管过程中贯彻权责一致原则，因权定责、权责对应。严格执行法律法规的问责条款，有错必究、失责必惩。

（四）主要目标

以"分事行权、分岗设权、分级授权"为主线，通过制定制度、健全机制、完善措施、规范流程，逐步形成依法合规、运转高效、风险可控、问责严格的政府采购内部运转和管控制度，做到约束机制健全、权力运行规范、风险控制有力、监督问责到位，实现对政府采购活动内部权力运行的有效制约。

1. 分事行权。分事行权，就是对经济和业务活动的决策、执行、监督，必须明确分工、相互分离、分别行权，防止职责混淆、权限交叉。

2. 分岗设权。分岗设权，就是对涉及经济和业务活动的相关岗位，必须依职定岗、分岗定权、权责明确，防止岗位职责不清、设权界限混乱。

3. 分级授权。就是对各管理层级和各工作岗位，必须依法依规分别授权，明确授权范围、授权对象、授权期限、授权与行权责任、一般授权与特殊授权界限，防止授权不当、越权办事。

二、主要任务

（一）落实主体责任

1. 采购人的主体责任。应当做好政府采购业务的内部归口管理和所属单位管理，明确内部工作机制，重点加强对采购需求、政策落实、信息公开、履约验收、结果评价等的管理。

2. 集中采购机构的主体责任。应当做好流程控制，围绕委托代理、编制采购文件和拟订合同文本、执行采购程序、代理采购绩效等政府采购活动的重点内容和环节加强管理。

3. 监管部门的主体责任。应当强化依法行政意识，围绕放管服改革要求，重点完善采购方式审批、采购进口产品审核、投诉处理、监督检查等内部管理制度和工作规程。

（二）明确重点任务

1. 严防廉政风险。牢固树立廉洁是政府采购生命线的根本理念，把纪律和规矩放在前面。针对政府采购岗位设置、流程设计、主体责任、与市场主体交往等重点问题，细化廉政规范、明确纪律规矩，形成严密、有效的约束机制。

2. 控制法律风险。切实提升采购人、集中采购机构和监管部门的法治观念，依法依规组织开展政府采购活动，提高监管水平，切实防控政府采购执行与监管中的法律风险。

3. 落实政策功能。准确把握政府采购领域政策功能落实要求，严格执行政策规定，切实发挥政府采购在实现国家经济和社会发展政策目标中的作用。

4. 提升履职效能。落实精简、统一、效能的要求，科学确定事权归属、岗位责任、流程控制和授权关系，推进政府采购流程优化、执行顺畅，提升政府采购整体效率、效果和效益。

三、基本要求

采购人、采购代理机构和监管部门应当根据法定职责开展工作，既不能失职不作为，也不得越权乱作为。

分事行权、分岗设权、分级授权和定期轮岗，是制约权力运行、加强内部控制的基本要求和有效措施。

四、主要措施

（一）采购人的法定职责与内部控制的主要措施

1. 采购人的法定职责。

（1）编制政府采购预算。《政府采购法》第三十三条　负有编制部门预算职责的部门在编制下一财政年度部门预算时，应当将该财政年度政府采购的项目及资金预算列出，报本级财政部门汇总。部门预算的审批，按预算管理权限和程序进行。

（2）编制政府采购实施计划。《政府采购法实施条例》第二十九条　采购人应当根据集中采购目录、采购限额标准和已批复的部门预算编制政府采购实施计划，报本级人民政府财政部门备案。

（3）市场调查与价格测算。《政府采购货物和服务招标投标管理办法》（财政部令第87号）第十条　采购人应当对采购标的的市场技术或者服务水平、供应、价格等情况进行市场调查，根据调查情况、资产配置标准等科学、合理地确定采购需求，进行价格测算。

（4）确定采购需求。《政府采购法实施条例》第十五条第二款　采购需求应当符合法律法规以及政府采购政策规定的技术、服务、安全等要求。政府向社会公众提供的公共服务项目，应当就确定采购需求征求社会公众的意见。除因技术复杂或者性质特殊,不能确定详细规格或者具体要求外,采购需求应当完整、明确。必要时,应当就确定采购需求征求相关供应商、专家的意见。

《政府采购货物和服务招标投标管理办法》(财政部令第87号)第十一条 采购需求应当完整、明确,包括以下内容……。

(5)组织采购活动。集中采购与分散采购,委托采购与自行采购。

《政府采购法》第十八条 采购人采购纳入集中采购目录的政府采购项目,必须委托集中采购机构代理采购;采购未纳入集中采购目录的政府采购项目,可以自行采购,也可以委托集中采购机构在委托的范围内代理采购。

法律责任:《政府采购法》第七十四条 采购人对应当实行集中采购的政府采购项目,不委托集中采购机构实行集中采购的,由政府采购监督管理部门责令改正;拒不改正的,停止按预算向其支付资金,由其上级行政主管部门或者有关机关依法给予其直接负责的主管人员和其他直接责任人员处分。

(6)委托代理协议。《政府采购法》第二十条 采购人依法委托采购代理机构办理采购事宜的,应当由采购人与采购代理机构签订委托代理协议,依法确定委托代理的事项,约定双方的权利义务。

《政府采购法实施条例》第十六条 政府采购法第二十条规定的委托代理协议,应当明确代理采购的范围、权限和期限等具体事项。采购人和采购代理机构应当按照委托代理协议履行各自义务,采购代理机构不得超越代理权限。

(7)编制采购文件。《政府采购法实施条例》第十五条 采购人、采购代理机构应当根据政府采购政策、采购预算、采购需求编制采购文件。

(8)主持开标。《政府采购货物和服务招标投标管理办法》(财政部令第87号)第四十条 开标由采购人或者采购代理机构主持,邀请投标人参加。

(9)资格审查。《政府采购货物和服务招标投标管理办法》(财政部令第87号)第四十四条 公开招标采购项目开标结束后,采购人或者采购代理机构应当依法对投标人的资格进行审查。

(10)组织评标工作。《政府采购货物和服务招标投标管理办法》(财政部令第87号)第四十五条 采购人或者采购代理机构负责组织评标工作,并履行下列职责……。

(11)参与采购项目评审。《政府采购法实施条例》第四十二条 采购人、采购代理机构不得向评标委员会、竞争性谈判小组或者询价小组的评审专家作倾向性、误导性的解释或者说明。

(12)组织重新评审。评标报告签署后,采购人或者采购代理机构发现存在87号令第六十四条规定情形的,应当组织原评标委员会进行重新评审,重新评审改变评标结果的，书面报告本级财政部门。

（13）重新组建评标委员会进行评标。《政府采购货物和服务招标投标管理办法》（财政部令第 87 号）第六十七条规定，评标委员会或者其成员存在下列情形导致评标结果无效的，采购人、采购代理机构可以重新组建评标委员会进行评标，并书面报告本级财政部门。

（14）确认评审结果。《政府采购法实施条例》第四十三条　采购代理机构应当自评审结束之日起 2 个工作日内将评审报告送交采购人。采购人应当自收到评审报告之日起 5 个工作日内在评审报告推荐的中标或者成交候选人中按顺序确定中标或者成交供应商。

《政府采购货物和服务招标投标管理办法》（财政部令第 87 号）第六十八条　采购人应当自收到评标报告之日起 5 个工作日内，在评标报告确定的中标候选人名单中按顺序确定中标人。采购人在收到评标报告 5 个工作日内未按评标报告推荐的中标候选人顺序确定中标人，又不能说明合法理由的，视同按评标报告推荐的顺序确定排名第一的中标候选人为中标人。

（15）签订政府采购合同。《政府采购法》第四十六条　采购人与中标、成交供应商应当在中标、成交通知书发出之日起三十日内，按照采购文件确定的事项签订政府采购合同。

（16）履约验收。《政府采购法》第四十一条　采购人或者其委托的采购代理机构应当组织对供应商履约的验收。大型或者复杂的政府采购项目，应当邀请国家认可的质量检测机构参加验收工作。验收方成员应当在验收书上签字，并承担相应的法律责任。

《政府采购法实施条例》第四十五条　采购人或者采购代理机构应当按照政府采购合同规定的技术、服务、安全标准组织对供应商履约情况进行验收，并出具验收书。验收书应当包括每一项技术、服务、安全标准的履约情况。政府向社会公众提供的公共服务项目，验收时应当邀请服务对象参与并出具意见，验收结果应当向社会公告。

（17）支付采购资金。《政府采购法实施条例》第五十一条　采购人应当按照政府采购合同规定，及时向中标或者成交供应商支付采购资金。

（18）履约管理。《政府采购货物和服务招标投标管理办法》（财政部令第 87 号）第七十五条　采购人应当加强对中标人的履约管理，并按照采购合同约定，及时向中标人支付采购资金。对于中标人违反采购合同约定的行为，采购人应当及时处理，依法追究其违约责任。

（19）保存采购文件。《政府采购法》第四十二条　采购人、采购代理机构对政府采购项目每项采购活动的采购文件应当妥善保存，不得伪造、变造、隐匿或者销毁。采购文件的保存期限为从采购结束之日起至少保存十五年。

《政府采购货物和服务招标投标管理办法》（财政部令第87号）第三十九条第二款　采购人或者采购代理机构应当对开标、评标现场活动进行全程录音录像。录音录像应当清晰可辨，音像资料作为采购文件一并存档。

（20）询问答复和质疑处理。《政府采购法》第五十一条　供应商对政府采购活动事项有疑问的，可以向采购人提出询问，采购人应当及时作出答复，但答复的内容不得涉及商业秘密。第五十三条　采购人应当在收到供应商的书面质疑后七个工作日内作出答复，并以书面形式通知质疑供应商和其他有关供应商，但答复的内容不得涉及商业秘密。

《政府采购法实施条例》第五十二条　采购人或者采购代理机构应当在3个工作日内对供应商依法提出的询问作出答复。

供应商提出的询问或者质疑超出采购人对采购代理机构委托授权范围的，采购代理机构应当告知供应商向采购人提出。

《政府采购法实施条例》第五十四条　询问或者质疑事项可能影响中标、成交结果的，采购人应当暂停签订合同，已经签订合同的，应当中止履行合同。

《政府采购质疑和投诉办法》（财政部令第94号）第五条　采购人负责供应商质疑答复。采购人委托采购代理机构采购的，采购代理机构在委托授权范围内作出答复。第七条　采购人、采购代理机构应当在采购文件中载明接收质疑函的方式、联系部门、联系电话和通信地址等信息。

（21）采购人、采购代理机构不得拒收质疑函。《政府采购质疑和投诉办法》（财政部令第94号）第十三条　采购人、采购代理机构不得拒收质疑供应商在法定质疑期内发出的质疑函，应当在收到质疑函后7个工作日内作出答复，并以书面形式通知质疑供应商和其他有关供应商。

（22）配合投诉处理及监督检查。《政府采购法》第六十五条　政府采购监督管理部门应当对政府采购项目的采购活动进行检查，政府采购当事人应当如实反映情况，提供有关材料。

2. 采购人内部控制的主要措施。

（1）明晰事权，依法履职尽责。采购人应当根据法定职责开展工作，明确内部归口管理部门，明晰事权，依法履职尽责，强化内部监督。

实施归口管理。采购人应当明确内部归口管理部门，具体负责本单位、本系统的政府采购执行管理。

建立内部控制制度。归口管理部门应当牵头建立本单位政府采购内部控制制度。

明确相关部门的职责与分工。明确本单位相关部门在政府采购工作中的职责与分工。

建立沟通协调的工作机制。建立政府采购与预算、财务（资金）、资产、使用等业务机构或岗位之间沟通协调的工作机制。

强化内部监督。发挥内部审计、纪检监察等机构的监督作用，加强对采购执行和监管工作的常规审计和专项审计。

（2）合理设岗，强化权责对应。采购人应当合理设置岗位，明确岗位职责、权限和责任主体，细化各流程、各环节的工作要求和执行标准。

界定岗位职责。采购人应当结合自身特点，对照政府采购法律、法规、规章及制度规定，认真梳理不同业务、环节、岗位需要重点控制的风险事项，划分风险等级，建立制度规则、风险事项等台账，合理确定岗位职责。

不相容岗位分离。采购人应当建立岗位间的制衡机制，采购需求制定与内部审核、采购文件编制与复核、合同签订与验收等岗位原则上应当分开设置。

相关业务多人参与。对于评审现场组织、单一来源采购项目议价、合同签订、履约验收等相关业务，原则上应当由2人以上共同办理，并明确主要负责人员。

实施定期轮岗。采购人应当按规定建立轮岗交流制度，按照政府采购岗位风险等级设定轮岗周期，风险等级高的岗位原则上应当缩短轮岗年限。不具备轮岗条件的应当定期采取专项审计等控制措施。建立健全政府采购在岗监督、离岗审查和项目责任追溯制度。

（3）分级授权，推动科学决策。明确不同级别的决策权限和责任归属，按照分级授权的决策模式，建立与组织机构、采购业务相适应的内部授权管理体系。

加强所属单位管理。主管预算单位应当明确与所属预算单位在政府采购管理、执行等方面的职责范围和权限划分，细化业务流程和工作要求，加强对所属预算单位的采购执行管理，强化对政府采购政策落实的指导。

完善决策机制。采购人应当建立健全内部政府采购事项集体研究、合法性审查和内部会签相结合的议事决策机制。决策过程要形成完整记录，任何个人不得单独决策或者擅自改变集体决策。

完善内部审核制度。确定采购方式、组织采购活动，应当依据法律制度和有关政策要求细化内部审核的各项要素、审核标准、审核权限和工作要求。实行办理、复核、审定的内部审核机制，对照要求逐层把关。

（4）优化流程，实现重点管控。采购人应当加强对采购活动的流程控制，突出重点环节，确保政府采购项目规范运行。

增强采购计划性。采购人应当提高编报与执行政府采购预算、实施计划的系统性、准确性、及时性和严肃性，制定政府采购实施计划执行时间表和项目进度表，有序安排采购活动。

加强关键环节控制。明确政府采购重点环节及其控制措施。

——编制采购预算和采购实施计划；

——市场调研与价格测算；

——提出采购需求；

——签订委托代理协议；

——采购方式的选择；

——单一来源的论证与公示；

——进口产品的论证与审核；

——组织、参与采购项目的评审活动；

——采购结果的确认；

——询问与质疑答复；

——合同的签订；

——履约与验收；

——履约管理。

明确时限要求。采购人应当提高政府采购效率，对信息公告、合同签订、答复询问质疑以及其他有时间要求的事项，要细化各个节点的工作时限，确保在规定时间内完成。

强化利益冲突管理。采购人应当厘清利益冲突的主要对象、具体内容和表现形式，明确与供应商等政府采购市场主体、评审专家交往的基本原则和界限，细化处理原则、处理方式和解决方案。采购人员及相关人员与供应商有利害关系的，应当严格执行回避制度。

健全档案管理。采购人应当加强政府采购记录控制，按照规定妥善保管与政府采购管理、执行相关的各类文件。

（二）集中采购机构的法定职责与内部控制的主要措施

1. 集中采购机构的法定职责。

（1）根据采购人的委托办理采购事宜。《政府采购法》第十六条　集中采购机构为采购代理机构。根据采购人的委托办理采购事宜。第十七条　集中采购机构进行政府采购活动,应当符合采购价格低于市场平均价格、采购效率更高、采购质量优良和服务良好的要求。接受采购人委托代理集中采购项目采购活动。

《政府采购法实施条例》第十二条,集中采购机构应当根据采购人委托制定集中采购项目的实施方案,明确采购规程,组织政府采购活动,不得将集中采购项目转委托。

(2) 签订委托代理协议。《政府采购法》第二十条 采购人依法委托采购代理机构办理采购事宜的,应当由采购人与采购代理机构签订委托代理协议,依法确定委托代理的事项,约定双方的权利义务。

《政府采购法实施条例》第十六条 政府采购法第二十条规定的委托代理协议,应当明确代理采购的范围、权限和期限等具体事项。采购人和采购代理机构应当按照委托代理协议履行各自义务,采购代理机构不得超越代理权限。

(3) 编制采购文件。《政府采购法实施条例》第十五条 采购人、采购代理机构应当根据政府采购政策、采购预算、采购需求编制采购文件。

(4) 主持开标。《政府采购货物和服务招标投标管理办法》(财政部令第87号)第四十条 开标由采购人或者采购代理机构主持,邀请投标人参加。

(5) 资格审查。《政府采购货物和服务招标投标管理办法》(财政部令第87号)第四十四条 公开招标采购项目开标结束后,采购人或者采购代理机构应当依法对投标人的资格进行审查。

(6) 组织评标工作。《政府采购货物和服务招标投标管理办法》(财政部令第87号)第四十五条 采购人或者采购代理机构负责组织评标工作,并履行下列职责。

(7) 组织重新评审。评标报告签署后,采购人或者采购代理机构发现存在《政府采购货物和服务招标投标管理办法》(财政部令第87号)第六十四条规定情形的,应当组织原评标委员会进行重新评审,重新评审改变评标结果的,书面报告本级财政部门。

(8) 重新组建评标委员会进行评标。根据《政府采购货物和服务招标投标管理办法》(财政部令第87号)第六十七条规定,评标委员会或者其成员存在下列情形导致评标结果无效的,采购人、采购代理机构可以重新组建评标委员会进行评标,并书面报告本级财政部门。

(9) 提交评审结果。《政府采购法实施条例》第四十三条 采购代理机构应当自评审结束之日起2个工作日内将评审报告送交采购人。

(10) 根据采购委托签订合同。《政府采购法》第四十三条第二款规定,采购人可以委托采购代理机构代表其与供应商签订政府采购合同。由采购代理机构以采购人名义签订合同的,应当提交采购人的授权委托书,作为合同附件。

(11) 参与履约验收。《政府采购法》第四十一条　采购人或者其委托的采购代理机构应当组织对供应商履约的验收。大型或者复杂的政府采购项目,应当邀请国家认可的质量检测机构参加验收工作。验收方成员应当在验收书上签字,并承担相应的法律责任。

(12) 保存采购文件。《政府采购法》第四十二条　采购人、采购代理机构对政府采购项目每项采购活动的采购文件应当妥善保存,不得伪造、变造、隐匿或者销毁。采购文件的保存期限为从采购结束之日起至少保存十五年。

《政府采购货物和服务招标投标管理办法》(财政部令第 87 号)第三十九条第二款　采购人或者采购代理机构应当对开标、评标现场活动进行全程录音录像。录音录像应当清晰可辨,音像资料作为采购文件一并存档。

(13) 答复询问和质疑。《政府采购法》第五十四条　采购人委托采购代理机构采购的,供应商可以向采购代理机构提出询问或者质疑,采购代理机构应当依照本法第五十一条、第五十三条的规定就采购人委托授权范围内的事项作出答复。

(14) 配合投诉处理及监督检查。《政府采购法》第六十五条　政府采购监督管理部门应当对政府采购项目的采购活动进行检查,政府采购当事人应当如实反映情况,提供有关材料。

《政府采购法实施条例》第五十六条　对财政部门依法进行的调查取证,投诉人和与投诉事项有关的当事人应当如实反映情况,并提供相关材料。

2. 集中采购机构的内部控制制度。

(1) 法律依据。《政府采购法》第六十一条　集中采购机构应当建立健全内部监督管理制度。采购活动的决策和执行程序应当明确,并相互监督、相互制约。经办采购的人员与负责采购合同审核、验收人员的职责权限应当明确,并相互分离。

(2) 重点内容和环节。集中采购机构应当做好流程控制,围绕委托代理、编制采购文件和拟订合同文本、执行采购程序、代理采购绩效等政府采购活动的重点内容和环节加强管理。根据采购人的委托办理采购事宜。

3. 采购人与集中采购机构的法律关系。 采购人与集中采购机构的法律关系属于委托代理关系适用代理法律制度。集中采购机构为代理人(受托人),采购人为被代理人(委托人)。

(1) 代理人与被代理人。《民法总则》第一百六十二条　代理人在代理权限内,以被代理人名义实施的民事法律行为,对被代理人发生效力。

（2）委托代理与法定代理。《民法总则》第一百六十三条　代理包括委托代理和法定代理。委托代理人按照被代理人的委托行使代理权。法定代理人依照法律的规定行使代理权。

（3）代理人的法律责任。《民法总则》第一百六十四条　代理人不履行或者不完全履行职责，造成被代理人损害的，应当承担民事责任。

（4）代理人与相对人的法律责任。《民法总则》第一百六十四条　代理人和相对人恶意串通，损害被代理人合法权益的，代理人和相对人应当承担连带责任。

（5）代理人与被代理人的连带责任。《民法总则》第一百六十七条　代理人知道或者应当知道代理事项违法仍然实施代理行为，或者被代理人知道或者应当知道代理人的代理行为违法未作反对表示的，被代理人和代理人应当承担连带责任。

4. 集中采购机构的岗位设置。法律依据：《政府采购法》第六十一条　集中采购机构经办采购的人员与负责采购合同审核、验收人员的职责权限应当明确，并相互分离。

（1）不相容岗位分离。建立岗位间的制衡机制，采购文件编制与复核、经办采购的人员与负责采购合同审核、验收人员的职责权限应当明确，并相互分离。

（2）集中采购机构的决策与执行机制。《政府采购法》第六十一条　集中采购机构应当建立健全内部监督管理制度。采购活动的决策和执行程序应当明确，并相互监督、相互制约。

5. 集中采购机构的流程控制。

（1）法律依据。《政府采购法实施条例》第十二条　集中采购机构应当根据采购人委托制定集中采购项目的实施方案，明确采购规程，组织政府采购活动，不得将集中采购项目转委托。

（2）制定集中采购项目的实施方案。

——与采购人确定采购需求；

——正确选择采购方式；

——依法编制采购文件；

——合理确定采购时限；

——明确采购规程；

——项目负责制与流程负责制；

——法定程序与采购效率。

（3）组织政府采购活动。

——组建评标委员会（评审小组）；

——准备采购文件；

——现场管理；

——采购文件的解释；

——评审报告的复核；

——提交评审结果；

——组织合同签订；

——加强关键环节控制。

（4）明确政府采购重点环节的控制措施。

——采购需求的合法性审查；

——采购文件的编制与信息公告；

——组织评审活动；

——询问答复与质疑处理。

（三）监管部门的法定职责与内部控制的主要措施

1. 监管部门的法定职责。

（1）财政部门。《政府采购法》第十三条　各级人民政府财政部门是负责政府采购监督管理的部门，依法履行对政府采购活动的监督管理职责。

（2）政府有关部门。《政府采购法》第十三条　各级人民政府其他有关部门依法履行与政府采购活动有关的监督管理职责。第六十七条　依照法律、行政法规的规定对政府采购负有行政监督职责的政府有关部门，应当按照其职责分工，加强对政府采购活动的监督。

（3）审计机关。《政府采购法》第六十八条　审计机关应当对政府采购进行审计监督。

（4）监察机关。《政府采购法》第六十九条　监察机关应当加强对参与政府采购活动的国家机关、国家公务员和国家行政机关任命的其他人员实施监察。

2. 财政部门的法定职责。

（1）采购方式审批。《政府采购法》第二十七条规定，采购人采购货物或者服务应当采用公开招标方式……因特殊情况需要采用公开招标以外的采购方式的，应当在采购活动开始前获得设区的市、自治州以上人民政府采购监督管理部门的批准。

（2）进口产品审核。《财政部关于印发〈政府采购进口产品管理办法〉的通知》(财库〔2007〕119号)第四条 政府采购应当采购本国产品,确需采购进口产品的,实行审核管理。第六条 设区的市、自治州以上人民政府财政部门(以下简称为财政部门)应当依法开展政府采购进口产品审核活动,并实施监督管理。

(3)政府采购评审专家库管理。《政府采购法实施条例》第六十二条 省级以上人民政府财政部门应当对政府采购评审专家库实行动态管理,具体管理办法由国务院财政部门制定。

(4)政府采购合同与采购实施计划备案。《政府采购法》第四十七条 政府采购项目的采购合同自签订之日起七个工作日内,采购人应当将合同副本报同级政府采购监督管理部门和有关部门备案。

《政府采购法实施条例》第二十九条 采购人应当根据集中采购目录、采购限额标准和已批复的部门预算编制政府采购实施计划,报本级人民政府财政部门备案。

(5)投诉处理。《政府采购法》第五十五条 质疑供应商对采购人、采购代理机构的答复不满意或者采购人、采购代理机构未在规定的时间内作出答复的,可以在答复期满后十五个工作日内向同级政府采购监督管理部门投诉。第五十六条 政府采购监督管理部门应当在收到投诉后30个工作日内,对投诉事项作出处理决定,并以书面形式通知投诉人和与投诉事项有关的当事人。

(6)监督检查。《政府采购法》第五十九条 政府采购监督管理部门应当加强对政府采购活动及集中采购机构的监督检查。第六十五条 政府采购监督管理部门应当对政府采购项目的采购活动进行检查,政府采购当事人应当如实反映情况,提供有关材料。

禁止性规定:《政府采购法》第六十条 政府采购监督管理部门不得设置集中采购机构,不得参与政府采购项目的采购活动。

(7)集中采购机构考核。《政府采购法》第六十六条 政府采购监督管理部门应当对集中采购机构的采购价格、节约资金效果、服务质量、信誉状况、有无违法行为等事项进行考核,并定期如实公布考核结果。

(8)行政处罚。政府采购监督管理部门根据《政府采购法》《政府采购法实施条例》规定的法律责任依法行使行政处罚权。

3. 监管部门内部控制的重点。完善采购方式审批、采购进口产品审核、投诉处理、监督检查等内部管理制度和工作规程。

(1)完善决策机制。建立健全内部政府采购事项集体研究、合法性审查和内部会签相结合的议事决策机制。

（2）完善内部审核制度。办理审批审核事项、开展监督检查、做出处理处罚决定等，应当依据法律制度和有关政策要求细化内部审核的各项要素、审核标准、审核权限和工作要求，实行办理、复核、审定的内部审核机制，对照要求逐层把关。

（3）采购方式审批与进口产品审核机制。

①采购方式审批。

——审批的范围；

——审批的情形；

——审批的流程；

——审批的时限。

②公开招标采购项目变更方式的法定情形与程序：

《中央预算单位变更政府采购方式审批管理办法》第七条　中央预算单位申请采用公开招标以外采购方式的，应当提交以下材料：

（一）中央主管预算单位出具的变更采购方式申请公文；

（二）项目预算金额、预算批复文件或者资金来源证明；

（三）单位内部会商意见。

《中央预算单位变更政府采购方式审批管理办法》第九条　中央预算单位因采购任务涉及国家秘密需要变更采购方式的，应当提供由国家保密机关出具的本项目为涉密采购项目的证明文件。

③推行变更政府采购方式的批复。对于符合规定的申请项目，财政部（国库司）自收到申请材料起5个工作日内完成批复。

④进口产品审核。审核依据：《财政部关于印发〈政府采购进口产品管理办法〉的通知》（财库〔2007〕119号）。

（4）投诉处理机制。

——投诉受理；

——调查取证；

——法律审核；

——处理决定。

（5）监督检查机制。

①监督检查的范围：《政府采购法》第五十九条规定，监督检查的主要内容是：

（一）有关政府采购的法律、行政法规和规章的执行情况；

（二）采购范围、采购方式和采购程序的执行情况；

（三）政府采购人员的职业素质和专业技能。
②监督检查的对象：
采购人；
集中采购机构；
采购代理机构。
③监督检查的方式：
日常检查与专项检查；
考核与检查。
④监督检查的手段：
《条例》第六十四条　各级人民政府财政部门对政府采购活动进行监督检查，有权查阅、复制有关文件、资料，相关单位和人员应当予以配合。

第三部分

政府采购案例解析

第十七章 发生在招标环节的案例解析

案例一 合情与合法——采购需求应当合法

一个事关新生儿安全的乙肝疫苗采购项目，采购人固执地坚持自己的采购需求，供应商执着地状告其需求存在排他性，该如何处理？

合情与合法

要点提示：

采购需求应当合法。

案情概述：

某疾病控制中心采购一批用于新生儿接种的乙肝疫苗。根据生产工艺不同，乙肝疫苗分为"酵母型"和"细胞型"两种。采购人提出要"酵母型"乙肝疫苗不要"细胞型"，理由是安全、无毒副反应，以保证新生儿安全。

招标公告正式发布前，根据采购人的委托，采购代理机构在网站上发布信息，公开征集具备供货能力的供应商，希望所有潜在的供应商都能参与该项目竞标。某生产"细胞型"乙肝疫苗的供应商看到后提出质疑，认为招标文件指定只允许"酵母型"乙肝疫苗参与投标属于限制性条款，违反了《政府采购法》相关规定，对其他供应商有失公平。但采购人坚持要"酵母型"不要"细胞型"，提出乙肝疫苗是用于新生儿接种的，疫苗的安全关系子孙后代，党委政府高度关注，万一发生毒副反应，有关部门都不好交代。经组织专家论证，专家出具了书面意见，认为"酵母型"乙肝疫苗安全、无毒副反应，同意采购人的要求。但供应商依然不依不饶。

为依法妥善处理，经研究，政府采购监管部门决定向卫生部、财政部请示。卫生部答复：只要进入《中华人民共和国药典》的，都是经过长期实验论证的，是相对安全有效的；财政部意见：除使用国际组织和外国政府贷款的项目，采购人使用财政性资金采购，应当适用《政府采购法》相关规定。

经查，"酵母型"和"细胞型"乙肝疫苗均是《中华人民共和国药典》中常规收录的品种，适用人群均为新生儿。

点评分析：

本案存在几个可供讨论的话题：采购人可否根据采购项目的特殊需要提出采购需求？采购活动尚未开始，在征集供应商的过程中，潜在供应商是否可以提起质疑和投诉？采购文件包括哪些内容？对采购文件的质疑时限？

一、采购人可以根据采购项目的特殊需要提出特定的采购需求，但必须合法

《政府采购法》第二十二条第二款规定：采购人可以根据采购项目的特殊要求，规定供应商的特定条件，但不得以不合理的条件对供应商实行差别待遇或者歧视待遇。《政府采购法实施条例》第十五条 采购需求应当符合法律法规以及政府采购政策规定的技术、服务、安全等要求。

二、供应商可以依法维护自己的合法权益

《政府采购法》第五条规定，任何单位和个人不得采用任何方式，阻挠和限制供应商自由进入本地区和本行业的政府采购市场；第五十二条规定，供应商认为采购文件、采购过程和中标成交结果使自己的权益受到损害的，可以在知道或者应知其权益受到损害之日起7个工作日内，以书面形式向采购人提出质疑；第五十五条规定，质疑供应商对采购人、采购代理机构的答复不满意或者采购人、采购代理机构未在规定的时间内作出答复的，可以在答复期满后十五个工作日内向同级政府采购监督管理部门投诉。《政府采购质疑和投诉办法》（财政部令第94号）第十一条规定，提出质疑的供应商（以下简称质疑供应商）应当是参与所质疑项目采购活动的供应商。潜在供应商已依法获取其可质疑的采购文件的，可以对该文件提出质疑。对采购文件提出质疑的，应当在获取采购文件或者采购文件公告期限届满之日起7个工作日内提出。

三、采购文件与招标文件概念不同

《政府采购法》第四十二条规定，采购文件包括采购活动记录、采购预算、招标文件、投标文件、评标标准、评估报告、定标文件、合同文本、验收证明、质疑答复、投诉处理决定及其他有关文件资料。既然代理机构在政府采购指定媒体发布公告，公开征集供应商，供应商有权对采购文件提出质疑。

四、供应商的质疑时限

《政府采购法实施条例》第五十三条明确，政府采购法第五十二条规定的供应商应知其权益受到损害之日，是指：（1）对可以质疑的采购文件提出质疑的，为收到采购文件之日或者采购文件公告期限届满之日；（2）对采购过程提出质疑的，为各采购程序环节结束之日；（3）对中标或者成交结果提出质疑的，为中标或者成交结果公告期限届满之日。

该案的处理结果是，根据《政府采购法》及相关法规、《中华人民共和国药典》和国家有关部门的意见，监管部门及时向相关当事人反馈情况，协调沟通，取消招标文件中限制性条款，允许所有生产乙肝疫苗的供应商参与投标。最终该采购项目取得良好效果，每支疫苗比以往采购价便宜23%，各方都非常满意。

本案带来的启示是，政府采购实务操作过程中必须坚持依法采购：一是采购人提出的采购需求应当合法合规；二是遇到疑难问题要多请示、多论证，寻找法律依据；三是要加强协调与沟通，尽可能依法妥善处理。

法规链接：

《政府采购法》第五条　任何单位和个人不得采用任何方式，阻挠和限制供应商自由进入本地区和本行业的政府采购市场。

第二十二条　采购人可以根据采购项目的特殊要求，规定供应商的特定条件，但不得以不合理的条件对供应商实行差别待遇或者歧视待遇。

《政府采购法实施条例》第十五条　采购需求应当符合法律法规以及政府采购政策规定的技术、服务、安全等要求。

《政府采购法》第四十二条　采购文件包括采购活动记录、采购预算、招标文件、投标文件、评标标准、评估报告、定标文件、合同文本、验收证明、质疑答复、投诉处理决定及其他有关文件资料。

《政府采购法》第五十二条　供应商认为采购文件、采购过程和中标成交结果使自己的权益受到损害的，可以在知道或者应知其权益受到损害之日起7个工作日内，以书面形式向采购人提出质疑。

《政府采购法实施条例》第五十三条　政府采购法第五十二条规定的供应商应知其权益受到损害之日，是指：（1）对可以质疑的采购文件提出质疑的，为收到采购文件之日或者采购文件公告期限届满之日；（2）对采购过程提出质疑的，为各采购程序环节结束之日；（3）对中标或者成交结果提出质疑的，为中标或者成交结果公告期限届满之日。

《政府采购质疑和投诉办法》（财政部令第94号）第十一条　提出质疑的供

应商（以下简称质疑供应商）应当是参与所质疑项目采购活动的供应商。潜在供应商已依法获取其可质疑的采购文件的，可以对该文件提出质疑。对采购文件提出质疑的，应当在获取采购文件或者采购文件公告期限届满之日起7个工作日内提出。

案例二　概念之争——采购需求应当合规

"生产厂家"和"制造厂商",一个出现在招标文件中,一个出现在开标一览表中,投标人坚持认为两者指代不同。

概念之争

要点提示:

采购需求应当合规。

案情概述:

某采购代理机构组织对条码设备采购项目进行公开招标。经依法组建的评标委员会评审,推荐J公司为第一中标候选人,D公司为第二中标候选人。中标结果公布后,D公司就本次评审结果提出质疑,因对代理机构质疑答复不满,向财政部门投诉。

投诉人认为,第一中标候选人J公司的资格不符合招标文件的要求。J公司只是"生产厂商",而其投标产品采用的是"制造厂商"产品。根据国家质检总局第117号令《强制性产品认证管理规定》,必须提供制造商的唯一授权。如果没有唯一授权,就不符合招标文件的实质性要求,属于无效投标人,应当取消其第一中标候选人资格。

点评分析:

本案的核心争议点是,"生产厂家"和"制造厂商"是否同属一个概念?如何认定采购文件影响或者可能影响中标、成交结果?

本案是由于招标文件表述不规范而引发的投诉。争议的焦点是,对招标文件中"供应商资格及资信证明文件"要求的理解。代理机构认为,招标文件中的"生产厂家"和"制造厂商"都是指数据采集设备的制造商、生产厂、生产企业等。投诉人认为,生产厂家、制造厂商的概念不同。根据国家质检总局117号令《强制性产品认证管理规定》第二十一条规定,CCC证书上的生产企业是"被委托生产企业",被委托生产企业是拥有知识产权的"制造厂商"委托的"产品代加工企业"。而第一中标候选人J公司是"生产厂商",其投标产品采用的是"制造厂商"产品。按照上述国家质检总局第117号令规定,必须提供制造商的唯一授权。如果没有,就不符合招标文件的实质性要求,属于无效投标人,应当取消其第一中标候选人资格。第一中标候选人 J 公司认为，对于招标文件中"制造厂商""生产厂家"概念的解释权应该在于招标方。

而经财政部门查阅发现，招标文件中的表述是"生产厂家"，开标一览表中的表述是"制造厂商"，前后不统一，且两种表述均不符合规范。经查阅《中华人民共和国产品质量法》《强制性产品认证管理规定》（质检总局令第 117 号）和投诉人、相关供应商投标文件中的"CCC 证书"，财政部门认为，规范的表述应是"生产者（制造商）、生产企业"。而招标文件第一章规定的供应商资格要求是："参加投标供应商必须为数据采集设备的生产厂家或其唯一授权代理商"；第六章实质性资格证明文件目录文件的要求是："数据采集设备的生产厂家针对本项目的唯一授权书（若投标人为数据采集设备生产厂家代理商的必须提供）。"而开标一览表中的表述是"制造厂商"。

经查阅招标文件"开标一览表"，J 公司在"制造厂商"一栏填写的是"J 公司"。查阅 J 公司的投标文件，其中没有提供生产厂家的授权。在财政部门发出"政府采购供应商投诉受理通知书"之后，J 公司在回复附件中提交了"合作框架协议书"；在财政部门发出供应商投诉调查函之后，J 公司提交了制造商"认可并同意 J 公司单独参加投标活动"的说明。

根据调查情况，财政部门认为，该项目招标文件中供应商资格及资信证明文件中的"生产厂商"和开标一览表中的"制造厂商"表述不统一、不规范，概念不清，造成各方当事人理解不同，引发歧义，影响了中标、成交结果。根据《政府采购供应商投诉处理办法》（财政部第 20 号令）第十九条之规定，责令重新开展采购。[①]

本案带来的启示是，采购需求表述应合规，避免引发歧义，影响中标成交结果，产生法律风险。

法规链接：

《政府采购法实施条例》第十五条　采购需求应当符合法律法规以及政府采购政策规定的技术、服务、安全等要求。

《政府采购货物和服务招标投标管理办法》（财政部令第 87 号）第十一条　采购需求应当完整、明确，包括以下内容：

（一）采购标的需实现的功能或者目标，以及为落实政府采购政策需满足的要求；

---

① 注：自 2018 年 3 月 1 日起按《政府采购质疑和投诉办法》（财政部令第 94 号）第三十一条执行。

（二）采购标的需执行的国家相关标准、行业标准、地方标准或者其他标准、规范；

（三）采购标的需满足的质量、安全、技术规格、物理特性等要求；

（四）采购标的的数量、采购项目交付或者实施的时间和地点；

（五）采购标的需满足的服务标准、期限、效率等要求；

（六）采购标的的验收标准；

（七）采购标的的其他技术、服务等要求。

《财政部关于进一步加强政府采购需求和履约验收管理的指导意见》（财库〔2016〕205号）规定，采购需求应当符合国家法律法规规定，执行国家相关标准、行业标准、地方标准等标准规范，落实政府采购支持节能环保、促进中小企业发展等政策要求……采购需求描述应当清楚明了、规范表述、含义准确，能够通过客观指标量化的应当量化。

《政府采购供应商投诉处理办法》（财政部令第20号）第十九条 财政部门经审查，认定采购文件、采购过程影响或者可能影响中标、成交结果的，或者中标、成交结果的产生过程存在违法行为的，按下列情况分别处理：

（一）政府采购合同尚未签订的，分别根据不同情况决定全部或者部分采购行为违法，责令重新开展采购活动；

（二）政府采购合同已经签订但尚未履行的，决定撤销合同，责令重新开展采购活动；

（三）政府采购合同已经履行的，决定采购活动违法，给采购人、投诉人造成损失的，由相关责任人承担赔偿责任。

《政府采购质疑和投诉办法》（财政部令第94号）第三十一条 投诉人对采购文件提起的投诉事项，财政部门经查证属实的，应当认定投诉事项成立。经认定成立的投诉事项不影响采购结果的，继续开展采购活动；影响或者可能影响采购结果的，财政部门按照下列情况处理：

（一）未确定中标或者成交供应商的，责令重新开展采购活动。

（二）已确定中标或者成交供应商但尚未签订政府采购合同的，认定中标或者成交结果无效，责令重新开展采购活动。

（三）政府采购合同已经签订但尚未履行的，撤销合同，责令重新开展采购活动。

（四）政府采购合同已经履行，给他人造成损失的，相关当事人可依法提起诉讼，由责任人承担赔偿责任。

案例三 不符合要求的档案盒——采购需求应当完整

某项目通过竞争性谈判方式采购，但采购结果出来后，采购人却不接受，认为不符合档案管理要求。

不符合要求的档案盒

要点提示：
1. 采购人负责确定采购需求。
2. 采购需求应当完整明确。
3. 根据采购项目的特点，依法采用合适的采购方式。

案情概述：

某部门采购一批档案盒，经财政部门批准采用竞争性谈判方式。经谈判小组谈判评审，根据符合采购需求、质量和服务相等且报价最低的原则，某乡镇企业中标为成交候选人。对谈判评审结果，采购人表示不能接受。理由是，因保管的档案是珍本、孤本，他们需要的是特殊档案盒，需具备防水、防霉、防蛀等功能，质量要求很高。现按照最低价中标的原则，中标产品不符合要求。

点评分析：

本案引发的问题是：采购需求由谁提出？采购需求如何提出？如何根据项目特点，依法选用合适的采购方式？

一、采购人负责确定采购需求

《政府采购法》第二十二条第二款规定：采购人可以根据采购项目的特殊要求，规定供应商的特定条件，但不得以不合理的条件对供应商实行差别待遇或者歧视待遇。《政府采购法实施条例》第十一条明确，采购人在政府采购活动中应当维护国家利益和社会公共利益，公正廉洁，诚实守信，执行政府采购政策，建立政府采购内部管理制度，厉行节约，科学合理确定采购需求。《政府采购货物和服务招标投标管理办法》（财政部令第87号）第十条规定，采购人应当对采购标的的市场技术或者服务水平、供应、价格等情况进行市场调查，根据调查情况、资产配置标准等科学、合理地确定采购需求，进行价格测算。《财政部关于进一步加强政府采购需求和履约验收管理的指导意见》（财库［2016］205号）明确：采购人负责组织确定本单位采购项目的采购需求。采购人委托采购代理机构编制采购需求的,应当在采购活动开始前对采购需求进行书面确认。

本案中,采购人应当在采购活动开始前,根据采购项目的特殊要求,依法提出供应商的特定条件,科学合理地确定采购需求,而不是在谈判评审结束后再提出。

二、采购需求应当科学合理,合规、完整、明确

《政府采购法实施条例》第十五条 采购需求应当符合法律法规以及政府采购政策规定的技术、服务、安全等要求。除因技术复杂或者性质特殊,不能确定详细规格或者具体要求外,采购需求应当完整、明确。必要时,应当就确定采购需求征求相关供应商、专家的意见。

《政府采购货物和服务招标投标管理办法》(财政部令第87号)第十一条 采购需求应当完整、明确,包括以下内容:

(一)采购标的需实现的功能或者目标,以及为落实政府采购政策需满足的要求;

(二)采购标的需执行的国家相关标准、行业标准、地方标准或者其他标准、规范;

(三)采购标的需满足的质量、安全、技术规格、物理特性等要求;

(四)采购标的的数量、采购项目交付或者实施的时间和地点;

(五)采购标的需满足的服务标准、期限、效率等要求;

(六)采购标的的验收标准;

(七)采购标的的其他技术、服务等要求。

本案中,在采购活动开始前,采购人应当完整、明确提出采购需求,说明档案盒的质量技术规格、具体用途及特殊要求。

三、采购方式应根据项目特点依法选用

本项目采购的档案盒是为了保管珍本、孤本档案,属于特殊产品。因时间较紧,采购人申请采用竞争性谈判方式。采购方式虽经审批程序合法,但却不适合该采购项目特点。竞争性谈判方式依法采用"最低评标价法",一般适用于技术、服务等标准统一的货物服务项目。

法规链接:

《政府采购法》第二十二条 采购人可以根据采购项目的特殊要求,规定供应商的特定条件,但不得以不合理的条件对供应商实行差别待遇或者歧视待遇。

《政府采购法实施条例》第十一条 采购人在政府采购活动中应当维护国家利益和社会公共利益,公正廉洁,诚实守信,执行政府采购政策,建立政府采购内部管理制度，厉行节约，科学合理确定采购需求。

第十五条　采购人、采购代理机构应当根据政府采购政策、采购预算、采购需求编制采购文件。采购需求应当符合法律法规以及政府采购政策规定的技术、服务、安全等要求。政府向社会公众提供的公共服务项目，应当就确定采购需求征求社会公众的意见。除因技术复杂或者性质特殊，不能确定详细规格或者具体要求外，采购需求应当完整、明确。必要时，应当就确定采购需求征求相关供应商、专家的意见。

《政府采购货物和服务招标投标管理办法》（财政部令第87号）第十条　采购人应当对采购标的的市场技术或者服务水平、供应、价格等情况进行市场调查，根据调查情况、资产配置标准等科学、合理地确定采购需求，进行价格测算。

第十一条　采购需求应当完整、明确，包括以下内容：

（一）采购标的需实现的功能或者目标，以及为落实政府采购政策需满足的要求；

（二）采购标的需执行的国家相关标准、行业标准、地方标准或者其他标准、规范；

（三）采购标的需满足的质量、安全、技术规格、物理特性等要求；

（四）采购标的的数量、采购项目交付或者实施的时间和地点；

（五）采购标的需满足的服务标准、期限、效率等要求；

（六）采购标的的验收标准；

（七）采购标的的其他技术、服务等要求。

《财政部关于进一步加强政府采购需求和履约验收管理的指导意见》（财库〔2016〕205号）规定，采购人负责组织确定本单位采购项目的采购需求。采购人委托采购代理机构编制采购需求的，应当在采购活动开始前对采购需求进行书面确认。采购需求应当符合国家法律法规规定，执行国家相关标准、行业标准、地方标准等标准规范，落实政府采购支持节能环保、促进中小企业发展等政策要求。除因技术复杂或者性质特殊，不能确定详细规格或者具体要求外，采购需求应当完整、明确。必要时，应当就确定采购需求征求相关供应商、专家的意见。采购需求应当包括采购对象需实现的功能或者目标，满足项目需要的所有技术、服务、安全等要求，采购对象的数量、交付或实施的时间和地点，采购对象的验收标准等内容。采购需求描述应当清楚明了、规范表述、含义准确，能够通过客观指标量化的应当量化。

《政府采购法》第二十六条　政府采购采用以下方式：

（一）公开招标；

（二）邀请招标；

（三）竞争性谈判；

（四）单一来源采购；

（五）询价；

（六）国务院政府采购监督管理部门认定的其他采购方式。

第三十条　符合下列情形之一的货物或者服务，可以依照本法采用竞争性谈判方式采购：

（一）招标后没有供应商投标或者没有合格标的或者重新招标未能成立的；

（二）技术复杂或者性质特殊，不能确定详细规格或者具体要求的；

（三）采用招标所需时间不能满足用户紧急需要的；

（四）不能事先计算出价格总额的。

第三十八条　采用竞争性谈判方式采购的，应当遵循下列程序：

……

（五）确定成交供应商。谈判结束后，谈判小组应当要求所有参加谈判的供应商在规定时间内进行最后报价，采购人从谈判小组提出的成交候选人中根据符合采购需求、质量和服务相等且报价最低的原则确定成交供应商，并将结果通知所有参加谈判的未成交的供应商。

《政府采购法实施条例》第三十四条　政府采购招标评标方法分为最低评标价法和综合评分法……最低评标价法，是指投标文件满足招标文件全部实质性要求且投标报价最低的供应商为中标候选人的评标方法。

技术、服务等标准统一的货物和服务项目，应当采用最低评标价法。

《政府采购货物和服务招标投标管理办法》（财政部令第87号）第五十三条　评标方法分为最低评标价法和综合评分法。

第五十四条　最低评标价法，是指投标文件满足招标文件全部实质性要求，且投标报价最低的投标人为中标候选人的评标方法。

技术、服务等标准统一的货物服务项目，应当采用最低评标价法。

采用最低评标价法评标时，除了算术修正和落实政府采购政策需进行的价格扣除外，不能对投标人的投标价格进行任何调整。

第五十六条　采用最低评标价法的，评标结果按投标报价由低到高顺序排列。投标报价相同的并列。投标文件满足招标文件全部实质性要求且投标报价最低的投标人为排名第一的中标候选人。

案例四　欧盟认证证书——采购需求应当明确

某乡镇卫生院采购一批医疗设备，评审结果出来后，采购人却找出种种理由不执行，认为中标候选人的产品不符合招标文件要求。

欧盟认证证书

要点提示：

采购需求应当明确。

案情概述：

某乡镇卫生院采购一批医疗设备，根据采购人提出的采购需求，招标文件要求供应商应提供欧盟认证证书。经依法组建的评标委员会评审，推荐 A 企业为中标候选人。评审结果出来后，采购人却找出种种理由不执行，说他们要求提供的是"产品"认证证书，而中标候选人提供的是"企业"认证证书，认为中标候选人的产品不符合招标文件要求。

点评分析：

一、采购需求应当明确

《政府采购法实施条例》第十五条明确，除因技术复杂或者性质特殊，不能确定详细规格或者具体要求外，采购需求应当完整、明确。必要时，应当就确定采购需求征求相关供应商、专家的意见。经查阅采购文件，只要求供应商提供欧盟认证证书，并未明确是"企业"还是"产品"。

二、关于采购需求明确的具体要求

采购需求描述应当清楚明了、规范表述、含义准确。根据《政府采购货物和服务招标投标管理办法》（财政部令第 87 号）第十一条，采购需求应当完整、明确包括以下内容：

（一）采购标的需实现的功能或者目标，以及为落实政府采购政策需满足的要求；

（二）采购标的需执行的国家相关标准、行业标准、地方标准或者其他标准、规范；

（三）采购标的需满足的质量、安全、技术规格、物理特性等要求；

（四）采购标的的数量、采购项目交付或者实施的时间和地点；

（五）采购标的需满足的服务标准、期限、效率等要求；

（六）采购标的的验收标准；

（七）采购标的的其他技术、服务等要求。

三、采购人不能随意解释采购文件

采购人、采购代理机构应当根据政府采购政策、采购预算、采购需求编制采购文件。

采购人可以提出采购需求，但采购文件确定后，采购活动已经结束，不能随意解释。"企业"证书与"产品"证书含义不同，一个是泛指，一个是特指。评审结果出来后，因不是想要的产品，采购人就找出种种理由，任意进行解释，没有依据。

法规链接：

《政府采购法实施条例》第十五条　采购人、采购代理机构应当根据政府采购政策、采购预算、采购需求编制采购文件。采购需求应当符合法律法规以及政府采购政策规定的技术、服务、安全等要求。政府向社会公众提供的公共服务项目，应当就确定采购需求征求社会公众的意见。除因技术复杂或者性质特殊，不能确定详细规格或者具体要求外，采购需求应当完整、明确。必要时，应当就确定采购需求征求相关供应商、专家的意见。

《政府采购货物和服务招标投标管理办法》（财政部令第87号）第十一条　采购需求应当完整、明确，包括以下内容：

（一）采购标的需实现的功能或者目标，以及为落实政府采购政策需满足的要求；

（二）采购标的需执行的国家相关标准、行业标准、地方标准或者其他标准、规范；

（三）采购标的需满足的质量、安全、技术规格、物理特性等要求；

（四）采购标的的数量、采购项目交付或者实施的时间和地点；

（五）采购标的需满足的服务标准、期限、效率等要求；

（六）采购标的的验收标准；

（七）采购标的的其他技术、服务等要求。

《财政部关于进一步加强政府采购需求和履约验收管理的指导意见》（财库〔2016〕205号）规定，采购需求应当符合国家法律法规规定，执行国家相关标准、行业标准、地方标准等标准规范，落实政府采购支持节能环保、促进中小企业发展等政策要求。除因技术复杂或者性质特殊，不能确定详细规格或者具体要求外，采购需求应当完整、明确。必要时，应当就确定采购需求征求相关供应商、专家的意见。采购需求应当包括采购对象需实现的功能或者目标，满足项目需要的所有技术、服务、安全等要求，采购对象的数量、交付或实施的时间和地点，采购对象的验收标准等内容。采购需求描述应当清楚明了、规范表述、含义准确，能够通过客观指标量化的应当量化。

案例五 招标文件倾向了谁——不得以不合理条件对供应商实行差别待遇或者歧视待遇

一个专业性很强的采购项目被指"＊"号条款存在排他性，采购人坚持的技术指标是否经得住供应商的质疑？

招标文件倾向了谁

要点提示：

不得以不合理的条件对供应商实行差别待遇或者歧视待遇。

案情概述：

某采购代理机构组织对微生物鉴定系统采购项目进行公开招标，经依法组建的评标委员会评审，S公司综合得分最高，被推荐为中标候选人。采购结果公布后，X公司提出质疑，因对代理机构质疑答复不满，向财政部门提起投诉。

投诉人认为，本项目招标文件的技术指标具有排他性。特别是其中标"＊"号要求采用"荧光检测技术"的技术指标，具有倾向性，是完全排他的，符合该条件的供应商不足3家，因此认为本项目应该废标。

点评分析：

如何认定技术指标是否具有倾向性、排他性？

关于招标文件的技术指标是否具有倾向性、排他性，应根据相关法律规定，必要时，可组织评标委员会专家论证，也可以组织权威的专业机构来认定。

判断招标文件是否有倾向性、排他性，要看是否符合政府采购法律法规，有无《政府采购法实施条例》第二十条规定的属于以不合理的条件对供应商实行差别待遇或者歧视待遇的8种情形，有无不合理条款。如采购需求中的技术、服务等要求指向特定供应商、特定产品；以特定行政区域或者特定行业的业绩、奖项作为加分条件或者中标、成交条件；限定或者指定特定的专利、商标、品牌或者供应商；非法限定供应商的所有制形式、组织形式或者所在地；以其他不合理条件限制或者排斥潜在供应商等。采购人可以根据采购项目的特殊要求，规定供应商的特定条件，但不得以不合理的条件对供应商实行差别待遇或者歧视待遇。

《政府采购货物和服务招标投标管理办法》（财政部令第18号）第二十一条规定，招标文件不得要求或者标明特定的投标人或者产品，以及含有倾向性或者排斥潜在投标人的其他内容。自 2017 年 10 月 1 日起实施的《政府采购货物和服务招标投标管理办法》（财政部令第 87 号）第十七条明确，采购人、采购代理机构不得将投标人的注册资本、资产总额、营业收入、从业人员、利润、纳税额等规模条件作为资格要求或者评审因素，也不得通过将除进口货物以外的生产厂家授权、承诺、证明、背书等作为资格要求，对投标人实行差别待遇或者歧视待遇。

本案是一个专业性很强的项目。投诉的焦点在于，招标文件要求的技术指标特别是打"＊"号要求实质性响应的指标是否具有倾向性、排他性。经查阅招标文件，在第五章技术需求中明确："检测原理：采用荧光检测技术。"该项技术指标打了"＊"号，是实质性条款。

经组织专家论证，专家意见认为，本项目主要用于对水生动物及水体环境的微生物疾病进行检测和检定，此次仪器采购的重点是在细菌鉴定工作能力上。通过反复比较和论证，最终考虑采用荧光检测技术的微生物鉴定系统，该技术平台符合现状及发展要求。

经评标委员会审查，本项目有 3 家供应商符合招标文件要求，通过了符合性检查。[①] 未发现招标文件的技术指标有要求或者标明特定的投标人或者产品，以及含有倾向性或者排斥潜在投标人的其他内容，不符合法定的废标情形。

因投诉人的投诉缺乏依据，根据《政府采购法》第五十六条、《政府采购质疑和投诉办法》第二十九条之（二）规定，作出驳回的投诉处理决定。

法规链接：

《政府采购法》第三条　任何单位和个人不得采用任何方式，阻挠和限制供应商自由进入本地区和本行业的政府采购市场。

第二十二条　采购人可以根据采购项目的特殊要求，规定供应商的特定条件，但不得以不合理的条件对供应商实行差别待遇或者歧视待遇。

《政府采购法实施条例》第二十条　采购人或者采购代理机构有下列情形之一的，属于以不合理的条件对供应商实行差别待遇或者歧视待遇：

（一）就同一采购项目向供应商提供有差别的项目信息；

（二）设定的资格、技术、商务条件与采购项目的具体特点和实际需要不相适应或者与合同履行无关；

---

① 注：根据《政府采购货物和服务招标投标管理办法》（财政部令第 87 号）第四十四条，从 2017 年 10 月 1 日起，资格审查由采购人或者采购代理机构依法进行。

（三）采购需求中的技术、服务等要求指向特定供应商、特定产品；

（四）以特定行政区域或者特定行业的业绩、奖项作为加分条件或者中标、成交条件；

（五）对供应商采取不同的资格审查或者评审标准；

（六）限定或者指定特定的专利、商标、品牌或者供应商；

（七）非法限定供应商的所有制形式、组织形式或者所在地；

（八）以其他不合理条件限制或者排斥潜在供应商。

《政府采购货物和服务招标投标管理办法》（财政部令第 87 号）第十七条 采购人、采购代理机构不得将投标人的注册资本、资产总额、营业收入、从业人员、利润、纳税额等规模条件作为资格要求或者评审因素，也不得通过将除进口货物以外的生产厂家授权、承诺、证明、背书等作为资格要求，对投标人实行差别待遇或者歧视待遇。

《政府采购质疑和投诉办法》（财政部令第 94 号）第二十九条 投诉处理过程中，有下列情形之一的，财政部门应当驳回投诉：

（一）受理后发现投诉不符合法定受理条件；

（二）投诉事项缺乏事实依据，投诉事项不成立；

（三）投诉人捏造事实或者提供虚假材料；

（四）投诉人以非法手段取得证明材料。证据来源的合法性存在明显疑问，投诉人无法证明其取得方式合法的，视为以非法手段取得证明材料。

第十八章 发生在投标环节的案例解析

案例六 标书内容粘贴错误该如何处理——违法认定

标书内容粘贴错误该如何处理

要点提示：

1. 不能因非实质性条款不满足而取消中标、成交资格。
2. 废标、投标无效、中标无效及中标结果无效，发生在不同环节，对象不同，法律适用不同。
3. 如第一中标候选人资格因故取消，采购人可以从推荐的候选人中按得分高低排序递补，或者重新进行招标。

案情概述：

某采购代理机构受采购人委托采购会议视频系统。采购结果公布后，采购人提出，第一中标人的产品技术参数上存在偏差，不能满足招标文件要求，要求废标，取消第一中标人资格，由第二中标人中标。

监管部门受理后，根据采购人的强烈要求，组织由采购人、代理机构等方面代表参加的调查组，制定调查方案，通过多种方法认真进行调查，包括查阅现场记录，调看现场录像，向原厂商发函要求提供技术参数证明，向评审专家调查取证等。

经查，该供应商的投标产品在个别技术参数上确实有偏差，不完全响应招标文件要求。但评标委员会在评标过程中已经发现，并经现场研究，认为不是实质性条款，不是主要技术参数，不影响使用，可不作为负偏离。在评审时，专家均予以扣分处理。中标供应商承认，具体经办人在制作投标文件时发生粘贴错误，有个别指标出现负偏离，也有一些指标是正偏离。供应商承认错误，表示愿意积极改正错误，并承担相应的责任。可采取补救措施，在原报价不变的情况下，完全满足招标文件的要求并履行合同；如果决定取消其中标、成交资格，将认真吸取教训。代理机构多次与采购人沟通，提出解决方案，但采购人不同意。采购人提出，供应商的行为严重违法，要求监管部门认真调查，严肃处理，并坚持要求废标，取消第一中标人资格，由得分排名第二的供应商中标。

点评分析：

该案例中存在以下几个需要分析和厘清的问题：一是非实质性条款不满足能否取消中标成交资格？二是根据现有证据，能否认定中标、成交结果无效？三是该项目可否废标？四是如取消第一中标人资格，可否由得分排名第二的供应商中标？

一、非实质性条款不满足不能取消中标、成交资格

本案中，中标候选供应商的投标产品在技术参数上确实有偏差，不完全响应招标文件要求。但评标委员会在评标过程中已经发现，经研究认为不是实质性条款，不是主要技术参数，不影响用户使用。"一致认为属轻微负偏离，应重点考虑性价比"。7位评审专家在技术响应指标评审打分时均作了扣分处理。

二、根据现有证据，不能认定投标人严重违法，不能认定中标、成交结果无效

本案中，如果不是对招标文件中打"＊"号、下划线等实质性条款、重要技术参数不响应，只能认定其部分技术指标有偏离、有失误，供应商没有如实说明情况，其性质属于有轻微错误或不诚信，但认定其提供虚假材料谋取中标、违法依据不足。例如：一个人是大专学历，但在填写履历表时填了大学，属于不诚实；如果伪造学历证书，就属于造假，其性质不同。因此，不符合《政府采购法》第七十七条、《政府采购法实施条例》第七十二条规定的中标、成交无效情形。

三、不符合法律规定的废标情形，废标理由不充分

本案也不符合法律规定的废标情形。根据《政府采购法》第三十六条规定，出现下列四种情形之一的，应予废标：一是符合专业条件的供应商或者对招标文件作实质性响应的供应商不足3家的；二是出现影响采购公正的违法、违规行为的；三是投标人的报价均超过了采购预算，采购人不能支付的；四是因重大变故，采购任务取消的。

四、不能认定中标结果无效

根据《政府采购货物和服务招标投标管理办法》（财政部令第18号）第七

十七条规定："……上述行为影响中标结果的，中标结果无效"（注：从 2017 年 10 月 1 日起，实施财政部令第 87 号）。认定中标结果无效的关键是供应商的行为有无影响中标结果。从调查情况看，在评审过程中，评标委员会已经发现投标文件技术响应上存在偏差，但不影响用户使用。经研究"一致认为属轻微负偏离，应重点考虑性价比"。7 位评审专家在技术响应指标评审打分时均作了扣分处理，没有影响中标结果。

五、取消中标人资格依据不充分

根据《政府采购货物和服务招标投标管理办法》（财政部令第 18 号）第五十四条规定，评标委员会在评标过程中，认为排在前面的中标候选供应商的最低投标价或者某些分项报价明显不合理或者低于成本，有可能影响商品质量和不能诚信履约的，应当要求其在规定的期限内提供书面文件予以解释说明，并提交相关证明材料；否则，评标委员会可以取消该投标人的中标候选资格。① 本案已经评审结束，如果要取消中标候选资格，需要组织评标委员会重新进行评审，如属于重大失误，才可以取消。

六、根据本案的特定情形，取消第一中标候选人资格后不能直接由得分排名第二的供应商中标

根据《政府采购法实施条例》第七十一条规定，出现了违法行为，影响或者可能影响中标、成交结果的，依照下列规定处理：……（二）已确定中标或者成交供应商但尚未签订政府采购合同的，中标或者成交结果无效，从合格的中标或者成交候选人中另行确定中标或者成交供应商；没有合格的中标或者成交候选人的，重新开展政府采购活动。

政府采购当事人有其他违反政府采购法或者本条例规定的行为，经改正后仍然影响或者可能影响中标、成交结果或者依法被认定为中标、成交无效的，依照前款规定处理。

经查阅招标文件，评标委员会按招标文件规定只推荐 1 名中标候选人。因此，如本案废标，取消第一中标人候选人资格，应当重新进行招标，不能直接由得分排名第二的供应商中标。

本案带来的启示是，政府采购监管部门要积极宣传政府采购法及相关法律法规，不断提高采购人依法采购意识；对采购人提出的要求，要依照法律，合理合

---

① 注：2017 年 10 月 1 日起按《政府采购货物和服务招标投标管理办法》（财政部令第 87 号）执行。其中第六十条规定，评标委员会认为投标人的报价明显低于其他通过符合性审查投标人的报价，有可能影响产品质量或者不能诚信履约的，应当要求其在评标现场合理的时间内提供书面说明，必要时提交相关证明材料；投标人不能证明其报价合理性的，评标委员会应当将其作为无效投标处理。

法的可以满足，不合理不合法的不能迁就；在投诉处理过程中，要注意方法，做到有理有据，耐心做好解释工作，同时还要注意保护自己。

法规链接：

废标：

《政府采购法》第三十六条　在招标采购中，出现下列四种情形之一的，应予废标：

（一）符合专业条件的供应商或者对招标文件作实质性响应的供应商不足3家的。

（二）出现影响采购公正的违法、违规行为的。

（三）投标人的报价均超过了采购预算，采购人不能支付的。

（四）因重大变故，采购任务取消的。

废标后，采购人应当将废标理由通知所有投标人。

第三十七条　废标后，除采购任务取消情形外，应当重新组织招标；需要采取其他方式采购的，应当在采购活动开始前获得设区的市、自治州以上人民政府采购监督管理部门或者政府有关部门批准。

中标、成交无效：

《政府采购法》第七十七条　供应商有下列情形之一的，处以采购金额千分之五以上千分之十以下的罚款，列入不良行为记录名单，在一至三年内禁止参加政府采购活动，有违法所得的，并处没收违法所得，情节严重的，由工商行政管理机关吊销营业执照；构成犯罪的，依法追究刑事责任：

（一）提供虚假材料谋取中标、成交的；

（二）采取不正当手段诋毁、排挤其他供应商的；

（三）与采购人、其他供应商或者采购代理机构恶意串通的；

（四）向采购人、采购代理机构行贿或者提供其他不正当利益的；

（五）在招标采购过程中与采购人进行协商谈判的；

（六）拒绝有关部门监督检查或者提供虚假情况的。

供应商有前款第（一）至（五）项情形之一的，中标、成交无效。

《政府采购法实施条例》第七十二条　供应商有下列情形之一的，依照政府采购法第七十七条第一款的规定追究法律责任：

（一）向评标委员会、竞争性谈判小组或者询价小组成员行贿或者提供其他不正当利益；

（二）中标或者成交后无正当理由拒不与采购人签订政府采购合同；

（三）未按照采购文件确定的事项签订政府采购合同；

（四）将政府采购合同转包；

（五）提供假冒伪劣产品；

（六）擅自变更、中止或者终止政府采购合同。

供应商有前款第一项规定情形的，中标、成交无效。评审阶段资格发生变化，供应商未依照本条例第二十一条的规定通知采购人和采购代理机构的，处以采购金额5‰的罚款，列入不良行为记录名单，中标、成交无效。

投标无效：

《政府采购货物和服务招标投标管理办法》（财政部令第87号）第六十三条　投标人存在下列情况之一的，投标无效：

（一）未按照招标文件的规定提交投标保证金的；

（二）投标文件未按招标文件要求签署、盖章的；

（三）不具备招标文件中规定的资格要求的；

（四）报价超过招标文件中规定的预算金额或者最高限价的；

（五）投标文件含有采购人不能接受的附加条件的；

（六）法律、法规和招标文件规定的其他无效情形。

《政府采购货物和服务招标投标管理办法》（财政部令第87号）第三十六条　投标人应当遵循公平竞争的原则，不得恶意串通，不得妨碍其他投标人的竞争行为，不得损害采购人或者其他投标人的合法权益。

在评标过程中发现投标人有上述情形的，评标委员会应当认定其投标无效，并书面报告本级财政部门。

无效投标：

《政府采购货物和服务招标投标管理办法》（财政部令第87号）第六十条　评标委员会认为投标人的报价明显低于其他通过符合性审查投标人的报价，有可能影响产品质量或者不能诚信履约的，应当要求其在评标现场合理的时间内提供书面说明，必要时提交相关证明材料；投标人不能证明其报价合理性的，评标委员会应当将其作为无效投标处理。

评标结果无效：

《政府采购货物和服务招标投标管理办法》（财政部令第87号）第六十七条　评标委员会或者其成员存在下列情形导致评标结果无效的，采购人、采购代理机构可以重新组建评标委员会进行评标，并书面报告本级财政部门，但采购合同已经履行的除外：

（一）评标委员会组成不符合本办法规定的；
（二）有本办法第六十二条第一至五项情形的；
（三）评标委员会及其成员独立评标受到非法干预的；
（四）有政府采购法实施条例第七十五条规定的违法行为的。
有违法违规行为的原评标委员会成员不得参加重新组建的评标委员会。

违法行为影响中标、成交结果的处理：

《政府采购法》第七十三条 有前两条违法行为之一影响中标、成交结果或者可能影响中标、成交结果的，按下列情况分别处理：

（一）未确定中标、成交供应商的，终止采购活动；
（二）中标、成交供应商已经确定但采购合同尚未履行的，撤销合同，从合格的中标、成交候选人中另行确定中标、成交供应商；
（三）采购合同已经履行的，给采购人、供应商造成损失的，由责任人承担赔偿责任。

《政府采购法实施条例》第七十一条 有政府采购法第七十一条、第七十二条规定的违法行为之一，影响或者可能影响中标、成交结果的，依照下列规定处理：

（一）未确定中标或者成交供应商的，终止本次政府采购活动，重新开展政府采购活动。
（二）已确定中标或者成交供应商但尚未签订政府采购合同的，中标或者成交结果无效，从合格的中标或者成交候选人中另行确定中标或者成交供应商；没有合格的中标或者成交候选人的，重新开展政府采购活动。
（三）政府采购合同已签订但尚未履行的，撤销合同，从合格的中标或者成交候选人中另行确定中标或者成交供应商；没有合格的中标或者成交候选人的，重新开展政府采购活动。
（四）政府采购合同已经履行，给采购人、供应商造成损失的，由责任人承担赔偿责任。

政府采购当事人有其他违反政府采购法或者本条例规定的行为，经改正后仍然影响或者可能影响中标、成交结果或者依法被认定为中标、成交无效的，依照前款规定处理。

案例七 补交的检测报告——应当按照招标文件明确响应

一个项目引来两份质疑，谈判供应商按自己的理解递交的技术说明是否与检测报告具有同等效力？

补交的检测报告

要点提示：

供应商投标应按照招标文件要求明确响应，提供相关证明材料应当在投标截止时间之前，之后提交无效。

案情概述：

某采购代理机构对动物疫病体系采购项目组织竞争性谈判。经谈判小组评审，推荐 X 公司为中标候选人。投标供应商之一的 S 公司就评审结果提出质疑，认为中标人的产品"电池寿命"技术指标未通过省级以上检测部门检验，未明确响应谈判文件要求。

经采购代理机构召集谈判小组及采购人代表进行复议，认定中标候选人 X 公司有关"电池寿命"检测项目未按招标文件明确要求进行响应，质疑成立。根据谈判小组复议意见，决定取消 X 公司中标候选人资格。

中标候选人 X 公司对采购代理机构作出的取消其中标候选人资格决定不满，又向代理机构提出质疑。采购代理机构答复，维持取消 X 公司中标候选人资格的决定。为此，X 公司向财政部门投诉。

投诉人 X 公司认为，其谈判响应文件中没有提供国家指定检测机构电池寿命充放电 500 次以上检验报告，是因为没有相关法律或规定需要检测该项指标，且公司在谈判响应文件中已说明满足此技术要求。经××省中心检测所补测，支持设备符合"电池寿命充放电 500 次以上"，所以，对代理机构作出取消其成交候选人资格的决定不能接受。此外，投诉人还怀疑标书存在泄密情况。

点评分析：

此案的焦点问题是，供应商未按谈判文件要求提供检测报告，之后补测是否有效？供应商按自己的理解递交的技术说明是否与检测报告具有同等效力？

供应商投标应当按照招标文件要求明确响应，提供相关证明材料应当在投标截止时间之前，在截止时间之后提交的材料无效。

《政府采购货物和服务招标投标管理办法》（财政部令第87号）第三十二条规定，投标人应当按照招标文件的要求编制投标文件。投标文件应当对招标文件提出的要求和条件作出明确响应。

第三十三条 投标人应当在招标文件要求提交投标文件的截止时间前，将投标文件密封送达投标地点。采购人或者采购代理机构收到投标文件后，应当如实记载投标文件的送达时间和密封情况，签收保存，并向投标人出具签收回执。任何单位和个人不得在开标前开启投标文件。逾期送达或者未按照招标文件要求密封的投标文件，采购人、采购代理机构应当拒收。

第三十四条 投标人在投标截止时间前，可以对所递交的投标文件进行补充、修改或者撤回，并书面通知采购人或者采购代理机构。补充、修改的内容应当按照招标文件要求签署、盖章、密封后，作为投标文件的组成部分。

本案中，供应商在投标时尚未取得谈判文件明确要求的检测报告，成交之后再去补测是无效的。即使投标人在投标时已经取得了检测报告，但在投标截止时间之前未按要求提供，同样无效。

经查阅谈判文件，明确要求提供检验报告。谈判文件第五章"项目需求"中明确："应符合××部关于《×××××技术规格及要求（试行）》规定的最低要求及××部的其他要求。谈判供应商需提供证明选用产品本项指标达到部颁标准的有效《检验报告》"。谈判文件第24.1条规定："本谈判文件下划线部分为实质性要求和条件"。《×××××技术规格及要求（试行）》明确整机性能的要求是："电池寿命充放电500次以上"。

经查阅投诉人提供的附件"××省中心检测所作出的检验报告"，是在该项采购活动结束之后补测作出的，不符合谈判文件要求。在谈判响应文件接收截止时间内，X公司未提供"电池寿命充放电500次以上"的检验报告。

经组织谈判小组复议，复议意见认为，X公司有关"电池寿命"检测项目未按谈判文件实质性要求（下划线部分）进行响应。根据谈判文件规定："如果谈判响应文件实质上没有响应本谈判文件的要求，谈判小组将予以拒绝。"

此外，关于投诉人提出怀疑标书泄密的问题，投诉人未提供有效证据，财政部门在调查中未发现标书存在泄密情况。

综上所述，投诉人的投诉缺乏依据。根据《政府采购法》第五十六条、《政府采购供应商投诉处理办法》第十七条之规定，财政部门作出了驳回的投诉处理决定。

法规链接：

《政府采购货物和服务招标投标管理办法》（财政部令第87号）第三十二

条　投标人应当按照招标文件的要求编制投标文件。投标文件应当对招标文件提出的要求和条件作出明确响应。

第三十三条　投标人应当在招标文件要求提交投标文件的截止时间前，将投标文件密封送达投标地点。采购人或者采购代理机构收到投标文件后，应当如实记载投标文件的送达时间和密封情况，签收保存，并向投标人出具签收回执。任何单位和个人不得在开标前开启投标文件。

逾期送达或者未按照招标文件要求密封的投标文件，采购人、采购代理机构应当拒收。

第三十四条　投标人在投标截止时间前，可以对所递交的投标文件进行补充、修改或者撤回，并书面通知采购人或者采购代理机构。补充、修改的内容应当按照招标文件要求签署、盖章、密封后，作为投标文件的组成部分。

案例八 20天之差——如何认定投标文件存在重大负偏离

20天之差

要点提示：
1. 投标文件是否存在重大负偏离应根据法律法规规定及招标文件约定。
2. 废标及暂停采购活动应当符合法定情形。

案情概述：

某采购代理机构组织安全管理系统软件采购项目公开招标。经依法组建的评标委员会评审，推荐S公司为中标候选人。投标供应商T公司对中标结果提出质疑，因对代理机构质疑答复不满，向财政部门投诉。

投诉人认为，中标候选人S公司的投标文件中交货期限不符合招标文件规定。招标文件要求系统建设周期为9个月，其中包括软件开发、安装实施、试运行和验收时间。而S公司投标文件中软件开发的时间就为270天，加上安装实施、试运行和验收时间，其整个系统建设周期将超过9个月，存在重大负偏离。因此，其投标文件应属无效，要求取消其中标候选人资格，废标并暂停采购活动。

点评分析：

本案的焦点是，如何认定投标文件是否存在重大负偏离？何种情形下可以废标？何种情形可以暂停采购活动？

一、投标文件是否存在重大负偏离应当由评标委员会进行符合性审查，以确定其是否满足招标文件的实质性要求

就本案而言，投诉人所反映的问题，如果是实质性条款，那么投标文件载明的招标项目完成期限就超过了招标文件规定的期限，属于重大负偏离，没有实质性响应招标文件要求；如果不是实质性条款，可由评标委员会讨论认定，是否属于重大负偏离，是否影响投标文件的有效性。此外，还要看招标文件中有无约定对招标文件相关条款理解产生分歧时应由谁负责解释。

根据《政府采购货物和服务招标投标管理办法》（财政部令第87号）第五十条　评标委员会应当对符合资格的投标人的投标文件进行符合性审查，以确定其是否满足招标文件的实质性要求。

此外，国家七部委制定的《评标委员会和评标方法暂行规定》对招标文件是否实质性响应以及哪些情况属于重大偏差和细微偏差等有比较明确的规定，可以作为参考。

《评标委员会和评标方法暂行规定》第二十五条明确：下列情况属于重大偏差：（1）没有按照招标文件要求提供投标担保或者所提供的投标担保有瑕疵；（2）投标文件没有投标人授权代表签字和加盖公章；（3）投标文件载明的招标项目完成期限超过招标文件规定的期限；（4）明显不符合技术规格、技术标准的要求；（5）投标文件载明的货物包装方式、检验标准和方法等不符合招标文件的要求；（6）投标文件附有招标人不能接受的条件；（7）不符合招标文件中规定的其他实质性要求。

投标文件有上述情形之一的，为未能对招标文件作出实质性响应，并按本规定第二十三条规定作废标处理。招标文件对重大偏差另有规定的，从其规定。

第二十六条明确：细微偏差是指投标文件在实质上响应招标文件要求，但在个别地方存在漏项或者提供了不完整的技术信息和数据等情况，并且补正这些遗漏或者不完整不会对其他投标人造成不公平的结果。细微偏差不影响投标文件的有效性。

评标委员会应当书面要求存在细微偏差的投标人在评标结束前予以补正。拒不补正的，在详细评审时可以对细微偏差作不利于该投标人的量化，量化标准应当在招标文件中规定。

二、根据法律规定，本案不符合废标情形

《政府采购法》第三十六条规定了废标的四种情形：（1）符合专业条件的供应商或者对招标文件作实质性响应的供应商不足三家的；（2）出现影响采购公正的违法、违规行为的；（3）投标人的报价均超过了采购预算，采购人不能支付的；（4）因重大变故，采购任务取消的。根据本案情况，不符合法定废标情形。

三、是否暂停采购活动，由政府采购监管部门视情决定

根据《政府采购法》第五十七条规定，政府采购监督管理部门在处理投诉事项期间，可以视具体情况书面通知采购人暂停采购活动，但暂停时间最长不得超过三十日。因此，是否暂停采购活动，一是在投诉处理期间，二是由政府采购监管部门根据具体情况，三是最长不得超过三十日。根据本案情况，不符合暂停采购活动情形。

经查阅中标候选人投标文件，其响应的试运行时间为290天，比规定的建设工期多20天。

经查阅招标文件，第五章要求系统建设工程为 9 个月，但未明确具体包括哪些环节，投诉人在开标前也未要求招标人进行澄清；第六章明确交付时间为软件开发、安装全部到位并且试运行成功的时间，不是实质性条款。

此外，在招标文件技术规格及要求中明确：本用户需求书的解释权归采购人。经向采购人调查，采购人书面答复：系统建设工程周期为"开发、安装和试运行时间"，不包含验收时间，中标人的建设周期完全能够满足用户的要求。

经查，本项目评审工作由依法组建的评标委员会负责。评标委员会对投标文件进行了认真、细致地审阅。中标候选人招标文件中系统建设工程为 9 个月，响应的试运行时间为 290 天，比规定的建设工期多 20 天。评委会对此进行了讨论，一致认为，该投标文件存在偏离，但不构成重大负偏离，能够满足采购人的需求。

综上所述，投诉人的投诉缺乏依据，根据《政府采购法》第五十六条、《政府采购质疑和投诉办法》第二十九条（二）之规定，财政部门作出了驳回投诉的处理决定。

法规链接：

《政府采购货物和服务招标投标管理办法》（财政部令第 87 号）第五十条 评标委员会应当对符合资格的投标人的投标文件进行符合性审查，以确定其是否满足招标文件的实质性要求。

《政府采购法》第三十六条 在招标采购中，出现下列情形之一的，应予废标：

（一）符合专业条件的供应商或者对招标文件作实质性响应的供应商不足三家的；

（二）出现影响采购公正的违法、违规行为的；

（三）投标人的报价均超过了采购预算，采购人不能支付的；

（四）因重大变故，采购任务取消的。

第五十七条 政府采购监督管理部门在处理投诉事项期间，可以视具体情况书面通知采购人暂停采购活动，但暂停时间最长不得超过三十日。

《政府采购质疑和投诉办法》（财政部令第 94 号）第二十八条 财政部门在处理投诉事项期间，可以视具体情况书面通知采购人和采购代理机构暂停采购活动，暂停采购活动时间最长不得超过 30 日。采购人和采购代理机构收到暂停采购活动通知后应当立即中止采购活动，在法定的暂停期限结束前或者财政部门发出恢复采购活动通知前，不得进行该项采购活动。

《政府采购质疑和投诉办法》（财政部令第94号）第二十九条　投诉处理过程中，有下列情形之一的，财政部门应当驳回投诉：

（一）受理后发现投诉不符合法定受理条件；

（二）投诉事项缺乏事实依据，投诉事项不成立；

（三）投诉人捏造事实或者提供虚假材料；

（四）投诉人以非法手段取得证明材料。证据来源的合法性存在明显疑问，投诉人无法证明其取得方式合法的，视为以非法手段取得证明材料。

案例九　合同章与公章的纠结——资格审查

广义上说，合同章是公章的一种，在民法中都具有法律效力，但在形式上却不符合招标文件要求，怎么办？

合同章与公章的纠结

要点提示：
1. 资格审查不应由公证部门进行。
2. 认定中标结果无效应依法有据。

案情概述：

××××年5月，某采购代理机构组织电梯项目政府采购招标。在招标文件中明确规定，投标文件必须加盖单位公章。而投标人S公司盖的却是公司合同专用章，但当时负责资格审查的公证处人员在审查时并未发现。最终S公司以1500万元的报价中标。采购活动结束后，T公司提出质疑，认为中标人投标文件加盖的公章不符合招标文件要求。在调查中又发现，在S公司密封的投标文件中有一份授权委托书，明确该章为公司授权，合法有效，委托书上盖的是单位公章。

点评分析：

本案争议的焦点是，招标文件明确要求投标人盖单位公章，而中标人盖的却是合同章。严格地说，是不符合招标文件要求的。正常情况下，在资格审查时就通不过。但由于在资格审查时，公证人员没有发现，致使其通过并进入了评审环节。评标委员会在评审中又发现，S公司密封的招标文件中有一份公司出具的"公章授权委托书"。

当时，对本案的处理存在两种意见：

一种意见认为，应当认定中标结果无效。因招标文件明确要求盖单位公章，而S公司未按招标文件要求实质性响应，应当认定中标结果无效。评标委员会的评审应当根据法律法规和招标文件进行，招标文件明确要求盖单位公章，而投标人盖的却是合同章，不符合招标文件要求。如果认同合同章也可以，就改变了招标文件的要求，比较牵强。如果认定中标无效，估计会进入诉讼程序，会涉及授权公章问题。在诉讼中对公章的法律效力认定会比较麻烦。

另一种意见认为，应当维持原中标结果。S公司虽未按招标文件要求盖单位公章，但在资格审查时未发现，同意其进入下一程序；在评标现场，评标委员会及公证人员均没有表示异议，应当视同认可，默认其授权行为。且供应商还出具了授权委托书。S公司认为，如果在资格审查时发现其不符合条件并提出，公司没有意见。现在已经通过了资格审查，且公司出具的委托书具有法律效力，如果做出中标结果无效的决定，S公司不能接受。

本案引发的问题是，认定投标无效、中标无效是否具有法律依据？企业合同章是否具有法律效力？此外，还涉及一个采购活动组织中的问题，资格审查可否由公证处进行？

一、资格审查应当由谁进行

根据《政府采购法》规定，资格审查应当由采购人进行。《政府采购法》第二十三条　采购人可以要求参加政府采购的供应商提供有关资质证明文件和业绩情况，并根据本法规定的供应商条件和采购项目对供应商的特定要求，对供应商进行资格审查。

根据财政部令第18号规定，应当由依法组建的评标委员会进行。《政府采购货物和服务招标投标管理办法》（财政部令第18号）第五十四条　评标应当遵循下列工作程序：（一）投标文件初审。初审分为资格性检查和符合性检查。1.资格性检查。依据法律法规和招标文件的规定，对投标文件中的资格证明、投标保证金等进行审查，以确定投标供应商是否具备投标资格。

根据财政部令第87号规定，应当由采购人或者采购代理机构进行。《政府采购货物和服务招标投标管理办法》（财政部令第87号）第四十四条　资格审查由采购人或者采购代理机构进行。公开招标采购项目开标结束后，采购人或者采购代理机构应当依法对投标人的资格进行审查。

因此，资格审查工作由公证部门进行是不合法的。2017年10月1日前，资格审查由依法组建的评标委员会进行；2017年10月1日起，资格审查应当由采购人或者采购代理机构依法进行。本案由于工作人员审查不仔细，未及时发现投标人S公司所盖章不符合要求，引发质疑、投诉。

二、企业合同章具有法律效力，但还要看招标文件约定

经向公安、工商等部门了解，从广义上说，包括合同章、财务章、业务章等统称为公章，都需在公安、工商部门备案，均具有一定的法律效力。只要是真实的、对企业有法律约束力的公章，在公安、工商部门备过案的，都是合法有效的。企业在从事经营活动中，经常会使用不同的章，如合同章、财务章、业务章等，通称为企业公章。在民法中，只要公章是真实的，就有法律效力，所签订的合同都是有效的。在法律审判实践中，对于公司刻制的章，只要对企业具有法律

约束力，都是合法有效的。外国企业没有公章，只要法人签名就可以，不能因为其没有公章，就不允许其参加政府采购活动。

在本案中，该企业盖的合同章从实质上看，应该没有问题；但在形式上，不符合招标文件要求，有瑕疵。如果资格审查认可，就应该可以；如果企业事前有授权，更没有问题。因此，本案认定投标无效依据不充分。

三、本案认定中标无效依据不足

经反复研究，觉得认定中标无效依据不足，法律风险较大。根据《政府采购货物和服务招标投标管理办法》（财政部令第 18 号）第七十七条规定，财政部门可以认定中标无效，前提是：评标委员会成员"……未按招标文件规定的评标方法和标准进行评标的……上述行为影响中标结果的，中标结果无效"。第八十二条规定："有本办法规定的中标无效情形的，由同级或者上级财政部门认定中标无效。"

根据新修订的《政府采购货物和服务招标投标管理办法》（财政部令第 87 号）第六十七条　评标委员会或者其成员存在下列情形导致评标结果无效的，采购人、采购代理机构可以重新组建评标委员会进行评标，并书面报告本级财政部门，但采购合同已经履行的除外：

（一）评标委员会组成不符合本办法规定的；

（二）有本办法第六十二条第一至五项情形的；

（三）评标委员会及其成员独立评标受到非法干预的；

（四）有政府采购法实施条例第七十五条规定的违法行为的。

而在本案中，并未发现评标委员会有过错。经分别向两级法院请示、咨询，均认为本案认定中标无效的法律依据不充分。

法规链接：

《政府采购法》第二十三条　采购人可以要求参加政府采购的供应商提供有关资质证明文件和业绩情况，并根据本法规定的供应商条件和采购项目对供应商的特定要求，对供应商进行资格审查。

《政府采购货物和服务招标投标管理办法》（财政部令第 18 号）第五十四条　评标应当遵循下列工作程序：（一）投标文件初审。初审分为资格性检查和符合性检查。1. 资格性检查。依据法律法规和招标文件的规定，对投标文件中的资格证明、投标保证金等进行审查，以确定投标供应商是否具备投标资格……

《政府采购货物和服务招标投标管理办法》（财政部令第 87 号）第四十四条　资格审查由采购人或者采购代理机构进行。公开招标采购项目开标结束后，采购人或者采购代理机构应当依法对投标人的资格进行审查。

第六十三条 投标人存在下列情况之一的，投标无效：

（一）未按照招标文件的规定提交投标保证金的；

（二）投标文件未按招标文件要求签署、盖章的；

（三）不具备招标文件中规定的资格要求的；

（四）报价超过招标文件中规定的预算金额或者最高限价的；

（五）投标文件含有采购人不能接受的附加条件的；

（六）法律、法规和招标文件规定的其他无效情形。

第六十七条 评标委员会或者其成员存在下列情形导致评标结果无效的，采购人、采购代理机构可以重新组建评标委员会进行评标，并书面报告本级财政部门，但采购合同已经履行的除外：

（一）评标委员会组成不符合本办法规定的；

（二）有本办法第六十二条第一至五项情形的；

（三）评标委员会及其成员独立评标受到非法干预的；

（四）有政府采购法实施条例第七十五条规定的违法行为的。

案例十　无据的投诉——"地方保护"

本地企业中标就是地方保护？

无据的投诉

要点提示：
1. 本地企业依法有权平等参与竞争并获得中标资格。
2. 根据评标委员会的评审结果产生中标候选人。
3. 重新组织招标应符合法定情形。

案情概述：

某采购代理机构受采购人委托对残疾人就业及培训成果展采购项目组织公开招标。经依法组建的评标委员会评标，代理机构公布的中标候选人是本地的一家企业。Z公司提出质疑，因对代理机构质疑答复不满，向财政部门投诉。

投诉人认为，评标委员会在此次评标中有地方保护的嫌疑。本次投标单位除两家公司外，其余均为本地企业；而代理机构公布的中标候选人也为本地企业，评委会在评标过程中有地方保护的嫌疑。要求对本项目开标和评标等程序进行审查，并重新组织招标；查处在本项目招投标过程中的违法违纪行为，依法严肃处理。

点评分析：

本案涉及三个值得探讨的问题，一是本地企业中标是否存在地方保护？二是公布的中标候选人如何确定？三是在什么情况下可以重新组织招标？

一、本地企业依法有权平等参与竞争并获得中标资格，在缺乏证据的情况下，不能认为本地企业中标就是地方保护

《政府采购法》第三条规定，政府采购应当遵循公开透明原则、公平竞争原则、公正原则和诚实信用原则。第五条规定，任何单位和个人不得采用任何方式，阻挠和限制供应商自由进入本地区和本行业的政府采购市场。因此，本地供应商有权进入本地区政府采购市场，并通过公平竞争获得中标资格。

《政府采购法》第二十二条规定，采购人可以根据采购项目的特殊要求，规定供应商的特定条件，但不得以不合理的条件对供应商实行差别待遇或者歧视待遇。

本案中，投诉人在缺乏有效证据的情况下，仅仅因为中标候选人是本地企业，就认为存在地方保护没有依据。

二、中标候选人应根据评标委员会的评标结果和中标候选人排序确定

《政府采购货物和服务招标投标管理办法》（财政部令第87号）第四十六条明确，评标委员会负责具体评标事务，并独立履行下列职责：（四）确定中标候选人名单，以及根据采购人委托直接确定中标人……

《政府采购货物和服务招标投标管理办法》（财政部令第87号）第五十二条　评标委员会应当按照招标文件中规定的评标方法和标准，对符合性审查合格的投标文件进行商务和技术评估，综合比较与评价。

《政府采购货物和服务招标投标管理办法》（财政部令第87号）第五十六条　采用最低评标价法的，评标结果按投标报价由低到高顺序排列。投标报价相同的并列。投标文件满足招标文件全部实质性要求且投标报价最低的投标人为排名第一的中标候选人。

《政府采购货物和服务招标投标管理办法》（财政部令第87号）第五十七条　采用综合评分法的，评标结果按评审后得分由高到低顺序排列。得分相同的，按投标报价由低到高顺序排列。得分且投标报价相同的并列。投标文件满足招标文件全部实质性要求，且按照评审因素的量化指标评审得分最高的投标人为排名第一的中标候选人。

三、如出现法定废标情形，除采购任务取消外，可以依法重新组织招标

《政府采购法》第三十六条明确的法定废标情形是，在招标采购中，出现下列情形之一的，应予废标：（1）符合专业条件的供应商或者对招标文件作实质性响应的供应商不足三家的；（2）出现影响采购公正的违法、违规行为的；（3）投标人的报价均超过了采购预算，采购人不能支付的；（4）因重大变故，采购任务取消的。

关于重新组织招标，《政府采购法》第三十七条明确，废标后，除采购任务取消情形外，应当重新组织招标；需要采取其他方式采购的，应当在采购活动开始前获得设区的市、自治州以上人民政府采购监督管理部门或者政府有关部门批准。

经调查，本项目评标委员会由招标采购单位依法组建，按照招标文件规定的标准进行评标，并根据评标总得分推荐中标候选人，未发现评标委员会在评标过程中有违反法律规定的情况。

经查阅项目评分表和汇总表，本项目公布的中标候选人是由评标委员会根据招标文件要求和评标办法对各投标人进行打分，根据总分排名提出推荐名单，合

法有效。

经审查招标文件和评标过程,未发现有"以不合理的条件对供应商实行差别待遇或者歧视待遇"的情况。

综上所述,投诉人的投诉缺乏依据。根据《政府采购法》第五十六条、《政府采购和质疑投诉办法》第二十九条(二)之规定,财政部门作出了驳回的投诉处理决定。

法规链接:

《政府采购法》第三条 政府采购应当遵循公开透明原则、公平竞争原则、公正原则和诚实信用原则。

第五条 任何单位和个人不得采用任何方式,阻挠和限制供应商自由进入本地区和本行业的政府采购市场。

第二十二条 采购人可以根据采购项目的特殊要求,规定供应商的特定条件,但不得以不合理的条件对供应商实行差别待遇或者歧视待遇。

第三十六条 在招标采购中,出现下列情形之一的,应予废标:(一)符合专业条件的供应商或者对招标文件作实质性响应的供应商不足三家的;(二)出现影响采购公正的违法、违规行为的;(三)投标人的报价均超过了采购预算,采购人不能支付的;(四)因重大变故,采购任务取消的。废标后,采购人应当将废标理由通知所有投标人。

第三十七条 废标后,除采购任务取消情形外,应当重新组织招标;需要采取其他方式采购的,应当在采购活动开始前获得设区的市、自治州以上人民政府采购监督管理部门或者政府有关部门批准。

《政府采购货物和服务招标投标管理办法》(财政部令第87号)第四十六条 评标委员会负责具体评标事务,并独立履行下列职责:

(一)审查、评价投标文件是否符合招标文件的商务、技术等实质性要求;

(二)要求投标人对投标文件有关事项作出澄清或者说明;

(三)对投标文件进行比较和评价;

(四)确定中标候选人名单,以及根据采购人委托直接确定中标人;

向采购人、采购代理机构或者有关部门报告评标中发现的违法行为。

第五十二条 评标委员会应当按照招标文件中规定的评标方法和标准,对符合性审查合格的投标文件进行商务和技术评估,综合比较与评价。

第五十六条 采用最低评标价法的,评标结果按投标报价由低到高顺序排列。投标报价相同的并列。投标文件满足招标文件全部实质性要求且投标报价最低的投标人为排名第一的中标候选人。

第五十七条　采用综合评分法的，评标结果按评审后得分由高到低顺序排列。得分相同的，按投标报价由低到高顺序排列。得分且投标报价相同的并列。投标文件满足招标文件全部实质性要求，且按照评审因素的量化指标评审得分最高的投标人为排名第一的中标候选人。

《政府采购法实施条例》第四十三条　采购代理机构应当自评审结束之日起2个工作日内将评审报告送交采购人。采购人应当自收到评审报告之日起5个工作日内在评审报告推荐的中标或者成交候选人中按顺序确定中标或者成交供应商。

《政府采购货物和服务招标投标管理办法》（财政部令第87号）第六十八条　采购代理机构应当在评标结束后2个工作日内将评标报告送采购人。采购人应当自收到评标报告之日起5个工作日内，在评标报告确定的中标候选人名单中按顺序确定中标人。中标候选人并列的，由采购人或者采购人委托评标委员会按照招标文件规定的方式确定中标人；招标文件未规定的，采取随机抽取的方式确定。

采购人自行组织招标的，应当在评标结束后5个工作日内确定中标人。

采购人在收到评标报告5个工作日内未按评标报告推荐的中标候选人顺序确定中标人，又不能说明合法理由的，视同按评标报告推荐的顺序确定排名第一的中标候选人为中标人。

《政府采购质疑和投诉办法》（财政部令第94号）第二十九条　投诉处理过程中，有下列情形之一的，财政部门应当驳回投诉：

（一）受理后发现投诉不符合法定受理条件；

（二）投诉事项缺乏事实依据，投诉事项不成立；

（三）投诉人捏造事实或者提供虚假材料；

（四）投诉人以非法手段取得证明材料。证据来源的合法性存在明显疑问，投诉人无法证明其取得方式合法的，视为以非法手段取得证明材料。

案例十一　错失的质疑权——质疑时限

在购买招标文件之时即已超过了招标文件规定的澄清、修改时间，供应商该如何维权？

错失的质疑权

要点提示：

1. 供应商对采购文件、采购过程和采购结果质疑的时限。
2. 对招标文件澄清、修改的时限。

案情概述：

某采购代理机构组织对鉴定系统采购项目进行公开招标，S公司被评标委员会推荐为中标人。采购结果一经公示，X公司便提出质疑，因对代理机构质疑答复不满，向财政部门提起投诉。

投诉人认为，公司于1月4日购买招标文件，但代理机构1月5日下午才将招标文件技术参数部分通过电子邮件发给投诉人。根据招标文件规定，对招标文件质疑截止日期为1月5日，这客观上导致了投诉人不能在规定的招标文件质疑截止日期内对招标文件提出质疑，失去了质疑机会。在项目开标前，即1月18日上午8:30前，投诉人向代理机构递交备案书，①代理机构拒收，投诉人撤回。

点评分析：

该案的核心争议点在"时限"上，一是供应商认为自己的权益受到损害时应当如何质疑？法律规定的"七个工作日内"的质疑时限该如何把握？二是认为招标文件技术参数不合理，要求澄清、修改有无规定的时限？

该案的投诉处理首先应查清几个法定的"时限"。

一是"七个工作日"的质疑时限。 供应商认为自己的权益受到损害可以书面形式、在七个工作日内向采购人提出质疑。

《政府采购法》第五十二条　供应商认为采购文件、采购过程和中标、成交结果使自己的权益受到损害的，可以在知道或者应知其权益受到损害之日起七个工作日内，以书面形式向采购人提出质疑。

---

① 注：该备案书内容是对招标文件的技术参数提出异议，要求修改。

《政府采购法实施条例》第五十三条　政府采购法第五十二条规定的供应商应知其权益受到损害之日，是指：（一）对可以质疑的采购文件提出质疑的，为收到采购文件之日或者采购文件公告期限届满之日；（二）对采购过程提出质疑的，为各采购程序环节结束之日；（三）对中标或者成交结果提出质疑的，为中标或者成交结果公告期限届满之日。

二是"等标期"的时限。招标公告时间依法应在指定媒体发布，不得少于二十日。

《政府采购法》第三十五条　货物和服务项目实行招标方式采购的，自招标文件开始发出之日起至投标人提交投标文件截止之日止，不得少于二十日。《政府采购法实施条例》第八条　政府采购项目信息应当在省级以上人民政府财政部门指定的媒体上发布。采购项目预算金额达到国务院财政部门规定标准的，政府采购项目信息应当在国务院财政部门指定的媒体上发布。

三是"十五日"的招标文件澄清、修改时限。招标文件的澄清、修改，依法应在投标截止时间十五日前。

《政府采购法实施条例》第三十一条　采购人或者采购代理机构可以对已发出的招标文件进行必要的澄清或者修改。澄清或者修改的内容可能影响投标文件编制的，采购人或者采购代理机构应当在投标截止时间至少15日前，以书面形式通知所有获取招标文件的潜在投标人；不足15日的，采购人或者采购代理机构应当顺延提交投标文件的截止时间。

《政府采购货物和服务招标投标管理办法》（财政部令第87号令）第二十七条　采购人或者采购代理机构可以对已发出的招标文件、资格预审文件、投标邀请书进行必要的澄清或者修改，但不得改变采购标的和资格条件。澄清或者修改应当在原公告发布媒体上发布澄清公告。澄清或者修改的内容为招标文件、资格预审文件、投标邀请书的组成部分。

澄清或者修改的内容可能影响投标文件编制的，采购人或者采购代理机构应当在投标截止时间至少15日前，以书面形式通知所有获取招标文件的潜在投标人；不足15日的，采购人或者采购代理机构应当顺延提交投标文件的截止时间。

澄清或者修改的内容可能影响资格预审申请文件编制的，采购人或者采购代理机构应当在提交资格预审申请文件截止时间至少3日前，以书面形式通知所有获取资格预审文件的潜在投标人；不足3日的，采购人或者采购代理机构应当顺延提交资格预审申请文件的截止时间。

本案中，财政部门经查阅招标公告证实，××××年12月28日，该项目代理机构在中国政府采购网发布公开招标公告，公告3写明：投标人可从即日起至

×××年1月5日每天8：30~17：00购买招标文件；公告5写明：××××年1月18日上午9：00公开开标。经查阅招标文件，第二章投标人须知中明确：任何要求对招标文件进行澄清、修改的投标人，均应在递交投标文件截止期十五（15）天前以书面形式通知招标代理机构。逾期的澄清要求将不被接受。

上述查阅可以证实，本项目公告时间、招标文件的相关规定等均符合法定要求。

那么投诉人所说的代理机构在1月5日下午才将招标文件技术参数部分通过电子邮件发给他又是怎么回事呢？经查，投诉人是在××××年1月4日，即招标公告发布后的第八天到代理机构购买招标文件的。当天因故未拿到招标文件。1月5日下午，代理机构通过电子邮件方式将招标文件发给投诉人，同日，投诉人收到。开标当日，在距开标时间还有30分钟左右时，投诉人向代理机构递交备案书，对招标文件的技术参数提出异议，要求修改。因不符合招标文件规定，被代理机构拒绝。实际上，投诉人在1月4日购买招标文件时就已经超过了招标文件规定的澄清、修改时间。

那么对于供应商而言，当购买标书的时间距离停止出售标书的时间很近，使其客观上错过了招标文件规定的对招标文件质疑的时限时，该怎么办？

本案投诉人虽然错过了对招标文件的澄清、修改时间，但根据《政府采购法》第五十二条、《政府采购法实施条例》第五十三条规定，在知道招标文件使自己的权益受到损害之日起七个工作日内向代理机构提出书面质疑，该质疑不受招标文件条款限制。但本案中，投诉人只是在开标当日向代理机构提交备案书，而未在法律规定的时间提出书面质疑。

综上所述，投诉人的投诉缺乏依据。根据《政府采购法》第五十六条、《政府采购质疑和投诉办法》第二十九条之（二）规定，财政部门作出了驳回的投诉处理决定。

法规链接：

《政府采购法》第五十二条 供应商认为采购文件、采购过程和中标、成交结果使自己的权益受到损害的，可以在知道或者应知其权益受到损害之日起七个工作日内，以书面形式向采购人提出质疑。

《政府采购法实施条例》第五十三条 政府采购法第五十二条规定的供应商应知其权益受到损害之日，是指：

（一）对可以质疑的采购文件提出质疑的，为收到采购文件之日或者采购文件公告期限届满之日；

（二）对采购过程提出质疑的，为各采购程序环节结束之日；

（三）对中标或者成交结果提出质疑的，为中标或者成交结果公告期限届满之日。

《政府采购法》第五十三条　采购人应当在收到供应商的书面质疑后七个工作日内作出答复，并以书面形式通知质疑供应商和其他有关供应商，但答复的内容不得涉及商业秘密。

第三十五条　货物和服务项目实行招标方式采购的，自招标文件开始发出之日起至投标人提交投标文件截止之日止，不得少于二十日。

《政府采购法实施条例》第八条　政府采购项目信息应当在省级以上人民政府财政部门指定的媒体上发布。采购项目预算金额达到国务院财政部门规定标准的，政府采购项目信息应当在国务院财政部门指定的媒体上发布。

第三十一条　采购人或者采购代理机构可以对已发出的招标文件进行必要的澄清或者修改。澄清或者修改的内容可能影响投标文件编制的，采购人或者采购代理机构应当在投标截止时间至少15日前，以书面形式通知所有获取招标文件的潜在投标人；不足15日的，采购人或者采购代理机构应当顺延提交投标文件的截止时间。

《政府采购货物和服务招标投标管理办法》（财政部令第87号令）第二十七条　采购人或者采购代理机构可以对已发出的招标文件、资格预审文件、投标邀请书进行必要的澄清或者修改，但不得改变采购标的和资格条件。澄清或者修改应当在原公告发布媒体上发布澄清公告。澄清或者修改的内容为招标文件、资格预审文件、投标邀请书的组成部分。

澄清或者修改的内容可能影响投标文件编制的，采购人或者采购代理机构应当在投标截止时间至少15日前，以书面形式通知所有获取招标文件的潜在投标人；不足15日的，采购人或者采购代理机构应当顺延提交投标文件的截止时间。

澄清或者修改的内容可能影响资格预审申请文件编制的，采购人或者采购代理机构应当在提交资格预审申请文件截止时间至少3日前，以书面形式通知所有获取资格预审文件的潜在投标人；不足3日的，采购人或者采购代理机构应当顺延提交资格预审申请文件的截止时间。

《政府采购质疑和投诉办法》（财政部令第94号）第二十九条　投诉处理过程中，有下列情形之一的，财政部门应当驳回投诉：

（一）受理后发现投诉不符合法定受理条件；

（二）投诉事项缺乏事实依据，投诉事项不成立；

（三）投诉人捏造事实或者提供虚假材料；

（四）投诉人以非法手段取得证明材料。证据来源的合法性存在明显疑问，投诉人无法证明其取得方式合法的，视为以非法手段取得证明材料。

案例十二　多加一句话引来的麻烦——答疑与澄清

多加一句话引来的麻烦

要点提示：

"答疑"与"澄清"的区别。

案情概述：

某县采购代理机构受采购人委托，组织软硬件系统项目公开招标采购，采购预算达1600多万元。

开标前一天，代理机构专门召开答疑会，就供应商提出的问题进行解答。某供应商因对招标文件中的"硬件产品"包括的内容不清楚，向代理机构提出疑问，代理机构口头给予了答复。之后，代理机构为体现公平，又将答复内容以书面形式上网，向所有供应商公布，除对"硬件产品包括哪些内容"作了解释外，同时又告知："其他有关内容仍按原招标文件办理。"开标时，有4家供应商参加投标。甲供应商报价1200万元，乙供应商报价1500万元，甲供应商被评标委员会推荐为中标候选人。

乙供应商向代理机构提出质疑，认为其在答疑会上的解释已经超出了答疑范围，特别是"其他有关内容仍按原招标文件办理"这句话，理解上有歧义，应当属于澄清。

点评分析：

该案涉及的主要问题是，答疑与澄清有何区别？

根据《政府采购法实施条例》第三十一条，采购人或者采购代理机构可以对已发出的招标文件进行必要的澄清或者修改。澄清或者修改的内容可能影响投标文件编制的，采购人或者采购代理机构应当在投标截止时间至少15日前，以书面形式通知所有获取招标文件的潜在投标人；不足15日的，采购人或者采购代理机构应当顺延提交投标文件的截止时间。

《政府采购货物和服务招标投标管理办法》（财政部令第87号）第二十六条规定，采购人或者采购代理机构可以在招标文件提供期限截止后，组织已获取招标文件的潜在投标人现场考察或者召开开标前答疑会。

组织现场考察或者召开答疑会的，应当在招标文件中载明，或者在招标文件提供期限截止后以书面形式通知所有获取招标文件的潜在投标人。

《政府采购货物和服务招标投标管理办法》（财政部令第87号）第二十七条规定，采购人或者采购代理机构可以对已发出的招标文件、资格预审文件、投标邀请书进行必要的澄清或者修改，但不得改变采购标的和资格条件。澄清或者修改应当在原公告发布媒体上发布澄清公告。澄清或者修改的内容为招标文件、资格预审文件、投标邀请书的组成部分。

澄清或者修改的内容可能影响投标文件编制的，采购人或者采购代理机构应当在投标截止时间至少15日前，以书面形式通知所有获取招标文件的潜在投标人；不足15日的，采购人或者采购代理机构应当顺延提交投标文件的截止时间。

澄清或者修改的内容可能影响资格预审申请文件编制的，采购人或者采购代理机构应当在提交资格预审申请文件截止时间至少3日前，以书面形式通知所有获取资格预审文件的潜在投标人；不足3日的，采购人或者采购代理机构应当顺延提交资格预审申请文件的截止时间。

根据上述规定，答疑和澄清可从时间上、内容上和方式上加以区别，最主要的应该是看其内容有无对招标文件产生实质性的改变。从时间上看，答疑可以根据情况在开标前进行，没有明确时间要求；而澄清或者修改应当在提交投标文件截止时间的15日前。从内容上看，答疑只对有关疑问进行解答，不涉及对招标文件内容的实质性改变；而澄清或者修改的内容为招标文件的组成部分。从方式上看，答疑不要求在政府采购指定媒体公布；而澄清或者修改应当在政府采购指定媒体公布，并书面通知所有招标文件收受人。

本案中，答疑的前一句话解释了硬件产品包括的内容，但后一句话"其他有关内容仍按原招标文件规定"，在理解上有歧义。可以认为：硬件部分的内容以这次答疑为准，而其他有关内容仍按原招标文件规定。答疑如果涉及对招标文件的实质性改变，就属于澄清，在开标前一天进行不合法。

根据《政府采购法》第三十六条第二款规定，出现影响采购公正的违法、违规行为的，应予废标。收到质疑后，采购人、代理机构均多方做工作，希望不作废标处理。但根据调查情况及相关法律规定，本案中答疑的范围已经涉及对招标文件内容的改变。且查阅招标文件后发现，该项目的招标文件中有多处提法不符合法律规定。废标后异地重新组织招标，最终该项目以900多万元中标，节约资金600多万元。

法规链接：

《政府采购法实施条例》第三十一条 采购人或者采购代理机构可以对已发

出的招标文件进行必要的澄清或者修改。澄清或者修改的内容可能影响投标文件编制的，采购人或者采购代理机构应当在投标截止时间至少 15 日前，以书面形式通知所有获取招标文件的潜在投标人；不足 15 日的，采购人或者采购代理机构应当顺延提交投标文件的截止时间。

《政府采购货物和服务招标投标管理办法》（财政部令第 87 号）第二十六条　采购人或者采购代理机构可以在招标文件提供期限截止后，组织已获取招标文件的潜在投标人现场考察或者召开开标前答疑会。

组织现场考察或者召开答疑会的，应当在招标文件中载明，或者在招标文件提供期限截止后以书面形式通知所有获取招标文件的潜在投标人。

第二十七条　采购人或者采购代理机构可以对已发出的招标文件、资格预审文件、投标邀请书进行必要的澄清或者修改，但不得改变采购标的和资格条件。澄清或者修改应当在原公告发布媒体上发布澄清公告。澄清或者修改的内容为招标文件、资格预审文件、投标邀请书的组成部分。

澄清或者修改的内容可能影响投标文件编制的，采购人或者采购代理机构应当在投标截止时间至少 15 日前，以书面形式通知所有获取招标文件的潜在投标人；不足 15 日的，采购人或者采购代理机构应当顺延提交投标文件的截止时间。

澄清或者修改的内容可能影响资格预审申请文件编制的，采购人或者采购代理机构应当在提交资格预审申请文件截止时间至少 3 日前，以书面形式通知所有获取资格预审文件的潜在投标人；不足 3 日的，采购人或者采购代理机构应当顺延提交资格预审申请文件的截止时间。

第十九章　发生在评标环节的案例解析

案例十三　少一个环节　多一场官司——实例性条款

一个10分钟的现场演示环节因故被临时取消，由此引发了一场长达一年多的行政诉讼。

少一个环节　多一场官司

要点提示：

1. 实质性条款应当实质性响应。
2. 评审专家应当严格遵守评审工作纪律，按照客观、公正、审慎的原则，根据采购文件规定的评审程序、评审方法和评审标准进行独立评审。

案情概述：

某采购代理机构组织对软硬件产品采购项目进行公开招标，共有3家供应商参与投标。开标后工作人员才发现，因为一时疏忽竟然忘了将放在汽车后备箱内的投影仪拿到现场，而此时该车已经另有任务出发去了外地。怎么办？

根据招标文件规定，该项目评审中有一个10分钟的现场演示环节。由于没有投影设备，评审专家经与供应商协商并取得同意后，改由每位供应商在电脑上做5分钟讲解。然而，评标结果一经公示，即有供应商提出质疑、投诉，主要内容有两项：一是评标现场未按招标文件要求演示软件；二是中标候选人未按招标文件要求提供有关产品登记证书复印件。

点评分析：

该案存在以下两个问题：一是评标委员会可否改变招标文件规定的评审方法？二是在缺乏证据的情况下，评标委员会可否认定一个证书涵盖另一个证书的功能？

评审专家应当严格遵守评审工作纪律，按照客观、公正、审慎的原则，根据采购文件规定的评审程序、评审方法和评审标准进行独立评审。

经调查，评标现场演示软件环节是招标文件规定的实质性要求和条件，不能改变。在评标过程中，因采购代理机构未提供现场演示设备，评标委员会仅以投标人的讲解作为现场演示，属于未严格按照招标文件要求进行评标。

针对第二个问题，根据招标文件要求，投标人必须提供"物流教学系统""供应链执行管理系统"和"分销连锁与配送管理软件"等 3 个产品证书复印件，而中标候选人只提供了前 2 个，没有按招标文件要求提供第 3 个产品证书复印件。在评标中，评标委员会认为，中标候选人提供的"供应链执行管理系统"涵盖了"分销连锁与配送管理软件"的功能，可以不提供产品登记证书，缺乏有效依据，属于未严格按照招标文件要求进行评标。

根据调查情况，招标文件中规定的"评标现场演示"和必须提供"分销连锁与配送管理软件"均为实质性要求和条件。为此，监管部门认定评标结果无效，责令采购代理机构对该采购项目重新进行采购。中标供应商不服，先后向财政部申请行政复议、市中级人民法院诉讼、省高级人民法院诉讼。经省高院终审判决，驳回了原告的诉讼请求。

本案因未严格按照招标文件规定的程序进行，缺少一个 10 分钟的现场演示环节从而引发质疑、投诉、行政复议，并诉讼到市中院、省高院，虽最终胜诉，但历时一年多，各方当事人均耗费了大量的时间和精力，有很多教训和启示。

法规链接：

《政府采购货物和服务招标投标管理办法》（财政部令第 87 号）第四十六条 评标委员会负责具体评标事务，并独立履行下列职责：

（一）审查、评价投标文件是否符合招标文件的商务、技术等实质性要求；

（二）要求投标人对投标文件有关事项作出澄清或者说明；

（三）对投标文件进行比较和评价；

（四）确定中标候选人名单，以及根据采购人委托直接确定中标人；

（五）向采购人、采购代理机构或者有关部门报告评标中发现的违法行为。

第五十条 评标委员会应当对符合资格的投标人的投标文件进行符合性审查，以确定其是否满足招标文件的实质性要求。

第五十二条 评标委员会应当按照招标文件中规定的评标方法和标准，对符合性审查合格的投标文件进行商务和技术评估，综合比较与评价。

《政府采购评审专家管理办法》(财库〔2016〕198号)第十八条 评审专家应当严格遵守评审工作纪律,按照客观、公正、审慎的原则,根据采购文件规定的评审程序、评审方法和评审标准进行独立评审。

案例十四　心软的代价——非实质性条款

没带样品，投标人苦苦恳求评委给予投标机会；最终落标，却状告评委让本无投标资格的他投标，请看——

心软的代价

要点提示：

1. 非实质性条款不响应不能废标。
2. 供应商提起质疑、投诉应当符合法律规定。
3. 如当事人违反政府采购法及相关规定，给他人造成损失的，依法承担民事责任，由相关责任人承担赔偿责任。

案情概述：

某部门集中采购机构组织对"特殊教育专用设备采购项目"进行公开招标。在现场演示环节，评标委员会发现某投标供应商的样品缺少一件——投标配置中的壁挂式刷频器，于是要求其解释。供应商回答，因交通管制运输受限制，进口产品无法及时运抵采购现场进行演示。但他同时表示，若中标一定会履约，并一再恳请评标委员会给予其此次投标的机会。听了供应商的陈述，评委们动了恻隐之心，其所缺之件不是主要样品，且评审组长的手机刚好坏了正在维修，也是因交通管制配件运不进来没法修理，所述情况属实。经评标委员会商议，最终得出的意见是："1. 表示理解；2. 主机也可以刷频，不影响性能展示。"同意其进入正常评标程序。

评标结束后，该供应商未能中标，便提出质疑，进而投诉到监管部门。主要理由是：招标文件要求提供样品，我公司未带，而评标委员会却没有作无效投标处理，此举不符合招标要求，违反了相关法律法规，侵犯了当事人的合法权益，要求监管部门判定中标结果无效。

评标委员会复议时悔不当初，感叹真是一出现代版的"农夫与蛇""东郭先生与狼"。经调查，并征求法律顾问的意见，初步认定该招标活动程序不合法，拟予废标，重新组织招标。

中标企业是一家瑞士公司，对上述处理意见反应非常强烈，表示不能理解和接受。瑞士驻上海领事馆的总领事先后给厅领导发来两封律师函，公司中国总部总裁及中方代表也多次来访，认为自己是无过错方，如果废标将影响中国与瑞士的关系、影响当地投资环境及政府采购形象，同时对企业产生巨大的负面影响，要求根据《政府采购法》进行国家赔偿。

为依法妥善处理，监管部门先后多次组织召开论证会，广泛听取各方当事人意见，向相关政府采购专家、法律顾问请教、咨询，寻找法律支撑。最终，监管部门作出了驳回投诉处理的决定。

点评分析：

该案例存在三个争议点，一是供应商未按招标文件要求提供样品是否可以参加投标？二是该投标供应商是否符合提出质疑、投诉的条件？三是如当事人违反政府采购法及相关规定，给他人造成损失的，依法承担民事责任，由相关责任人承担赔偿责任。由谁赔偿？如何赔偿？

一、供应商未按招标文件要求提供样品是否可以参加投标，要看招标文件如何规定，是否实质性条款

经调查，在该项招标活动中，要求供应商提供的样品实际上是一组，共10个。而该投标供应商在招标活动中是提供了样品的，只是没带全，缺少其中1个刷频器。经仔细查阅招标文件后发现，招标文件规定：请投标人按照招标文件要求提供样品，如未提供样品按无效投标处理。即：招标文件只要求提供样品，并没有要求提供全部样品。"有"还是"没有"性质是不一样的。如果"没有"，则投标无效；如果"有"，只是有缺件，如不是实质性条款，评标委员会可以根据实际情况讨论研究，是否构成了重大负偏离。经进一步调查，评标当天，投诉人按照招标文件要求提供了样品，通过了评标委员会的符合性筛选。在现场演示时，评标委员会发现其样品中缺少1件刷频器。评标委员会研究后的意见是：刷频器不是实质性条款，缺少刷频器不影响无线调频助听系统性能展示，使用主机也可以刷频。同意其进入正常评标程序。但是这个过程和处理结果现场专家没有记录签字，缺少有效证据。好在该项目有公证部门参加并做了现场记录，经调取公证员现场记录并请评标委员会全体成员审核后签字确认，才补齐了证据。

二、供应商的合法权益未受损害，是否符合提出质疑、投诉的条件

根据《政府采购法》第五十二条规定，供应商认为采购文件、采购过程、中标和成交结果使自己合法权益受到损害的，可以提出质疑和投诉。而在该项采购活动中，在投诉人所带样品有缺件、在其说明特殊原因、恳请评标委员会给予机会的情况下，经评标委员会认真研究，最终同意其进入正常的评标程序。在这个过程中，投诉人的权益不仅没有受到损害，还是实际受益人，不符合提出此一内容投诉的条件。

三、如果当事人违反政府采购法及相关规定,给他人造成损失的,依法承担民事责任,由责任人承担赔偿责任

根据《政府采购法》第七十三条、《政府采购法实施条例》第七十六条、《政府采购货物和服务招标投标管理办法》(财政部令第87号)第八十条规定,政府采购当事人违反政府采购法律法规和办法,给他人造成损失的,依法承担民事责任,由责任人承担赔偿责任。

法规链接:

《政府采购货物和服务招标投标管理办法》(财政部令第18号)第四十四条 评标工作由招标采购单位负责组织,具体评标事务由招标采购单位依法组建的评标委员会负责,并独立履行下列职责:(一)审查投标文件是否符合招标文件要求,并做出评价……

第五十四条 评标应当遵循下列工作程序:

(一)投标文件初审。初审分为资格性检查和符合性检查。

1. 资格性检查。依据法律法规和招标文件的规定,对投标文件中的资格证明、投标保证金等进行审查,以确定投标供应商是否具备投标资格。

2. 符合性检查。依据招标文件的规定,从投标文件的有效性、完整性和对招标文件的响应程度进行审查,以确定是否对招标文件的实质性要求做出响应。

《政府采购法》第二十三条 采购人可以要求参加政府采购的供应商提供有关资质证明文件和业绩情况,并根据本法规定的供应商条件和采购项目对供应商的特定要求,对供应商进行资格审查。

《政府采购货物和服务招标投标管理办法》(财政部令第87号)第四十四条 公开招标采购项目开标结束后,采购人或者采购代理机构应当依法对投标人的资格进行审查。

第四十六条 评标委员会职责是:评标委员会负责具体评标事务,并独立履行下列职责:(一)审查、评价投标文件是否符合招标文件的商务、技术等实质性要求……

第五十条 评标委员会应当对符合资格的投标人的投标文件进行符合性审查,以确定其是否满足招标文件的实质性要求。

第五十二条 评标委员会应当按照招标文件中规定的评标方法和标准,对符合性审查合格的投标文件进行商务和技术评估,综合比较与评价。

《政府采购法》第三十六条 在招标采购中,出现下列情形之一的,应予废标:

（一）符合专业条件的供应商或者对招标文件作实质响应的供应商不足三家的；

（二）出现影响采购公正的违法、违规行为的；

（三）投标人的报价均超过了采购预算，采购人不能支付的；

（四）因重大变故，采购任务取消的。

废标后，采购人应当将废标理由通知所有投标人。

第五十二条　供应商认为采购文件、采购过程和中标、成交结果使自己的权益受到损害的，可以在知道或者应知其权益受到损害之日起七个工作日内，以书面形式向采购人提出质疑。

第七十三条　有前两条违法行为之一影响中标、成交结果或者可能影响中标、成交结果的，按下列情况分别处理：……（三）采购合同已经履行的，给采购人、供应商造成损失的，由责任人承担赔偿责任。

《政府采购法实施条例》第七十六条　政府采购当事人违反政府采购法和本条例规定，给他人造成损失的，依法承担民事责任。

《政府采购货物和服务招标投标管理办法》（财政部令第87号）第八十条　政府采购当事人违反本办法规定，给他人造成损失的，依法承担民事责任。

《政府采购非招标采购方式管理办法》（财政部令74号）第五十七条　政府采购当事人违反政府采购法和本办法规定，给他人造成损失的，应当依照有关民事法律规定承担民事责任。

第十九章 发生在评标环节的案例解析

案例十五 样品惹的祸——评标、样品、鉴定

招标文件没有要求对样品进行仪器检测;投诉人根据目测判断中标产品不符合要求,评委的职业技能受到质疑。

样品惹的祸

要点提示:

1. 评标委员会应当按照招标文件规定的评标方法和评标标准进行评标,对评审意见承担个人责任。

2. 除特殊情况外,一般不得要求投标人提供样品。

3. 因处理投诉发生的鉴定费用,应当按照"谁过错谁负担"的原则由过错方负担;双方都有过错的,由双方合理分担。按照"谁过错谁负担"的原则由承担责任的一方负担;双方都有责任的,由双方合理分担。

案情概述:

某代理机构组织对窗帘采购项目进行公开招标。经依法组建的评标委员会评审,推荐 H 公司为中标候选人。采购结果公布后,投标供应商 L 公司对本次评审提出质疑,采购代理机构进行了公开答复。因对代理机构的质疑答复不满,L 公司向财政部门投诉。

投诉人认为,通过挂样现场的目测和手感判断,中标供应商所投面料不符合招标文件的要求,请求取消其中标资格并作废标处理。

点评分析:

本案是由样品引发的争议。投诉人由现场样品情况推断中标产品技术指标不符合招标文件要求,从而引申出质疑投诉中涉及较为普遍的问题——中标产品技术指标是否符合招标文件要求应如何认定?另外,如果投诉处理中,需要进行检测鉴定,所需费用应当由谁来出?

一、中标产品的技术指标是否符合招标文件要求,应由依法组建的评标委员会根据招标文件要求进行审查、评价

根据《政府采购货物和服务招标投标管理办法》(财政部令第 87 号)第四十六条规定,评标委员会负责具体评标事务,并独立履行下列职责:(一)审查、评价投标文件是否符合招标文件的商务、技术等实质性要求……

第五十二条 评标委员会应当按照招标文件中规定的评标方法和标准，对符合性审查合格的投标文件进行商务和技术评估，综合比较与评价。

本案中，经查阅招标文件，明确提出了面料的技术标准，并要求按国家最新标准进行质量、环保、阻燃性能检测。如有相关检测报告，请提供复印件，原件备查。招标文件并没有要求对样品进行仪器检测。

经查阅招标文件评标办法，其中检测报告为6分，分别为国家权威检测机构检测的质量、环保、阻燃性能合格检测报告，依据提供检测报告的情况及数据酌情得分；投标样品为25分，依据提供样品完整情况及样品的总体效果、材质、做工、配件质量酌情得分。

经查阅中标候选人H公司的投标文件，按招标文件要求提供了部分窗帘布的检测报告。

经查阅评标报告，本次评标由依法组建的评标委员会根据招标文件的要求，对投标人的样品进行评审。因招标文件没有要求对样品进行仪器检测，评标委员会对样品的评审是根据其专业经验及职业技能进行的。评标委员会对所有投标人的样品均有不同程度的扣分，但不属于重大负偏离。经评委会评审，认为中标人的样品符合招标文件的要求。

经查阅"评委打分明细表"，中标候选人H公司总得分最高。

二、根据《政府采购货物和服务招标投标管理办法》（财政部令第87号）规定，从2017年10月1日起，除特殊情况外，一般不得要求投标人提供样品

《政府采购法实施条例》第四十四条 ……采购人或者采购代理机构不得通过对样品进行检测、对供应商进行考察等方式改变评审结果。

《政府采购货物和服务招标投标管理办法》（财政部令第87号）第二十二条 采购人、采购代理机构一般不得要求投标人提供样品，仅凭书面方式不能准确描述采购需求或者需要对样品进行主观判断以确认是否满足采购需求等特殊情况除外。

要求投标人提供样品的，应当在招标文件中明确规定样品制作的标准和要求、是否需要随样品提交相关检测报告、样品的评审方法以及评审标准。需要随样品提交检测报告的，还应当规定检测机构的要求、检测内容等。

采购活动结束后，对于未中标人提供的样品，应当及时退还或者经未中标人同意后自行处理；对于中标人提供的样品，应当按照招标文件的规定进行保管、封存，并作为履约验收的参考。

三、如果处理投诉需要进行鉴定，所需费用应当按照"谁过错谁负担"的原则由过错方负担；双方都有过错的，由双方合理分担

根据调查情况，财政部门认为，招标文件没有要求对样品进行仪器检测，评标委员会根据其专业经验及职业技能对样品进行评审没有违反评标办法。审查中未发现评标委员会有违反招标文件规定的评标办法进行评审的行为。投诉人仅通过挂样现场的目测和手感判断，中标企业所投面料不符招标文件要求，请求取消本次中标并以废标处理，缺乏依据。如果投诉人要求鉴定，发生的第三方检验、检测、鉴定等费用，由提出申请的供应商先行垫付。投诉处理决定明确双方责任后，按照"谁过错谁负担"的原则由承担责任的一方负担；双方都有责任的，由双方合理分担。

根据《政府采购法》第五十六条、《政府采购质疑和投诉办法》（财政部令第94号）第二十九条（二）之规定，财政部门作出了驳回的投诉处理决定。

法规链接：

《政府采购货物和服务招标投标管理办法》（财政部令第87号）第四十六条规定，评标委员会负责具体评标事务，并独立履行下列职责：

（一）审查、评价投标文件是否符合招标文件的商务、技术等实质性要求；

（二）要求投标人对投标文件有关事项作出澄清或者说明；

（三）对投标文件进行比较和评价；

（四）确定中标候选人名单，以及根据采购人委托直接确定中标人；

（五）向采购人、采购代理机构或者有关部门报告评标中发现的违法行为。

第五十二条 评标委员会应当按照招标文件中规定的评标方法和标准，对符合性审查合格的投标文件进行商务和技术评估，综合比较与评价。

《政府采购法实施条例》第四十四条 ……采购人或者采购代理机构不得通过对样品进行检测、对供应商进行考察等方式改变评审结果。

《政府采购货物和服务招标投标管理办法》（财政部令第87号）第二十二条 采购人、采购代理机构一般不得要求投标人提供样品，仅凭书面方式不能准确描述采购需求或者需要对样品进行主观判断以确认是否满足采购需求等特殊情况除外。

要求投标人提供样品的，应当在招标文件中明确规定样品制作的标准和要求、是否需要随样品提交相关检测报告、样品的评审方法以及评审标准。需要随样品提交检测报告的，还应当规定检测机构的要求、检测内容等。

采购活动结束后，对于未中标人提供的样品，应当及时退还或者经未中标人同意后自行处理；对于中标人提供的样品，应当按照招标文件的规定进行保管、封存，并作为履约验收的参考。

《政府采购评审专家管理办法》（财库〔2016〕198号）第十八条 评审专

家应当严格遵守评审工作纪律，按照客观、公正、审慎的原则，根据采购文件规定的评审程序、评审方法和评审标准进行独立评审。

《政府采购质疑和投诉办法》（财政部令第94号）第四十一条　财政部门处理投诉不得向投诉人和被投诉人收取任何费用。但因处理投诉发生的第三方检验、检测、鉴定等费用，由提出申请的供应商先行垫付。投诉处理决定明确双方责任后，按照"谁过错谁负担"的原则由承担责任的一方负担；双方都有责任的，由双方合理分担。

《政府采购质疑和投诉办法》（财政部令第94号）第二十九条　投诉处理过程中，有下列情形之一的，财政部门应当驳回投诉：

（一）受理后发现投诉不符合法定受理条件；

（二）投诉事项缺乏事实依据，投诉事项不成立；

（三）投诉人捏造事实或者提供虚假材料；

（四）投诉人以非法手段取得证明材料。证据来源的合法性存在明显疑问，投诉人无法证明其取得方式合法的，视为以非法手段取得证明材料。

案例十六　技术指标是否实质性响应谁说了算——评标、方法、标准

是采纳专家两次复审得出的意见，还是采信投诉人提供的专业书籍？

技术指标是否实质性响应谁说了算

要点提示：

1. 评标委员会应当按照招标文件规定的评标方法和评标标准进行评标。专业书籍只能作为参考，不能作为评标依据。

2. 技术指标是否响应招标文件要求，应当由依法组建的评标委员会认定。

案情概述：

某代理机构组织对环境监测仪器采购项目进行公开招标。经依法组建的评标委员会评标，M公司被推荐为第一中标候选人。中标结果公布后，第二中标候选人R公司对第一中标候选人的产品提出质疑，代理机构依法进行了答复。R公司对代理机构质疑答复不满意，向财政部门投诉。

投诉人认为，第一中标候选人M公司的产品属于非抑制型离子色谱，没有抑制器，不符合招标文件中"3.6抑制器：具有高容量，免维护，低噪声和稳定的基线"的要求，认为中标人是以虚假或混淆是非的方式来应付或蒙蔽专家，并提供了相关专业书籍和色谱技术丛书作为证明材料。

点评分析：

本案所涉及的采购项目是一个专业性很强的项目。投诉的焦点在于，中标产品是否有抑制器、其技术指标是否实质性响应招标文件要求。财政部门该如何认定投标文件的技术指标是否响应招标文件要求？投诉人提供的专业书籍能否作为有效证据采信？

关于技术指标是否响应招标文件要求，应当由依法组建的评标委员会认定。如果有争议，可以组织评标委员会专家进行复审，听取专家的意见。必要时，也可请权威专业机构进行论证。

根据《政府采购货物和服务招标投标管理办法》（财政部令第87号）第四十六条规定，评标委员会负责具体评标事务，并独立履行下列职责：（一）审查、评价投标文件是否符合招标文件的商务、技术等实质性要求……

《政府采购货物和服务招标投标管理办法》（财政部令第87号）第五十条 评标委员会应当对符合资格的投标人的投标文件进行符合性审查，以确定其是否满足招标文件的实质性要求。

《政府采购评审专家管理办法》（财库〔2016〕198号）第十八条 评审专家应当严格遵守评审工作纪律，按照客观、公正、审慎的原则，根据采购文件规定的评审程序、评审方法和评审标准进行独立评审。

此外，国家七部委制定的《评标委员会和评标方法暂行规定》对招标文件是否实质性响应、哪些情况属于重大偏差及细微偏差有比较明确的规定，可以作为参考。

《评标委员会和评标方法暂行规定》第二十五条明确：下列情况属于重大偏差：（一）没有按照招标文件要求提供投标担保或者所提供的投标担保有瑕疵；（二）投标文件没有投标人授权代表签字和加盖公章；（三）投标文件载明的招标项目完成期限超过招标文件规定的期限；（四）明显不符合技术规格、技术标准的要求；（五）投标文件载明的货物包装方式、检验标准和方法等不符合招标文件的要求；（六）投标文件附有招标人不能接受的条件；（七）不符合招标文件中规定的其他实质性要求。

投标文件有上述情形之一的，为未能对招标文件作出实质性响应，并按本规定第二十三条规定作废标处理。招标文件对重大偏差另有规定的，从其规定。

《评标委员会和评标方法暂行规定》第二十六条明确：细微偏差是指投标文件在实质上响应招标文件要求，但在个别地方存在漏项或者提供了不完整的技术信息和数据等情况，并且补正这些遗漏或者不完整不会对其他投标人造成不公平的结果。细微偏差不影响投标文件的有效性。

评标委员会应当书面要求存在细微偏差的投标人在评标结束前予以补正。拒不补正的，在详细评审时可以对细微偏差作不利于该投标人的量化，量化标准应当在招标文件中规定。

本案中，采购代理机构收到质疑后，组织评标委员会进行复议。复议意见是，根据质疑人提供的材料，无法得出中标公司虚假投标的结论，建议维持原中标结果。

财政部门接到投诉后，再次组织原评标委员会进行调查。意见是，M公司投标文件中关于"3.6抑制器"项是有明确响应的：阳离子采用电子抑制器一套，无化学损耗，并在备注项有详细说明；未发现投诉人所说的"以虚假或混淆是非的方式来应付或蒙蔽专家"的行为。

经查阅项目评分表和汇总表，本项目公布的中标候选人是评标委员会根据招标文件要求和评标办法对各投标人进行打分，根据总分排名提出推荐名单，合法有效。

经财政部门审查，认为根据现有证据不能证明 M 公司所投产品离子色谱仪不能满足招标文件的要求。投诉人提供的相关专业书籍和色谱技术丛书，仅代表学术观点，不能作为认定的标准，因此不能作为有效证据采信。

综上所述，投诉人的投诉缺乏依据，根据《政府采购法》第五十六条、《政府采购质疑和投诉办法》第二十九条（二）之规定，财政部门作出了驳回的投诉处理决定。

法规链接：

《政府采购货物和服务招标投标管理办法》（财政部令第 87 号）第四十六条　评标委员会负责具体评标事务，并独立履行下列职责：

（一）审查、评价投标文件是否符合招标文件的商务、技术等实质性要求；

（二）要求投标人对投标文件有关事项作出澄清或者说明；

（三）对投标文件进行比较和评价；

（四）确定中标候选人名单，以及根据采购人委托直接确定中标人；

向采购人、采购代理机构或者有关部门报告评标中发现的违法行为。

第五十条　评标委员会应当对符合资格的投标人的投标文件进行符合性审查，以确定其是否满足招标文件的实质性要求。

第五十二条　评标委员会应当按照招标文件中规定的评标方法和标准，对符合性审查合格的投标文件进行商务和技术评估，综合比较与评价。

第六十一条　评标委员会成员对需要共同认定的事项存在争议的，应当按照少数服从多数的原则作出结论。持不同意见的评标委员会成员应当在评标报告上签署不同意见及理由，否则视为同意评标报告。

《政府采购评审专家管理办法》（财库〔2016〕198 号）第十八条　评审专家应当严格遵守评审工作纪律，按照客观、公正、审慎的原则，根据采购文件规定的评审程序、评审方法和评审标准进行独立评审。

《政府采购质疑和投诉办法》（财政部令第 94 号）第二十九条　投诉处理过程中，有下列情形之一的，财政部门应当驳回投诉：

（一）受理后发现投诉不符合法定受理条件；

（二）投诉事项缺乏事实依据，投诉事项不成立；

（三）投诉人捏造事实或者提供虚假材料；

（四）投诉人以非法手段取得证明材料。证据来源的合法性存在明显疑问，投诉人无法证明其取得方式合法的，视为以非法手段取得证明材料。

案例十七 允许迟到供应商投标引发的麻烦——开标时间、地点

仅五分钟之差,供应商失去了投标资格;仅一念之差,代理机构遭遇了质疑。

允许迟到供应商投标引发的麻烦

要点提示:

1. 开标应当在招标文件确定的提交投标文件截止时间的同一时间公开进行。
2. 投标人不足3家的处理方式。

案情概述:

某采购代理机构为某学校学生宿舍物业管理项目进行第二次公开招标。第一次公开招标因投标人不足三家而废标,第二次到了投标截止时间又只来了两家。五分钟后,第三家供应商姗姗来迟。眼看又要废标,三家供应商为了共同利益在现场自行协商后向采购人提出,希望允许迟到供应商参与投标,以使该项目能够继续进行。采购人此时也希望能继续。一是学生宿舍物业管理要求高费用却不高,符合条件愿意投标的供应商本来就不多。第一次只来了两家,这次连迟到的算上也只来了三家,如果再招,估计能来的也就这几家了。二是眼看开学在即,时间比较紧。为此,采购人与供应商共同向代理机构提出,第三家供应商只迟到了五分钟,既然他们已自行协商后一致同意,能否根据学校的特殊需要作为特例,允许第三家供应商参加投标?代理机构不同意,担心不按规定操作会引发质疑、投诉。见此,三家供应商均向采购人和代理机构保证,无论谁中标,决不以此为理由质疑、投诉,并当场签字确认。看代理机构不为所动,三家供应商急了,对着现场的监视器发誓:保证诚信,说话算数。在采购人的一再要求下,代理机构同意招标活动继续进行。评标结果,姗姗来迟的第三家供应商被推荐为中标候选人,未中标的两家供应商马上提出质疑,第二次招标采购又以废标结束,代理机构后悔不迭。

点评分析:

本案涉及四个问题,一是能否允许迟到的供应商参加投标?二是供应商的现场签字同意是否具有法律效力?三是什么情况下可以废标?四是投标人不足3家应如何处理?

一、迟到供应商不能参加投标

根据《政府采购货物和服务招标投标管理办法》（财政部令第87号）第三十九条 开标应当在招标文件确定的提交投标文件截止时间的同一时间进行。开标地点应当为招标文件中预先确定的地点。该供应商未在招标文件确定的截止时间前提交投标文件，不能参加该项采购活动。

二、投标供应商虽现场签字同意但不合法

供应商现场签字同意允许迟到供应商参加投标没有法律依据。

三、出现四种情形之一的应予废标

《政府采购法》第三十六条规定："在招标采购中，出现下列情形之一的，应予废标：（一）符合专业条件的供应商或者对招标文件作实质性响应的供应商不足三家的；（二）出现影响采购公正的违法、违规行为的；（三）投标人的报价均超过了采购预算，采购人不能支付的；（四）因重大变故，采购任务取消的。"废标后，采购人应当将废标理由通知所有投标人。

本案为公开招标，在投标截止时间只有两家符合条件的供应商投标，不符合法定的招标条件；允许迟到供应商参加采购活动不符合法律规定，违反了《政府采购法》公开、公平、公正和诚信的原则，因此当作废标处理。

四、投标人不足三家的处理方式

1. 应当报告财政部门处理。《政府采购货物和服务招标投标管理办法》（财政部令第18号）第四十三条，投标截止时间结束后参加投标的供应商不足三家的，除采购任务取消情形外，招标采购单位应当报告设区的市、自治州以上人民政府财政部门，由财政部门按照以下原则处理：

（一）招标文件没有不合理条款、招标公告时间及程序符合规定的，同意采取竞争性谈判、询价或者单一来源方式采购；

（二）招标文件存在不合理条款的，招标公告时间及程序不符合规定的，应予废标，并责成招标采购单位依法重新招标。

在评标期间，出现符合专业条件的供应商或者对招标文件做出实质响应的供应商不足三家情形的，可以比照前款规定执行。

2. 由采购人自查自纠，自我改正。需改采购方式的，报财政部门批准。《政府采购货物和服务招标投标管理办法》（财政部令第87号）第四十三条 公开招标数额标准以上的采购项目，投标截止后投标人不足3家或者通过资格审查或符合性审查的投标人不足3家的，除采购任务取消情形外，按照以下方式处理：

（一）招标文件存在不合理条款或者招标程序不符合规定的，采购人、采购代理机构改正后依法重新招标；

（二）招标文件没有不合理条款、招标程序符合规定，需要采用其他采购方式采购的，采购人应当依法报财政部门批准。

3. 经财政部门批准后，可改其他方式。《政府采购非招标采购方式管理办法》（财政部令第74号）第二十七条规定，符合下列情形之一的采购项目，可以采用竞争性谈判方式采购：……公开招标的货物、服务采购项目，招标过程中提交投标文件或者经评审实质性响应招标文件要求的供应商只有两家时，采购人、采购代理机构按照本办法第四条经本级财政部门批准后可以与该两家供应商进行竞争性谈判采购，采购人、采购代理机构应当根据招标文件中的采购需求编制谈判文件，成立谈判小组，由谈判小组对谈判文件进行确认。符合本款情形的，本办法第三十三条、第三十五条中规定的供应商最低数量可以为两家。第二十八条规定：符合本办法第二十七条第一款第一项情形和第二款情形，申请采用竞争性谈判采购方式时，除提交本办法第五条第一至三项规定的材料外，还应当提交下列申请材料：（一）在省级以上财政部门指定的媒体上发布招标公告的证明材料；（二）采购人、采购代理机构出具的对招标文件和招标过程是否有供应商质疑及质疑处理情况的说明；（三）评标委员会或者3名以上评审专家出具的招标文件没有不合理条款的论证意见。

本案中，第一次招标因投标人不足三家而废标，可按照《政府采购法》第三十六条、三十七条，《政府采购货物和服务招标投标管理办法》（财政部令第87号）第四十三条，《政府采购非招标采购方式管理办法》（财政部令第74号）第二十七条、二十八条规定处理。

法规链接：

《政府采购货物和服务招标投标管理办法》（财政部令第87号）第三十九条　开标应当在招标文件确定的提交投标文件截止时间的同一时间进行。开标地点应当为招标文件中预先确定的地点。

《政府采购法》第三十六条　在招标采购中，出现下列情形之一的，应予废标：（一）符合专业条件的供应商或者对招标文件作实质性响应的供应商不足三家的；（二）出现影响采购公正的违法、违规行为的；（三）投标人的报价均超过了采购预算，采购人不能支付的；（四）因重大变故，采购任务取消的。废标后，采购人应当将废标理由通知所有投标人。

第三十七条　废标后，除采购任务取消情形外，应当重新组织招标；需要采取其他采购方式的，应当在采购活动开始前获得设区的市、自治州以上人民政府政府采购监督管理部门或者政府有关部门批准。

《政府采购货物和服务招标投标管理办法》（财政部令第 18 号）第四十三条　投标截止时间结束后参加投标的供应商不足三家的，除采购任务取消情形外，招标采购单位应当报告设区的市、自治州以上人民政府财政部门，由财政部门按照以下原则处理：

（一）招标文件没有不合理条款、招标公告时间及程序符合规定的，同意采取竞争性谈判、询价或者单一来源方式采购；

（二）招标文件存在不合理条款的，招标公告时间及程序不符合规定的，应予废标，并责成招标采购单位依法重新招标。

在评标期间，出现符合专业条件的供应商或者对招标文件做出实质响应的供应商不足三家情形的，可以比照前款规定执行。

第四十三条　公开招标数额标准以上的采购项目，投标截止后投标人不足 3 家或者通过资格审查或符合性审查的投标人不足 3 家的，除采购任务取消情形外，按照以下方式处理：

（一）招标文件存在不合理条款或者招标程序不符合规定的，采购人、采购代理机构改正后依法重新招标；

（二）招标文件没有不合理条款、招标程序符合规定，需要采用其他采购方式采购的，采购人应当依法报财政部门批准。

《政府采购非招标采购方式管理办法》（财政部令第 74 号）第二十七条　符合下列情形之一的采购项目，可以采用竞争性谈判方式采购：（一）招标后没有供应商投标或者没有合格标的，或者重新招标未能成立的……公开招标的货物、服务采购项目，招标过程中提交投标文件或者经评审实质性响应招标文件要求的供应商只有两家时，采购人、采购代理机构按照本办法第四条经本级财政部门批准后可以与该两家供应商进行竞争性谈判采购，采购人、采购代理机构应当根据招标文件中的采购需求编制谈判文件，成立谈判小组，由谈判小组对谈判文件进行确认。符合本款情形的，本办法第三十三条、第三十五条中规定的供应商最低数量可以为两家。

第二十八条　符合本办法第二十七条第一款第一项情形和第二款情形，申请采用竞争性谈判采购方式时，除提交本办法第五条第一至三项规定的材料外，还应当提交下列申请材料：

（一）在省级以上财政部门指定的媒体上发布招标公告的证明材料；

（二）采购人、采购代理机构出具的对招标文件和招标过程是否有供应商质疑及质疑处理情况的说明；

（三）评标委员会或者 3 名以上评审专家出具的招标文件没有不合理条款的论证意见。

案例十八 "唯一"的供应商——竞争性谈判的适用

谈判开始,却发现只有一家供应商符合条件,谈判小组能否直接推荐其为成交人?

"唯一"的供应商

要点提示:

在竞争性谈判中,当只有一家投标人符合条件时,应当终止竞争性谈判采购活动,发布项目终止公告并说明原因,重新开展采购活动。

案情概述:

某代理机构组织对医疗科研设备采购项目进行公开招标,只有两家供应商投标。根据采购人申请,经财政部门同意,该项目改为竞争性谈判方式采购。经谈判小组评审,认定S公司的产品不能满足招标文件的实质性要求,于是,推荐Z公司为中标候选人。S公司提起质疑,因对代理机构质疑答复不满,向财政部门投诉。

投诉人认为,其生产的产品能够满足招标文件的实质性要求,要求判定其公司为中标人,并提供了国家食品药品监督管理局××市医疗器械质量监督检验中心出具的检测报告。

点评分析:

本案争议的焦点在于,在竞争性谈判中,当只有一家投标人符合条件时,谈判小组能否推荐其为中标候选人?

在竞争性谈判中,当只有一家供应商符合条件时,应当按照《政府采购货物和服务招标投标管理办法》(财政部令第87号)第四十三条的原则处理。即:公开招标数额标准以上的采购项目,投标截止后投标人不足3家或者通过资格审查或符合性审查的投标人不足3家的,除采购任务取消情形外,按照以下方式处理:

(一)招标文件存在不合理条款或者招标程序不符合规定的,采购人、采购代理机构改正后依法重新招标;

(二)招标文件没有不合理条款、招标程序符合规定,需要采用其他采购方式采购的,采购人应当依法报财政部门批准。

根据《政府采购非招标采购方式管理办法》（财政部令第 74 号）第三十七条规定，出现下列情形之一的，采购人或者采购代理机构应当终止竞争性谈判采购活动，发布项目终止公告并说明原因，重新开展采购活动：……（三）在采购过程中符合竞争要求的供应商或者报价未超过采购预算的供应商不足 3 家的，但本办法第二十七条第二款规定的情形除外。

根据本案情形，公开招标改竞争性谈判后，符合竞争要求的供应商不足两家，应当终止竞争性谈判采购活动，不能直接推荐中标人。如果招标文件没有不合理条款，招标程序符合法律规定，需要采用其他采购方式的，应当依法报财政部门批准。

那么，投诉人认为其产品能够满足招标文件的实质性要求的主张是否站得住脚呢？

经查阅招标文件，第四章明确要求"国内产品必须提供省级及以上计量检测部门出具的在有效期内的主要参数的检测报告原件（带至招标现场备查），如为复印件须经公证"，该要求为招标文件的实质性要求和条件。投诉人未能提供符合招标文件要求的检测报告，也未能提供权威证明材料，谈判小组认定投诉人投标产品不满足招标文件要求并不存在不妥之处。

就采购过程而言，本案存在违规行为。

经查，本次招标只有两家公司投标，采购人、代理机构申请将采购方式改为竞争性谈判。评标委员会在认定 S 公司的产品不能满足招标文件的实质性要求后，符合条件的供应商只剩下一家，采购活动应当依法终止，但评标委员会却继续进行并推荐了中标候选人 Z 公司；采购代理机构根据评标委员会的推荐，认定 Z 公司为中标候选人。评标委员会、采购代理机构的做法违反了《政府采购货物和服务招标投标管理办法》（财政部令第 87 号）第四十三条、《政府采购非招标采购方式管理办法》（财政部令第 74 号）第三十七条的规定。

综上分析，根据投诉内容和审查结果，依照《政府采购法》第五十六条、《政府采购货物和服务招标投标管理办法》第四十三条、《政府采购质疑和投诉办法》（财政部令第 94 号）第二十九条（二）、第三十二条（二）之规定，驳回投诉人的投诉请求，认定本次评标结果无效，责令重新开展采购活动。

法规链接：

《政府采购货物和服务招标投标管理办法》（财政部令第 87 号）第四十三条　公开招标数额标准以上的采购项目，投标截止后投标人不足 3 家或者通过资格审查或符合性审查的投标人不足 3 家的，除采购任务取消情形外，按照以下方式处理：

（一）招标文件存在不合理条款或者招标程序不符合规定的，采购人、采购代理机构改正后依法重新招标；

（二）招标文件没有不合理条款、招标程序符合规定，需要采用其他采购方式采购的，采购人应当依法报财政部门批准。

《政府采购非招标采购方式管理办法》（财政部令第74号）第三十七条 出现下列情形之一的，采购人或者采购代理机构应当终止竞争性谈判采购活动，发布项目终止公告并说明原因，重新开展采购活动：……（三）在采购过程中符合竞争要求的供应商或者报价未超过采购预算的供应商不足3家的，但本办法第二十七条第二款规定的情形除外。

《政府采购质疑和投诉办法》（财政部令第94号）第二十九条 投诉处理过程中，有下列情形之一的，财政部门应当驳回投诉：

（一）受理后发现投诉不符合法定受理条件；

（二）投诉事项缺乏事实依据，投诉事项不成立；

（三）投诉人捏造事实或者提供虚假材料；

（四）投诉人以非法手段取得证明材料。证据来源的合法性存在明显疑问，投诉人无法证明其取得方式合法的，视为以非法手段取得证明材料。

《政府采购质疑和投诉办法》（财政部令第94号）第三十二条 投诉人对采购过程或者采购结果提起的投诉事项，财政部门经查证属实的，应当认定投诉事项成立。经认定成立的投诉事项不影响采购结果的，继续开展采购活动；影响或者可能影响采购结果的，财政部门按照下列情况处理：

（一）未确定中标或者成交供应商的，责令重新开展采购活动。

（二）已确定中标或者成交供应商但尚未签订政府采购合同的，认定中标或者成交结果无效。合格供应商符合法定数量时，可以从合格的中标或者成交候选人中另行确定中标或者成交供应商的，应当要求采购人依法另行确定中标、成交供应商；否则责令重新开展采购活动。

案例十九　废标权之争——投标无效

评标委员会是否有权对供应商资质进行审核并作出无效投标处理？

废标权之争

要点提示：

1. 根据《政府采购货物和服务招标投标管理办法》（财政部令第 18 号），对供应商进行资格性、符合性审查是评标委员会的职责，根据审查情况可确定供应商是否具备投标资格、投标文件是否有效。

2. 根据《政府采购货物和服务招标投标管理办法》（财政部令第 87 号），对供应商进行资格审查是采购人的职责，符合性审查是评标委员会的职责，六种情形可以认定投标无效。

案情概述：

某代理机构组织对培训成果展览采购项目进行公开招标。Z 公司因提供的资质不符合招标文件规定，被评标委员会认定为无效投标人。为此，Z 公司提出质疑，因对代理机构质疑答复不满，向财政部门投诉。

投诉人认为，评标委员会有权对供应商资格的真实性、合法性进行审核、鉴定，但无权对资格的认定范围和标准进行区别对待，更无权作出无效投标的决定。

点评分析：

该案的引发的问题是：（1）资格性、符合性审查由谁负责？（2）什么情形可以认定投标无效？

一、根据 18 号令，对供应商进行资格性、符合性审查是评标委员会的职责，根据审查情况可以确定供应商是否具备投标资格、投标文件是否有效

《政府采购货物和服务招标投标管理办法》（财政部令第 18 号）第四十四条规定，具体评标事务由招标采购单位依法组建的评标委员会负责，并独立履行下列职责：（一）审查投标文件是否符合招标文件要求，并做出评价。第五十四条规定，评标应当遵循下列工作程序：（一）投标文件初审。初审分为资格性检查和符合性检查。1. 资格性检查。依据法律法规和招标文件的规定，对投标文件中的资格证明、投标保证金等进行审查，以确定投标供应商是否具备投标资格。

2. 符合性检查。依据招标文件的规定，从投标文件的有效性、完整性和对招标文件的响应程度进行审查，以确定是否对招标文件的实质性要求做出响应。

根据 18 号令，依法组建的评标委员会有权对供应商进行资格检查，并确定其是否具备投标资格、投标文件是否有效。

二、根据《政府采购法》及财政部令第 87 号，从 2017 年 10 月 1 日起，资格审查由采购人或者代理机构依法进行，符合性审查是评标委员会的职责。存在六种情形之一的，投标无效

1. 资格审查由采购人或者代理机构进行。《政府采购法》第二十三条规定，采购人可以要求参加政府采购的供应商提供有关资质证明文件和业绩情况，并根据本法规定的供应商条件和采购项目对供应商的特定要求，对供应商进行资格审查。《政府采购货物和服务招标投标管理办法》（财政部令第 87 号）第四十四条明确，公开招标采购项目开标结束后，采购人或者采购代理机构应当依法对投标人的资格进行审查。

2. 符合性审查由评标委员会负责。《政府采购货物和服务招标投标管理办法》（财政部令第 87 号）第四十六条，评标委员会职责是：评标委员会负责具体评标事务，并独立履行下列职责：（一）审查、评价投标文件是否符合招标文件的商务、技术等实质性要求……第五十条　评标委员会应当对符合资格的投标人的投标文件进行符合性审查，以确定其是否满足招标文件的实质性要求。第五十二条　评标委员会应当按照招标文件中规定的评标方法和标准，对符合性审查合格的投标文件进行商务和技术评估，综合比较与评价。

3. 存在六种情形之一的，投标无效。《政府采购货物和服务招标投标管理办法》（财政部令第 87 号）第六十三条　投标人存在下列情况之一的，投标无效：

（一）未按照招标文件的规定提交投标保证金的；

（二）投标文件未按招标文件要求签署、盖章的；

（三）不具备招标文件中规定的资格要求的；

（四）报价超过招标文件中规定的预算金额或者最高限价的；

（五）投标文件含有采购人不能接受的附加条件的；

（六）法律、法规和招标文件规定的其他无效情形。

经查阅招标文件，明确规定了供应商资质要求、合格的投标人条件，并在实质性资格证明文件目录中明确要求供应商应提供的资质证书（复印件加盖公章，投标人必须提供）。

经查阅评标报告，开标当日，依法组建的评标委员会对 Z 公司投标文件进行资格性检查后发现，其提供的资质证书不符合招标文件规定。经审查和复审，认为 Z 公司不具备招标文件中规定的供应商资格要求，其投标文件应当按照无效投标处理。

综上所述，投诉人的投诉缺乏依据。根据《政府采购法》第五十六条、《政府采购质疑和投诉办法》（财政部令第 94 号）第二十九条（二）之规定，财政部门作出了驳回的投诉处理决定。

法规链接：

《政府采购货物和服务招标投标管理办法》（财政部令第 18 号）第四十四条　评标工作由招标采购单位负责组织，具体评标事务由招标采购单位依法组建的评标委员会负责，并独立履行下列职责：

（一）审查投标文件是否符合招标文件要求，并做出评价；

（二）要求投标供应商对投标文件有关事项作出解释或者澄清；

（三）推荐中标候选供应商名单，或者受采购人委托按照事先确定的办法直接确定中标供应商；

（四）向招标采购单位或者有关部门报告非法干预评标工作的行为。

第五十四条　评标应当遵循下列工作程序：

（一）投标文件初审。初审分为资格性检查和符合性检查。

1. 资格性检查。依据法律法规和招标文件的规定，对投标文件中的资格证明、投标保证金等进行审查，以确定投标供应商是否具备投标资格。

2. 符合性检查。依据招标文件的规定，从投标文件的有效性、完整性和对招标文件的响应程度进行审查，以确定是否对招标文件的实质性要求作出响应。

《政府采购法》第二十三条　采购人可以要求参加政府采购的供应商提供有关资质证明文件和业绩情况，并根据本法规定的供应商条件和采购项目对供应商的特定要求，对供应商进行资格审查。

《政府采购货物和服务招标投标管理办法》（财政部令第 87 号）第四十四条　公开招标采购项目开标结束后，采购人或者采购代理机构应当依法对投标人的资格进行审查。

第四十六条　评标委员会职责是：评标委员会负责具体评标事务，并独立履行下列职责：（一）审查、评价投标文件是否符合招标文件的商务、技术等实质性要求……

第五十条　评标委员会应当对符合资格的投标人的投标文件进行符合性审查，以确定其是否满足招标文件的实质性要求。

第五十二条　评标委员会应当按照招标文件中规定的评标方法和标准，对符合性审查合格的投标文件进行商务和技术评估，综合比较与评价。

第六十三条　投标人存在下列情况之一的，投标无效：

（一）未按照招标文件的规定提交投标保证金的；

（二）投标文件未按招标文件要求签署、盖章的；

（三）不具备招标文件中规定的资格要求的；

（四）报价超过招标文件中规定的预算金额或者最高限价的；

（五）投标文件含有采购人不能接受的附加条件的；

（六）法律、法规和招标文件规定的其他无效情形。

《政府采购质疑和投诉办法》（财政部令第94号）第二十九条　投诉处理过程中，有下列情形之一的，财政部门应当驳回投诉：

（一）受理后发现投诉不符合法定受理条件；

（二）投诉事项缺乏事实依据，投诉事项不成立；

（三）投诉人捏造事实或者提供虚假材料；

（四）投诉人以非法手段取得证明材料。证据来源的合法性存在明显疑问，投诉人无法证明其取得方式合法的，视为以非法手段取得证明材料。

第二十章　发生在中标环节的案例解析

案例二十　采购人能否自请专家重新审核中标方案——拒签合同处理

发出的中标通知书石沉大海，采购人迟迟不签合同；依法得出的评标结果几乎成"浮云"，采购人自请"高人"审核中标方案，并据此否定中标方案。

采购人能否自请专家重新审核中标方案

要点提示：

1. 中标、成交通知书具有法律效力，采购人应当在中标、成交通知书发出之日起 30 日内与中标供应商签订合同。
2. 采购活动结束后，采购人不得改变中标、成交结果。
3. 中标、成交通知书发出后，采购人拒签合同应当受罚。

案情概述：

某监管部门接到供应商来信，反映某单位消防设施改造项目，中标通知书发出一年多，采购人至今不与中标、成交供应商签订合同。经调查，情况属实。该项采购活动程序合法，采购结果有效，且整个采购活动采购人均参与并认可。如：采购需求由采购人提出，标书制定经过采购人同意，评审专家抽取采购人代表参加监督并签字确认，评审严格按照招标文件要求进行并有两名采购人代表参加，评标结果经过采购人代表签字确认，招标全过程经公证处公证，已向中标人发放了中标通知书，并在政府采购指定媒体上发布了中标成交公告。

经进一步调查，中标通知书发出后，采购人曾向中标人提出变更地点、修改实施方案等要求，中标供应商立即根据采购人要求上门重新测量、修改方案、做概算。后因采购人单位领导班子调整，一直没有与中标人签订采购合同。在中标人的一再催促下，采购人自行找区级消防部门进行审核，拿到了一份在原地做消防设施改造采购项目不安全的意见，并据此拒绝与中标人签订合同。

点评分析：

本案涉及了三个问题，一是中标通知书发出后，采购人是否可以不签合同？二是采购活动结束后采购人自行请人进行审核是否合法？三是采购人拒签合同应当如何处理？

一、采购人无正当理由不得拒签合同

中标通知书具有法律效力，中标通知书发出后，采购人应在三十日内签订合同，否则应当依法承担法律责任。《政府采购法》第四十六条规定，采购人与中标、成交供应商应当在中标、成交通知书发出之日起三十日内，按照采购文件确定的事项签订政府采购合同；中标、成交通知书对采购人和中标、成交供应商均具有法律效力。中标、成交通知书发出后，采购人改变中标、成交结果的，或者中标、成交供应商放弃中标、成交项目的，应当依法承担法律责任。本案中，采购人在中标通知书发出一年后，仍不与中标人签订合同，违反了《政府采购法》相关规定，中标人可以要求其承担法律责任。

二、采购人自行请人进行审核不具法律效力

中标通知书发出后，采购人不得通过检测等方式改变评审结果，不得违法改变中标结果。《政府采购法实施条例》第四十四条规定，除国务院财政部门规定的情形外，采购人、采购代理机构不得以任何理由组织重新评审。采购人、采购代理机构按照国务院财政部门的规定组织重新评审的，应当书面报告本级人民政府财政部门。采购人或者采购代理机构不得通过对样品进行检测、对供应商进行考察等方式改变评审结果。

《政府采购货物和服务招标投标管理办法》（财政部令第87号）第七十条规定，中标通知书发出后，采购人不得违法改变中标结果，中标人无正当理由不得放弃中标。第七十一条明确，采购人应当自中标通知书发出之日起30日内，按照招标文件和中标人投标文件的规定，与中标人签订书面合同。所签订的合同不得对招标文件确定的事项和中标人投标文件作实质性修改。采购人不得向中标人提出任何不合理的要求作为签订合同的条件。

请有关单位进行消防安全审核，应当在采购项目实施前进行，并将有关要求在招标文件书中明确。采购活动结束后再自行请人进行审核，并以此作为不签订合同的理由不合法。

三、采购人拒签合同依法应当受到处罚

《政府采购法》第七十一条规定，采购人、代理机构有下列情形之一的，责令限期改正，给予警告，可以并处罚款，对直接负责的主管人员和其他直接责任人员，由其行政主管部门或者有关机关给予处分，并予通报：（六）中标、成交通知书发出后不与中标、成交供应商签订采购合同的。

《政府采购法实施条例》第六十七条规定：采购人有下列情形之一的，由财政部门责令限期改正，给予警告，对直接负责的主管人员和其他责任人员依法给予处分，并予以通报：（四）未按照采购文件确定的事项签订政府采购合同。

因此，本案中，监管部门依法可责令采购人限期改正，给予警告、并处罚款、通报等处罚。

四、注意方式方法，依法妥善处理

本案中，财政部门虽然依法可以做出行政处罚，但行政处罚不是目的。考虑到采购人单位的特殊性、人事变动等实际情况，另外也考虑到继续实施该项目确实存在一些不安全因素、中标供应商愿意调解以及对政府采购的影响等，财政部门先通过函告的形式，宣传《政府采购法》，告知采购人的做法不符合法律法规的规定，应当受到处罚，要求依法妥善处理。函告内容如下：

第一，告知监管部门接到来信，反映你单位消防设施改造项目，中标通知书发出一年多至今，仍不与中标、成交供应商签订采购合同。经调查，情况属实。

第二，经向你单位、中标供应商、采购代理机构调查，并查阅采购项目档案，本次采购活动按照《政府采购法》程序操作，采购过程公证处现场公证，评标意见已经你单位用户代表和监管部门代表签字确认，未发现有违反《政府采购法》的行为。

第三，该项目中标通知书已发出一年，你单位至今未与中标人签订合同，违反了《政府采购法》第四十六条规定。

第四，中标通知书发出以后，你单位提出不能签订政府采购合同的理由如工程地点改变等，以及自行找第三方单位进行审核等做法，没有法律依据。

第五，根据《政府采购法》第七十一条相关规定，如不履行将会受到相关处罚。要求你单位按照《政府采购法》规定办理，维护政府采购当事人在政府采购活动中的合法权利，并履行应当承担的义务。

该案由财政、监察、审计3家联合发整改通知书，要求限期整改并报结果。采购人很快给专项检查办公室专题报告，经与供应商协商，双方达成一致意见，问题得到妥善解决。

（注：本案发表于《中国财经报》《中国政府采购报》，并被新浪财经转载）

法规链接：

《政府采购法》第四十六条　中标、成交通知书对采购人和中标、成交供应商均具有法律效力。中标、成交通知书发出后，采购人改变中标、成交结果的，或者中标、成交供应商放弃中标、成交项目的，应当依法承担法律责任。

《政府采购法实施条例》第四十四条 除国务院财政部门规定的情形外，采购人、采购代理机构不得以任何理由组织重新评审。采购人、采购代理机构按照国务院财政部门的规定组织重新评审的，应当书面报告本级人民政府财政部门。

采购人或者采购代理机构不得通过对样品进行检测、对供应商进行考察等方式改变评审结果。

《政府采购法》第七十一条 采购人、采购代理机构有下列情形之一的，责令限期改正，给予警告，可以并处罚款，对直接负责的主管人员和其他直接责任人员，由其行政主管部门或者有关机关给予处分，并予通报：

……

（五）中标、成交通知书发出后不与中标、成交供应商签订采购合同的……

《政府采购货物和服务招标投标管理办法》（财政部令第87号）第七十条 中标通知书发出后，采购人不得违法改变中标结果，中标人无正当理由不得放弃中标。

《政府采购货物和服务招标投标管理办法》（财政部令第87号）第七十一条 采购人应当自中标通知书发出之日起30日内，按照招标文件和中标人投标文件的规定，与中标人签订书面合同。所签订的合同不得对招标文件确定的事项和中标人投标文件作实质性修改。

采购人不得向中标人提出任何不合理的要求作为签订合同的条件。

案例二十一　考察中标供应商　采购人为何遭拒——不得通过考察改变中标结果

当采购人组织的考察组长途跋涉到达中标人厂区时，中标人以考察组未带介绍信、没有事先通知为由拒绝其入内。那么，在中标通知书发出之后，采购人是否有权组织相关人员对中标供应商进行考察？如果答案是否定的，那么采购人该如何在这一环节进行维权？

考察中标供应商　采购人为何遭拒

要点提示：
1. 中标通知书发出后，采购人无正当理由不得拒签合同。
2. 采购人不得通过对供应商考察等方式改变评审结果。
3. 财政部门依法进行监督检查，供应商应当配合。

案情概述：

某采购代理机构组织实施垃圾场管理所防渗膜公开招标。招标文件要求，必须是"压延"工艺生产的合格产品。经依法组建的评标委员会评审，推荐D制造厂为中标候选人。评审结束后，有供应商对中标结果质疑，认为中标候选人系虚假投标，实际上无法提供"压延"工艺生产的合格产品。但由于质疑供应商无法提供相关证据，遂又撤回质疑。

采购代理机构发出中标通知书后，采购人却书面通知中标人："经我方了解，你方提供的投标文件中的部分内容与招标文件的要求不符，因此，我方不与你方签订采购合同。"中标人遂向同级财政部门举报。

经财政部门协调并组织相关当事人进行沟通，中标人同意采购人组织评审专家现场考察中标产品是否具有"压延"工艺。但当采购人组织的考察组长途跋涉到达中标人厂区时，中标人又以考察组未带介绍信、没有事先通知为由拒绝入内，考察组无奈返回。

应采购人要求，财政部门又向中标人发出公函，告知将由财政部门带队组织考察组进行现场考察其工艺。中标人回复：因公司事务多，希望考察日期推迟；又以保护商业秘密为由，对现场考察人数、组织和方式等提出限制。

点评分析：

本案主要反映三个问题：（1）中标通知书发出后，采购人可否拒签合同？

（2）采购人可否通过对供应商考察等方式改变评审结果？（3）供应商设置种种条件不配合调查应如何处理？

一、缺乏证据，采购人拒签合同无法可依

《政府采购法》第四十六条明确规定，采购人应当中标、成交通知书发出之日起三十日内，按照采购文件确定的事项签订政府采购合同。中标成交通知书对采购人和中标、成交供应商均具有法律效力。第七十一条规定，中标通知书发出后，采购人不与中标、成交供应商签订采购合同依法应当受到处罚。

《政府采购货物和服务招标投标管理办法》（财政部令第87号）第七十条中标通知书发出后，采购人不得违法改变中标结果，中标人无正当理由不得放弃中标。第七十一条 采购人应当自中标通知书发出之日起30日内，按照招标文件和中标人投标文件的规定，与中标人签订书面合同。所签订的合同不得对招标文件确定的事项和中标人投标文件作实质性修改。采购人不得向中标人提出任何不合理的要求作为签订合同的条件。

中标通知书具有法律效力。中标通知书发出后，采购人应当在30日内签订合同；采购人不与中标供应商签订合同依法应当给予处罚。包括被责令限期改正，被予警告或被处罚款，直接负责的主管人员和其他直接责任人员有可能被其行政主管部门或者有关机关予以处分及通报。

综合上述条款规定，当采购人无正当理由，在中标通知书发出之后拒签合同，没有法律依据。

二、组织考察，采购人不得擅自决定

1. 采购人不得通过对供应商考察等方式改变评审结果。《政府采购法实施条例》第四十四条明确规定，除国务院财政部门规定的情形外，采购人、采购代理机构不得以任何理由组织重新评审。采购人、采购代理机构按照国务院财政部门的规定组织重新评审的，应当书面报告本级人民政府财政部门。采购人或者采购代理机构不得通过对样品进行检测、对供应商进行考察等方式改变评审结果。

《政府采购货物和服务招标投标管理办法》（财政部令第87号）第六十四条明确，评标结果汇总完成后，除下列情形外，任何人不得修改评标结果：

（一）分值汇总计算错误的；

（二）分项评分超出评分标准范围的；

（三）评标委员会成员对客观评审因素评分不一致的；

（四）经评标委员会认定评分畸高、畸低的。

评标报告签署前，经复核发现存在以上情形之一的，评标委员会应当当场修改评标结果，并在评标报告中记载；评标报告签署后，采购人或者采购代理机构发现存在以上情形之一的，应当组织原评标委员会进行重新评审，重新评审改变评标结果的，书面报告本级财政部门。

投标人对本条第一款情形提出质疑的，采购人或者采购代理机构可以组织原评标委员会进行重新评审，重新评审改变评标结果的，应当书面报告本级财政部门。

根据相关法律法规，采购活动结束后，采购人或者采购代理机构不得通过对供应商进行考察等方式改变评审结果。

2. 财政部门可依法进行监督检查

（1）是否需要监督检查应当由财政部门决定。《政府采购法》第六十五条明确规定，政府采购监督管理部门应当对政府采购项目的采购活动进行检查，政府采购当事人应当如实反映情况，提供有关材料。第七十条规定，任何单位和个人对政府采购活动中的违法行为有权控告和检举，有关部门应当依照各自的职责及时处理。因此，采购人如发现中标结果与招标文件要求不符，可以向财政部门举报、投诉。在采购人拒绝签订合同，中标人举报的情况下，是否需要进行监督检查只能由财政部门决定，采购人、代理机构及其他人员均无权作出决定。

（2）监督检查的主体应当是财政部门。《政府采购法》第十三条明确规定，各级人民政府财政部门是负责政府采购监督管理的部门，依法履行对政府采购活动的监督管理职责。财政部门作为政府采购法定监管部门，依法有调查权，采购人、其他人员均无权进行。

（3）监督检查是"执法"不是"考察"。监督检查应当由财政部门按照法定程序进行，如出具调查通知书、出示执法证件、组织执法人员进行调查，也可以请专业人员参与。对于持介绍信、自行组织的考察，由于缺乏法律依据，供应商可以拒绝。

三、财政部门监督检查，供应商应当配合

1. 对财政部门依法履行职责，供应商有义务配合，否则将承担法律责任，财政部门可依法进行处理。根据《政府采购法》第七十七条规定，供应商有下列情形之一的，处以采购金额千分之五以上千分之十以下的罚款，列入不良行为记录名单，在一至三年内禁止参加政府采购活动，有违法所得的，并处没收违法所得，情节严重的，由工商行政管理机关吊销营业执照；构成犯罪的，依法追究刑事责任：……（六）拒绝有关部门监督检查或者提供虚假情况的。

2. 供应商设置条件拒绝监管部门监督检查没有法律依据。《政府采购法》第六十五条规定，政府采购监督管理部门应当对政府采购项目的采购活动进行检查，政府采购当事人应当如实反映情况，提供有关材料。《政府采购法实施条例》第六十四条明确，各级人民政府财政部门对政府采购活动进行监督检查，有权查阅、复制有关文件、资料，相关单位和人员应当予以配合。财政部门是监管部门，监督检查是依法履行职责，政府采购各当事人应予以配合，不存在涉及商业秘密问题。拒绝调查应有合法的理由和依据。当然，财政部门对调查中获悉的商业秘密应当保密。

（注：本文发表于《中国财经报》《中国政府采购报》，并被人民网转载）

法规链接：

《政府采购法》第四十六条　采购人与中标、成交供应商应当在中标、成交通知书发出之日起三十日内，按照采购文件确定的事项签订政府采购合同。中标成交通知书对采购人和中标、成交供应商均具有法律效力。

《政府采购货物和服务招标投标管理办法》（财政部令第87号）第七十条　中标通知书发出后，采购人不得违法改变中标结果，中标人无正当理由不得放弃中标。第七十一条　采购人应当自中标通知书发出之日起30日内，按照招标文件和中标人投标文件的规定，与中标人签订书面合同。所签订的合同不得对招标文件确定的事项和中标人投标文件作实质性修改。采购人不得向中标人提出任何不合理的要求作为签订合同的条件。

《政府采购法》第七十一条规定，采购人、采购代理机构有下列情形之一的，责令限期改正，给予警告，可以并处罚款，对直接负责的主管人员和其他直接责任人员，由其行政主管部门或者有关机关给予处分，并予以通报：……（六）中标、成交通知书发出后不与中标、成交供应商签订采购合同的。

《政府采购法实施条例》第四十四条　除国务院财政部门规定的情形外，采购人、采购代理机构不得以任何理由组织重新评审。采购人、采购代理机构按照国务院财政部门的规定组织重新评审的，应当书面报告本级人民政府财政部门。

采购人或者采购代理机构不得通过对样品进行检测、对供应商进行考察等方式改变评审结果。

《政府采购货物和服务招标投标管理办法》（财政部令第87号）第六十四条　评标结果汇总完成后，除下列情形外，任何人不得修改评标结果：

（一）分值汇总计算错误的；

（二）分项评分超出评分标准范围的；

（三）评标委员会成员对客观评审因素评分不一致的；

（四）经评标委员会认定评分畸高、畸低的。

评标报告签署前，经复核发现存在以上情形之一的，评标委员会应当当场修改评标结果，并在评标报告中记载；评标报告签署后，采购人或者采购代理机构发现存在以上情形之一的，应当组织原评标委员会进行重新评审，重新评审改变评标结果的，书面报告本级财政部门。

《政府采购法》第十三条　各级人民政府财政部门是负责政府采购监督管理的部门，依法履行对政府采购活动的监督管理职责。

第六十五条　政府采购监督管理部门应当对政府采购项目的采购活动进行检查，政府采购当事人应当如实反映情况，提供有关材料。

第七十条　任何单位和个人对政府采购活动中的违法行为有权控告和检举，有关部门应当依照各自的职责及时处理。

《政府采购法实施条例》第六十四条　各级人民政府财政部门对政府采购活动进行监督检查，有权查阅、复制有关文件、资料，相关单位和人员应当予以配合。

《政府采购法》第七十七条　供应商有下列情形之一的，处以采购金额千分之五以上千分之十以下的罚款，列入不良行为记录名单，在一至三年内禁止参加政府采购活动，有违法所得的，并处没收违法所得，情节严重的，由工商行政管理机关吊销营业执照；构成犯罪的，依法追究刑事责任：

……

（六）拒绝有关部门监督检查或者提供虚假情况的。

第二十一章　供应商违法违规的案例解析

案例二十二　可惜！痛惜——提供虚假材料谋取中标

对一起家具采购投诉案的思考——

可惜！痛惜！

要点提示：

1. 供应商参加政府采购活动应当遵守"三公一诚"原则，不得采取不正当手段谋取中标或者成交。

2. 供应商提供虚假材料谋取中标依法将受到罚款、列入不良行为记录名单、一至三年禁止参加政府采购活动及没收违法所得等处罚。

案情概述：

某采购代理机构受采购人委托，对办公家具采购项目进行公开招标，采购金额为600多万元。A家具公司按要求提交了投标文件，并承诺提供的所有材料均真实有效。经依法组建的评标委员会评审，推荐A家具公司为中标候选人。

中标结果公布后，采购人、采购代理机构先后接到书面质疑和电话举报，反映中标供应商有提供虚假材料谋取中标的行为。

经调查，查明中标供应商确实提供虚假材料谋取中标。

一是伪造中国名牌产品证书。当事人在招标文件中，提供了由国家质监总局颁发的中国名牌产品证书。然而，经国家质监总局法规司查证，"办公家具产品未列入过中国名牌产品评价目录，其提供的编号为×××的中国名牌产品证书应为××省××市××××有限公司持有，产品为蚕丝被"。

二是冒用产品质量免检证书。当事人在招标文件中提供了国家质监总局颁发的产品质量免检证书。经国家质监总局产品质量监督司调查证明"1.××公司未获得过质检总局颁发的产品质量免检证书；2.××××年的免检证书有效期始于××××年××月；3. 编号为×××的产品质量免检证书应为××公司所持有"。

此外，在采购代理机构对收到的质疑和举报进行调查时，当事人仍继续作虚假陈述，并出具虚假说明："中国名牌产品证书及产品质量免检证书均是我公司出口产品的相关证书。"在有关部门查清事实，国家权威部门出具证明后，为规避法律处罚，当事人又提出："因工厂年底前生产任务较重，春节提前放假，工期安排和交货时间无法保证，为此，郑重申请放弃××办公家具的制作工程。"

当事人的行为违反了《政府采购法》第三条公平竞争、诚实信用的原则和第二十五条"供应商不得采取其他不正当手段谋取中标或者成交"的规定，因此，拟对当事人做出处以采购金额8‰的罚款，列入不良行为记录名单，两年内禁止参加政府采购活动的处罚。处罚依据为《政府采购法》第七十七条规定。

点评分析：

一、关于对行政处罚的考虑

对此案的处罚，监管部门非常慎重。严格依照《政府采购法》的规定，从维护政府采购市场公开、公平、公正和诚信的环境等方面综合考虑。为慎重把握，多次向上级主管部门请示。包括向财政部法律主管部门、政府采购主管部门请示；多次向政府采购法律专家请教；多次召集相关当事人开会研究，广泛听取相关当事人的意见；召开行政处罚听证会。在此基础上，做出了行政处罚决定。

二、关于对行政处罚的把握

根据《政府采购法》第七十七条第一款的规定，此案可以给予"处以采购金额5‰以上10‰以下的罚款，列入不良行为记录名单，在1年至3年内禁止参加政府采购活动……"的处罚。第一，此案事实清楚，证据确凿，法律依据充分，必须给予处罚；第二，作为政府采购监管部门，在接到投诉和举报后，应当按照法律进行调查处理；第三，本案中，当事人在调查期间仍出具伪证，没有可以从轻处罚的情节；第四，在法律许可的范围内，适当考虑当前经济形势对企业的影响，企业的态度以及当地经贸局、家具协会来函说明情况，提出整改措施，加强教育管理等方面的因素，在处罚把握上采用"取中"，如给予8‰的罚款和2年的禁入。

《政府采购法》第七十七条"一年至三年禁止参加政府采购活动"没有范围限制。当时考虑到处罚对企业产生的影响，在地域上作了一定的限制：在管辖范围内。《政府采购法实施条例》出台后，对重大违法记录的范围及运用作了明确。

处理这个案子，有两点感受：可惜、痛惜！当时，企业的同志找作者交流，作者说了两句话：第一句是"不可思议"。一家很正规的企业，犯这么低级的错误，不可思议，实在可惜！这是一家在业内享有盛誉的企业，由于这个错误受到了法律的处罚。企业自己也说，这次错误犯大了。第二句话是"太岁头上动土"。本案的采购人是司法机关，通过调查手段取得了国家权威部门的证明，证据确凿。即使不是司法机关，也不应这样做。在这个案子中，没有赢家，结果令人痛惜。尤其是企业，一个家具企业发展到今天，取得一定的成绩，得到社会的认可不容易，却由于一念之差，受到处罚，太不值得。

供应商参加政府采购活动应当诚实信用。不能有侥幸心理，不要耍小聪明，因小失大，太不值得。

依法采购。政府采购各方当事人，在采购活动中都要按照《政府采购法》规范自己的行为，共同营造公开公平公正的政府采购环境。

公平竞争。政府采购的结果是通过公平竞争产生的。供应商在竞争中，应当以优质的产品、优良的服务取胜。弄虚作假迟早要受到法律的惩罚。

犯了错误要勇于承认，积极改正。人非圣贤，孰能无过？要允许别人犯错误，也要允许别人改正错误。承认错误就有改正的机会。

作为政府采购监管部门，非常不愿意看到供应商违法，处罚供应商也是政府采购监管部门很不愿意做的事。但是，法律赋予了监管部门相应的职责，如果不处罚，就是行政不作为，就无法维护公平公正的政府采购环境，对其他当事人也不公平。

为了依法、妥善处理该投诉，既要严格依法执行，也要实事求是，从方方面面综合考虑，尽可能将对各方面的负面影响降到最低。据跟踪了解，这家企业的态度是积极的，并用实际行动改正错误。

法规链接：

《政府采购法》第三条　政府采购应当遵循公开透明原则、公平竞争原则、公正原则和诚实信用原则。

第二十二条　供应商参加政府采购活动应当具备下列条件：

（一）具有独立承担民事责任的能力；

（二）具有良好的商业信誉和健全的财务会计制度；

（三）具有履行合同所必需的设备和专业技术能力；

（四）有依法缴纳税收和社会保障资金的良好记录；

（五）参加政府采购活动前三年内，在经营活动中没有重大违法记录；

（六）法律、行政法规规定的其他条件。

《政府采购法实施条例》第十七条　参加政府采购活动的供应商应当具备政府采购法第二十二条第一款规定的条件，提供下列材料：

（一）法人或者其他组织的营业执照等证明文件，自然人的身份证明；

（二）财务状况报告，依法缴纳税收和社会保障资金的相关材料；

（三）具备履行合同所必需的设备和专业技术能力的证明材料；

（四）参加政府采购活动前3年内在经营活动中没有重大违法记录的书面声明；

（五）具备法律、行政法规规定的其他条件的证明材料。

采购项目有特殊要求的，供应商还应当提供其符合特殊要求的证明材料或者情况说明。

第十九条　政府采购法第二十二条第一款第五项所称重大违法记录，是指供应商因违法经营受到刑事处罚或者责令停产停业、吊销许可证或者执照、较大数额罚款等行政处罚。

供应商在参加政府采购活动前3年内因违法经营被禁止在一定期限内参加政府采购活动，期限届满的，可以参加政府采购活动。

《政府采购法》第二十五条　供应商不得以向采购人、采购代理机构、评标委员会的组成人员、竞争性谈判小组的组成人员、询价小组的组成人员行贿或者采取其他不正当手段谋取中标或者成交。

第七十七条　供应商有下列情形之一的，处以采购金额千分之五以上千分之十以下的罚款，列入不良行为记录名单，在一至三年内禁止参加政府采购活动，有违法所得的，并处没收违法所得，情节严重的，由工商行政管理机关吊销营业执照；构成犯罪的，依法追究刑事责任：

（一）提供虚假材料谋取中标、成交的；

（二）采取不正当手段诋毁、排挤其他供应商的；

（三）与采购人、其他供应商或者采购代理机构恶意串通的；

（四）向采购人、采购代理机构行贿或者提供其他不正当利益的；

（五）在招标采购过程中与采购人进行协商谈判的；

（六）拒绝有关部门监督检查或者提供虚假情况的。

供应商有前款第（一）至（五）项情形之一的，中标、成交无效。

《政府采购货物和服务招标投标管理办法》（财政部令第87号）第三十六条　投标人应当遵循公平竞争的原则，不得恶意串通，不得妨碍其他投标人的竞争行为，不得损害采购人或者其他投标人的合法权益。

案例二十三　真假合同——调查取证，暂停采购活动、终止投诉程序、依法处理

18万元的业绩合同竟然摇身一变变成180万元；

同一供应商提交了两份质疑书；

代理机构对合同真实性的认定反成供应商之矛；

投诉人撤回投诉后财政部门继续查处违法行为；

法官释法后原本理直气壮的原告打起了退堂鼓。

真假合同

要点提示：

1. 供应商提供虚假材料谋取中标、成交的，财政部门应当依法进行处罚，中标、成交无效。

2. 财政部门在处理投诉事项期间，可视情暂停采购活动，但暂停时间最长不得超过三十日。

3. 投诉人撤回投诉的，依法可终止投诉处理。

4. 财政部门是负责政府采购监督管理的部门，依法履行对政府采购活动的监督管理职责。

案情概述：

某采购代理机构组织对厨房设备进行公开招标。经依法组建的评标委员会评审，推荐S公司为中标候选人。评标结果公布后，F公司对评审结果两次提出质疑，其中一份包括中标供应商在投标文件中提供虚假业绩证明材料的内容。代理机构调查后就相关内容作了答复，但未涉及中标候选人提供虚假业绩证明材料的情况。F公司对质疑答复不满意，向财政部门提起投诉。

投诉人认为，中标供应商S公司提供的合同系虚假合同，损害了投诉人等投标人的合法权益，要求取消S公司中标候选人资格，宣布中标结果无效，并依法作出处罚。

财政部门受理投诉后，分别向采购代理机构、中标候选人及相关当事人进行调查取证。代理机构书面说明称：投诉人质疑时并未提出中标候选人提供虚假业绩证明材料的问题，同时经过专门调查，中标供应商S公司投标文件中提供的合同是真实的，已签订合同且正在履约。中标候选人S公司亦出具了书面保证，证明其提供的合同是真实的。

但经财政部门进一步调查发现：采购人证实，其为中标供应商提供的业绩证明180万元的合同，系应中标供应商要求而签订；从该业绩项目所在地采购代理机构调取的合同原件表明，S公司与某教育基地的采购金额实际只有18万元。至此，S公司为谋取中标与其他当事人合谋签订虚假业绩合同的真相得以还原。因此，财政部门决定暂停采购活动，并拟依法作出处理。

但是，投诉人却书面提出撤回了投诉。采购人也提出，如果该项目重新组织采购活动，时间上将无法满足学校开学后人员就餐需要。考虑到项目的特殊情况，财政部门决定终止投诉处理，并继续对S公司的违法行为进行调查处理。

经调查，财政部门依法作出处罚决定：S公司在投标文件中提供的合同，系当事人为提高经营业绩，在没有买卖关系的情况下签订的虚假合同，其行为违反了《政府采购法》第三条和第二十五条规定，扰乱了政府采购市场秩序，造成了不良影响。根据《政府采购法》第七十七条第一款的规定，决定将S公司列入不良行为记录名单，两年内禁止参加政府采购活动。

S公司不服，向法院提起行政诉讼。并坚称：其提供的业绩合同是真实有效的，代理机构已予确认，财政部门认定其虚假并作出处罚决定没有法律依据；财政部门在投诉人撤回投诉的情况下，仍然对其实施处罚存在程序违法，请求法院撤销处罚。后经办案法官向S公司法律释明，S公司在审理过程中提出自愿撤回起诉申请，法院裁定予以准予，该案最终结束。

点评分析：

从本案当事人提出质疑到法院作出裁定，整整1年时间，经历了供应商质疑、供应商投诉、财政部门终止投诉处理、作出处罚决定、法院诉讼等环节，耗费大量精力。虽最终得到依法妥善处理，但其中反映的一些问题却值得我们进一步思考和借鉴：供应商业绩合同真假的认定标准应如何把握？对质疑的回复可否有选择地进行？投诉人撤回投诉后财政部门能否继续对违法行为进行调查处理？作出行政处罚决定时应如何准确适用法律？

一、真假合同的认定标准

本案中，S公司为提高经营业绩，与他人合谋签订虚假合同。在其他供应商提出质疑后，代理机构因处理时间及调查权限有限，在向S公司及虚假合同的相对方进行初步了解后，就根据虚假合同双方当事人的说明，认定该合同真实有效且履约验收完毕。该结论在后续的行政诉讼中，也成为支持S公司主张对抗财政部门投诉处理决定的直接依据。财政部门在收到投诉后，没有简单地听取S公司、虚假合同相对人甚至代理机构的意见，而是深入合同所涉项目的实地进行察看,并调取了项目实施情况的原始资料,在此基础上向有关当事人进一步调查,最终使得虚假合同无处遁形。在充分调查的基础上,财政部门认定S公司提供了虚假材料谋取成交,并依法作出处罚。

采购代理机构和财政部门对合同真假认定的结论截然相反,反映了政府采购实践中的一个突出问题:对一些存疑的问题,往往对深入调查存在畏难情绪,疏于全面收集证据,习惯于程序性地要个材料、问个情况,在调查不充分的情况下可能导致错误的事实认定。代理机构在调查取证权限方面受到客观限制,难以作深入调查。但在结论上,应当稳妥慎重,不宜作绝对化的认定,如可以表述为"未发现"虚假的情况,可避免给后续工作造成被动。

二、供应商质疑内容的把握

本案中,采购代理机构在答复供应商质疑时,选择性地答复了一些问题,但对于供应商前一份质疑中提到的虚假合同问题避而不谈,反而在向财政部门出具的说明中称:投诉人在质疑阶段并未提出该问题。这涉及到一个问题:供应商提出多份质疑的,应如何确定其质疑的内容?

《政府采购法》第五十二条规定:供应商认为自己的权益受到损害的,可以在知道或者应知其权益受到损害之日起七个工作日内,以书面形式向采购人提出质疑。据此,供应商提出质疑有三个条件:一是属于参加政府采购活动的供应商;二是在知道权益受损之日起七个工作日内提出;三是以书面形式提出质疑。其他方面如提出质疑的次数、质疑文件的具体名称等,法律并未作出限制性规定,同样作为政府采购当事人的采购人或者采购代理机构,与供应商在法律上属于平等的当事人,在无其他进一步规定的情况下,自然无权突破法律的规定对供应商质疑的权限作出限制。也就是说,如果供应商在法定质疑期限内提出多份书面质疑,均符合法律规定,涉及不同内容的,采购人或者代理机构均应依法作出答复。当然,实践中如果供应商之后提供的质疑书明确表示撤销之前提供的质疑书全部或分部内容或者以之后提前的质疑为准,法律亦应尊重其意愿,采购人或代理机构在答复时应加以区别。供应商如果之后提交的质疑超过法定期限,采购人或者代理机构应以不符合法律规定为由不予受理,对符合法律规定的质疑作出答复。

三、终止投诉后对违法行为的处理

投诉处理实践中,供应商提起投诉后,由于种种原因会申请撤回投诉,这是法律法规赋予供应商的权利,应当予以尊重。根据《政府采购质疑和投诉办法》(财政部令第94号)第三十条的规定,财政部门受理投诉后,投诉人书面申请撤回投诉的,财政部门应当终止投诉处理程序,并书面告知相关当事人。

本案中，投诉人在投诉处理期间，书面申请撤回投诉，财政部门依法作出终止投诉处理的决定并不无妥。问题在于，财政部门在前期投诉处理过程中，已发现 S 公司存在提供虚假材料谋取中标的违法行为，对该违法行为的调查处理是否因终止投诉处理决定而随之停止呢？

从法律制度的本意层面，投诉处理程序与供应商违法行为调查处理是两个独立的程序。两者的价值取向不同：投诉处理程序意在维护供应商的合法权益；违法行为调查处理意在维护政府采购法律的正确执行，纠正违法行为。两者的启动原因不同：投诉处理程序只有供应商认为自身权益受到损害且经合法质疑程序，向财政部门提出投诉后才能启动，财政部门不能自行启动投诉处理程序。而违法行为调查处理则不同，其启动来源可能是采购人、代理机构的情况反映，可能是其他供应商甚至其他单位或个人的举报，也可能是财政部门在监督检查中发现，财政部门不需要其他外力申请就可自行启动违法行为调查处理。尽管在实践中，由于供应商权益受到损害往往伴随着其他采购当事人的违法行为，因此在投诉处理程序中常常涉及到违法行为的处理，对两个问题的合并处理体现了行政效率原则，但二者的相互独立性并不因此丧失或混同。

本案中，投诉人申请撤回投诉，经财政部门审查，决定依法终止投诉处理，终结的仅仅是投诉处理程序。但财政部门在工作发现了供应商的违法行为，依职权可以进行调查处理，并对其作出处罚，是行使政府采购监督管理权、严格执行政府采购法律、维护政府采购市场秩序的需要。

四、法律的准确适用

《政府采购法》第七十七条明确规定，供应商提供虚假材料谋取中标、成交的，应处以采购金额千分之五以上千分之十以下的罚款，列入不良行为记录名单，在一至三年内禁止参加政府采购活动，有违法所得的，并处没收违法所得，情节严重的，由工商行政管理机关吊销营业执照；构成犯罪的，依法追究刑事责任。

经财政部门依法全面调查，本案中标候选人 S 公司提供虚假材料谋取中标的事实清楚、证据确凿，法律依据充分，应当依照上述法律规定作出处罚：列入不良行为记录名单，两年内禁止参加政府采购活动。问题在于，该处罚后果仅涉及行政相对人参加政府采购活动资格，而未涉及经济处罚方面的后果。严格地对照法律规定，是不够严谨和规范的。该案进入行政诉讼程序后，案件审理法官在向 S 公司进行释明法律时也强调：如果 S 公司坚持要起诉，那么法院将依据法律规定以财政部门适用法律不当为由，撤销原处罚决定并要求财政部门重新作出处罚决定，S 公司除了面临禁止参加政府采购活动外，而将承担处以采购金额千分之五以上千分之十以下的罚款并处没收违法所得的经济惩罚后果。尽管法官释法令S公司知晓利害后自动撤诉，客观上使得案件得以妥善解决，但同时也说明财政部门在执法过程中，存在法律适用不够严谨规范的问题。如果本案原告坚持不撤诉，法院审理后极有可能判决撤销原处罚决定，要求财政部门重新作出处罚。因此，法律规定某种行为既要予以行为罚（禁止参加政府采购活动）又经给予经济罚（罚款、没收违法所得）时，财政部门应当严格执行法律规定，不得随意取舍，否则就是裁量权的滥用，有可能引发不必要的法律后果。

法规链接：

《政府采购法》第五十二条　供应商认为采购文件、采购过程和中标、成交结果使自己的权益受到损害的，可以在知道或者应知其权益受到损害之日起七个工作日内，以书面形式向采购人提出质疑。

《政府采购法实施条例》第五十三条　政府采购法第五十二条规定的供应商应知其权益受到损害之日，是指：

（一）对可以质疑的采购文件提出质疑的，为收到采购文件之日或者采购文件公告期限届满之日；

（二）对采购过程提出质疑的，为各采购程序环节结束之日；

（三）对中标或者成交结果提出质疑的，为中标或者成交结果公告期限届满之日。

《政府采购法实施条例》第五十七条　财政部门受理投诉后，投诉人书面申请撤回投诉的，财政部门应当终止投诉处理程序。

《政府采购质疑和投诉办法》（财政部令第94号）第三十条　财政部门受理投诉后，投诉人书面申请撤回投诉的，财政部门应当终止投诉处理程序，并书面告知相关当事人。

《政府采购质疑和投诉办法》（财政部令第94号）第二十九条　投诉处理过程中，有下列情形之一的，财政部门应当驳回投诉：

（一）受理后发现投诉不符合法定受理条件；

（二）投诉事项缺乏事实依据，投诉事项不成立；

（三）投诉人捏造事实或者提供虚假材料；

（四）投诉人以非法手段取得证明材料。证据来源的合法性存在明显疑问，投诉人无法证明其取得方式合法的，视为以非法手段取得证明材料。

《政府采购法》第五十七条　政府采购监督管理部门在处理投诉事项期间，可以视具体情况书面通知采购人暂停采购活动，但暂停时间最长不得超过三十日。

《政府采购质疑和投诉办法》（财政部令第 94 号）第二十八条　财政部门在处理投诉事项期间，可以视具体情况书面通知采购人和采购代理机构暂停采购活动，暂停采购活动时间最长不得超过 30 日。

采购人和采购代理机构收到暂停采购活动通知后应当立即中止采购活动，在法定的暂停期限结束前或者财政部门发出恢复采购活动通知前，不得进行该项采购活动。

《政府采购法》第十三条　各级人民政府财政部门是负责政府采购监督管理的部门，依法履行对政府采购活动的监督管理职责。

《政府采购法实施条例》第六十四条　各级人民政府财政部门对政府采购活动进行监督检查，有权查阅、复制有关文件、资料，相关单位和人员应当予以配合。

《政府采购法》第七十七条　供应商有下列情形之一的，处以采购金额千分之五以上千分之十以下的罚款，列入不良行为记录名单，在一至三年内禁止参加政府采购活动，有违法所得的，并处没收违法所得，情节严重的，由工商行政管理机关吊销营业执照；构成犯罪的，依法追究刑事责任：

（一）提供虚假材料谋取中标、成交的；

（二）采取不正当手段诋毁、排挤其他供应商的；

（三）与采购人、其他供应商或者采购代理机构恶意串通的；

（四）向采购人、采购代理机构行贿或者提供其他不正当利益的；

（五）在招标采购过程中与采购人进行协商谈判的；

（六）拒绝有关部门监督检查或者提供虚假情况的。

供应商有前款第（一）至（五）项情形之一的，中标、成交无效。

案例二十四 罚还是不罚——供应商提供虚假材料处理

供应商提供的虚假材料并不影响评标结果时——

罚还是不罚

要点提示：

供应商提供虚假材料谋取中标依法应当处罚，中标、成交结果无效。

案情概述：

某采购代理机构组织的招标采购活动刚结束，就接到举报，反映中标供应商F公司提供的证明文件不实，属于提供虚假材料谋取中标。经财政部门组织调查，发现F公司确实存在提供虚假材料的行为。但富有戏剧性的是，评标委员会认为，F公司提供的这份虚假证明文件并不影响评标结果。

原来，在此次招标采购活动中，F公司一共提供了10份证明材料，其中有9份均真实有效，只有一份证明文件是假的。评标委员会研究认为，F公司提供的这份虚假证明并不影响评标结果，即在此次招标采购活动中，如果F公司不提供这份虚假证明文件，根据评标委员会现场评分情况，也能够中标。

点评分析：

本案的争议焦点在于，当供应商提供的虚假材料不影响评标结果时，是否应当处理？又该如何处理？

我们的处理思路是，重点是看问题的性质。即主要看供应商行为是否违法，而不是数量多少、对评标结果有无影响、影响有多大。本案中，供应商提供虚假材料的行为违反了《政府采购法》相关规定，性质是违法的，目的是为了谋取中标、成交。因此，不仅应当认定中标结果无效，还要根据具体情况依法进行处罚。

而针对该类行为，《政府采购法》第七十七条有明确规定："供应商有下列情形的，处以采购金额千分之五以上千分之十以下的罚款，列入不良行为记录名单，在一至三年内禁止参加政府采购活动，有违法所得的，并处没收违法所得，情节严重的，由工商行政管理机关吊销营业执照；构成犯罪的，依法追究刑事责任。"第（一）项就是："提供虚假材料谋取中标、成交的。"第七十七条还规定："供应商有前款第（一）至（五）项情形之一的，中标、成交结果无效。"

本案中，虽然 F 公司提供的 10 份材料中只有 1 份证明文件是虚假的，且评标委员会认为并不影响评标结果，但其提供虚假材料的目的是为了谋取中标、成交，已经构成了提供虚假材料谋取中标、成交的事实，其性质是违法的。因此，根据《政府采购法》第七十七条规定，财政部门应认定中标结果无效，并根据具体情况，依法进行处罚。

法规链接：

《政府采购法》第七十七条　供应商有下列情形的，处以采购金额千分之五以上千分之十以下的罚款，列入不良行为记录名单，在一至三年内禁止参加政府采购活动，有违法所得的，并处没收违法所得，情节严重的，由工商行政管理机关吊销营业执照；构成犯罪的，依法追究刑事责任。（一）提供虚假材料谋取中标、成交的……

供应商有前款第（一）至（五）项情形之一的，中标、成交结果无效。

案例二十五 "莫须有"的中标产品——确定采购需求、公平竞争、依法评审

投标人提供虚假材料在先,评审委员会失职在后。

"莫须有"的中标产品

要点提示：

1. 采购人负责确定采购需求。采购需求应当合规、完整、明确。
2. 投标人应当公平竞争，不得提供虚假材料谋取中标。
3. 评标委员会应当依法履行职责，按照招标文件要求进行评审。

案情概述：

某采购代理机构组织生物制品采购项目招标。经依法组建的评标委员会评审，推荐 R 公司为中标候选人。

B 公司就采购结果提出质疑，认为目前市场上根本不存在中标人 R 公司的投标产品，且技术规格不符合招标文件的要求。

针对质疑，代理机构组织评标委员会进行复审，评标委员会认为，B 公司反映的情况属实。在复审时还发现，另 3 家投标人的投标文件也不符合招标文件的要求，只有 1 份投标文件符合招标文件的要求，所以，建议采购人在进一步明确采购需求后重新招标。

根据《政府采购法》第三十六条之规定，符合专业条件的供应商或者对招标文件作实质响应的供应商不足三家的，应予废标。根据评标委员会的复审结果，应认定上述项目的中标结果无效，并重新组织招标。

点评分析：

本案涉及以下几个问题：

一、采购人负责提出采购需求

根据《政府采购法实施条例》《政府采购货物和服务招标投标管理办法》（财政部令第 87 号）等相关规定，采购人负责提出采购需求，采购需求应当科学合理，合规、完整、明确，采购人应当对采购标的的市场技术或者服务水平、供应、价格等情况进行市场调查，根据调查情况、资产配置标准等科学、合理地确定采购需求，进行价格测算。

二、供应商参加政府采购活动应当公平竞争

投标人应当遵循公平竞争的原则，不得采取不正当手段谋取中标或者成交，

提供虚假材料谋取中标依法应当受到处罚。

三、评标委员会应当依法履行职责

发现采购文件内容违反国家有关强制性规定或者采购文件存在歧义、重大缺陷导致评审工作无法进行时，应当停止评审并向采购人或者采购代理机构书面说明情况。发现供应商有提供虚假材料等违法行为应当及时向财政部门报告，严重失职应当承担法律责任。

本案中，评标委员会由专家和采购人组成，采购人应当通过市场调查，科学合理地确定采购需求；评标委员会应当依法履行职责，应当知道市场上是否有该类产品。由于采购人、评审专家的不负责任，结果竟然让"莫须有"的产品中标，调查结果表明，采购人、评标委员会严重失职，导致中标结果无效，应当承担法律责任。

法规链接：

《政府采购法实施条例》第十一条 采购人在政府采购活动中应当维护国家利益和社会公共利益，公正廉洁，诚实守信，执行政府采购政策，建立政府采购内部管理制度，厉行节约，科学合理确定采购需求。

第十五条 采购需求应当符合法律法规以及政府采购政策规定的技术、服务、安全等要求。

《政府采购货物和服务招标投标管理办法》（财政部令第87号）第十条 采购人应当对采购标的的市场技术或者服务水平、供应、价格等情况进行市场调查，根据调查情况、资产配置标准等科学、合理地确定采购需求，进行价格测算。

《财政部关于进一步加强政府采购需求和履约验收管理的指导意见》（财库〔2016〕205号）规定，采购人负责组织确定本单位采购项目的采购需求。采购人委托采购代理机构编制采购需求的，应当在采购活动开始前对采购需求进行书面确认。采购需求应当符合国家法律法规规定，执行国家相关标准、行业标准、地方标准等标准规范，落实政府采购支持节能环保、促进中小企业发展等政策要求。除因技术复杂或者性质特殊，不能确定详细规格或者具体要求外，采购需求应当完整、明确。必要时，应当就确定采购需求征求相关供应商、专家的意见。采购需求应当包括采购对象需实现的功能或者目标，满足项目需要的所有技术、服务、安全等要求，采购对象的数量、交付或实施的时间和地点，采购对象的验收标准等内容。采购需求描述应当清楚明了、规范表述、含义准确，能够通过客观指标量化的应当量化。

《政府采购法》规定政府采购应当遵循公开透明原则、公平竞争原则和诚实信用原则。

第二十五条　供应商不得以向采购人、采购代理机构、评标委员会的组成人员、竞争性谈判小组的组成人员、询价小组的组成人员行贿或者采取其他不正当手段谋取中标或者成交。

《政府采购货物和服务招标投标管理办法》（财政部令第87号）第三十六条　投标人应当遵循公平竞争的原则，不得恶意串通，不得妨碍其他投标人的竞争行为，不得损害采购人或者其他投标人的合法权益。

《政府采购法》第三十六条　在招标采购中，出现下列情形之一的，应予废标：（一）符合专业条件的供应商或者对招标文件作实质响应的供应商不足三家的……

第七十七条　供应商有下列情形之一的，处以采购金额千分之五以上千分之十以下的罚款，列入不良行为记录名单，在一至三年内禁止参加政府采购活动，有违法所得的，并处没收违法所得，情节严重的，由工商行政管理机关吊销营业执照；构成犯罪的，依法追究刑事责任：

（一）提供虚假材料谋取中标、成交的；

……

供应商有前款第（一）至（五）项情形之一的，中标、成交无效。

《政府采购法实施条例》第四十一条　评标委员会、竞争性谈判小组或者询价小组成员应当按照客观、公正、审慎的原则，根据采购文件规定的评审程序、评审方法和评审标准进行独立评审。采购文件内容违反国家有关强制性规定的，评标委员会、竞争性谈判小组或者询价小组应当停止评审并向采购人或者采购代理机构说明情况。

第六十五条　评标委员会发现招标文件存在歧义、重大缺陷导致评标工作无法进行，或者招标文件内容违反国家有关强制性规定的，应当停止评标工作，与采购人或者采购代理机构沟通并作书面记录。采购人或者采购代理机构确认后，应当修改招标文件，重新组织采购活动。

《政府采购货物和服务招标投标管理办法》（财政部令第87号）第四十六条　评标委员会负责具体评标事务，并独立履行下列职责：

（一）审查、评价投标文件是否符合招标文件的商务、技术等实质性要求；

（二）要求投标人对投标文件有关事项作出澄清或者说明；

（三）对投标文件进行比较和评价；

……

第五十条　评标委员会应当对符合资格的投标人的投标文件进行符合性审查，以确定其是否满足招标文件的实质性要求。

第五十二条　评标委员会应当按照招标文件中规定的评标方法和标准，对符合性审查合格的投标文件进行商务和技术评估，综合比较与评价。

第六十五条　评标委员会发现招标文件存在歧义、重大缺陷导致评标工作无法进行，或者招标文件内容违反国家有关强制性规定的，应当停止评标工作，与采购人或者采购代理机构沟通并作书面记录。采购人或者采购代理机构确认后，应当修改招标文件，重新组织采购活动。

《政府采购评审专家管理办法》（财库〔2016〕198号）第十八条　评审专家发现供应商具有行贿、提供虚假材料或者串通等违法行为的，应当及时向财政部门报告。

案例二十六 "告"出一个中标来——重新确定中标人、重新开展采购活动

第一中标候选人因质疑投诉被取消资格后,可否直接确定第二中标候选人中标?

"告"出一个中标来!

要点提示:

第一中标候选人因故被取消中标资格后,采购人可从其他中标人或者中标候选人中重新确定,或者重新进行招标。

案情概述:

某采购代理机构组织对办公家具采购项目进行公开招标。经依法组建的评标委员会评标,F公司被推荐为第一中标候选人。中标结果一经公告,第二中标候选人S公司便提出质疑,认为F公司提供的相关证书是假的,系提供虚假材料谋取中标。要求取消F公司第一中标候选人资格,依据《政府采购法》第七十七条第一款对F公司进行处罚。同时要求依顺序应由S公司中标。因对质疑答复不满,向财政部门投诉。

点评分析:

本案反映了一个实践中经常遇到的问题,第一中标候选人因质疑或投诉被取消中标资格后,可否直接确定第二中标候选人中标?

一、第一中标候选人因故被取消中标资格后,可由采购人根据情况确定

根据《政府采购法实施条例》第四十九条规定,中标或者成交供应商拒绝与采购人签订合同的,采购人可以按照评审报告推荐的中标或者成交候选人名单排序,确定下一候选人为中标或者成交供应商,也可以重新开展政府采购活动。采购人也可以在招标文件中约定。

二、根据评标委员会确定的中标候选供应商排序

根据《政府采购货物和服务招标投标管理办法》(财政部令第87号)第四十六条规定,评标委员会负责具体评标事务,并独立履行下列职责:

(一)审查、评价投标文件是否符合招标文件的商务、技术等实质性要求;

(二)要求投标人对投标文件有关事项作出澄清或者说明;

(三)对投标文件进行比较和评价;

（四）确定中标候选人名单，以及根据采购人委托直接确定中标人；

……

三、对采购文件投诉的处理

根据《政府采购质疑和投诉办法》（财政部令第94号）第三十一条规定，投诉人对采购文件提起的投诉事项，财政部门经查证属实的，应当认定投诉事项成立。经认定成立的投诉事项不影响采购结果的，继续开展采购活动；影响或者可能影响采购结果的，财政部门按照下列情况处理：

（一）未确定中标或者成交供应商的，责令重新开展采购活动。

（二）已确定中标或者成交供应商但尚未签订政府采购合同的，认定中标或者成交结果无效，责令重新开展采购活动。

（三）政府采购合同已经签订但尚未履行的，撤销合同，责令重新开展采购活动。

（四）政府采购合同已经履行，给他人造成损失的，相关当事人可依法提起诉讼，由责任人承担赔偿责任。

四、对采购过程或者采购结果投诉的处理

根据《政府采购质疑和投诉办法》（财政部令第94号）第三十二条　投诉人对采购过程或者采购结果提起的投诉事项，财政部门经查证属实的，应当认定投诉事项成立。经认定成立的投诉事项不影响采购结果的，继续开展采购活动；影响或者可能影响采购结果的，财政部门按照下列情况处理：

（一）未确定中标或者成交供应商的，责令重新开展采购活动。

（二）已确定中标或者成交供应商但尚未签订政府采购合同的，认定中标或者成交结果无效。合格供应商符合法定数量时，可以从合格的中标或者成交候选人中另行确定中标或者成交供应商的，应当要求采购人依法另行确定中标、成交供应商；否则责令重新开展采购活动。

（三）政府采购合同已经签订但尚未履行的，撤销合同。合格供应商符合法定数量时，可以从合格的中标或者成交候选人中另行确定中标或者成交供应商的，应当要求采购人依法另行确定中标、成交供应商；否则责令重新开展采购活动。

（四）政府采购合同已经履行，给他人造成损失的，相关当事人可依法提起诉讼，由责任人承担赔偿责任。

投诉人对废标行为提起的投诉事项成立的，财政部门应当认定废标行为无效。

五、中标供应商有违法行为，影响中标、成交结果或者可能影响中标、成交结果的，可根据不同情况依法处理

《政府采购法》第七十三条　（一）未确定中标或者成交供应商的，终止本次政府采购活动，重新开展政府采购活动。（二）中标、成交供应商已经确定但采购合同尚未履行的，撤销合同，从合格的中标、成交候选人中另行确定中标、成交供应商。（三）政府采购合同已签订但尚未履行的，撤销合同，从合格的中标或者成交候选人中另行确定中标或者成交供应商；没有合格的中标或者成交候选人的，重新开展政府采购活动。（四）政府采购合同已经履行，给采购人、供应商造成损失的，由责任人承担赔偿责任。

《政府采购法实施条例》第七十一条　有政府采购法第七十一条、第七十二条规定的违法行为之一，影响或者可能影响中标、成交结果的，依照下列规定处理：（一）未确定中标或者成交供应商的，终止本次政府采购活动，重新开展政府采购活动。（二）已确定中标或者成交供应商但尚未签订政府采购合同的，中标或者成交结果无效，从合格的中标或者成交候选人中另行确定中标或者成交供应商；没有合格的中标或者成交候选人的，重新开展政府采购活动。（三）政府采购合同已签订但尚未履行的，撤销合同，从合格的中标或者成交候选人中另行确定中标或者成交供应商；没有合格的中标或者成交候选人的，重新开展政府采购活动。（四）政府采购合同已经履行，给采购人、供应商造成损失的，由责任人承担赔偿责任。

政府采购当事人有其他违反政府采购法或者本条例规定的行为，经改正后仍然影响或者可能影响中标、成交结果或者依法被认定为中标、成交无效的，依照前款规定处理。

根据上述法律法规，在第一中标候选人因故不能履约的情况下，采购人可根据评审专家的推荐，按顺序从其他中标人或者中标候选人中重新确定，或者重新进行招标，有利于提高采购活动效率。但在政府采购实践中，有相当一部分的质疑、投诉都是由第二、第三中标候选人提起，投诉对象大多为第一中标候选人。其中不排除由于第一中标候选人被取消资格后，第二、第三中标候选人有资格递补之原因。因此，有些招标文件事先对此作了明确约定，只推荐一名中标候选人。

本案中，经财政部门查实，F公司提供的相关证书确系伪造。经财政部门查阅招标文件，招标文件明确只推荐1名中标候选人。根据《政府采购法》第七十七条规定，决定F公司中标结果无效，重新开展采购活动。对F公司违反《政府采购法》的行为，将依法另行作出处罚。

法规链接:

《政府采购法实施条例》第四十九条 中标或者成交供应商拒绝与采购人签订合同的,采购人可以按照评审报告推荐的中标或者成交候选人名单排序,确定下一候选人为中标或者成交供应商,也可以重新开展政府采购活动。采购人也可以在招标文件中约定。

《政府采购货物和服务招标投标管理办法》(财政部令第87号)第四十六条 评标委员会负责具体评标事务,并独立履行下列职责:

(一)审查、评价投标文件是否符合招标文件的商务、技术等实质性要求;

(二)要求投标人对投标文件有关事项作出澄清或者说明;

(三)对投标文件进行比较和评价;

(四)确定中标候选人名单,以及根据采购人委托直接确定中标人;

……

第五十条 评标委员会应当对符合资格的投标人的投标文件进行符合性审查,以确定其是否满足招标文件的实质性要求。

第五十二条 评标委员会应当按照招标文件中规定的评标方法和标准,对符合性审查合格的投标文件进行商务和技术评估,综合比较与评价。

第五十八条 评标委员会根据全体评标成员签字的原始评标记录和评标结果编写评标报告。评标报告应当包括以下内容:

……

(五)评标结果,确定的中标候选人名单或者经采购人委托直接确定的中标人;

……

第五十七条 采用综合评分法的,评标结果按评审后得分由高到低顺序排列。得分相同的,按投标报价由低到高顺序排列。得分且投标报价相同的并列。投标文件满足招标文件全部实质性要求,且按照评审因素的量化指标评审得分最高的投标人为排名第一的中标候选人。

《政府采购法》第七十三条 有前两条违法行为之一影响中标、成交结果或者可能影响中标、成交结果的,按下列情况分别处理:

(一)未确定中标、成交供应商的,终止采购活动;

(二)中标、成交供应商已经确定但采购合同尚未履行的,撤销合同,从合格的中标、成交候选人中另行确定中标、成交供应商;

(三)采购合同已经履行的,给采购人、供应商造成损失的,由责任人承担赔偿责任。

《政府采购法实施条例》第七十一条　有政府采购法第七十一条、第七十二条规定的违法行为之一，影响或者可能影响中标、成交结果的，依照下列规定处理：

（一）未确定中标或者成交供应商的，终止本次政府采购活动，重新开展政府采购活动。

（二）已确定中标或者成交供应商但尚未签订政府采购合同的，中标或者成交结果无效，从合格的中标或者成交候选人中另行确定中标或者成交供应商；没有合格的中标或者成交候选人的，重新开展政府采购活动。

（三）政府采购合同已签订但尚未履行的，撤销合同，从合格的中标或者成交候选人中另行确定中标或者成交供应商；没有合格的中标或者成交候选人的，重新开展政府采购活动。

（四）政府采购合同已经履行，给采购人、供应商造成损失的，由责任人承担赔偿责任。

政府采购当事人有其他违反政府采购法或者本条例规定的行为，经改正后仍然影响或者可能影响中标、成交结果或者依法被认定为中标、成交无效的，依照前款规定处理。

《政府采购质疑和投诉办法》（财政部令第94号）第三十一条　投诉人对采购文件提起的投诉事项，财政部门经查证属实的，应当认定投诉事项成立。经认定成立的投诉事项不影响采购结果的，继续开展采购活动；影响或者可能影响采购结果的，财政部门按照下列情况处理：

（一）未确定中标或者成交供应商的，责令重新开展采购活动。

（二）已确定中标或者成交供应商但尚未签订政府采购合同的，认定中标或者成交结果无效，责令重新开展采购活动。

（三）政府采购合同已经签订但尚未履行的，撤销合同，责令重新开展采购活动。

（四）政府采购合同已经履行，给他人造成损失的，相关当事人可依法提起诉讼，由责任人承担赔偿责任。

《政府采购质疑和投诉办法》（财政部令第94号）第三十二条　投诉人对采购过程或者采购结果提起的投诉事项，财政部门经查证属实的，应当认定投诉事项成立。经认定成立的投诉事项不影响采购结果的，继续开展采购活动；影响或者可能影响采购结果的，财政部门按照下列情况处理：

（一）未确定中标或者成交供应商的，责令重新开展采购活动。

（二）已确定中标或者成交供应商但尚未签订政府采购合同的，认定中标或者成交结果无效。合格供应商符合法定数量时，可以从合格的中标或者成交候选人中另行确定中标或者成交供应商的，应当要求采购人依法另行确定中标、成交供应商；否则责令重新开展采购活动。

（三）政府采购合同已经签订但尚未履行的，撤销合同。合格供应商符合法定数量时，可以从合格的中标或者成交候选人中另行确定中标或者成交供应商的，应当要求采购人依法另行确定中标、成交供应商；否则责令重新开展采购活动。

（四）政府采购合同已经履行，给他人造成损失的，相关当事人可依法提起诉讼，由责任人承担赔偿责任。

投诉人对废标行为提起的投诉事项成立的，财政部门应当认定废标行为无效。

第二十二章 质疑投诉处理的案例解析

案例二十七 依法行政——违法违规认定

举报信直指潜在投标人"涉嫌"商业贿赂,监管部门如何作为?

依法行政

要点提示:

1. 供应商是否具有投标资格应当经资格性审查确定。仅凭"涉嫌",未经查实不能限制供应商投标。

2. 认定供应商违法违规应当事实清楚、证据确凿、法律依据充分。

案情概述:

某医疗设备项目招标前,采购人接到举报,反映购买标书的M公司涉嫌商业贿赂。当时全国正在开展治理商业贿赂活动,医疗卫生、政府采购是六大重点领域之一。采购人单位高度重视,连夜召开党组会研究,决定取消M公司的投标资格。M公司向财政部门反映,财政部门随后进行了调查,并要求举报人出具M公司涉嫌商业贿赂的有效证据。举报人向财政部门提供了某晚报、某网站报道的关于M公司涉嫌商业贿赂的报道。

点评分析:

该案涉及三个问题,一是供应商"涉嫌"商业贿赂可否取消投标资格?二是网上下载的资料可否作为证据采信?三是采购人单位党组会可否决定取消供应商投标资格?

本书认为,这三个问题的答案都是否定的。

一、"涉嫌"不行,应当"查实"

供应商是否有资格参加投标,一要根据法律规定,二要根据招标文件约定,三要看提供的证据是否查实有无法律效力。如果接到举报，反映供应商只是"涉嫌"商业贿赂，而并没有"查实"，也没有提供有效的证据，仅凭"涉嫌"是不能取消供应商的投标资格的。

二、网上资料不能作为有效证据采信

认定供应商是否存在商业贿赂行为，必须事实清楚、证据确凿、法律依据充分。从网上下载的材料及晚报报道等不能作为有效证据采信。

三、单位党组会不能决定取消供应商投标资格

取消供应商投标资格必须依据政府采购法相关规定，供应商是否具有投标资格应当由采购人或者采购代理机构进行资格审查后确定。根据《政府采购法》第二十三条规定，采购人可以要求参加政府采购的供应商提供有关资质证明文件和业绩情况，并根据本法规定的供应商条件和采购项目对供应商的特定要求，对供应商进行资格审查。《政府采购货物和服务招标投标管理办法》（财政部令第87号）第四十四条明确，公开招标采购项目开标结束后，采购人或者采购代理机构应当依法对投标人的资格进行审查。

对于该案的处理，首先要求举报人提供有效证据，同时请纪检监察部门共同研究，并向评标委员会如实通报情况。

法规链接：

《政府采购法》第五条　任何单位和个人不得采用任何方式，阻挠和限制供应商自由进入本地区和本行业的政府采购市场。

第八十三条　任何单位或者个人阻挠和限制供应商进入本地区或者本行业政府采购市场的，责令限期改正；拒不改正的，由该单位、个人的上级行政主管部门或者有关机关给予单位责任人或者个人处分。

第二十二条　供应商参加政府采购活动应当具备下列条件：

（一）具有独立承担民事责任的能力；

（二）具有良好的商业信誉和健全的财务会计制度；

（三）具有履行合同所必需的设备和专业技术能力；

（四）有依法缴纳税收和社会保障资金的良好记录；

（五）参加政府采购活动前三年内，在经营活动中没有重大违法记录；

（六）法律、行政法规规定的其他条件。

《政府采购法实施条例》第十七条　参加政府采购活动的供应商应当具备政府采购法第二十二条第一款规定的条件，提供下列材料：

（一）法人或者其他组织的营业执照等证明文件，自然人的身份证明；

（二）财务状况报告，依法缴纳税收和社会保障资金的相关材料；

（三）具备履行合同所必需的设备和专业技术能力的证明材料；

（四）参加政府采购活动前3年内在经营活动中没有重大违法记录的书面声明；

（五）具备法律、行政法规规定的其他条件的证明材料。

采购项目有特殊要求的，供应商还应当提供其符合特殊要求的证明材料或者情况说明。

第十九条 政府采购法第二十二条第一款第五项所称重大违法记录，是指供应商因违法经营受到刑事处罚或者责令停产停业、吊销许可证或者执照、较大数额罚款等行政处罚。

供应商在参加政府采购活动前3年内因违法经营被禁止在一定期限内参加政府采购活动，期限届满的，可以参加政府采购活动。

《政府采购法》第二十三条 采购人可以要求参加政府采购的供应商提供有关资质证明文件和业绩情况，并根据本法规定的供应商条件和采购项目对供应商的特定要求，对供应商进行资格审查。

《政府采购货物和服务招标投标管理办法》（财政部令第87号）第四十四条 公开招标采购项目开标结束后，采购人或者采购代理机构应当依法对投标人的资格进行审查。

案例二十八 以"法"服人——委托代理、自行采购

采购人将纳入集中采购目录的政府采购项目自行委托代理机构采购,监管部门该如何处理?

以"法"服人

要点提示:

1. 采购人采购纳入集中采购目录的政府采购项目,必须委托集中采购机构代理采购。

2. 未纳入集中采购目录的政府采购项目,采购人可以自行招标,也可以委托采购代理机构在委托的范围内代理招标。

案情概述:

某单位采购一批密集书架,该项目是纳入集中采购目录的政府采购项目,采购金额在政府采购限额标准之上。采购人却将其委托给社会代理机构采购,理由是委托给代理机构采购也是政府采购,符合《政府采购法》要求。且该项目是省重点项目,时间紧要求高,只要把项目完成好还不都是一回事儿吗?

点评分析:

本案涉及的问题是,纳入集中采购目录的政府采购项目,采购人可否自行委托社会中介机构采购?什么项目采购人可以自行采购?

一、采购纳入集中采购目录的政府采购项目,依法必须委托集中采购机构采购,不能自行委托社会中介机构采购

《政府采购法》第七条规定,政府采购实行集中采购和分散采购相结合。集中采购的范围由省级以上人民政府公布的集中采购目录确定。纳入集中采购目录的政府采购项目,应当实行集中采购。第十八条明确,采购人纳入集中采购目录的政府采购项目,必须委托集中采购机构代理采购。

《政府采购法实施条例》第十二条规定明确,政府采购法所称采购代理机构,是指集中采购机构和集中采购机构以外的采购代理机构。集中采购机构是设区的市级以上人民政府依法设立的非营利事业法人,是代理集中采购项目的执行机构。集中采购机构应当根据采购人委托制定集中采购项目的实施方案,明确采购规程,组织政府采购活动,不得将集中采购项目转委托。集中采购机构以外的

采购代理机构，是从事采购代理业务的社会中介机构。

根据上述法律规定，纳入集中采购目录的采购项目，采购人不能直接采购，也不能委托给社会中介机构采购，必须委托给集中采购机构代理采购。纳入集中采购目录的采购项目，是集中采购机构强制委托采购的范围。

二、未纳入集中采购目录的政府采购项目，采购人可以自行招标，也可以委托采购代理机构在委托的范围内代理招标

《政府采购法》第十八条规定，采购未纳入集中采购目录的政府采购项目，可以自行采购。

《政府采购货物和服务招标投标管理办法》（财政部令第87号）第九条明确，未纳入集中采购目录的政府采购项目，采购人可以自行招标，也可以委托采购代理机构在委托的范围内代理招标。采购人自行组织开展招标活动的，应当符合下列条件：（一）有编制招标文件、组织招标的能力和条件；（二）有与采购项目专业性相适应的专业人员。

通过认真调查，查明事实，结合实际和法律规定，本案依法得到了妥善处理。

法规链接：

《政府采购法》第七条　政府采购实行集中采购和分散采购相结合。集中采购的范围由省级以上人民政府公布的集中采购目录确定。

纳入集中采购目录的政府采购项目，应当实行集中采购。

第十八条　采购人采购纳入集中采购目录的政府采购项目，必须委托集中采购机构代理采购；采购未纳入集中采购目录的政府采购项目，可以自行采购，也可以委托集中采购机构在委托的范围内代理采购。纳入集中采购目录属于通用的政府采购项目的，应当委托集中采购机构代理采购。属于本部门、本系统有特殊要求的项目，应当实行部门集中采购。属于本单位有特殊要求的项目，经省级以上人民政府批准，可以自行采购。

《政府采购法实施条例》第四条　政府采购法所称集中采购，是指采购人将列入集中采购目录的项目委托集中采购机构代理采购或者进行部门集中采购的行为。

第十二条　政府采购法所称采购代理机构，是指集中采购机构和集中采购机构以外的采购代理机构。集中采购机构是设区的市级以上人民政府依法设立的非营利事业法人，是代理集中采购项目的执行机构。集中采购机构应当根据采购人委托制定集中采购项目的实施方案，明确采购规程，组织政府采购活动，不得将集中采购项目转委托。集中采购机构以外的采购代理机构，是从事采购代理业务的社会中介机构。

《政府采购货物和服务招标投标管理办法》（财政部令第87号）第九条　未纳入集中采购目录的政府采购项目，采购人可以自行招标，也可以委托采购代理机构在委托的范围内代理招标。

采购人自行组织开展招标活动的，应当符合下列条件：

（一）有编制招标文件、组织招标的能力和条件；

（二）有与采购项目专业性相适应的专业人员。

案例二十九 依法处理——联合体、恶意串通、质疑投诉诉讼

投诉人情绪激动，表示要一告到底，决不罢休。监管部门该如何——

依法处理

要点提示：

1. 供应商可以联合体形式参与政府采购，但各方均应当具备法定条件，按照资质等级较低的供应商确定资质等级。

2. 恶意串通应当根据《政府采购法实施条例》第七十四条规定的情形认定。

3. 供应商质疑、投诉应当有明确的请求和必要的证明材料。应当有具体的投诉事项及事实根据，不得进行虚假、恶意投诉。

4. 依法、妥善处理质疑投诉，善于化解矛盾不要激化矛盾。

案情概述：

某代理机构受采购人委托，组织对家具项目公开招标。经依法组建的评标委员会评审，推荐S公司为第一中标候选人，第二中标候选人为H公司。

中标结果公布后，第二中标候选人H公司向代理机构提出质疑，认为第一中标候选人S公司的资质有问题，并提供了有关证明文件。经调查，S公司自称是与北京某公司组成联合体投标，但北京某公司予以否认（在得知S公司中标后，北京某公司又发来书面函件，签字盖章，证明其与S公司是联合体投标）。经评标委员会研究，S公司资质不合格，决定取消其中标候选人资格，改由第二中标候选人H公司为中标候选人。

S公司又提起质疑，反告H公司及另一家投标人J公司。质疑的主要内容是：（1）H公司提供虚假公章；（2）H公司和J公司存在围标串标行为。经调查，其质疑缺乏有效证据，代理机构按规定作出了书面回复。

因对质疑答复不满意，S公司到财政部门投诉。S公司承认自己在投标中存在违规行为，但认为有些行为是家具业的行规，其他公司也不同程度存在这类行为，包括现中标候选人H公司也存在公章造假及围标串标等行为，认为让H公司中标不公平。同时，对代理机构质疑处理及接待人员的态度表示不满。

经初步调查，此项目情况比较特殊。S公司原为第一中标候选人，由于被第二中标候选人H公司质疑取消了中标资格，且被其取而代之，心理极不平衡。大单生意没做成，还被家具业同行取笑，S公司感到很没面子，心里憋着气。加

第二十二章 质疑投诉处理的案例解析

之该项目经办人认为自己没有错,对质疑人多次去找很不耐烦,答复比较简单,态度不太好。气愤之下甚至对质疑人说出"你不要来找我,我没有错,你有本事去告好了,法院、纪委都行"等话,双方情绪都比较激动,质疑人很不满意。S公司多次表示,质疑不行就投诉,投诉不行就上法院告,反正要告到底,决不轻易罢休。

为慎重起见,在质疑阶段,财政部门就多次与代理机构和S公司沟通协调,反复做双方的工作,希望尽量把工作做在前面,防止矛盾激化。

对代理机构,财政部门要求:高度重视,积极改进工作方法和工作态度,耐心做好工作;就质疑的有关问题立即调查了解,弄清情况;考虑到此项目的特殊性,今后执行可能会比较麻烦,建议最好依法妥善处理。

对S公司,财政部门一是严肃指出其违规行为,有错在先;二是先后十多次与其沟通,耐心做工作,告之这次不中标没关系,认真总结经验教训,今后还有很多机会,市场很大,欢迎继续参加政府采购;三是帮助其分析情况,晓以利害。根据调查取证情况,如果其投诉的内容不实,属于诬告,将依法受到处罚,希望其权衡利弊,不要意气用事。S公司负责投诉的女副总听后流下了眼泪,再三表示感谢,答应回去后即向公司汇报,准备撤诉。但S公司研究以后,觉得就此撤诉实在咽不下这口气,认为女同志心肠太软。重新换了一名男同志负责投诉,表示一定要将H公司告到底。

财政部门受理后,立即依法向代理机构、H公司进行调查,并先后去工商、公安等有关部门取证,就H公司公章的真假进行鉴定。经调查:(1)H公司在投标文件、质疑函上使用的公章与其在工商局登记备案的公章一致;(2)S公司投诉H公司与J公司同一地址、同一电话等问题缺乏事实依据。在调查取证的同时,财政部门仍继续做S公司的工作,但S公司认为,H公司的投标代表不仅在这次投标中存在违法行为,在家具行业的其他投标中也存在大量违法行为,他们手中有充分的证据可以证明,却拒不向财政部门提供,说要向法庭提供,坚持要告倒H公司,否则,今后在家具行业无法立足。

根据调查情况,依据《政府采购法》和《政府采购供应商投诉处理办法》,按照规范的程序,财政部门作出了投诉处理决定。投诉处理决定下达前,先进行法律审核,经法制部门修改完善后才正式下达。

S公司来取投诉决定书时,对财政部门在处理投诉中所做的大量工作表示衷心感谢,但表示仍要继续告下去。

因对投诉处理决定不服,S公司上诉到市中级人民法院,要求财政部门撤销作出的投诉处理决定,重新作出投诉处理决定。S公司明确表示,告财政部门不是目的，关键是自己未中标，也不希望其他公司中标。主要想告倒 H 公司及其法人代表，为自己出气，但直接告 H 公司及法人代表又无人受理，只能通过告财政部门让法院介入，且现在行政诉讼成本很低，供应商败诉后只需付 50 元。

本案是当地政府采购第一案，财政部门高度重视。收到行政诉讼后监管部门立即与法制部门研究，与有关部门进行沟通，认真配合相关部门准备材料，积极做好应诉准备。并按照法院的要求，起草了行政答辩状，准备相关证据。

经过仔细调阅相关材料，律师的意见是：（1）我方作出的投诉处理决定书所依据的事实客观真实，证据充分。（2）我方作出处理决定程序合法，适用法律正确。

经市中级人民法院判决，驳回 S 公司的诉讼。S 公司不服，又上诉到省高院，经省高院终审判决，驳回上诉，维持原判。

点评分析：

该案历时整整一年。涉及的主要问题是供应商投诉不提供有效证据是否应当受理？此外，还引申出一个话题，本案是否可以采取其他方式处理？

一、该案必须受理吗

就该案而言，受理还是不受理？如何受理？

《政府采购法实施条例》第五十五条规定，供应商质疑、投诉应当有明确的请求和必要的证明材料。《政府采购质疑和投诉办法》（财政部令第 94 号）第十八条规定，投诉人投诉时，应当提交投诉书和必要的证明材料，并按照被投诉采购人、采购代理机构（以下简称被投诉人）和与投诉事项有关的供应商数量提供投诉书的副本。投诉书应当包括下列内容：（一）投诉人和被投诉人的姓名或者名称、通信地址、邮编、联系人及联系电话；（二）质疑和质疑答复情况说明及相关证明材料；（三）具体、明确的投诉事项和与投诉事项相关的投诉请求；（四）事实依据；（五）法律依据；（六）提起投诉的日期。投诉人为自然人的，应当由本人签字；投诉人为法人或者其他组织的，应当由法定代表人、主要负责人，或者其授权代表签字或者盖章，并加盖公章。

财政部门处理投诉主要采取书面审查的方式，必要时可进行调查取证或组织质证。《政府采购法实施条例》第五十六条　财政部门处理投诉事项采用书面审查的方式，必要时可以进行调查取证或者组织质证。《政府采购质疑和投诉办法》（财政部令第 94 号）第二十三条　财政部门处理投诉事项原则上采用书面审查的方式。财政部门认为有必要时，可以进行调查取证或者组织质证。财政部门可以根据法律、法规规定或者职责权限，委托相关单位或者第三方开展调查取证、检验、检测、鉴定。质证应当通知相关当事人到场,并制作质证笔录。质证笔录应当由当事人签字确认。

相关当事人应当配合调查。如实反映情况,提供相关材料。应当提供未提供的,视为投诉事项不成立;未按要求提交相关材料的,视同放弃说明权利,依法承担不利后果。《政府采购法实施条例》第五十六条规定,对财政部门依法进行的调查取证,投诉人和与投诉事项有关的当事人应当如实反映情况,并提供相关材料。《政府采购质疑和投诉办法》(财政部令第94号)第二十四条规定,财政部门依法进行调查取证时,投诉人、被投诉人以及与投诉事项有关的单位及人员应当如实反映情况,并提供财政部门所需要的相关材料。第二十五条明确,应当由投诉人承担举证责任的投诉事项,投诉人未提供相关证据、依据和其他有关材料的,视为该投诉事项不成立;被投诉人未按照投诉答复通知书要求提交相关证据、依据和其他有关材料的,视同其放弃说明权利,依法承担不利后果。

本案处理的关键是H公司公章是否存在虚假情况。按照一般情况,应当是"谁主张,谁举证",但投诉人S公司拒绝提供有效证据。

在这种情况下,是否应当受理投诉当时存在两种意见。

一种意见是应当受理。理由是,如果不受理,就是行政不作为。相对而言,供应商是弱势群体,行政机关有义务进行调查取证。本案接到投诉后,由于投诉人拒不提供有效证据,监管部门就是否应当受理曾向财政部门法律顾问咨询。法律顾问认为应当受理,并有义务调查取证,否则供应商将告财政部门行政不作为。由于本案社会关注度高,财政部门担心一旦处理不当会遭遇败诉,对财政、政府形象造成不良影响,加之在处理上也缺乏经验,因此就受理了。为鉴定公章的真假,先后花了一万元律师费、八千元鉴定费,还不包括律师及相关人员的交通、住宿等费用,虽最终胜诉,但行政成本很高。

另一种意见是可以不受理。因供应商的投诉不符合《政府采购质疑和投诉办法》相关规定。行政机关可以调查取证,也可以要求投诉人举证。如果投诉人不提供事实依据,可以告知不符合投诉条件,不予受理。即使受理,也可以根据相关规定,作出投诉缺乏事实依据,驳回投诉的处理决定。《政府采购质疑和投诉办法》第十八条规定,投诉书内容应当包括"具体、明确的投诉事项和与投诉事项相关的投诉请求;事实依据;法律依据等",如果缺乏"事实依据",就不符合要求;该办法第二十四条规定,财政部门依法进行调查取证时,投诉人、被投诉人以及与投诉事项有关的单位及人员"应当如实反映情况,并提供财政部门所需要的相关材料"。第二十五条规定,"应当由投诉人承担举证责任的投诉事项,投诉人未提供相关证据、依据和其他有关材料的,视为该投诉事项不成立",

第二十九条规定，投诉处理过程中，有下列情形之一的，财政部门应当驳回投诉：……（二）投诉事项缺乏事实依据，投诉事项不成立。

本案中，S公司的投诉缺乏"事实依据"，也不愿向财政部门提供"财政部门所需要的相关材料"，还拒绝配合财政部门依法进行调查，是否必须受理？

二、是否可以采取其他处理方式

本案虽最终财政部门胜诉，但回过头来反思，除了以上两种方式外，是否可以采用其他方式处理？

一是受理但不作鉴定。财政部门受理投诉，受理后依法作出"投诉缺乏事实依据，驳回投诉处理"的决定。什么是司法鉴定？进入司法程序才需要进行司法鉴定，因此，也可以不做公章鉴定，但投诉处理决定书的措辞一定要注意把握。

二是受理后告知。根据《政府采购质疑和投诉办法》第二十三条，财政部门可以根据法律、法规规定或者职责权限，委托相关单位或者第三方开展调查取证、检验、检测、鉴定。那么，公章鉴定是否属于财政部门的职责权限？财政部门可否在受理投诉后，告知投诉人公章鉴定不属于财政部门的职责权限，如果有公安、工商等机关认定其参加投标的公章是假的，监管部门可以依法处理。如果监管部门在投诉处理中，每个案件都这样去调查取证，行政成本太高，行政效率太低。

三是受理后鉴定，告知费用需先垫付根据结果由过错方负担。根据《政府采购质疑和投诉办法》第四十一条，因处理投诉发生的第三方检验、检测、鉴定等费用，由提出申请的供应商先行垫付。投诉处理决定明确双方责任后，按照"谁过错谁负担"的原则由承担责任的一方负担；双方都有责任的，由双方合理分担。实践中这种情况经常遇到。供应商投诉，但拒绝举证，强烈要求鉴定。当告知需要先垫付费用，鉴定后按照"谁过错谁负担"的原则付费后，马上就不干了。

处理这个案子，有太多感受，总结起来有以下几点：

1. 依法行政，把工作做在前面。认真总结这起投诉处理，有些问题值得研究，并从中总结经验教训，在今后的工作中加以改进。

一要依法行政。随着政府采购涉及的范围越来越广，参与的人越来越多，政府采购各当事人依法维权的意识越来越强，今后进入法律诉讼可能会越来越多。这是社会进步、法律意识增强的表现。有诉讼是正常的，也对政府采购工作人员提出了更高的要求。一定要依法行政，严格执行《政府采购法》相关规定。

二要规范处理。在处理投诉工作中，一定要严格按照程序，规范处理。

三要改进作风，做好服务。政府采购工作人员一定要树立服务意识，以认真负责的态度，耐心细致地做好每一项工作。要善于化解矛盾，不要激化矛盾。

四要尽可能把工作做在前面。特别是针对一些较为特殊的项目，尽量避免拖到投诉甚至诉讼阶段。对个别先天不足、后期执行可能比较麻烦的项目，尽量考虑在前期妥善处理，以免后患，即使胜诉，牵扯的精力太多，给各方面造成的影响都不好。

五要营造良好环境。对个别因没有中标便恶意告状的企业，对一些试图通过低成本诉讼达到个人目的的供应商，一经查实，要严肃处理，共同营造政府采购的良好环境和氛围。

2. 斟字酌句，经得起推敲。本案的焦点和难点是关于公章真假的鉴定。受理投诉后，因当地没有专门的鉴定部门，为慎重起见，就公章的真假曾通过公安部门作过两次鉴定，均认为该枚公章没有问题。因此，经办人员开始拟在投诉处理决定书中作出：经调查，H公司的公章是"合法有效"的结论。由于公安部门只承接内部鉴定和司法鉴定，不对外鉴定，不能出具鉴定报告。而一旦进入诉讼，就需要证据。如作出"合法有效"的结论，就必须拿出合法有效的证据。法院审理案件主要是看处理的依据是否合法，程序是否合法，结论是否合法。如果作出的结论没有合法依据，就要承担法律风险。为了拿到"合法有效"的证据，财政部门花费了大量人力、物力和财力。

如果在制作投诉处理决定书时仔细推敲，措辞严谨一些，就不需要耗时费力并花大价钱去外省鉴定，也不会造成后面复杂和被动局面。如果把"合法有效"换成"未发现"，意思差不多，但监管部门是否会主动很多？因此，投诉处理要符合法律程序和规范，每个环节、每个步骤都要符合程序，行文格式及语言表达等都要规范、严谨，每一句话、每一个字甚至标点符号都要经得起推敲。

法规链接：

关于联合体投标：

《政府采购法》第二十四条　两个以上的自然人、法人或者其他组织可以组成一个联合体，以一个供应商的身份共同参加政府采购。

以联合体形式进行政府采购的，参加联合体的供应商均应当具备本法第二十二条规定的条件，并应当向采购人提交联合协议，载明联合体各方承担的工作和义务。联合体各方应当共同与采购人签订采购合同，就采购合同约定的事项对采购人承担连带责任。

《政府采购法实施条例》第二十二条　联合体中有同类资质的供应商按照联合体分工承担相同工作的，应当按照资质等级较低的供应商确定资质等级。

以联合体形式参加政府采购活动的，联合体各方不得再单独参加或者与其他供应商另外组成联合体参加同一合同项下的政府采购活动。

《政府采购货物和服务招标投标管理办法》（财政部令第87号）第十九条 采购人或者采购代理机构应当根据采购项目的实施要求，在招标公告、资格预审公告或者投标邀请书中载明是否接受联合体投标。如未载明，不得拒绝联合体投标。

关于质疑、投诉：

《政府采购法》第五十二条 供应商认为采购文件、采购过程和中标、成交结果使自己的权益受到损害的，可以在知道或者应知其权益受到损害之日起七个工作日内，以书面形式向采购人提出质疑。第五十五条 质疑供应商对采购人、采购代理机构的答复不满意或者采购人、采购代理机构未在规定的时间内作出答复，可以在答复期满后十五个工作日内向同级政府采购监督管理部门投诉。

《政府采购法实施条例》第五十五条 供应商质疑、投诉应当有明确的请求和必要的证明材料。供应商投诉的事项不得超出已质疑事项的范围。第五十六条 对财政部门依法进行的调查取证，投诉人和与投诉事项有关的当事人应当如实反映情况，并提供相关材料。

《政府采购质疑和投诉办法》（财政部令第94号）第十八条 投诉人投诉时，应当提交投诉书和必要的证明材料，并按照被投诉采购人、采购代理机构（以下简称被投诉人）和与投诉事项有关的供应商数量提供投诉书的副本。投诉书应当包括下列内容：（一）投诉人和被投诉人的姓名或者名称、通信地址、邮编、联系人及联系电话；（二）质疑和质疑答复情况说明及相关证明材料；（三）具体、明确的投诉事项和与投诉事项相关的投诉请求；（四）事实依据；（五）法律依据；（六）提起投诉的日期。投诉人为自然人的，应当由本人签字；投诉人为法人或者其他组织的，应当由法定代表人、主要负责人，或者其授权代表签字或者盖章，并加盖公章。

《政府采购质疑和投诉办法》（财政部令第94号）第十九条 投诉人应当根据本办法第七条第二款规定的信息内容，并按照其规定的方式提起投诉。投诉人提起投诉应当符合下列条件：（一）提起投诉前已依法进行质疑；（二）投诉书内容符合本办法的规定；（三）在投诉有效期限内提起投诉；（四）同一投诉事项未经财政部门投诉处理；（五）财政部规定的其他条件。第二十条 供应商投诉的事项不得超出已质疑事项的范围，但基于质疑答复内容提出的投诉事项除外。

《政府采购质疑和投诉办法》（财政部令第94号）第九条 以联合体形式参

加政府采购活动的,其投诉应当由组成联合体的所有供应商共同提出。

《政府采购法实施条例》第五十六条 财政部门处理投诉事项采用书面审查的方式,必要时可以进行调查取证或者组织质证。《政府采购质疑和投诉办法》(财政部令第 94 号)第二十三条 财政部门处理投诉事项原则上采用书面审查的方式。财政部门认为有必要时,可以进行调查取证或者组织质证。财政部门可以根据法律、法规规定或者职责权限,委托相关单位或者第三方开展调查取证、检验、检测、鉴定。质证应当通知相关当事人到场,并制作质证笔录。质证笔录应当由当事人签字确认。

《政府采购法实施条例》第五十六条 对财政部门依法进行的调查取证,投诉人和与投诉事项有关的当事人应当如实反映情况,并提供相关材料。《政府采购质疑和投诉办法》(财政部令第 94 号)第二十四条 财政部门依法进行调查取证时,投诉人、被投诉人以及与投诉事项有关的单位及人员应当如实反映情况,并提供财政部门所需要的相关材料。第二十五条 应当由投诉人承担举证责任的投诉事项,投诉人未提供相关证据、依据和其他有关材料的,视为该投诉事项不成立;被投诉人未按照投诉答复通知书要求提交相关证据、依据和其他有关材料的,视同其放弃说明权利,依法承担不利后果。

《政府采购法实施条例》第五十八条 财政部门处理投诉事项,需要检验、检测、鉴定、专家评审以及需要投诉人补正材料的,所需时间不计算在投诉处理期限内。《政府采购质疑和投诉办法》(财政部令第 94 号)第二十七条 财政部门处理投诉事项,需要检验、检测、鉴定、专家评审以及需要投诉人补正材料的,所需时间不计算在投诉处理期限内。前款所称所需时间,是指财政部门向相关单位、第三方、投诉人发出相关文书、补正通知之日至收到相关反馈文书或材料之日。财政部门向相关单位、第三方开展检验、检测、鉴定、专家评审的,应当将所需时间告知投诉人。第四十一条 财政部门处理投诉不得向投诉人和被投诉人收取任何费用。但因处理投诉发生的第三方检验、检测、鉴定等费用,由提出申请的供应商先行垫付。投诉处理决定明确双方责任后,按照"谁过错谁负担"的原则由承担责任的一方负担;双方都有责任的,由双方合理分担。

《政府采购法实施条例》第五十七条 投诉人捏造事实、提供虚假材料或者以非法手段取得证明材料进行投诉的,财政部门应当予以驳回。《政府采购法实施条例》第七十三条 供应商捏造事实、提供虚假材料或者以非法手段取得证明材料进行投诉的,由财政部门列入不良行为记录名单,禁止其 1 至 3 年内参加政府采购活动。

《政府采购质疑和投诉办法》(财政部令第 94 号)第二十九条 投诉处理过

程中，有下列情形之一的，财政部门应当驳回投诉：（一）受理后发现投诉不符合法定受理条件；（二）投诉事项缺乏事实依据，投诉事项不成立；（三）投诉人捏造事实或者提供虚假材料；（四）投诉人以非法手段取得证明材料。证据来源的合法性存在明显疑问，投诉人无法证明其取得方式合法的，视为以非法手段取得证明材料。

《政府采购法实施条例》第七十四条 有下列情形之一的，属于恶意串通，对供应商依照政府采购法第七十七条第一款的规定追究法律责任，对采购人、采购代理机构及其工作人员依照政府采购法第七十二条的规定追究法律责任：（一）供应商直接或者间接从采购人或者采购代理机构处获得其他供应商的相关情况并修改其投标文件或者响应文件；（二）供应商按照采购人或者采购代理机构的授意撤换、修改投标文件或者响应文件；（三）供应商之间协商报价、技术方案等投标文件或者响应文件的实质性内容；（四）属于同一集团、协会、商会等组织成员的供应商按照该组织要求协同参加政府采购活动；（五）供应商之间事先约定由某一特定供应商中标、成交；（六）供应商之间商定部分供应商放弃参加政府采购活动或者放弃中标、成交；（七）供应商与采购人或者采购代理机构之间、供应商相互之间，为谋求特定供应商中标、成交或者排斥其他供应商的其他串通行为。

《政府采购质疑和投诉办法》（财政部令第94号）第三十七条 投诉人在全国范围12个月内三次以上投诉查无实据的，由财政部门列入不良行为记录名单。投诉人有下列行为之一的，属于虚假、恶意投诉，由财政部门列入不良行为记录名单，禁止其1至3年内参加政府采购活动：（一）捏造事实；（二）提供虚假材料；（三）以非法手段取得证明材料。证据来源的合法性存在明显疑问，投诉人无法证明其取得方式合法的，视为以非法手段取得证明材料。

《政府采购法》第五十八条 投诉人对政府采购监督管理部门的投诉处理决定不服或者政府采购监督管理部门逾期未作处理的，可以依法申请行政复议或者向人民法院提起行政诉讼。

第二十二章 质疑投诉处理的案例解析

案例三十 用证据说话——监督检查、依法处理

市场价为 9 999 元的某品牌电脑，协议供货价竟为 12 300 元，财政部门该如何处理？

用证据说话

要点提示：

1. 政府采购监督管理部门依法履行对政府采购活动的监督管理职责，加强对政府采购活动的监督检查。

2. 集中采购机构进行政府采购活动，应当符合采购价格低于市场平均价格、采购效率更高、采购质量优良和服务良好的要求。

3. 供应商不得采取不正当手段谋取中标或者成交。

案情概述：

针对社会上经常出现"政府采购质次价高"的反映，尤其是对电脑等产品，监管部门加强了监督管理力度。通过明察暗访，发现某品牌笔记本电脑市场价为 9 999 元，而提供给政府采购的价格为 12 300 元。

点评分析：

对于该类问题的处理，笔者认为要严谨、慎重。查，需要真凭实据；查到了怎么罚，更需要技巧。

某品牌笔记本电脑在当地市场占有率非常高，而且时值年底，如果简单处理，一些采购人买不到需要的产品会提意见，代理机构反复解释，不仅增加工作量，还不一定满意。因此，财政部门在决定严肃处罚违法违规供应商的同时，必须考虑到采购人的需要，不能影响采购人的正常采购。是停品牌还是停机型？是停全省还是停某市或某地区？这些问题都需要反复研究，多次协调，慎重决定。

在处理方式上，财政部门也不是简单地将该品牌、该机型从协议供货网上拿掉，停止协议供货资格，而是在该项目备注栏中进行情况写实，如何时何地检查，发现了什么问题，根据哪些规定，应当如何处理等，在网上进行公开，让人一目了然。这样采购人在购买电脑产品时，可及时发现，避免损失。

此外，向全社会通报事情的来龙去脉，有关部门如何按照《政府采购法》的要求，强化监管，对发现问题认真调查处理，将事情来龙去脉向社会通报。同

时也起到警示供应商的作用，参加政府采购活动一定要依法，违法将会受到处罚，可以"杀一儆百"。对在政府采购实务中出现的这一类问题，既要严肃处理，又要考虑社会效果，为采购人做好服务。

法规链接：

《政府采购法》第十三条　各级人民政府财政部门是负责政府采购监督管理的部门，依法履行对政府采购活动的监督管理职责。第五十九条　监督检查的主要内容是：（一）有关政府采购的法律、行政法规和规章的执行情况；（二）采购范围、采购方式和采购程序的执行情况；（三）政府采购人员的职业素质和专业技能。第六十五条　政府采购监督管理部门应当对政府采购项目的采购活动进行检查，政府采购当事人应当如实反映情况，提供有关材料。

《政府采购法实施条例》第六十四条　各级人民政府财政部门对政府采购活动进行监督检查，有权查阅、复制有关文件、资料，相关单位和人员应当予以配合。

《政府采购法》第十七条　集中采购机构进行政府采购活动，应当符合采购价格低于市场平均价格、采购效率更高、采购质量优良和服务良好的要求。第二十五条　供应商不得以向采购人、采购代理机构、评标委员会的组成人员、竞争性谈判小组的组成人员、询价小组的组成人员行贿或者采取其他不正当手段谋取中标或者成交。

《政府采购货物和服务招标投标管理办法》（财政部令第87号）第三十六条　投标人应当遵循公平竞争的原则，不得恶意串通，不得妨碍其他投标人的竞争行为，不得损害采购人或者其他投标人的合法权益。在评标过程中发现投标人有上述情形的，评标委员会应当认定其投标无效，并书面报告本级财政部门。

《政府采购法》第七十七条　供应商有下列情形之一的，处以采购金额千分之五以上千分之十以下的罚款，列入不良行为记录名单，在一至三年内禁止参加政府采购活动，有违法所得的，并处没收违法所得，情节严重的，由工商行政管理机关吊销营业执照；构成犯罪的，依法追究刑事责任：（一）提供虚假材料谋取中标、成交的；（二）采取不正当手段诋毁、排挤其他供应商的；（三）与采购人、其他供应商或者采购代理机构恶意串通的；（四）向采购人、采购代理机构行贿或者提供其他不正当利益的；（五）在招标采购过程中与采购人进行协商谈判的；（六）拒绝有关部门监督检查或者提供虚假情况的。供应商有前款第（一）至（五）项情形之一的，中标、成交无效。

案例三十一　何为重大——重大违法记录

当投诉所涉及的内容法律规定得不够明确具体时，财政部门该如何行使监管权？

何为重大

要点提示：

1. 政府采购活动中的"重大违法记录"，是指供应商因违法经营受到刑事处罚或者责令停产停业、吊销许可证或者执照、较大数额罚款等行政处罚。
2. "重大违法记录"的罚款标准，可根据各地方、部门的听证标准制定。

案情概述：

某出国代理机构采购项目开标前接到举报，反映购买标书者Z公司曾被物价部门处罚，不符合招标文件中规定的"参加政府采购活动前三年内，在经营活动中没有重大违法记录"的资格条件。接到举报后，有关部门高度重视，立即向物价部门调查，发现Z公司两年前曾因价格欺诈行为被物价部门罚款3万元。经研究，决定取消Z公司的投标资格。Z公司是当地最大的一家出国代理机构，过去当地四套领导班子出国考察基本均由该公司安排。Z公司多次向监管部门反映，并不断给领导写信，要求财政部门答复。后又将财政部门告上法庭，主要理由为"重大违法记录"的标准是什么？不允许其参加投标没有法律依据。

当地财政部门领导非常着急，要求连夜赶往省厅，向省级政府采购监管部门请示，对"重大违法记录"的标准做出解释。由于《政府采购法》对此并没有明确具体标准，解释权在立法机关，省级政府采购监管部门也无权解释。本案前后折腾了一年多，最后，还是根据《××省财政监督办法》的相关条款打赢了这场官司。

2015年3月1日，《政府采购法实施条例》实施，对重大违法记录做了明确：重大违法记录，是指供应商因违法经营受到刑事处罚或者责令停产停业、吊销许可证或者执照、较大数额罚款等行政处罚。同时规定，供应商在参加政府采购活动前3年内因违法经营被禁止在一定期限内参加政府采购活动，期限届满的，可以参加政府采购活动。根据条例释义解释，只有对供应商处以责令停产停业、暂扣许可证或者执照、较大数额的罚款等行政处罚的，才属于《政府采购法》规定的"重大违法记录"。关于罚款数额，借鉴了《行政处罚法》的规定，根据各地方、部门听证标准。

点评分析：

本案涉及对《政府采购法》第二十二条中规定的"重大违法记录"的理解。何为"重大"？标准是什么？当投诉涉及的内容、法律规定得不够具体明确时，财政部门该如何行使监管权？

《政府采购法》第二十二条规定，供应商参加政府采购活动应当具备下列条件：……（五）参加政府采购活动前三年内，在经营活动中没有重大违法记录。但是无论是法律本身还是相关法规，均没有对"重大违法记录"作出解释说明。《××省财政监督办法》第三十九条规定："……情节严重的，对单位处一万元以上三万元以下罚款"，明确一万元以上三万元以下罚款属于"情节严重"。

本案带来的启示是，在法律、法规不够健全、不够完善的情况下，财政部门处理投诉时要善于借助外力，注意保护自己。

法规链接：

《政府采购法》第二十二条 供应商参加政府采购活动应当具备下列条件：

（一）具有独立承担民事责任的能力；

（二）具有良好的商业信誉和健全的财务会计制度；

（三）具有履行合同所必需的设备和专业技术能力；

（四）有依法缴纳税收和社会保障资金的良好记录；

（五）参加政府采购活动前三年内，在经营活动中没有重大违法记录；

（六）法律、行政法规规定的其他条件。

《政府采购法实施条例》第十七条 参加政府采购活动的供应商应当具备政府采购法第二十二条第一款规定的条件，提供下列材料：

（一）法人或者其他组织的营业执照等证明文件，自然人的身份证明；

（二）财务状况报告，依法缴纳税收和社会保障资金的相关材料；

（三）具备履行合同所必需的设备和专业技术能力的证明材料；

（四）参加政府采购活动前3年内在经营活动中没有重大违法记录的书面声明；

（五）具备法律、行政法规规定的其他条件的证明材料。

采购项目有特殊要求的，供应商还应当提供其符合特殊要求的证明材料或者情况说明。

第十九条 政府采购法第二十二条第一款第五项所称重大违法记录，是指供应商因违法经营受到刑事处罚或者责令停产停业、吊销许可证或者执照、较大数额罚款等行政处罚。

供应商在参加政府采购活动前3年内因违法经营被禁止在一定期限内参加政府采购活动，期限届满的，可以参加政府采购活动。

《政府采购法》第七十七条　供应商有下列情形之一的，处以采购金额千分之五以上千分之十以下的罚款，列入不良行为记录名单，在一至三年内禁止参加政府采购活动，有违法所得的，并处没收违法所得，情节严重的，由工商行政管理机关吊销营业执照；构成犯罪的，依法追究刑事责任：

（一）提供虚假材料谋取中标、成交的；

（二）采取不正当手段诋毁、排挤其他供应商的；

（三）与采购人、其他供应商或者采购代理机构恶意串通的；

（四）向采购人、采购代理机构行贿或者提供其他不正当利益的；

（五）在招标采购过程中与采购人进行协商谈判的；

（六）拒绝有关部门监督检查或者提供虚假情况的。

供应商有前款第（一）至（五）项情形之一的，中标、成交无效。

案例三十二 "10%"的艺术——单一来源

采购人以种种理由要求财政部门同意其采用单一来源采购方式实施采购，财政部门批还是不批？

"10%"的艺术

要点提示：

1. 申请单一来源采购方式，应当符合法定情形。
2. 使用不可替代的专利、专有技术等，只能从某一特定供应商处采购的，可以采用单一来源方式，但应当在采购活动开始之前，报财政部门批准。
3. 达到公开招标数额标准，符合《政府采购法》第三十一条第一项规定情形，只能从唯一供应商处采购的，采购人应当将采购项目信息和唯一供应商名称在省级以上人民政府财政部门指定的媒体上公示，公示期不得少于5个工作日。

案情概述：

某单位一个上千万元的政府采购项目，单位负责人及相关处室人员多次找到财政部门领导及职能部门，要求采用单一来源采购方式实施采购。理由是，该项目是国务委员视察过并要求向全国推广的项目，一定要保证与原样品一样，而且提出采购的产品含有一定的专利技术。

点评分析：

本案涉及财政部门在进行采购方式审批时经常遇到的"难题"，采购人要求单一来源采购的理由是否充分？该不该批？专利产品是否可以单一来源采购？

一、申请单一来源采购方式，应当符合法定情形

就本案而言，采购人的单一来源采购申请理由不充分。

《政府采购法》第三十一条规定，符合下列情形之一的货物或者服务，可以依照本法采用单一来源方式采购：（一）只能从唯一供应商处采购的；（二）发生了不可预见的紧急情况不能从其他供应商处采购的；（三）必须保证原有采购项目一致性或者服务配套要求，需要继续从原供应商处添购，且添购资金总额不超过原合同采购金额百分之十的。

根据法律规定，只有唯一、紧急、添购（不超过10%）才能采用单一来源方式采购。本案中采购人要求采用单一来源方式采购的理由不符合上述法律规定的情形，理由显然是不充分的。

二、专利产品符合条件的可以申请单一来源采购

根据《政府采购法实施条例》第二十七条规定，政府采购法第三十一条第一项规定的情形，是指因货物或者服务使用不可替代的专利、专有技术，或者公共服务项目具有特殊要求，导致只能从某一特定供应商处采购。

经调查，本案中专利技术部分确实不可替代，且不超过采购金额的10%。经专家论证、网上公示，最终财政部门同意其专利部分采用单一来源方式采购。

本案带来的启示是，一是加强宣传。努力让各方当事人了解、理解、支持政府采购。二是做好服务。对采购人提出的要求，态度一定要好，尽力为政府采购当事人做好服务工作。不要简单说不行，要告知为什么不行，怎样才行。三是提高效率。对当事人提出的要求，合法合理的要立即办，只要符合规定，能支持的尽量支持；实在不能办的要耐心细致做好说服解释工作。

法规链接：

《政府采购法》第二十六条　政府采购采用以下方式：

（一）公开招标；

（二）邀请招标；

（三）竞争性谈判；

（四）单一来源采购；

（五）询价；

（六）国务院政府采购监督管理部门认定的其他采购方式。

第三十一条　符合下列情形之一的货物或者服务，可以依照本法采用单一来源方式采购：

（一）只能从唯一供应商处采购的；

（二）发生了不可预见的紧急情况不能从其他供应商处采购的；

（三）必须保证原有采购项目一致性或者服务配套的要求，需要继续从原供应商处添购，且添购资金总额不超过原合同采购金额百分之十的。

《政府采购法实施条例》第二十七条　政府采购法第三十一条第一项规定的情形，是指因货物或者服务使用不可替代的专利、专有技术，或者公共服务项目具有特殊要求，导致只能从某一特定供应商处采购。

《政府采购非招标采购方式管理办法》（财政部令第74号）第三条　采购人、采购代理机构采购以下货物、工程和服务之一的，可以采用竞争性谈判、单一来源采购方式采购；采购货物的，还可以采用询价采购方式：

（一）依法制定的集中采购目录以内，且未达到公开招标数额标准的货物、服务；

（二）依法制定的集中采购目录以外、采购限额标准以上，且未达到公开招标数额标准的货物、服务；

（三）达到公开招标数额标准、经批准采用非公开招标方式的货物、服务；

（四）按照招标投标法及其实施条例必须进行招标的工程建设项目以外的政府采购工程。

《政府采购法实施条例》第三十八条　达到公开招标数额标准，符合政府采购法第三十一条第一项规定情形，只能从唯一供应商处采购的，采购人应当将采购项目信息和唯一供应商名称在省级以上人民政府财政部门指定的媒体上公示，公示期不得少于5个工作日。

《政府采购非招标采购方式管理办法》（财政部第74号令）第三十八条　属于政府采购法第三十一条第一项情形，且达到公开招标数额的货物、服务项目，拟采用单一来源采购方式的，采购人、采购代理机构在按照本办法第四条报财政部门批准之前，应当在省级以上财政部门指定媒体上公示，并将公示情况一并报财政部门。公示期不得少于5个工作日，公示内容应当包括：

（一）采购人、采购项目名称和内容；

（二）拟采购的货物或者服务的说明；

（三）采用单一来源采购方式的原因及相关说明；

（四）拟定的唯一供应商名称、地址；

（五）专业人员对相关供应商因专利、专有技术等原因具有唯一性的具体论证意见，以及专业人员的姓名、工作单位和职称；

（六）公示的期限；

（七）采购人、采购代理机构、财政部门的联系地址、联系人和联系电话。

第三十九条　任何供应商、单位或者个人对采用单一来源采购方式公示有异议的，可以在公示期内将书面意见反馈给采购人、采购代理机构，并同时抄送相关财政部门。

第四十条　采购人、采购代理机构收到对采用单一来源采购方式公示的异议后，应当在公示期满后5个工作日内，组织补充论证，论证后认为异议成立的，应当依法采取其他采购方式；论证后认为异议不成立的，应当将异议意见、论证意见与公示情况一并报相关财政部门。

采购人、采购代理机构应当将补充论证的结论告知提出异议的供应商、单位或者个人。

案例三十三　两难的采购项目——信息公告、同品牌多投标人的处理

落标的要质疑，中标的要弃标，请看——

两难的采购项目

要点提示：

1. 政府采购信息应当在政府采购监督管理部门指定的媒体上及时向社会公开发布。

2. 原则上同一品牌产品只能有一家投标人，但应当在招标文件中对此作出明确规定。

3. 供应商质疑、投诉应当有明确的请求和必要的证明材料，不得进行虚假、恶意投诉。

案情概述：

某代理机构为学校采购一批教学用动漫电脑。开标时，甲、乙、丙、丁等4家供应商参加投标。甲供应商报价70万元，乙供应商报价为60万元。最终乙供应商被评标委员会推荐为第一中标候选人，甲供应商排名第二。评标结束后，甲、乙供应商都来找代理机构。甲供应商提出质疑，认为这个项目60万元根本做不下来，成本都不够，是恶意竞争；而乙供应商却主动要求退出，宁愿罚款五千元。

原来，甲、乙供应商均为某品牌代理商。两家供应商参加同一项目投标，不仅违反了相关规定，也暴露了公司底线。为避免自相残杀，乙供应商主动申请退出，想把机会留给甲。乙退出后，甲供应商要求中标。代理机构认为，根据财政部规定，同一品牌供应商只能由一家代理商投标；财政资金是纳税人的钱，该项目既然60万元就能中标，财政为什么要多花10万元？

该项目后组织重新招标，甲供应商因故没来投标，另一家供应商以60万元中标。甲供应商得知结果后，情绪非常激动。认为公司跟踪这个项目已经一年，因临近春节没有及时上网看到招标信息，代理机构没有及时告之，使公司错失了中标机会。于是，分别到财政、纪检监察等部门上访，甚至写信到中央及省有关单位告状。要求：（1）废标后重新招标；（2）招标前代理机构未通知该公司，使其失去了机会，权益受到了损害；（3）中标供应商以60万元价格中标是恶意竞争，要求取消其中标资格。

点评分析：

本案中，供应商所反映的问题没有法律依据，也没有提供相关证据，所提的一些要求是无理的。根据纪检监察部门的要求，考虑方方面面的影响，监管部门主动与供应商沟通，宣传法律，讲明规定，耐心细致解释，有理有据教育，最终使供应商心服口服。在该案的处理过程中，笔者感触颇深，一个政府采购投诉案的正确处理确实需要讲究方式方法。

一、宣传法律，告之政府采购信息公告规定

《政府采购法》第三条规定，政府采购应当遵循公开透明原则、公平竞争原则、公正原则和诚实信用原则。第十一条规定，政府采购的信息应当在政府采购监督管理部门指定的媒体上及时向社会公开发布。

政府采购信息应当及时公布，但按照法律规定，公布的地点是"政府采购监督管理部门指定的媒体上"，公布的要求是"及时"，公布的对象是"社会"，招标前通知特定供应商没有法律依据。如果提前通知特定供应商，对其他潜在供应商不公平。因此，代理机构废标后重新招标，只能在指定媒体发布信息，而不能提前通知特定供应商。作为供应商，既然非常想做这个项目，知道要重新招标，理应及时关注招标信息。按供应商的说法，已经跟踪这个项目一年，一年都跟下来了，难道差这几天吗？供应商哑口无言。

二、讲清道理，原则上同一品牌同一型号产品只能有一家投标人

根据国际惯例以及《政府采购法》的立法精神，公开竞争是政府采购的基石。政府采购的竞争是指符合采购人采购需求的不同品牌或者不同生产制造商之间的竞争，原则上同一品牌同一型号产品只能有一家投标人，但应当在招标文件中对此作出明确规定。《政府采购法》实施后，为了避免同一品牌同一型号产品出现多个投标人的现象，应当在招标文件中明确规定，同一品牌同一型号产品只能有一家供应商参加。如果有多家代理商参加同一品牌同一型号产品投标的，应当作为一个供应商计算。公开招标以外采购方式以及政府采购服务和工程，也按此方法计算供应商家数。2017年10月1日起实施的《政府采购货物和服务招标投标管理办法》（财政部令第87号）第三十一条对相同品牌产品不同投标人参加同一合同项下投标如何计算作了明确规定。

三、明确要求，质疑投诉应当有明确的请求和必要的证明材料，不得进行虚假、恶意投诉

甲供应商认为以60万元价格中标是恶意竞争，应提供相关证据，在没有证据的情况下到处举报属于诬告。本案中，中标供应商在投标文件中已经承诺可以满足招标文件的要求，如果没有相关证据证明其不能满足，就没有理由取消其中标资格。如果供应商在中标后不能按合同履约，可按《合同法》有关规定处理。《政府采购法》第四十三条明确，政府采购合同适用合同法。采购人和供应商之间的权利和义务，应当按照平等、自愿的原则以合同方式约定。第四十九条规定，政府采购合同的双方当事人不得擅自变更、中止或者终止政府采购合同。

四、有理有据，教育供应商依法参加政府采购活动

当询问甲供应商为什么同一公司的乙供应商可以 60 万元投标，而其一定要报 70 万元？甲供应商说出了苦衷。原来，该公司跟踪此项目已经一年，前期投入很大，如果以 60 万元投标，不仅没有利润，连成本都不保。得知此情况后，首先严肃指出其做法是错误的，供应商参加政府采购活动一定要按照《政府采购法》规定；同时也告之，政府采购是治理商业贿赂的六大重点领域之一，如果情况属实，一定会认真调查，严肃处理。供应商赶紧否认，并表示，监管部门给他们上了一课，学习了法律，受到了教育，明确了政府采购操作程序，今后一定依法参加政府采购活动。

法规链接：

《政府采购法》第三条　政府采购应当遵循公开透明原则、公平竞争原则、公正原则和诚实信用原则。

第十一条　政府采购的信息应当在政府采购监督管理部门指定的媒体上及时向社会公开发布，但涉及商业秘密的除外。

第三十五条　货物和服务项目实行招标方式采购的，自招标文件开始发出之日起至投标人提交投标文件截止之日止，不得少于二十日。

《政府采购法实施条例》第八条　政府采购项目信息应当在省级以上人民政府财政部门指定的媒体上发布。采购项目预算金额达到国务院财政部门规定标准的，政府采购项目信息应当在国务院财政部门指定的媒体上发布。

《政府采购货物和服务招标投标管理办法》（财政部令第 87 号）第三十一条　采用最低评标价法的采购项目，提供相同品牌产品的不同投标人参加同一合同项下投标的，以其中通过资格审查、符合性审查且报价最低的参加评标；报价相同的，由采购人或者采购人委托评标委员会按照招标文件规定的方式确定一个参加评标的投标人，招标文件未规定的采取随机抽取方式确定，其他投标无效。使用综合评分法的采购项目，提供相同品牌产品且通过资格审查、符合性审查的不同投标人参加同一合同项下投标的，按一家投标人计算，评审后得分最高的同品牌投标人获得中标人推荐资格；评审得分相同的，由采购人或者采购人委托评

标委员会按照招标文件规定的方式确定一个投标人获得中标人推荐资格，招标文件未规定的采取随机抽取方式确定，其他同品牌投标人不作为中标候选人。非单一产品采购项目，采购人应当根据采购项目技术构成、产品价格比重等合理确定核心产品，并在招标文件中载明。多家投标人提供的核心产品品牌相同的，按前两款规定处理。

《财政部办公厅关于多家代理商代理一家制造商的产品参加投标如何计算供应商家数的复函》（财办库〔2003〕38号）根据国际惯例以及《政府采购法》的立法精神明确，公开竞争是政府采购的基石。政府采购的竞争是指符合采购人采购需求的不同品牌或者不同生产制造商之间的竞争，原则上同一品牌同一型号产品只能有一家投标人，但应当在招标文件中对此作出明确规定。如中央单位2002年实行的计算机、打印机和复印机协议供货制度，在招标文件中明确规定，只允许投标产品的生产制造商总部参加投标，或者由生产制造商总部全权委托一家代理商参加。否则，作无效标处理。《政府采购法》实施后，为了避免同一品牌同一型号产品出现多个投标人的现象，应当在招标文件中明确规定，同一品牌同一型号产品只能由一家供应商参加。如果有多家代理商参加同一品牌同一型号产品投标的，应当作为一个供应商计算。公开招标以外采购方式以及政府采购服务和工程，也按此方法计算供应商家数。

《政府采购法实施条例》第五十五条　供应商质疑、投诉应当有明确的请求和必要的证明材料。供应商投诉的事项不得超出已质疑事项的范围。

《政府采购质疑和投诉办法》（财政部令第94号）第十八条　投诉人投诉时，应当提交投诉书和必要的证明材料，并按照被投诉采购人、采购代理机构（以下简称被投诉人）和与投诉事项有关的供应商数量提供投诉书的副本。投诉书应当包括下列内容：（一）投诉人和被投诉人的姓名或者名称、通讯地址、邮编、联系人及联系电话；（二）质疑和质疑答复情况说明及相关证明材料；（三）具体、明确的投诉事项和与投诉事项相关的投诉请求；（四）事实依据；（五）法律依据；（六）提起投诉的日期。投诉人为自然人的，应当由本人签字；投诉人为法人或者其他组织的，应当由法定代表人、主要负责人，或者其授权代表签字或者盖章，并加盖公章。

《政府采购法实施条例》第五十六条　对财政部门依法进行的调查取证，投诉人和与投诉事项有关的当事人应当如实反映情况，并提供相关材料。

《政府采购质疑和投诉办法》（财政部令第94号）第二十四条　财政部门依法进行调查取证时，投诉人、被投诉人以及与投诉事项有关的单位及人员应当如实反映情况，并提供财政部门所需要的相关材料。第二十五条　应当由投诉人承担举证责任的投诉事项，投诉人未提供相关证据、依据和其他有关材料的，视为该投诉事项不成立；被投诉人未按照投诉答复通知书要求提交相关证据、依据和其他有关材料的，视同其放弃说明权利，依法承担不利后果。

《政府采购法实施条例》第五十七条　投诉人捏造事实、提供虚假材料或者以非法手段取得证明材料进行投诉的，财政部门应当予以驳回。

《政府采购质疑和投诉办法》（财政部令第94号）第二十九条　投诉处理过程中，有下列情形之一的，财政部门应当驳回投诉：（一）受理后发现投诉不符合法定受理条件；（二）投诉事项缺乏事实依据，投诉事项不成立；（三）投诉人捏造事实或者提供虚假材料；（四）投诉人以非法手段取得证明材料。证据来源的合法性存在明显疑问，投诉人无法证明其取得方式合法的，视为以非法手段取得证明材料。

《政府采购质疑和投诉办法》（财政部令第94号）第三十七条　投诉人在全国范围12个月内三次以上投诉查无实据的，由财政部门列入不良行为记录名单。投诉人有下列行为之一的，属于虚假、恶意投诉，由财政部门列入不良行为记录名单，禁止其1至3年内参加政府采购活动：（一）捏造事实；（二）提供虚假材料；（三）以非法手段取得证明材料。证据来源的合法性存在明显疑问，投诉人无法证明其取得方式合法的，视为以非法手段取得证明材料。

案例三十四　依法处理　不惧"风波"——依法妥善处理投诉

面对 8 家供应商联名投诉——

依法处理　不惧"风波"

一、基本情况

采购项目名称：××省教育厅农村合格幼儿园建设工程户外活动器械项目

采购人：××省教育厅

采购预算：1.09 亿元

采购方式：公开招标

代理机构：××省政府采购中心

开标时间：××××年×月×日

投标人：B 公司等 8 家供应商

中 标 人：H 公司、W 公司

二、案情回放

（一）采购项目实施过程

××××年×月××日，××省政府采购中心（以下简称"采购中心"）接受××省教育厅（以下简称"采购人"）的委托，对××省教育厅农村合格幼儿园建设工程项目实施政府采购。该项目是为建设××省 1000 所农村合格幼儿园采购专用教育教学设备，内容涉及教育器材、专用设备、玩具、幼儿保健等四大类几十个品目，采购预算达 1.09 亿元。采购中心接受委托后，在经过核对采购需求、制定项目实施方案、召开供应商座谈会、召开专家论证会等一系列程序后，于××××年×月××日在法定媒体进行了项目招标公告，并根据招标文件的约定于×月××日召开项目答疑会，对供应商就招标技术和商务部分进行解答。截至投标截止时间，采购中心共收到 18 家供应商递交的投标文件。

×月×日，在该项目负责人的主持下进行开标评标。评标活动开始前，采购中心领导向评标委员会介绍了该项目的评标依据以及评标工作纪律、要求，采购人代表介绍了项目背景等有关情况，采购中心内部控制人员进行内部监督和文字记录，纪检部门的工作人员及公证人员对整个开评标活动进行了现场监督。经项目评委会根据样品及投标文件对招标文件的响应情况进行打分，按综合得分由高到低顺序排名确定 H 公司、W 公司为户外活动器械的第一、第二中标候选人。

评标结果宣布后，采购中心相关人员整理资料离开评标地点。按照招标文件约定，采购人应对中标候选供应商的样品进行封存，而未中标供应商的样品则由其自行带走。但在此过程中，多家未中标供应商阻挠中标供应商拆除中标样品，现场秩序混乱，公安机关接警后到场平息了混乱局面。

（二）质疑投诉处理过程

1. 质疑：×月×日，未中标的B公司等八家供应商（以下统称"投诉人"）向采购中心提出质疑，采购中心于×月××日对投诉人的质疑作出答复。

2. 投诉：投诉人对采购中心的答复不满意，于××××年××月××日投诉至××省财政厅。××省财政厅经调查后，于××月××日依法作出驳回投诉的处理决定。

3. 行政复议：投诉人对投诉处理决定不服，于××月××日向财政部申请行政复议。财政部于××××年×月××日决定维持××省财政厅投诉处理决定书。

（三）投诉人其他行为

本采购项目投诉处理期间，投诉人先后采取一系列行为，试图干扰监管部门依法处理：扬言要组织两卡车工人在国庆前夕到省政府门口静坐；向中纪委、国务院办公厅、最高人民法院、最高人民检察院、中央电视台、××省委省政府、省纪委、省政法委等15个部门或媒体联名举报；某媒体刊发报道该项目的文章，片面听取投诉人陈述、曲解部分评审专家的说法，对事实进行歪曲报道，被报刊文摘及国内各大网站转载。

三、被投诉事项

投诉人投诉提出：

1. 中标产品非中标单位生产，投标人不具备投标资质。H公司提供的产品非本单位生产，根据招标文件投标人必须是所投设备生产厂商的规定，不具备投标资质。

2. 中标的户外大型玩具设计简单、廉价，无新颖性。中标玩具只够5~10人同时使用，而未中标玩具可同时容纳20~40人使用。中标产品没有幼儿喜欢的大"S"滑梯，设计理念不符合农村幼儿园的要求。

3. 中标产品存在大量质量问题，属不合格产品。中标产品在爬网网格规格、安装螺丝的塑胶盖帽、秋千荡绳的处理工艺、钻圈材质等方面，严重偏离标书要求，没有响应招标文件。

4. 中标产品与招标文件规定的要求存在实质性差异。H公司的样品用人造草坪，不符合招标文件要求活动场地铺设厚度不低于25MM的安全地垫的规定，中标应属无效。

5. 中标单位实力小，履约能力堪忧。相比其他投标单位，中标企业规模小、生产能力不足、产品质量得不到保证、履约能力差。

6. 中标产品利润率畸高，严重超过合理水平。据投诉人自己测算，如中标人中标可以获得 1000 万元以上的非法利益，而其他单位利润率相对合理。

7. 本次招标严重违反法律规定和立法本意。中标人在价格和对招标要求的最大满足度上均不符合，不应中标。其他投标人均按能够最大限度地满足各项综合评价标准的要求下，将投标价降至最低。

四、调查取证结果

××省财政厅经调查查明：

1. 关于"中标产品非中标单位生产，投标人不具备投标资质"。H 公司所投产品为自有专利或者转让专利产品，根据现有证据不能认定中标产品不是中标人生产。

2. 关于"中标的户外大型玩具设计简单、廉价，无新颖性"。招标文件在"技术规范和要求"中明确了该器械应当具备的功能，其中未要求器械应同时容纳 20~40 名儿使用的条件，也未要求有大"S"滑梯。且"评委打分明细表"在产品性能、功能和特色一栏，中标的 H 公司得分最高、W 公司得分较高。

3. 关于"中标产品存在大量质量问题，属不合格产品，与招标文件规定的要求存在实质性差异"。开标当日，本项目所有投标人提供的样品都与招标文件有偏离。经评委研究，均不作重大负偏离处理。评委根据样品响应程度，对各投标人的样品进行了酌情打分。认定"中标产品存在大量质量问题、与招标文件要求存在实质性差异"的证据不足。

4. 关于"中标单位实力小，履约能力堪忧"。经组织采购中心、采购人、监督委员会成员及法律专家对 2 名中标候选人的实地考察，不能作此认定。

5. 关于"中标产品利润率畸高，严重超过合理水平"。经查阅评标文件：投诉的 8 家供应商中，有 4 家被评委会判定为无效投标文件。其余进入评审的 4 家供应商中，2 家高于中标人报价，2 家低于中标人报价。投诉人对中标人的利润率测算，依据是其自行制作的"成本核算和利润分析表"，认定的证据不足。

6. 关于"本次招标严重违反法律规定和立法本意"。本项目采用综合评分法评标，中标供应商总得分分别为第一、第二名。项目开标评标时，纪检监察部门代表及公证人员进行了全程监督，未发现违反法律规定。

五、法理分析

投诉处理过程中，主要涉及以下法律问题。

一是供应商同时提起质疑和投诉的处理。本项目投诉人在项目开标后的第二天，8 家供应商即联名向采购中心提出质疑，×月×日即又向××省财政厅等部门提出投诉。根据《政府采购法》的规定，质疑供应商对采购代理机构的答复不满意或者采购代理机构未在规定的时间内作出答复的，可以在答复期满后15个工作日内投诉，即质疑是投诉处理的前置程序。投诉人同时提出质疑、投诉不符合法律规定的程序，依法不应受理，××省财政厅向投诉人进行了有关法律规定的解释说明，告知其待质疑答复之后再视情决定是否提出投诉。鉴于投诉人系多家联名投诉、扬言组织工人闹事情绪激动的实际情况，监管部门同时向采购中心发函，要求依法妥善处理、积极做好解释疏导工作，在签订合同之前要慎重处理，组织对中标候选人的实地考察，指导采购中心做好质疑答复，将投诉处理的关口前移。

二是评审委员会决定招标文件由专家分组评分。本项目评标过程中，由于投标的供应商数量较多、评标任务重，为提高工作效率、保证评标质量，评审委员会决定客观分部分由专家进行分工负责打分，主观分部分由全体评审专家各自打分，评审委员会的这一操作方法引起了争议。《政府采购货物和服务招标投标管理办法》规定：评标时，评标委员会各成员应当独立对每个有效投标人的标书进行评价、打分。结合该项目实际情况，客观分主要是以投标人的资质认定、业绩、价格等客观事实为依据，对照招标文件明确的标准具有既定性，评审专家主观上没有裁量权，因此专家分工负责不影响评分结果。主观分部分，则是评审专家根据自身的专业知识和技能，对投标文件、样品响应情况进行独立自主的打分。经查阅专家评标记录，所有主观分无一雷同。因此，项目评审委员会对客观分分工负责的操作方法不违反专家独立打分的规定，有利于保证专家将更多精力集中于技术部分的评价，提高评标工作效率和质量。

三是招标文件规定之外的因素成为投诉理由。投诉人提出的投诉理由，除有关中标人资质、产品质量问题系依据招标文件规定的条件提出外，其他如中标的户外大型玩具设计简单、廉价、无新颖性，中标单位实力小、履约能力堪忧，中标产品利润率畸高、严重超过合理水平，招标严重违反法律规定和立法本意等，均超出招标文件规定的范围，有些内容甚至是投诉人的主观猜测或看法。根据《政府采购货物和服务招标投标管理办法》（财政部令第18号）规定，评标应"按招标文件中规定的评标方法和标准，对资格性检查和符合性检查合格的投标文件进行商务和技术评估，综合比较与评价"，并"不得改变招标文件中规定的评标标准、方法和中标条件"。根据招标文件规定，本项目采用的是综合评分法，依据综合得分排名确定中标候选人符合法律规定。投诉人提出的中标产品"只够5~10人同时使用""没有大S滑梯""中标单位实力小"等问题，在招标文件中未做要求，不应作为中标产品不符合招标文件要求的依据。因此，投诉人以招标文件规定之外的因素作为理由提出投诉没有法律依据,不能成立。

四是个别评审专家对政府采购法的曲解。投诉人在依法提起投诉的同时,还向国家和××省有关部门多头举报,甚至利用媒体进行炒作,试图向政府采购监管部门施压,以达到自己的目的。在某媒体刊发的不实报道中,援引了个别参与项目评审的专家的部分言语,对歪曲报道起到了推波助澜作用。尽管媒体在文章中引用专家的言语时采取了断章取义的手法,但个别专家接受采访中也确实基于对政府采购法的不了解而发泄了一定的不满情绪,例如"专家在开标前一天才接到电话通知""稀里糊涂就去了""作为评标专家在结果出来之前一直没能说上话"等,本是严格执行政府采购法律法规的做法,在该专家眼里却成为此次采购活动的不足之处。因此,加强政府采购评审专家培训特别是库外专家的临场培训,帮助专家了解政府采购法的基本规定、评审专家的责任权利义务,应当成为政府采购工作必须重视的重要环节。

六、投诉处理结果

××××年××月××日,××省财政厅根据查明的事实,认为投诉人的投诉缺乏事实依据,依法作出驳回投诉处理决定。

××××年×月××日,财政部经复议认为:××省财政厅作出的投诉处理决定,事实清楚,证据确凿,适用依据正确,程序合法,内容适当,依法决定维持××省财政厅《投诉处理决定书》。

七、借鉴启示

本项目预算金额大、涉及范围广、投诉人数量多、对抗情绪强和个别媒体不负责的报道,给投诉处理工作增加了无形的压力和困难,甚至引发了一场幼儿玩具招标"风波"。但整个工作过程中,监管部门不惧压力、迎难而上,坚持依法、妥善、审慎处理投诉,严格依据调查后的客观事实和法律法规作出投诉处理决定,并采取相应措施加强项目各方当事人的沟通,将"风波"的影响缩到最低直至完全平息,既维护了政府采购的严肃性,也为进一步推进政府采购工作、妥善处理供应商投诉积累了丰富的经验。主要启示如下:

1. 监管部门依法处理,避免激化矛盾。在一整套政府采购维权机制中,监管部门处于重要位置、担负重要职责。本项目由于开标当日便引发了较大矛盾,监管部门在处理过程中更加注意依法履行职责。一是加强前期指导督办。项目开标后,投诉人即同时提出质疑和投诉阶段,监管部门在告知投诉人不符合投诉受理条件的同时,指导采购中心对项目实施过程进行自查、做好投诉人解释工作,并依法对质疑作出答复,并督促采购中心在正式签订合同之前,组织考察组赴中标企业进行实地考察,以避免工作上的被动。二是依法开展调查。受理投诉后,首先与投诉人进行沟通，阐明政府采购法有关规定，引导其依法维权。为妥善处理投诉，专门召开法律咨询论证会，从法律上进行风险分析研判，明确调查工作的重点和思路。在此基础上，全面审查项目实施材料、评审记录，进一步听取投诉人、中标人的意见。三是客观公正处理。在充分调查事实、全面收集证据后，根据客观事实和相关法律法规，认定投诉人的投诉理由不能成立，依法作出驳回投诉处理的决定，维护了政府采购的权威。四是加强后续跟踪。投诉处理作出后，得知投诉人仍然不服，在提起行政复议的同时还四处告状，并欲借助媒体炒作。为了加强正面宣传，监管部门先后组织了该项目实施通报会、案例分析会，探讨工作中存在的不足，进一步通报项目实施进展情况，及时发现和改进合同履行中存在的问题，克服个别媒体不实报道的负面影响。

2. 操作机构规范操作，杜绝工作瑕疵。投诉人的投诉最终被监管机构依法驳回，财政部行政复议亦维持了××省财政厅的投诉处理决定，无疑是对采购中心依法规范操作的肯定。由于本项目是为建设××省农村合格幼儿园而组织实施的专用教育教学设备采购，实施范围涉及全××省1000所农村幼儿园，内容涵盖体育器材、专用设备、玩具、幼儿保健等四大类几十个品目，采购预算达1.09亿元，而且是采购中心首次实施此类设备的采购。采购中心对此项目高度重视，领导亲自组织，业务骨干直接负责，从接受采购委托、核对采购需求、制定项目实施方案、召开供应商座谈会、专家论证会、项目答疑会等多个方面，进行了精心组织和准备。开标评标阶段，考虑到项目采购品目的特殊性，除按照规定从全省统一的专家库中抽取专家外，还按程序从库外抽取了部分体育运动器械类、材料设备类专家和幼儿工作一线的老师参加项目评审，样品接收、开标、评标、样品拆除等环节均有纪检监察人员和公证人员全程监督公证，不存在任何违反规定的操作行为。正因采购中心的规范操作，8家供应商的联名投诉和行政复议申请才未获支持，该项目得以顺利实施。

3. 后续工作积极跟进，消除不良影响。由于项目开标后8家供应商联名投诉、多头告状、借助媒体进行不当炒作，该项目在国家和××省有关部门、政府采购系统、社会各方面都产生了较大的影响，特别是某媒体的片面不实报道在网络上广泛传播后，更是加深了各界对政府采购的误解，损害了政府采购的形象。但政府采购监管部门和操作机构并未消极应付，而是积极主动做好后续工作，努力消除不良影响。具体做法是：一是加强对合同履约的监督检查。在合同履约阶段，采购中心组织质监、纪检、采购人组成的验收专家组，在产品生产过程中对使用的材质、半成品及生产工艺进行飞检，提出整改意见，从源头上严格控制材料选用，确保产品质量。为确保供应商供货产品完整、安全安装到位，又组织有关专家、采购人对履约情况进行监督检查，要求供应商对存在的问题进行及时整改，以实实在在的业绩赢得主管部门和广大用户的肯定。二是组织项目当事人进行项目总结分析。由于项目受到投诉人的联名投诉，监管部门组织操作机构经办人员、现场监督的纪检监察人员、项目评审专家代表、采购人代表等各方参与人，专门召开项目实施总结分析会，各方从自己的角度总结、分析工作中存在的问题及需要注意的事项，及时消除有关方面的误解，进而提出改进工作的意见和建议。三是组织召开案例分析会。投诉人代表当场表示，对于政府采购工作，走过了一个从过去的误解到现在的了解的过程，今后会把所有精力投入到产品质量的提高上，争取在以后的投标中能够有所收获，对政府采购充满信心。政府采购专业媒体也对该项目实施、投诉处理、行政复议的全部情况进行了深入报道，向社会还原了事实真相。

4. 深入开展理性分析，制度有待完善。相比以前幼儿玩具项目只有百八十万的零星采购，××省教育厅农村合格幼儿园建设工程户外活动器械项目这块价值1.09亿元的大蛋糕从天而降，各方供应商都想分享。但政府采购竞争总有胜败，供应商质疑、投诉的救济渠道恰恰为未中标供应商提供了一个发泄失败情绪的途径。"风波"之后冷静地思考，政府采购具体制度确实有需要进一步完善的地方：一是供应商资格预审制度。在一些大的采购项目中，通过预审制度把不合格的供应商事先排除，既减少评标压力，又降低这些供应商参加后续投标活动的不必要成本，从而缓解其大量资金投入却无所获的对立情绪。二是供应商质疑投诉的有效制约问题。本项目投诉人自己也承认采购文件、采购过程及采购中心的工作是公平、公正的，但不满外省供应商中标，更不满中标候选人表现太张扬，所以执意进行质疑投诉，监管部门和操作机构却为此付出大量精力，承担了过多压力，而投诉人却不需要为此付出任何成本。三是和谐政府采购环境的建设问题。随着政府采购领域日益激烈的利益冲突和市场竞争，面对供应商竞标失败后的严重对立，面对供应商的无理质疑、投诉、行政复议甚至行政诉讼，政府采购和谐环境建设需要更大的努力。四是供应商权利救济制度的改革与重建问题。目前质疑—投诉—复议—诉讼的制度设计是否合理、是不是最佳选择，在政府采购制度实行多年之后，有必要结合实际加以改进甚至重建。这些问题，有的可以立足现有法律法规加以完善，有的则需要进一步深化政府采购法制理论研究，方能提出科学的解决方案。

第二十三章 其 他

案例三十五 拒绝背黑锅——政府采购不再沉默

短短一天内,"××省政府采购歧视民族品牌"的文章被各大网站迅速转载,指责声一片。

拒绝背黑锅

要点提示:

政府采购,是指各级国家机关、事业单位和团体组织,使用财政性资金采购依法制定的集中采购目录以内的或者采购限额标准以上的货物、工程和服务的行为。企业采购目前不属于政府采购。

案情概述:

××××年3月27日,国内一家权威新闻网站刊发了其记者的署名文章《××省部分部门中央空调政府采购歧视民族品牌》,指出最近××省一些政府部门在政府采购中央空调系统时歧视民族品牌。此文迅速被新浪、网易、中国新闻网、凤凰网等国内各大网站转载。随后,各方的批评和指责迅速形成一股舆论风潮,矛头直指政府采购。

××省财政厅政府采购监管部门第一时间组织调查核实情况。经调查查明,该报道混淆概念,作为"证据"列举的6个项目均不属于《政府采购法》的政府采购范围。其中2个为企业项目,4个为建设部门负责监督管理的建筑工程类招标项目,代理采购的也不是政府采购代理机构。

次日,××省财政厅政府采购监管部门在政府采购网发表了一份义正词严的声明。声明指出,该网站作为国家的主流媒体,在做出正式报道前应调查了解情况,知晓相关法律。在没有了解真实情况下,就以"××省政府采购"的标题公开发表不准确的新闻信息,对政府采购的声誉造成了重大影响。要求某网站对此事做出解释，并保留法律追究权利。声明引起业内的广泛关注。不久，相关报道就从该网站上被拿掉了。

点评分析：

该事件反映出，社会公众和非政府采购专业媒体对什么是政府采购并不了解，也涉及到一个政府采购业内的话题：企业自筹资金的建设工程项目是否属于政府采购范畴？

一、政府采购的适用范围

《政府采购法》第二条明确：政府采购，是指各级国家机关、事业单位和团体组织，使用财政性资金采购依法制定的集中采购目录以内的或者采购限额标准以上的货物、工程和服务的行为。该条规定明确了法律的调整、适用范围和管理力度。凡是符合该条规定的采购项目，属于政府采购项目，必须依法开展采购活动。

二、企业采购目前不属于政府采购

根据《政府采购法》第二条明确规定，政府采购的主体是"各级国家机关、事业单位和团体组织"，企业不属于政府采购范围。上述文章中所涉及的企业自筹资金的建设工程项目，目前不属于政府采购。

三、妥善处理舆论危机

应该说该事件的处理结果还是比较令人满意的。××省财政厅政府采购监管部门第一时间发表声明，澄清事实，起到了积极作用。从"合肥空调事件"到"江西沥青事件"，政府采购被媒体失实报道"冤枉"、无端"背黑锅"已非个例，但以省级政府采购监管部门的名义公开对不实报道说"不"的还是第一次。

与此同时，政府采购专业媒体在头版头条发表了题为《拒绝背黑锅，政府采购不再沉默》的独家新闻，并配发了短评"政府采购需要建设性关注"。因此，加强对政府采购的宣传，争取媒体支持也是政府采购工作中不容忽视的。

法规链接：

《政府采购法》第二条　在中华人民共和国境内进行的政府采购适用本法。本法所称政府采购，是指各级国家机关、事业单位和团体组织，使用财政性资金采购依法制定的集中采购目录以内的或者采购限额标准以上的货物、工程和服务的行为。

《政府采购法实施条例》第二条　政府采购法第二条所称财政性资金是指纳入预算管理的资金。以财政性资金作为还款来源的借贷资金，视同财政性资金。

国家机关、事业单位和团体组织的采购项目既使用财政性资金又使用非财政性资金的，使用财政性资金采购的部分，适用政府采购法及本条例；财政性资金与非财政性资金无法分割采购的，统一适用政府采购法及本条例。

《政府采购法》第九条　政府采购应当有助于实现国家的经济和社会发展政策目标，包括保护环境，扶持不发达地区和少数民族地区，促进中小企业发展等。

第十条　政府采购应当采购本国货物、工程和服务。但有下列情形之一的除外：

（一）需要采购的货物、工程或者服务在中国境内无法获取或者无法以合理的商业条件获取的；

（二）为在中国境外使用而进行采购的；

（三）其他法律、行政法规另有规定的。

前款所称本国货物、工程和服务的界定，依照国务院有关规定执行。

《政府采购法实施条例》第六条　国务院财政部门应当根据国家的经济和社会发展政策，会同国务院有关部门制定政府采购政策，通过制定采购需求标准、预留采购份额、价格评审优惠、优先采购等措施，实现节约能源、保护环境、扶持不发达地区和少数民族地区、促进中小企业发展等目标。

第七条　政府采购工程以及与工程建设有关的货物、服务，应当执行政府采购政策。

案例三十六　分散采购不是自由采购——关于分散采购和涉密采购

分散采购不是自由采购

要点提示：
1. 分散采购也是政府采购，适用《政府采购法》。
2. 采购结果应当在政府采购指定媒体公开发布。
3. 涉密采购不适用《政府采购法》。

案情概述：

某单位分散采购项目——门户网招标。招标结束后，因未按《政府采购法》相关规定及时公布中标结果，受到供应商质疑、投诉。采购人认为，该项采购项目属于分散采购，可由单位集体研究决定。

点评分析：

该案涉及三个问题：一是分散采购是否适用《政府采购法》？二是分散采购的结果是否应当公布？何时公布？三是涉密采购如何处理？

一、分散采购也是政府采购，适用《政府采购法》

根据《政府采购法》第二条规定，在中华人民共和国境内进行的政府采购适用本法。第七条明确，政府采购实行集中采购和分散采购相结合。因此，分散采购也是政府采购，应当适用《政府采购法》，本案中采购人以单位会议形式集体研究决定并不合法。

二、采购结果应当在政府采购指定媒体公开发布

既然分散采购适用《政府采购法》，那就意味着整个采购程序都要符合《政府采购法》的规定，包括采购结果应及时在指定媒体公布。《政府采购法》第三条规定，政府采购应当遵循公开透明原则、公平竞争原则、公正原则和诚实信用原则。第十一条规定，政府采购的信息应当在政府采购监督管理部门指定的媒体上及时向社会公开发布，但涉及商业秘密的除外。第六十三条规定，政府采购项目的采购标准应当公开。采用本法规定的采购方式的，采购人在采购活动完成后，应当将采购结果予以公布。

《政府采购法实施条例》第四十三条规定，采购人或者采购代理机构应当自中标、成交供应商确定之日起 2 个工作日内，发出中标、成交通知书，并在省级以上人民政府财政部门指定的媒体上公告中标、成交结果,招标文件、竞争性谈判文件、询价通知书随中标、成交结果同时公告。

《政府采购信息公告管理办法》(财政部令第 19 号)第八条 除涉及国家秘密、供应商的商业秘密,以及法律、行政法规规定应予保密的政府采购信息以外,下列政府采购信息必须公告:……(四)招标投标信息,包括公开招标公告、邀请招标资格预审公告、中标公告、成交结果及其更正事项等。

本案中,采购信息未依法在政府采购指定媒体及时公布。

三、涉密采购不适用《政府采购法》

《政府采购法》第八十五条规定:"……涉国家安全和秘密的采购,不适用本法。"在实际操作中,经常会遇到采购人以项目涉密为由规避政府采购,采购项目是否涉密,应当经过保密部门认定。经调查,本案中的采购项目不适用《政府采购法》第八十五条规定。

法规链接:

《政府采购法》第二条 在中华人民共和国境内进行的政府采购适用本法。

第七条 政府采购实行集中采购和分散采购相结合。

第十八条 采购人采购纳入集中采购目录的政府采购项目,必须委托集中采购机构代理采购;采购未纳入集中采购目录的政府采购项目,可以自行采购,也可以委托集中采购机构在委托的范围内代理采购。

《政府采购法实施条例》第四条 政府采购法所称集中采购,是指采购人将列入集中采购目录的项目委托集中采购机构代理采购或者进行部门集中采购的行为。政府采购法所称分散采购,是指采购人将采购限额标准以上的未列入集中采购目录的项目自行采购或者委托采购代理机构代理采购的行为。

《政府采购货物和服务招标投标管理办法》(财政部令第 87 号)第九条 未纳入集中采购目录的政府采购项目,采购人可以自行招标,也可以委托采购代理机构在委托的范围内代理招标。

采购人自行组织开展招标活动的,应当符合下列条件:

(一)有编制招标文件、组织招标的能力和条件;

(二)有与采购项目专业性相适应的专业人员。

《政府采购法》第三条 政府采购应当遵循公开透明原则、公平竞争原则、公正原则和诚实信用原则。

第十一条 政府采购的信息应当在政府采购监督管理部门指定的媒体上及时向社会公开发布,但涉及商业秘密的除外。

第六十三条　政府采购项目的采购标准应当公开。采用本法规定的采购方式的，采购人在采购活动完成后，应当将采购结果予以公布。

《政府采购法实施条例》第五十九条　政府采购法第六十三条所称政府采购项目的采购标准，是指项目采购所依据的经费预算标准、资产配置标准和技术、服务标准等。

第八条　政府采购项目信息应当在省级以上人民政府财政部门指定的媒体上发布。采购项目预算金额达到国务院财政部门规定标准的，政府采购项目信息应当在国务院财政部门指定的媒体上发布。

第四十三条　采购人或者采购代理机构应当自中标、成交供应商确定之日起2个工作日内，发出中标、成交通知书，并在省级以上人民政府财政部门指定的媒体上公告中标、成交结果，招标文件、竞争性谈判文件、询价通知书随中标、成交结果同时公告。中标、成交结果公告内容应当包括采购人和采购代理机构的名称、地址、联系方式，项目名称和项目编号、中标或者成交供应商名称、地址和中标或者成交金额，主要中标或者成交标的的名称、规格型号、数量、单价、服务要求以及评审专家名单。

《政府采购信息公告管理办法》（财政部令第19号）第八条　除涉及国家秘密、供应商的商业秘密，以及法律、行政法规规定应予保密的政府采购信息以外，下列政府采购信息必须公告：……（四）招标投标信息，包括公开招标公告、邀请招标资格预审公告、中标公告、成交结果及其更正事项等。

《政府采购法》第八十五条　……涉国家安全和秘密的采购，不适用本法。

第二十三章 其 他

案例三十七 "意外"的诉讼——送达

一个不经意的疏忽让财政部门成了被告。

"意外"的诉讼

要点提示：

投诉处理决定书的送达，依照民事诉讼法中关于送达的规定执行。

案情概述：

某监管部门作出投诉处理决定后，通知供应商前来签收。供应商如约而来，听说监管部门最终没有支持其投诉，看到"投诉处理缺乏事实依据，驳回投诉"的处理决定，供应商代表、一名年轻的女同志当时就流下了眼泪。见此情景，经办人员好言相劝，并将投诉处理决定交到其手中。按照规定，投诉处理决定书应要求供应商签收。但看到这位女同志眼泪汪汪的，也怪可怜的，工作人员心一软，就没有坚持。心想"当事人已经亲自来了，处理决定书也交到其手中了，即便不签字也不可能赖掉吧"。没想到，收到投诉处理决定后，该供应商不服，向法院提起了诉讼。在法庭上，就是这位曾经让人可怜的女同志大叫："我没有签字，我没有收到处理决定书。"

无独有偶。在另一起投诉处理案件中，监管部门依法作出了废标处理决定。投诉人、代理机构都在规定的时间内收到了投诉处理决定，但中标候选人却说没有收到。称其是在中标通知书发出后，因采购人一直没与其签订合同，经向代理机构咨询才得知已经废标。该中标候选人非常气愤，将财政部门告上了法庭，认为损害了其利益。在法庭调查和辩论时，相关当事人都抓住这点不放。按照常理分析，既然其他当事人都收到了投诉处理决定书，也应该给中标候选人发。且该中标候选人因不服处理决定，在规定的时间内已经向财政部申请行政复议，向市中级人民法院、省高级人民法院提起诉讼，要求撤销处理决定，说明其已经知道投诉处理决定的内容，并没有影响其行使权力，但监管部门却拿不出送达的相关证据，找不到邮寄回执、签收单据等相关凭证。上法庭打官司就要依法律、讲程序、重证据。因为拿不出证据，财政部门差点败诉。

点评分析：

上述两个案例说明，在投诉处理过程中，规范送达的重要性。

根据《政府采购质疑和投诉办法》（财政部令第 94 号）规定，投诉处理决定书的送达，参照《中华人民共和国民事诉讼法》关于送达的规定执行。第三十四条规定，财政部门应当将投诉处理决定书送达投诉人和与投诉事项有关的当事人，并及时将投诉处理结果在省级以上财政部门指定的政府采购信息发布媒体上公告。投诉处理决定书的送达，参照《中华人民共和国民事诉讼法》关于送达的规定执行。

根据《中华人民共和国民事诉讼法》规定，送达的方式主要有七种。（1）直接送达，又称交付送达，是指派专人将诉讼文书直接交付给受送达人签收的送达方式。直接送达是送达方式中最基本的方式。（2）留置送达，是指受送达人无理拒收诉讼文书时，送达人依法将诉讼文书放置在受送达人的住所并产生送达的法律效力的送达方式。（3）电子送达，经受送达人同意，人民法院可以采用传真、电子邮件等能够确认其收悉的方式送达诉讼文书，但判决书、裁定书、调解书除外。采用前款方式送达的，以传真、电子邮件等到达受送达人特定系统的日期为送达日期。（4）委托送达，是指负责审理该民事案件的人民法院直接送达诉讼文书有困难时，依法委托其他人民法院代为送达。委托送达与直接送达具有同等法律效力。（5）邮寄送达，是指人民法院将所送达的文书通过邮局并用挂号信寄给受送达人的方式。邮寄送达，应当附有送达回证。挂号信回执上注明的收件日期与送达回证上注明的收件日期不一致的，或者送达回证没有寄回的，以挂号信回执上注明的收件日期为送达日期。（6）转交送达，是指人民法院将诉讼文书送交受送达人所在单位代收，然后转交给受送达人的送达方式。转交送达有三种情况：①受送人是军人，通过其所在部队团以上单位的政治机关转交；②受送达人被监禁的，通过其所在监所和劳动改造单位转交；③受送达人正在被劳动教养的，通过其劳动教养单位转交。代为转交的机关、单位收到诉讼文书后，必须立即交受送达人签收，并以其在送达回证上签收的时间为送达日期。（7）公告送达，是指法院以张贴公告、登报等办法将诉讼文书公之于众，经过一定时间，法律上即视为送达的送达方式。采用公告送达必须是受送达人下落不明，或者用前六种方式无法送达时，才能适用的送达方式。公告送达，自发出公告之日起，经过 60 日，即为公告期满，视为送达。新修订后的民诉法第八十六条、第八十七条规定了新的送达方式：一是采用拍照、录像等方式记录送达过程，即视为送达；二是经受送达人同意，人民法院可以采用传真、电子邮件等能够确认其收悉的方式送达诉讼文书。

投诉处理决定作出后，按规定送达相关当事人，一个都不能少。一定要按照规范程序操作。即直接送达的，要办理签收手续。直接送达有困难的，可邮寄。

邮寄的相关回执一定要妥善保存，必要时用证据说话。除挂号信外，现在用特快专递比较好，方便快捷易查询。

法规链接：

《政府采购质疑和投诉办法》（财政部令第94号）第三十四条　财政部门应当将投诉处理决定书送达投诉人和与投诉事项有关的当事人，并及时将投诉处理结果在省级以上财政部门指定的政府采购信息发布媒体上公告。投诉处理决定书的送达，参照《中华人民共和国民事诉讼法》关于送达的规定执行。

《中华人民共和国民事诉讼法》第二节第八十四条　送达诉讼文书必须有送达回证，由受送达人在送达回证上记明收到日期，签名或者盖章。受送达人在送达回证上的签收日期为送达日期。第八十五条　送达诉讼文书，应当直接送交受送达人。受送达人是公民的，本人不在交他的同住成年家属签收；受送达人是法人或者其他组织的，应当由法人的法定代表人、其他组织的主要负责人或者该法人、组织负责收件的人签收；受送达人有诉讼代理人的，可以送交其代理人签收；受送达人已向人民法院指定代收人的，送交代收人签收。受送达人的同住成年家属，法人或者其他组织的负责收件的人，诉讼代理人或者代收人在送达回证上签收的日期为送达日期。第八十六条　受送达人或者他的同住成年家属拒绝接收诉讼文书的，送达人可以邀请有关基层组织或者所在单位的代表到场，说明情况，在送达回证上记明拒收事由和日期，由送达人、见证人签名或者盖章，把诉讼文书留在受送达人的住所；也可以把诉讼文书留在受送达人的住所，并采用拍照、录像等方式记录送达过程，即视为送达。第八十七条　经受送达人同意，人民法院可以采用传真、电子邮件等能够确认其收悉的方式送达诉讼文书，但判决书、裁定书、调解书除外。采用前款方式送达的，以传真、电子邮件等到达受送达人特定系统的日期为送达日期。第八十八条　直接送达诉讼文书有困难的，可以委托其他人民法院代为送达，或者邮寄送达。邮寄送达的，以回执上注明的收件日期为送达日期。第八十九条　受送达人是军人的，通过其所在部队团以上单位的政治机关转交。第九十条　受送达人被监禁的，通过其所在监所转交。受送达人被采取强制性教育措施的，通过其所在强制性教育机构转交。第九十一条　代为转交的机关、单位收到诉讼文书后，必须立即交受送达人签收，以在送达回证上的签收日期，为送达日期。第九十二条　受送达人下落不明，或者用本节规定的其他方式无法送达的，公告送达。自发出公告之日起，经过六十日，即视为送达。公告送达，应当在案卷中记明原因和经过。

案例三十八 评标的"秘密"——信息公开

投诉人说,如果评标没有"猫腻",就把评委评审打分的情况晒出来——

评标的"秘密"

要点提示:

1. 政府采购评审中,采用综合评分法的评分因素包括价格、技术、商务等多项内容,报价最低并不一定中标。

2. 政府采购信息依法应当公开,但公开的内容有明确规定。

3. 根据《政府采购货物和服务招标投标管理办法》(财政部令第87号)规定,采购采用综合评分法评审的,应当告知未中标人本人的评审得分与排序。

4. 采购人、采购代理机构和评审专家对评审情况负有保密义务。

案情概述 A:

某采购代理机构对体育健身器材采购项目组织公开招标。该项目采购预算金额近4 000万元。经依法组建的评标委员会评审,推荐了3名中标候选人。Y公司被评标委员会推荐为第三中标候选人。评标结果公布后,Y公司就评标过程和评标结果提出质疑。因对代理机构质疑答复不满意,向财政部门投诉。

投诉人认为,其报价最低,根据招标文件评分办法,价格得分应排名第一;其产品质量好,在全国有一定知名度,综合得分应该也不会低,但结果总分排名才列第三。认为评标过程存在不公正现象,要求财政部门对评标过程再次进行审查,并要求公开详细的评标分数和具体的评分标准,出示现场录像、录音等资料。

案情概述 B:

某代理机构组织对检测仪器及相关服务采购项目进行公开招标。经依法组建的评标委员会评标,H公司被评标委员会推荐为中标人。J公司对中标结果提出质疑。因对代理机构质疑答复不满,J公司向财政部门投诉。

投诉人认为,评委的评分不公平,要求知道评委是否按照招标文件的评分办法进行评分,并要求公布各投标厂商各项得分情况及综合得分排名。

点评分析：

上述两个案例反映了在政府采购活动中，供应商对政府采购评标方法的误解，认为投标价格最低就应当中标。同时供应商对政府采购项目信息公开的规定也存在误区，不了解采购人和采购代理机构可以公开哪些政府采购项目信息。值得讨论的问题是，投诉人认为评标过程存在不公正现象或对中标结果不满，要求公开现场评审资料的投诉请求是否合法？评委的具体打分情况、各投标人的各项得分情况及综合得分排名是否应当公开？

一、供应商投标价格只是评审因素之一，报价最低不一定中标

《政府采购货物和服务招标投标管理办法》（财政部令第87号）第五十五条规定，综合评分法，是指投标文件满足招标文件全部实质性要求，且按照评审因素的量化指标评审得分最高的投标人为中标候选人的评标方法。评审因素的设定应当与投标人所提供货物服务的质量相关，包括投标报价、技术或者服务水平、履约能力、售后服务等。资格条件不得作为评审因素。评审因素应当在招标文件中规定。

第五十七条规定，采用综合评分法的，评标结果按评审后得分由高到低顺序排列。得分相同的，按投标报价由低到高顺序排列。得分且投标报价相同的并列。投标文件满足招标文件全部实质性要求，且按照评审因素的量化指标评审得分最高的投标人为排名第一的中标候选人。

综合评分的主要因素是：投标报价、技术或者服务水平、履约能力、售后服务等。在评审过程中，价格只是评标因素之一。评标委员会要根据招标文件规定的评标标准，对供应商进行综合评价，合格供应商中，报价最低的，价格得分会最高，但汇总其他评审因素的综合得分不一定最高。

针对A案例，经查阅招标文件，招标文件明确规定，本项目采用综合评分法评标，并事先规定了评分的主要因素及相应比重。招标文件中还公布了具体评分标准，投标价格只是评审因素之一。

经查阅"评委打分明细表"和"评委打分汇总表"，投诉人的投标报价得分高于第一中标候选人和第二中标候选人，但根据综合评分法汇总货物质量与功能、技术参数响应情况、配置情况、售后服务与培训、企业财务情况、经营业绩及信誉情况等其他因素的得分后，投诉人评标总得分列第三名。

经查，本项目评标委员会由招标采购单位依法组建，按照招标文件规定的标准进行评标，并根据评标总得分推荐中标候选人，未发现评标委员会在评标过程有违反法律规定的情况。

针对B案例，经查，本项目评标委员会由招标采购单位依法组建，按照招标文件规定的标准进行评标，并根据评标总得分推荐中标候选人，未发现评标委员会在评标过程有违反法律规定的情况。

二、政府采购信息依法应当公开，但公开的内容有明确规定

《政府采购法》第三条明确规定，政府采购应当遵循公开透明原则、公平竞争原则、公正原则和诚实信用原则。第十一条规定，政府采购信息应当在政府采购监督管理部门指定的媒体上及时向社会公开发布，但涉及商业秘密的除外。

关于信息公开的内容，《政府采购信息公告管理办法》（财政部令第19号）第十条规定，公开招标公告应当包括以下内容：（一）采购人、代理机构的名称、地址和联系方式；（二）招标项目的名称、用途、数量、简要技术要求或者招标项目的性质；（三）供应商资格要求；（四）获取招标文件的时间、地点、方式及招标文件售价；（五）投标截止时间、开标时间及地点；（六）采购项目联系人姓名和电话。第十二条规定，中标公告应当包括下列内容：（一）采购人、代理机构的名称、地址和联系方式；（二）采购项目名称、用途、数量、简要技术要求及合同履行日期；（三）定标日期（注明招标文件编号）；（四）本项目招标公告日期；（五）中标供应商名称、地址和中标金额；（六）评标委员会成员名单；（七）采购项目联系人姓名和电话。

经查，本项目依法应予公告的内容均已公告，投诉人要求知道评委评审打分情况，不属于法定公开的内容，投诉人的要求没有法律依据。

三、关于未中标人的得分及排序情况，财政部令第18号与87号有区别

1. 根据18号令规定，供应商的具体得分情况与排序不在告知的范围，不属于必须公开的内容。

2. 根据87号令，采用综合评分法评审的，应当告知未中标人的得分与排序。《政府采购货物和服务招标投标管理办法》（财政部令第87号）第六十九条规定，在公告中标结果的同时，采购人或者采购代理机构应当向中标人发出中标通知书；对未通过资格审查的投标人，应当告知其未通过的原因；采用综合评分法评审的，还应当告知未中标人本人的评审得分与排序。87号令从2017年10月1日起实施。

四、采购人、采购代理机构、评审专家对评审情况负有保密义务

《政府采购法实施条例》第四十条明确，政府采购评审专家应当遵守评审工作纪律，不得泄露评审文件、评审情况和评审中获悉的商业秘密。《政府采购货物和服务招标投标管理办法》（财政部令第87号）第六十六条规定，采购人、采购代理机构应当采取必要措施，保证评标在严格保密的情况下进行。除采购人代表、评标现场组织人员外，采购人的其他工作人员以及与评标工作无关的人员不得进入评标现场。有关人员对评标情况以及在评标过程中获悉的国家秘密、商业秘密负有保密责任。《政府采购评审专家管理办法》（财库〔2016〕198号）第十八条规定，……不得泄露评审文件、评审情况和在评审过程中获悉的商业秘密。《财政部关于进一步规范政府采购评审工作有关问题的通知》（财库〔2012〕69号）规定，采购人、采购代理机构要确保评审活动在严格保密的情况下进行。在采购结果确定前，采购人、采购代理机构对评审委员会名单负有保密责任。评审委员会成员、采购人和采购代理机构工作人员、相关监督人员等与评审工作有关的人员，对评审情况以及在评审过程中获悉的国家秘密、商业秘密负有保密责任。

本案中，投诉人认为应向其公布评委评审打分情况，不属于依法应当公开的内容，采购人和采购代理机构应当履行保密义务。

综上分析，财政部门认为，两个案例投诉人的投诉均缺乏依据，根据《政府采购法》第五十六条、《政府采购供应商投诉处理办法》第十七条之规定，① 均作出了驳回的投诉处理决定。

法规链接：

《政府采购法实施条例》第三十四条　政府采购招标评标方法分为最低评标价法和综合评分法……综合评分法，是指投标文件满足招标文件全部实质性要求且按照评审因素的量化指标评审得分最高的供应商为中标候选人的评标方法。

第四十一条　评标委员会、竞争性谈判小组或者询价小组成员应当按照客观、公正、审慎的原则，根据采购文件规定的评审程序、评审方法和评审标准进行独立评审。

《政府采购货物和服务招标投标管理办法》（财政部令第87号）第五十二条　评标委员会应当按照招标文件中规定的评标方法和标准，对符合性审查合格的投标文件进行商务和技术评估，综合比较与评价。

第五十五条　综合评分法，是指投标文件满足招标文件全部实质性要求，且按照评审因素的量化指标评审得分最高的投标人为中标候选人的评标方法。评审因素的设定应当与投标人所提供货物服务的质量相关，包括投标报价、技术或者服务水平、履约能力、售后服务等。资格条件不得作为评审因素。评审因素应当在招标文件中规定。

第五十七条　采用综合评分法的，评标结果按评审后得分由高到低顺序排列。得分相同的，按投标报价由低到高顺序排列。得分且投标报价相同的并列。

---

① 注：自2018年3月1日起，按《政府采购质疑和投诉办法》第二十九条之规定执行。

投标文件满足招标文件全部实质性要求，且按照评审因素的量化指标评审得分最高的投标人为排名第一的中标候选人。

《政府采购法》第三条　政府采购应当遵循公开透明原则、公平竞争原则、公正原则和诚实信用原则。

第十一条　政府采购信息应当在政府采购监督管理部门指定的媒体上及时向社会公开发布，但涉及商业秘密的除外。

《政府采购法实施条例》第四十三条　采购人或者采购代理机构应当自中标、成交供应商确定之日起2个工作日内，发出中标、成交通知书，并在省级以上人民政府财政部门指定的媒体上公告中标、成交结果，招标文件、竞争性谈判文件、询价通知书随中标、成交结果同时公告。中标、成交结果公告内容应当包括采购人和采购代理机构的名称、地址、联系方式，项目名称和项目编号，中标或者成交供应商名称、地址和中标或者成交金额，主要中标或者成交标的的名称、规格型号、数量、单价、服务要求以及评审专家名单。

《政府采购货物和服务招标投标管理办法》（财政部令第87号）第六十九条　采购人或者采购代理机构应当自中标人确定之日起2个工作日内，在省级以上财政部门指定的媒体上公告中标结果，招标文件应当随中标结果同时公告。

中标结果公告内容应当包括采购人及其委托的采购代理机构的名称、地址、联系方式，项目名称和项目编号，中标人名称、地址和中标金额，主要中标标的的名称、规格型号、数量、单价、服务要求，中标公告期限以及评审专家名单。

中标公告期限为1个工作日。

邀请招标采购人采用书面推荐方式产生符合资格条件的潜在投标人的，还应当将所有被推荐供应商名单和推荐理由随中标结果同时公告。

在公告中标结果的同时，采购人或者采购代理机构应当向中标人发出中标通知书；对未通过资格审查的投标人，应当告知其未通过的原因；采用综合评分法评审的，还应当告知未中标人本人的评审得分与排序。

《政府采购信息公告管理办法》（财政部令第19号）第八条　除涉及国家秘密、供应商的商业秘密，以及法律、行政法规规定应予保密的政府采购信息以外，下列政府采购信息必须公告：

（一）有关政府采购的法律、法规、规章和其他规范性文件；

（二）省级以上人民政府公布的集中采购目录、政府采购限额标准和公开招标数额标准；

（三）政府采购招标业务代理机构名录；

（四）招标投标信息，包括公开招标公告、邀请招标资格预审公告、中标公

告、成交结果及其更正事项等;

（五）财政部门受理政府采购投诉的联系方式及投诉处理决定;

（六）财政部门对集中采购机构的考核结果;

（七）采购代理机构、供应商不良行为记录名单;

（八）法律、法规和规章规定应当公告的其他政府采购信息。

《政府采购法实施条例》第四十条　政府采购评审专家应当遵守评审工作纪律，不得泄露评审文件、评审情况和评审中获悉的商业秘密。

《政府采购货物和服务招标投标管理办法》（财政部令第87号）第六十六条　……有关人员对评标情况以及在评标过程中获悉的国家秘密、商业秘密负有保密责任。

《政府采购评审专家管理办法》（财库〔2016〕198号）第十八条　……不得泄露评审文件、评审情况和在评审过程中获悉的商业秘密。

《财政部关于进一步规范政府采购评审工作有关问题的通知》（财库〔2012〕69号）的规定，采购人、采购代理机构要确保评审活动在严格保密的情况下进行。在采购结果确定前，采购人、采购代理机构对评审委员会名单负有保密责任。评审委员会成员、采购人和采购代理机构工作人员、相关监督人员等与评审工作有关的人员，对评审情况以及在评审过程中获悉的国家秘密、商业秘密负有保密责任。

《政府采购质疑和投诉办法》（财政部令第94号）第二十九条　投诉处理过程中，有下列情形之一的，财政部门应当驳回投诉：（一）受理后发现投诉不符合法定受理条件；（二）投诉事项缺乏事实依据，投诉事项不成立；（三）投诉人捏造事实或者提供虚假材料；（四）投诉人以非法手段取得证明材料。证据来源的合法性存在明显疑问，投诉人无法证明其取得方式合法的，视为以非法手段取得证明材料。

后 记

当五十多万字的书稿终于完成时,我感到无比欣慰。本书既是我从事政府采购工作理论与实践探索的结晶,也是一名政府采购工作者为我国政府采购事业的发展献上的一份礼物。

与政府部门的其他管理工作不同,政府采购横跨"行政"与"市场",除了要注重完善行政监管手段之外,还要懂得对市场机制的运用,因此,2006年调任政府采购监管岗位,对我来说充满了挑战。

虽然相对于那些经历过政府采购试点阶段工作和参与过政府采购立法工作的同行们来说,我是一位"后来者",但是从一开始我便深深地爱上了这项工作,并以积极的心态、饱满的激情,全身心地投入到这项"阳光事业"中。多年来,亲身经历了政府采购从初期的部门自身支出向社会公共产品和服务领域拓展,强制采购节能产品制度的确立和社会公众对这项工作从不了解到持续关注的转变;亲身参与了GPA谈判、政府采购法实施条例及相关制度的起草修改、政府采购执行情况专项检查、政府采购领域治理商业贿赂专项工作等。在工作中结识了很多人、了解了很多事,这些人和事千差万别,却告诉我同一个事实:政府采购制度改革势不可挡!

在紧张繁忙的工作之余,我一直有"记录"的习惯,对于经历的有意义的事情、困难的事情,喜欢记录下自己的体会和感受。多年的政府采购监管工作,使我对这项改革事业有了更加深刻的认识,对监管工作有了更加全面的理解,太多的收获和感受不胜枚举。尤其是先后八次当"被告"、十几次上法庭的经历,其中的酸甜苦辣一言难尽,但却使我愈发坚定。现在回想起来,每一个案件都有太多值得反思之处。尽管八次当"被告"我们都胜诉了,但其实打官司没有赢家。编写本书的目的,即是希望将我的所感所想与同行交流,为大家提供一本具有较强实用性的参考书,为依法妥善处理供应商质疑投诉提供一些启示和借鉴,为政府采购制度改革不断深化和完善做一些探索,为科学化、精细化、标准化采购做一些实践。

后　记

　　为了突出实用性，本书汇总了政府采购涉及的相关法律法规，整理了一些被实践证明和认可了的具体操作方法，并将政府采购监管工作中发生的较为典型的政府采购案例收入其中，与大家一起分享处理过程和心得，希望能给读者一些启发。

　　本书的写作和出版，得到许多领导和同仁的积极鼓励、悉心指导和大力支持。时任财政部政府采购办公室主任王瑛亲自审改并欣然作序；财政部国库司副司长王绍双、财政部国库司政府采购处原副巡视员杨晋明积极支持并提出了许多指导性建议；时任江苏省财政厅党组书记、厅长潘永和及几任分管副厅长黄晓平、王正喜、王汉增、宋义武都给予充分肯定；上海市财政局政府采购处副处长王周欢提供了部分资料，并就法律的理解和适用提出意见；上海市政府采购中心副主任徐舟提出了一些意见和建议；经济科学出版社副编审宋艳波、原《中国政府采购报》记者周黎洁分别担任了本书的责任编辑和文字统稿；还有许多同志为本书的出版做了大量工作。

　　此外，《中国财经报》《中国政府采购报》为我开设个人专栏，通过"以案说法"的形式，得以与全国政府采购同行及专家学者进行交流探讨；《政府采购信息报》、政府采购信息网邀请我为全国政府采购法规与实务研修班讲课，在网站开设政府采购公开课，搭建了与全国同行学习交流的平台，扩大了"案例教学法"的影响，得到大家的认可。这些都为本书的出版打下了基础。在此表示衷心的感谢。

　　由于作者水平有限，书中难免有疏漏和不当之处，敬请读者批评指正。

图书在版编目（CIP）数据

政府采购法律法规、实务操作与案例解析／吴小明编著 . —北京：经济科学出版社，2018.6（2021.4 重印）
ISBN 978-7-5141-9373-2

Ⅰ.①政⋯ Ⅱ.①吴⋯ Ⅲ.①政府采购法－研究－中国 Ⅳ.①D922.204

中国版本图书馆 CIP 数据核字（2018）第 116287 号

责任编辑：宋艳波
责任校对：杨　海
版式设计：齐　杰
责任印制：李　鹏　范　艳

政府采购法律法规、实务操作与案例解析

吴小明　编著

经济科学出版社出版、发行　新华书店经销
社址：北京市海淀区阜成路甲 28 号　邮编：100142
总编部电话：010-82191217　发行部电话：010-88191522
网址：www.esp.com.cn
电子邮件：esp@esp.com.cn
天猫网店：经济科学出版社旗舰店
网址：http://jjkxcbs.tmall.com
北京季蜂印刷有限公司印装
710×1000　16 开　30.75 印张　580000 字
2018 年 8 月第 1 版　2021 年 4 月第 4 次印刷
ISBN 978-7-5141-9373-2　定价：85.00 元
（图书出现印装问题，本社负责调换。电话：010-88191510）
（版权所有　侵权必究　举报电话：010-88191586
电子邮箱：dbts@esp.com.cn）